第31辑
（2017年·冬）

中文社会科学引文索引(CSSCI)来源集刊

文化研究

南京大学人文社会科学高级研究院
广 州 大 学 人 文 学 院　主　办

周　宪（执行）　陶东风　主　编
周计武　　　　胡疆锋　副主编

社会科学文献出版社
SOCIAL SCIENCES ACADEMIC PRESS (CHINA)

主编的话

周　宪　周计武

　　我们生活在由各种符号建构的文化世界之中。正是文化塑造了我们对现实的意识，让不同的个体在意义的生产和流通中生产和再生产自己的社会身份。文化的可塑性决定了文化研究议题的动态性与开放性。因此，我们不可能躲在书斋里，"一心只读圣贤书"，进行象牙塔式的学理研究。我们需要以批判的眼光介入社会现实，回应重大事件，敢于公开地运用理性来直面文化难题，揭示意义的生产和再生产的运行机制。在此意义上，文化研究是生产有用知识的一种炼金术。鉴于此，本期重点推出了与当代中国社会密切相关的四个议题，即"生态美学与生态批评"、"景观政治"、"医疗社会文化史视野下的身体"与"城市空间的再生产——文化的重塑"。

　　人们对更高生活质量的需求与有限的社会资源之间的结构性矛盾，加剧了生态危机的社会效应，这使生态文明的建设日益迫切。从美学理论的高度分析、批判现实生活中的生态问题及其引发的舆情危机和治理危机，是生态美学的题中应有之义。"生态美学与生态批评"专题共推出五篇文章，分别从中西生态美学的异同、生态女性主义的性别政治和生态伦理、城市有机共同体的人文生态与自然生态、宠物文学中的不可靠叙事与人类中心主义批判、黑人文学的生态重读与环境种族主义的社会根源等视角，回应了在"逆全球化"语境中愈演愈烈的生态危机。如何破解人类中心主义的魔障，让一切生命有机体在"天、地、神、人"的四重世界之中和谐共处，打造生态圈的"命运共同体"，是时代赋予生态美学的使命。

　　景观社会的到来让人们不断远离自然的家园，沉浸在消费社会的幻象之中。是什么原因使某个地方变成了人们观看的风景？又是什么原因激励人们设计令人惊叹的景观？换言之，支配景观规划的内在动力和激发观景欲望的社会机制是什么？这就涉及意识形态的编码与解码，即周志强所言的"景观政治或景观政治学"。本专题四篇文章涉及四个不同的主题，即藏漂的民族志描述、贫民窟与贫穷的再现、城市森林景观的设计与规划、街头景观政治。四篇文章都反思了景观"再造"的"异托邦的观念"，批判了景观政治编码的资本化逻辑。如果说资本对都市空间的破坏性创造是一个不断"祛魅"的进程，那么不断被编码的"景观"则是把资本神秘化的"施魅"的过程。如何打破消费社会的景观迷梦，让身处不同社会空间的人们共享现代化的成果，是一项尚未完成的社会课题。

身体是当代文化研究中的另一个前沿话题。身体不仅是由人的各种生理组织构成的整体，而且是由不同话语体系塑造或建构的结果。医学是人类认知身体并借助医疗技术改造身体的一种话语体系。在社会文化史的视野中，不同的医学认知与话语体系建构了不同的身体分类与评价标准。本专题的五篇文章从医学、疾病、健康等层面对身体的社会与文化属性给予多维度的整体性考察与展示，以期读者更为全面地认知、理解、对待与管理身体。在医疗社会史的视野中，身体是各种社会力量和利益集团争夺的对象。身体的存在方式及其社会意义的编码与解码，深刻影响了身体存在的方式和我们对身体的认知。在当代社会，如何理性地直面身体的自然存在与社会存在的辩证关系，如何评价种种美容医疗产业对身体的雕塑，依然是一个需要不同学科的学者来介入的话题。

伴随城市化进程尤其是城镇化建设的加速发展，城市空间的生产与再生产在各种社会力量的博弈中日益具有动态的复杂性和矛盾性。如何让改革开放的社会成果在空间资源的再分配中惠及民生，实现空间正义与社会治理的良性循环，是一个亟待不同学科理性介入与研究的热点问题。专题"城市空间的再生产——文化的重塑"聚焦城市文化空间的存在方式及其在空间生产中的多样性与复杂性。三篇文章以个案研究的方式，聚焦了城市工业遗产改造与文化空间再生之间的文化逻辑关系，从不同视角探讨了工业遗产改造中的种种局限及其空间治理的对策。

与第29辑一样，本期"学者访谈"栏目重点介绍了美国杜克大学刘康先生在文化研究方面的社会关切与核心观点。访谈结合刘康先生的研究历程，从中美双重视野出发，审视了西方文化研究的历史、理论与方法，回应了中国文化研究的发展脉络、重大事件及其研究成果。访谈运用巴赫金的复调理论来审视中国特色论及其价值体系，这是一个非常值得研究的新课题。在深化改革、"一带一路"建设的新时代，阐释中国特色论，建构多元、开放、包容的价值体系，让中国融入世界，让世界融入中国，依然任重道远。

"其他来稿"是《文化研究》长期坚持的一个栏目，旨在把更多不同的话题纳入文化研究的视野。这些文章涉及许多当代文化中的论题，如启蒙话语的当代困境、现代性视域中的游荡体验与浪荡子形象、中国偶像经济的症候分析、身体现代性的建构，等等。文章从当代中国的感性结构出发，结合文化研究的相关理论，对日常生活和文化表意实践进行了颇有意思的分析，值得一读。

我们欣喜地看到，越来越多的同人加入到文化研究的队伍中来。他们从不同的学科视野出发，直面当代文化研究中的问题、事件或难题，发出了不同的声音。这些不同的声音形成合唱，彰显了中国文化研究共同体的力量。当然，相对于人文学科的学者来说，来自社会科学的学者依然不多，这是一个迫切需要改变的局面。我们期待社会学与文化研究之间的对话与融通。

目　录

专题一　生态美学与生态批评

主持人语 ……………………………………… 程相占 / 3

试论中国生态美学的学科定位

　　——从中西生态美学比较的角度 ……………… 周维山 / 5

环境与性别：生态女性主义视域中的生态文化与女性成长 …… 陈　静 / 16

有机共同体、跨肉身性与城市文化的重建

　　——基于生态学视角的反思 ……………………… 王晓华 / 29

不可靠的宠物叙事：对人类中心主义的

　　生态美学反思 ………………………… 李家銮　韦清琦 / 43

白色的城市，黑色的丛林

　　——《土生子》的生态重释 …………………… 胡志红　胡湉湉 / 56

专题二　景观政治

主持人语 ……………………………………… 周志强 / 77

藏漂与风景的"位置错觉"

　　——西藏风景政治的另一种阐释 …………………… 贾晓楠 / 80

作为景观的伦敦东区

　　——19 世纪末英国的贫民窟旅游 ……………… 刘洁莹 / 94

从输液的树到乐高的城：关于现代生活的寓言 …………… 高　宇 / 108

街头景观的文化政治札记 …………………………… 周志强 / 119

专题三 医疗社会文化史视野下的身体

主持人语 ……………………………………………… 闵凡祥 / 133

五行五脏身体观的建构、应用及其文化诠释 ………… 郑　洪 / 135

《和平的保卫者》中的医学与有机体论 ……………… 赵卓然 / 147

从"生命灵气"到"血液循环"：近代身体话语的

　　科学转型 ………………………………………… 王广坤 / 163

被医学分割的身体："躯体化"概念的问题和启示 ……… 陈子晨 / 179

近视为疾？

　　——20 世纪有关近视的中西医认知与国家话语 ………… 陈　勇 / 193

专题四 城市空间的再生产
——文化重塑

主持人语 ……………………………………………… 钟雅琴 / 217

创意城市建设背景下的工业遗产与文化空间 ………… 钟雅琴 / 218

城市更新的"文化转向"

　　——以深圳工业遗产的空间改造为例 ………… 李丹舟　王　青 / 230

都市生活中的当代艺术与社会介入

　　——关于广东时代美术馆的文化空间考察 ……… 袁　瑾 / 241

学者访谈

文化研究的西方资源与中国实践 ……………… 刘　康　李　松 / 255

其他来稿

启蒙话语的当代困境与重构可能 ……………………… 宋红岭 / 273

拱廊街闲逛者与都市浪荡子

　　——本雅明笔下的现代人形象及其隐喻 ……… 杨向荣　蔡炜伦 / 284

政治表征与城市记忆：南京长江大桥的文化解析 … 史修永　王　兵 / 294

游荡：城市行走的艺术、空间体验和

　　认知的方法论 ………………………… 杨智慧　刘利刚 / 307

苏珊·桑塔格的超现实主义摄影美学思想研究 …………… 陈星君 / 320

作为欲望的"梦想"：从 SNH48 谈中国偶像经济症候 ……… 罗雅琳 / 333

孤独的身体：身体现代性研究 ……………………………… 张新科 / 347

宋代戏曲与运河论略 ………………………………………… 赵豫云 / 360

Contents

Forum One

Introduction   *Cheng Xiangzhan* / 3

On the Disciplinary Position of Chinese Ecological Aesthetics

  —From a Comparison of Chinese and Western

    Ecological Aesthetics   *Zhou Weishan* / 5

Environment and Gender: Ecological Culture and Women's

  Growth in the View of Eco-feminism   *Chen Jing* / 16

Organic Community, Trans-corporeality and the Reconstruction of

  Urban Culture: Reflections from an

  Ecological Perspective   *Wang Xiaohua* / 29

Unreliable Pet Narration: Ecological Aesthetical Reflection of

  Anthropocentrism   *Li Jialuan, Wei Qingqi* / 43

The White City, Black Jungle: An Ecocritical Reinterpretation of

  Native Son   *Hu Zhihong, Hu Tiantian* / 56

Forum Two

Introduction   *Zhou Zhiqiang* / 77

Tibetan Drifters and Displacement of Landscape

  —An Alternative Interpretation of Tibetan

    Landscape Politics   *Jia Xiaonan* / 80

The East End of London as Spectacle

—British Slum Tourism in Late 19th Century   *Liu Jieying* / 94

"Trees with IV Drips" and "the City of Lego"   *Gao Yu* / 108

Notes on Cultural Politics of Spectacles in the Street   *Zhou Zhiqiang* / 119

Forum Three

Introduction   *Min Fanxiang* / 133

Construction and Application: the Idea of the Five Elements and the

Five Zang Organs of the Body and Its Cultural

Interpretation   *Zheng Hong* / 135

Medicine and Body Politic in *Defensor Pacis*   *Zhao Zhuoran* / 147

From "Life Aura" to "Blood Circulation": the Scientific

Transformation of Modern Discourse of the Body   *Wang Guangkun* / 163

Medically Dismembered Body: Problems and Consequences of

"Somatization"   *Chen Zichen* / 179

Myopia as a Disease

—the Knowledge of Chinese and Western Medicine on Myopia and

Its National State Discourse in the 20th Century   *Chen Yong* / 193

Forum Four

Introduction   *Zhong YaQin* / 217

Industrial Heritage and Cultural Space in the Context of

Creative City Construction   *Zhong YaQin* / 218

The Cultural Turn of Urban Renewal in China: A Case Study of

Spatial Revitalization of Industrial Heritage in Shenzhen

Li DanZhou, *Wang Qing* / 230

Contemporary Art and Social Involvement in City Life: On

Cultural Space of Guangdong Times Museum   *Yuan Jin* / 241

Interview with Scholars

Western Resources and Chinese Practices of Cultural Studies

Liu Kang, *Li Song* / 255

Other Articles

The Contemporary Dilemma of Enlightenment Discourse and the

　Possibility of Its Reconstruction　　　　　　　　　　*Song Hongling* / 273

Urban Flaneur in the Arcades: Image of Modern Man and its

　metaphor in Walter Benjamin's Writings　　*Yang Xiangrong*, *Cai Weilun* / 284

Political Representation and City Memory: A Cultural Interpretation of

　Nanjing Yangtze River Bridge　　　　　　*Shi Xiuyong*, *Wang Bing* / 294

Flanerie: Art of City Walking, Strategy of Spacial

　Experience and Cognition　　　　　　　*Yang Zhihui*, *Liu Ligang* / 307

A Study of Susan Sontag's Surrealist Aesthetic Thoughts of

　Photography　　　　　　　　　　　　　　　*Chen Xingjun* / 320

"Dream" as Desire: On the Economic Symptom of Chinese

　Idol by an Illustration of "SNH48"　　　　　　　　*Luo Yalin* / 333

The Isolated Body: A Study of Modernity of the Body　*Zhang Xinke* / 347

On Operas in Song Dynasty and the Grand Canal　　　*Zhao Yuyun* / 360

专题一
生态美学与生态批评

主持人语

程相占*

　　随着生态危机的日益严峻，人文学科对于生态问题的回应也越来越广泛、越来越深入。生态美学与生态批评就是这种回应的具体体现。我国的生态美学与生态批评探索尽管在时间上晚于西方，但是由于我国政府自觉地将生态文明建设提高到国家发展战略的高度大力推进，从事生态研究的学者数量越来越多，取得的学术成果也越来越丰富，一些成果已经得到了国际同行的关注和认可，充分显示了我国生态研究的学术实力和学术水平。针对全球共同面临的学术问题，采用国际学术界通行的学术话语，切实推进我们的生态研究日益走向深入——这就是我们开设这个专题的初衷。

　　从学术渊源的角度来说，中国生态美学是在借鉴、参照西方环境美学的前提下发展起来的，这就使中国生态美学与西方环境美学之异同成为一个热点问题。曲阜师范大学文学院周维山的论文《试论中国生态美学的学科定位》试图从中西生态美学比较的角度来讨论这个问题。该文特别提到，中国生态美学的学术立意是从生态文明建设的高度实现人类美学的生态转型，也就是将生态运动兴起之前的"非生态的美学"改造为能够回应生态危机的"生态的美学"，这就非常清晰地区别了中国生态美学与西方环境美学。在全球生态环境危机日益加剧的当代语境中，生态女性主义以一种全新的视角把女性解放和生态运动自然解放的目标结合起来，从环境与性别两个文化维度，探讨女性与自然同父权制文化结构的关联性。江西师范大

* 程相占，文学博士，山东大学中文系教育部长江学者特聘教授、博士生导师，文艺美学研究中心副主任，上海师范大学都市文化研究中心特约研究员，主要研究文艺理论与生态美学。

学文学院陈静的论文《环境与性别：生态女性主义视域中的生态文化与女性成长》对此进行了学理上的梳理与辨析。生态美学具有很强的现实针对性，那就是渗透在现实生活之中的生态危机及其具体表现。从美学理论高度分析、批判现实生活中的生态问题，是生态美学的题中应有之义。深圳大学人文学院王晓华的论文《有机共同体、跨肉身性与城市文化的重建》从生态学视角反思了城市问题，为重新界定城市文化、重建城市文化提供了一条思路，可以视为生态美学原理在城市美学之中的具体运用。南京师范大学外国语学院李家銮与韦清琦合作的论文《不可靠的宠物叙事：对人类中心主义的生态美学反思》探讨了宠物叙事问题，从生态美学角度批判反思了宠物饲养行为中所隐含的人类中心主义观念。这两篇论文都有很强的现实针对性。最后一篇论文是四川师范大学文学院胡志红和四川大学文学与新闻学院胡湉湉合写的《白色的城市，黑色的丛林》，该文从生态角度重新阐释了美国著名黑人作家理查德·莱特（Richard Wright）的名篇《土生子》，讨论了与黑人环境审美经验相关的诸多问题，从一个侧面体现了我国生态批评的新进展。

试论中国生态美学的学科定位

——从中西生态美学比较的角度*

周维山**

摘要 中国生态美学是在西方生态美学即环境美学的影响下诞生的。但是随着研究的深入，中西生态美学之间的差异逐渐显现，"生态"与"环境"之辩成为学界探讨的话题。西方环境美学的诞生和发展与西方美学长期对自然美的忽视有关，它主要关注环境审美特征的研究；而中国生态美学的诞生和发展则与实践美学的理论缺陷有关，它主要关注生态审美观念的探讨。西方环境美学借助生态学指向环境本身的审美欣赏，而中国生态美学则借助生态学指向人与环境的和谐生存。通过比较可知，中西生态美学之间，不单单是名称使用的差异，而是有着内在的区别，特别是在学术旨趣上，二者是根本不同的。

关键词 环境美学 生态美学 环境审美 生态审美

Abstract Chinese ecological aesthetics came into being under the influence of western ecological aesthetics, i. e. environmental aesthetics. However, with its development, the differences of Chinese ecological aesthetics from its western counterpart gradually appear, and "Ecology" differing from "Environment" becomes a topic of academic discussions. The origin and development of western environmental aesthetics is related to the neglect of the beauty of the nature in long history of aesthetics, which mainly concerns about aes-

---

* 本文为曾繁仁教授主持的国家社科基金重大项目"生态美学文献整理与研究"（项目号：16ZDA111）子课题五"生态美学通论"的阶段性成果。

** 周维山，文学博士，曲阜师范大学文学院副教授、硕士生导师，主要研究美学理论。

thetic characteristics of the environment, while the formation of Chinese ecological aesthetics is related to the theoretical defects of practical aesthetics, which more concerns about concept of ecological aesthetic. The academic purpose of western environmental aesthetics is on the aesthetic appreciation of the environment itself with the help of ecology, while Chinese ecological aesthetics is on the ecological harmony between man and the environment. By comparison we can see that Chinese and western ecological aesthetics are different not only in their uses of the name, but also in their inherent nature. Especially on academic purpose, they are fundamentally different.

Key words　environmental aesthetics　ecological aesthetics　the aesthetic appreciation of environments　the ecological aesthetic appreciation

中国生态美学名为"生态"，而西方生态美学则名为"环境"，其中的原因是什么？它们之间的关系又是什么？近年来，随着中国生态美学研究的深入及国际影响力的增强，中西生态美学之间的关系成为人们探讨的话题。其实，这不仅仅是一个中西生态美学关系的问题，更不是一个简单的学科名称的问题，而是涉及中国生态美学学科定位的根本问题。对中国生态美学而言，只有明确自己的学科定位，才能凸显中国生态美学的特色，也才能进一步推动中国生态美学更好地发展。

一　从环境到生态：中国生态美学理论的建构

在西方，虽然同时有生态美学和环境美学两个称谓，但是二者可以通用，或者说生态美学可以看作环境美学的自然延伸，即"生态的环境美学"。在中国，生态美学在其诞生之初，与西方并无二致，并明显受到西方生态美学即环境美学的影响。中国第一篇生态美学文献就是一篇介绍国外生态美学研究的译文，即俄国学者曼科夫斯卡娅的《国外生态美学》①。文章的题目虽然是生态美学，但内容却是环境美学。这两个名称在西方的混用情况，由此也可见一斑。1994 年，李欣复在《南京社会科学》第 12 期发

① 原文刊载于俄国《哲学科学》1992 年第 2 期，《国外社会科学》1992 年第 11、12 期连载，由之译。

表《论生态美学》一文，首次在我国提出构建生态美学的构想。文章一开始，他就指出，生态美学"是伴随着生态危机所激发起的全球环保与绿色运动而发展起来的一门新兴学科。它以研究地球生态环境美为主要任务与对象，是环境美学的核心组成部分"①。也就是说，在他看来，生态美学是环境美学在生态危机背景下的新发展，在学科性质上仍属于环境美学。2000年，徐恒醇出版中国第一部生态美学专著《生态美学》，并提出了一个新的美学范畴——生态美。他说："所谓生态美，并非自然美，因为自然美只是自然界自身具有的审美价值，而生态美却是人与自然生态关系和谐的产物。"② 尽管如此，生态美仍与自然美密切相关，可以说是自然美在生态学视野下的呈现，其内涵与"生态环境美"相当。这一点，通过该书后面章节的内容也可以看得出来。

其实，真正有中国特色的生态美学理论构建始于 2001 年。这一年 11月，"首届全国生态美学研讨会"在西安召开。在这次会议上，曾繁仁做重要发言，并首次提出生态美学的广义和狭义之分。他说："狭义的生态美学着眼于人与自然环境的生态审美关系，提出特殊的生态美范畴。而广义的生态美学则包括人与自然、社会以及自身的生态审美关系，是一种符合生态规律的存在论美学观。"③ 他主张广义的生态美学，认为生态美学并非仅仅解决人与自然环境之间的关系，而是要在崭新观念的指导下，解决人类当下非美的、非生态的存在状态。生态美学从狭义到广义，意味着研究对象的扩大，它不再仅仅限于自然环境，还包括传统美学中的艺术乃至社会等更为广阔的审美领域，由此，生态美学也由美学的一个分支学科上升为一种普泛意义上的美学观。因此，曾繁仁又把自己的生态美学称为生态存在论美学观。此后两年间，他接连发表一系列论文集中阐发了这一观点，并于 2003 年结集出版，名为《生态存在论美学论稿》。该书的出版也标志着中国生态美学独特话语构建已经初步形成。

2005 年 8 月，"当代生态文明视野中的美学与文学"国际学术研讨会在

① 李欣复：《论生态美学》，《南京社会科学》1994 年第 12 期。
② 徐恒醇：《生态美学》，陕西人民教育出版社，2000，第 119 页。
③ 曾繁仁：《生态美学：后现代语境下崭新的生态存在论美学观》，《陕西师范大学学报》（哲学社会科学版）2002 年第 3 期。这篇论文作为会议论文在 2011 年"首届全国生态美学研讨会"上首次宣读，2002 年在《陕西师范大学学报》（哲学社会科学版）第 3 期上正式发表，后来收入《生态存在论美学论稿》一书中。

青岛召开，参会人数达 170 人之多，可谓盛况空前，会后出版论文集《人与自然：当代生态文明环境中的美学与文学》。随着这次国际会议的召开，中国特色生态美学的声音传播到了国外，引起了西方学者的关注。第二年 6 月，"美学与多元文化对话"国际美学会议在成都召开，国外学者开始就中国生态美学与西方环境美学之间的关系向曾繁仁展开探讨。会后，他把思考成果撰写成论文《论生态美学与环境美学的关系》发表在《探索与争鸣》2008 年第 9 期上。他认为，其实中国生态美学的诞生本来就受到西方环境美学的影响，二者有着共同立场和关注点，不应把各自的疆域划分得那么清晰。但是，从各自学术发展的角度，又确有划清的必要。总体来看，二者的不同表现在四个方面。第一，由于诞生的时代和地区不同，各自的理论资源有所差异。西方环境美学诞生较早，加以西方自然资源丰富，它们多以当时早期的"生态中心主义"为理论资源；而中国生态美学诞生较晚，为解决当代中国经济发展与自然资源短缺之间的矛盾，则多以"生态人文主义"与"生态整体主义"作为自己的理论基础。第二，"生态"与"环境"的内涵也是不同的。"西文'环境'（Enviroment），有'包围、围绕、围绕物'等意，明显是外在于人之物，与人是二元对立的。""而与之相对，'生态'（Ecologcial）则有'生态学的，生态的、生态保护的'之意，而其词头'eco'则有'生态的、家庭的、经济的'之意。"① 由此，"生态"比"环境"更有优势，也更符合生态存在论美学所追求的人与自然的融合。第三，从美学角度来看，"生态"也更符合美学"生态整体主义"与"生态人文主义"的追求。第四，它与中国传统文化中的"天人合一"观念相契合。这四个方面涵盖了时代和地区背景、名称内涵、美学特点和文化特征等内容，可以说，曾繁仁在这里已经非常全面深入地阐述了中国生态美学的特点以及选择"生态"的原因，也在客观层面上，为中国生态美学的发展奠定了学术基调。曾繁仁所做的这一区分，获得了我国大部分学者的赞同，比如王诺、赵红梅等；当然，也有的人仍坚持传统的观点，把生态美学等同于生态环境美学，比如岳友熙、刘彦顺等。

2013 年，程相占在充分的中西生态美学研究资料的基础上，对中西生态美学之间的关系做了更为细致的梳理。他把已有的立场归结为四种，同时提出了第五种可能的立场。他认为，在西方存在两种立场，一是环境美

① 曾繁仁：《论生态美学与环境美学的关系》，《探索与争鸣》2008 年第 9 期。

学与生态美学，二者各自有自己的起源和研究重点，并不完全一致。二是
把生态美学作为环境美学的一个分支。这是当代西方环境美学的主流观点。
在中国也存在两种立场，一是把环境美学与生态美学混同，认为环境美学
即生态美学，二是把环境美学纳入生态美学之中，并作为重要的理论资源。
这也是曾繁仁的生态存在论美学的立场。同时，他提出一种新的立场：参
照环境美学以发展生态美学。程相占认为，生态美学与环境美学在其原初
意义上是不同的，二者不可混淆。它们虽有理论交叉，但在研究重心上是
不同的。环境美学是相对于传统艺术美学而言的一种研究对象的扩大，而
生态美学则应是借助生态学理念对美学观念的根本改造。"生态美学是对于
人的生态存在本性、生态思维方式和生态审美方式的整体研究，绝不仅仅
是对于某一类审美对象（比如环境）的研究。"① 由此，生态美学则在研究
重心上与单纯侧重以环境审美为对象的环境美学更为严格地区分开来。同
时，在这里，程相占不仅延续了曾繁仁的思路，把中国生态美学与西方环
境美学区分开来，而且他也试图与曾繁仁的生态美学思路相区分。如果说
曾繁仁试图从研究领域的角度把狭义的环境美学上升为一种美学观念的话，
那么，程相占则把生态美学的研究重心集中在"生态审美"的观念上。

二　环境审美与生态审美：中西生态 美学的差异及成因

　　基于以上分析，可以看出，如果说中西生态美学之间的差异在诞生初
期还只是一种名称使用的差异的话，那么，随着中国学者的不断努力，这
种差异逐渐变为一种深层的内在差异。当然，这一差异也与各自的美学传
统有关。

　　在西方，生态美学和环境美学，单从学科名称的提出来看，确实各有
起源。环境美学最早的文献可以追溯到 1966 年赫伯恩（Ronald W.
Hepburn）的《当代美学与自然美的忽视》，而生态美学则可以追溯到 1972
年米克（Joseph W. Meeker）的《生态美学的构想》。② 他们提出的学科设想
也的确有所不同，但是有一点是共同的，即都是在反思西方美学漫长的对

---

① 程相占：《论环境美学与生态美学的联系与区别》，《学术研究》2013 年第 1 期。
② 这里采取程相占在《论环境美学与生态美学的联系与区别》一文中的观点。

自然美的忽视和贬低传统的基础上，开启对自然美的研究。赫伯恩指出了分析美学的缺陷，即把美学仅限于艺术美学，而缺少对自然美的关注。米克则直接追溯到柏拉图，认为是他开启了西方美学"艺术与自然相对立"①的传统，致使自然在西方美学中一直处于被贬低的状态。到20世纪80年代，在西方环境美学真正兴起的时候，卡尔松、瑟帕玛和伯林特等美学家继承了这一思路。他们不仅关注环境，更关注如何恰当地欣赏自然环境之美。同时，随着生态危机的日益严峻，生态学也成为他们建构环境美学的一个重要原则。

卡尔松从20世纪70年代开始关注环境美学研究。他认为，不论艺术美学还是环境美学，都应该知道欣赏什么并懂得如何欣赏。如此，知识对于欣赏而言是十分必要的。"如果审美地欣赏艺术，我们必须具备艺术的诸多传统以及在那些传统中诸多风格的知识，如果审美地鉴赏自然，我们必须具备不同自然环境的知识以及这些环境中的诸多系统和因素的知识。"② 他重点探讨了来自艺术欣赏范式的两种欣赏自然环境的方式：对象模式和风景模式。显然，对于自然环境，如果它们出现在艺术中，采取这两种方式当然是合适的，但是作为自然环境本身，它们是不合适的，最合适的方式应该是自然鉴赏的环境模式。也就是说，拥有足够的自然环境的知识对自然鉴赏而言是必要的。瑟帕玛曾向卡尔松学习过环境美学，因此，二人的观点也有诸多相似之处。他也认为对对象合理的欣赏方式与对象的类型和对对象采取的态度有关，而不论对对象的分类还是审美态度的形成又都与欣赏的知识密切相关。他把环境分为物理环境和人工改造的环境，针对不同类型的环境，其欣赏方式也有所差异。"环境的审美范式在自然科学、文化科学以及常识的基础上被决定；正确的基础是由当代科学知识所给予；其目标不是审美价值普遍地最大化，而是在知识框架和其他价值所允许的界限内最大化。"③ 与卡尔松和瑟帕玛把"环境"看作一个审美对象不同，伯林特认为"环境"根本不是一个对象，而是与主体交融在一起的。"'某

① Joseph W. Meeker, *The Comedy of Survival: Studies in Literary Ecology*, New York: Charle Scribner's Sons, 1972, p.119.

② 〔加拿大〕卡尔松：《环境美学——自然、艺术与建筑的鉴赏》，杨平译，四川人民出版社，2006，第80页。

③ 〔芬〕瑟帕玛：《环境之美》，武小西、张宜译，湖南科学技术出版社，2006，第108～109页。

个'环境的想法，可算是心身二元论的最后残余之一。""因为从根本而言，没有所谓'外部世界'，也没有'外部'一说，同样没有一个我们可以躲避外来敌对力量的内部密室。感知者（心）是被感知者的一部分，反之亦然。人与环境是贯通的。"① 因此，对环境的欣赏，不能是对象式的，需要的是主体全身心的参与，"感性体验不仅是神经或心理现象，而且让身体意识作为环境复合体的一部分作当下、直接的参与。这正是环境美学中审美的发生地"。② 在伯林特这里，生态学的作用不是直接参与审美，而是对环境审美方式的启示。传统美学是主客分离的，而生态学恰恰让我们知道主体与客体是密切结合在一起的，甚至一切客体都应是身体化的存在。

在中国，生态美学的诞生逻辑与西方不同。因为不论是中国古代美学还是现当代美学，自然美始终是美学研究中的一个重要内容，并且自然美在中国古代还非常受关注。因此在中国美学发展过程中，不存在像西方那样自然美被长期忽视的情况。生态美学在中国诞生，从美学的内在发展来看，是与中国当代美学特别是实践美学的理论缺陷密切相关的。实践美学诞生于20世纪五六十年代的美学大讨论，成熟于20世纪80年代的"美学热"。它认为美的本质就是"自然的人化"，即人类通过实践对自然征服、改造的结果。而所谓对自然的征服和改造恰恰是现代生态危机的根源。因此，实践美学与生态美学的观念是截然对立的，它也必然成为生态美学所要批判和改造的对象。

刘成纪在梳理中国新时期美学走向时，较早指出生态美学的诞生必将代表着中国当代美学的发展方向。他认为，作为后实践美学之一的生命美学突破了实践美学的主体性而走向个体性，但是在生态危机面前，仍然表现出强烈的人类中心主义色彩，只有生态学才能打破人类中心主义的痼疾，使"人与自然在生命基础上重建和谐共存的关系"③，因此，生态美学将是对实践美学之后生命美学的再一次超越。韩德信等也表达了相似的看法。他认为生态美学是"实践美学失势，而后实践美学又无力承担美学重任之

① 〔美〕阿诺德·伯林特：《环境美学》，张敏、周雨译，湖南科学技术出版社，2006，第6页。
② 〔美〕阿诺德·伯林特：《环境美学》，张敏、周雨译，湖南科学技术出版社，2006，第16页。
③ 刘成纪：《从实践、生命走向生态——新时期中国美学的理论进程》，《陕西师范大学学报》（哲学社会科学版）2001年第2期。

后，一种理论自救的重要理论尝试"。① 在他看来，实践美学的理论缺陷随着时代的发展日渐明显，但是后实践美学由于过于强调生命、生存等精神活动，无法完成超越实践美学的任务。而生态美学由于坚持生态整体主义观点，恰好可以完成这一任务。曾繁仁在提出生态存在论美学的过程中，多次论述了生态美学与实践美学之间的关系。2012 年，他专门撰文《对德国古典美学与中国当代美学建设的反思——由"人化自然"的实践美学到"天地境界"的生态美学》，集中阐述了生态美学与实践美学之间的关系。他认为，实践美学的真正师承是德国古典美学特别是康德美学。同时它也继承了康德美学的认识论、理性主义和人道主义立场等特点，集中体现在实践美学对"自然人化"命题的理解和阐释上。实践美学把美看作对自然的改造，却忽视了自然本身的价值。"实践论美学中十分重要的'积淀说'，只强调了人化的'自然'的价值，而完全没有看到未经'人化'的自然的价值。"② 不可否认，在特定的历史时期，实践美学确实有它的优势也承担着一定的历史责任，但是随着生态危机的出现，它的理论缺陷也自然暴露无遗，必然为新的美学观念所取代。另外，程相占在提出生态美学的第五种立场，即把生态美学的研究对象界定为生态审美的时候，同时把生态美学看作对一切传统非生态审美观念美学的超越。他论述道："生态美学的研究对象则是'生态地审美'（to appreciate ecologically），即'生态审美'，它的对立面不是'艺术审美'，而是传统的'非生态地审美'，亦即'没有生态意识的审美'。"③ 生态审美作为一种新时代的美学观念，不但对传统实践美学，而且对一切非生态审美的美学观念构成突破和超越。

三 环境与生存：中西生态美学的各自学术旨趣

通过比较可知，西方环境美学主要关注环境审美特征，而中国生态美学关注生态审美，同时二者又与生态学密切相关，那么，是否意味着中国生态美学包含西方环境美学，是中国生态美学的一个分支呢？答案是否定

---

① 韩德信：《当代中国美学：走向生态美学》，《山东理工大学学报》（社会科学版）2003 年第 6 期。

② 曾繁仁：《对德国古典美学与中国当代美学建设的反思——由"人化自然"的实践美学到"天地境界"的生态美学》，《文艺理论研究》2012 年第 1 期。

③ 程相占：《论生态审美的四个要点》，《天津社会科学》2013 年第 5 期。

的。如果是这样的话，中西生态美学之间仍然是研究对象大小的问题。其实，它们之间的差异，还与各自的学术旨趣密切相关。西方环境美学的关注点是环境审美，最终指向是环境本身。而中国生态美学的关注点是生态审美，它的最终指向是人与自然的和谐生存。

我们先看一个事例。2015 年 10 月，在济南召开的"生态美学与生态批评空间"会议上，西方环境美学家伯林特突然向中国学者程相占发难。他认为程相占的观点和西方学者卡尔松的观点相同，因为他们都强调在环境审美过程中生态知识的参与，"这是对西方美学传统的一个根本问题——非认知性——的挑战"[①]。在他看来，生态学作为一种科学话语形态，可以影响审美，但它影响的程度如何是需要考虑的。审美作为一种体验，与认识是有区别的。康德对审美与认识的区分，对美学的发展意义重大。否则，美学又回到了柏拉图所开创的认识论美学的老路上去了。关于知识能否参与审美这一点，程相占在《生态美学：生态学与美学的合法联结——兼答伯林特先生》一文中给出了详细的回答。他认为，伯林特对康德关于审美与认识的区分有误解。"康德只不过是通过对比审美判断与认知判断（或曰逻辑判断）的差异来说明审美判断的特点，他丝毫没有否定审美与认知的关系；而在我们的实际审美活动中，根本无法排除知识的存在，笔者无法想象对于一个一无所知的对象，我们如何能够进行审美欣赏。"[②] 事实确实如此，康德在分析"崇高"这一现代美学的概念范畴时就对其在审美分析中的结论做出了突破，崇高背后的理念恰恰就是现代启蒙精神，可以说，没有现代启蒙精神就没有现代意义上的崇高。如此，对于生态审美显然也离不开特定知识的参与。其实，在这里，我更关心另外一个问题，即程相占的观点和卡尔松的观点是否完全相同。单从生态知识参与审美的角度来看，他们确实是相同的。但是，这其中还包含着深刻的差异。

西方环境美学被看作美的哲学的一个分支，其理论构建也是以传统艺术美学模式为标准而进行的。它与艺术美学最大的区别在于对象的不同以及因对象的差异而引起的欣赏模式的差异。针对环境这一特定的审美对象，西方环境美学家纷纷从生态学获得相应的启示，以期在获得环境审美的欣赏的同时，更好地保护环境。利奥波德的《沙乡年鉴》被尊称为"环境保

---

① 〔美〕阿诺德·伯林特：《生态美学的几点问题》，李素丽译，《东岳论丛》2016 年第 4 期。
② 程相占：《生态美学：生态学与美学的合法联结——兼答伯林特先生》，《探索与争鸣》2016 年第 12 期。

护运动的圣经"，也是西方环境美学的奠基之作。在该书中，利奥波德指出
了传统美学的缺陷，认为这种传统的美学观是在把自然与艺术相类比，只
注意自然的优美风景，而不关注自然的其他方面。如此，在这种环境审美
模式下所谓旅游休闲开发给自然带来了极大的破坏。他急切地呼吁"发展
休闲，并不是把道路修建到美丽的乡下的工作，而是要把感知能力修建到
尚不美丽的人类思想中的工作"①。在他看来，环境审美必须依靠生态学知
识，只有如此，才能了解环境、欣赏环境，也才能真正保护环境。高博斯
特（Paul H. Gobster）在考察森林景观审美实例的基础上，指出风景审美与
生态多样性之间是冲突的。因为，"在风景美学中，追求娱乐（情感）是首
要因素，从观赏这个景观中得到这种娱乐而不考虑这个景观的生态整体
性"②。相反，建立结合生态学知识的审美则可以改变这一状况，从而有利
于环境的保护。卡尔松与他们一样，也强调生态知识对环境审美过程中认
知的重要性。为此，他还举过一个特别的例子。在秋季落日下，美洲落叶
松和被甲虫感染的松树，两排树木的叶子都变黄了，一个是因为秋季来临，
一个是因为被虫子感染濒临死亡，"美洲落叶松在夕阳下散发着光辉，最有
可能被体验为一种美的事物；而已经死亡与正在死亡的松树，尽管同样在
阳光下散发光辉，但有可能被审美地体验为丑陋的，或者至少不是一种审
美愉悦的来源"③。显然，只有拥有足够的生态学知识，才能获得恰当的审
美。也可以看出，西方环境美学所追求的是环境本身的审美，它的极致则
是荒野审美。

与西方不同，中国生态美学自我定位为一种崭新的美学观念。在这里，
生态学不是手段，而是出发点，是美学的重要哲学基础。也正是由此，中
国生态美学对生态学的借鉴，首先不是生态科学而是深层生态学，即生态
哲学。曾繁仁在首倡广义生态美学时就明确指出，它是以"崭新的生态世
界观为指导"④ 的。他认为，这一崭新的生态世界观的代表，就是海德格尔
的"此在与世界"的存在论哲学。因为"此在与世界"的在世关系"提供

---

① 〔美〕奥尔多·利奥波德：《沙乡年鉴》，侯文蕙译，吉林人民出版社，1997，第 166 页。

② 〔美〕保罗·H. 高博斯特：《生态系统管理实践中的森林美学、生物多样性、感知适应
性》，李庆本主编《生态美学读本》，长春出版社，2010，第 34 页。

③ 〔加拿大〕卡尔松：《生态美学在环境美学中的位置》，赵卿译，《求是学刊》2015 年第
1 期。

④ 曾繁仁：《生态美学：后现代语境下崭新的生态存在论美学观》，《陕西师范大学学报》（哲
学社会科学版）2002 年第 3 期。

了人与自然协调的可能和前提"①。这一观点得到了朱立元、王诺等国内众多学者的赞同。程相占则结合中国传统生态智慧，提出了"生生"本体论。他说："生生理念可以用生态学的话语来解释——地球生态圈孕育了生命并承载着生命，用中国古代哲学话语来解释就是'天地之大德曰生'（《周易·系辞传》），'生生之谓易'（《周易·系辞传》）——天地间有一种神秘、神奇的自然力量，正是它化育了万物、养育了万物，它就是中国哲学所推崇的'生生之道'，也就是天地万物的'本体'。"② 可以看出，虽然中国生态美学也关注环境，但是关注的不是环境本身的审美，而是人与环境的和谐生态审美关系。

同时，中国生态美学作为一种生态化的美学，是离不开生态知识参与的，它是引导审美走向生态的必要保证。由此，程相占探讨了生态审美的具体实施方式中生态知识的参与问题。他说："真正的生态欣赏必须借助生态知识来引起欣赏者的好奇心和联想，进而激发欣赏者的想象和情感。"③在他看来，随着生态审美的进一步深化，生态知识的问题是绕不开的。也是这一点，引起了伯林特的强烈质疑。其实，如果了解中国生态美学的学术旨趣的话，那么，这个问题并不难理解。程相占在生态审美的四个要点中说得非常明确，它是"一个前提，三个步骤"，生态知识是三个步骤之一。这里的前提，就是主客体的"审美交融"。结合"审美交融"的前提，可以知道，这里生态知识的参与并非引向独立于主体的环境，而是人与自然和谐交融的"生生"状态。也由此可知，程相占所主张的生态审美中的生态知识的参与和卡尔松的科学认知主义模式是有着根本区别的。

综上所述，中国生态美学的诞生虽然受到西方生态美学即环境美学的影响，但是在发展过程中，经过中国学者的不断努力，形成了自己的特色。中西生态美学之间，不单单是名称使用的差异，也不仅仅是审美对象与美学观念的区别，更重要的是在研究旨趣上，二者是根本不同的。如果说西方生态美学是生态环境美学的话，那么中国生态美学则应是生态人文美学。

---

① 曾繁仁：《生态美学导论》，商务印书馆，2010，第283页。
② 程相占：《生态美学的中国话语》，《江苏行政学院学报》2016年第3期。
③ 程相占：《论生态审美的四个要点》，《天津社会科学》2013年第5期。

环境与性别：生态女性主义视域中的 生态文化与女性成长[*]

陈　静^{**}

摘要　生态女性主义以一种全新的视角把女性解放与自然解放的目标连接起来，是妇女解放运动和生态运动相结合的产物，可谓一场女性主义批评领域的"绿色"革命。在全球生态环境危机日益加剧的当代语境中，生态女性主义这场"绿色"革命可谓愈来愈引人关注，其在有机的文化建构之中，生命力愈加蓬勃。生态女性主义关注环境与性别两个文化维度，探讨女性与自然同被宰制的意识形态关联性，力图打破压迫女性与自然的父权制观念结构。其文化实践聚焦于性别政治和生态伦理，文化目标指向女性的成长与自然的发展，旨在建构一种男性与女性、人与自然之间和谐相处的新型生态关系，形成一个健康平衡的生态体系。

关键词　生态女性主义　环境　性别　观念结构　生态和谐

Abstract　Seeing a connection between the goal of women's liberation and natural liberation from a brand new perspective, eco-feminism is a combined product of women's liberation movement and ecological movement which can be described as a "green" revolution in the field of feminist criticism. In light of the growing global ecological crisis, the "green" revolution of eco-feminism is becoming more and more popular and is more and more vigorous

---

* 本文为 2015 年江西省高校人文社会科学重点研究基地招标项目"女性主义与青年文化"（项目号：JD1530）的阶段性成果。

** 陈静，文学博士，江西师范大学文学院副教授，主要研究女性文化、比较文学与世界文学。

in the organic culture construction. Focusing on two cultural dimensions of environment and gender, eco-feminism explores the ideological association between women and nature, and tries to break patriarchal concept of structure that oppresses both women and nature. Its cultural practice focuses on gender politics and ecological ethics. Its cultural goals are the growth of women and the development of nature, aiming to construct a new ecological harmonious relationship between man and woman, man and nature in order to form a healthy and balanced ecosystem.

Key words　eco-feminism　environment　gender　conceptual structure　ecological harmony

引言　女性主义文化领域的"绿色"革命

女性主义在发展过程中形成了一个多元并存、多学科渗透的思想文化体系，因而被一些研究者形容为对话性的多声部叙事。女性主义理论与运动因其"变革"色彩而具有一种革命性质。在林林总总的女性主义派别中，产生于 20 世纪 70 年代的生态女性主义可谓一场女性主义文化领域的"绿色"革命。生态女性主义是"性别研究与生态伦理学相结合的理论流派，既强调女性主义和生态批评在理论上的相互借鉴，也强调女性解放与生态保护之间在实践上的鱼水关系"①。在全球生态环境危机日益加剧的当代语境下，生态女性主义这场"绿色"革命可谓愈来愈引人关注，产生了相当大的影响。

生态女性主义从 20 世纪 70 年代产生到 90 年代繁盛，正处于女性主义运动的第三次浪潮之中。在后现代的文化语境下，女性主义经历了生态的转向，生态女性主义是后现代女性主义的一个理论派别，同时也是生态主义的一项新发展。它"既是一种女性主义理论，又是一种生态理论，同时也是一种多元的文化视角"②。在妇女解放运动和生态运动相结合的文化时代，生态女性主义正以一种全新的视角把女性解放与自然解放的目标连接起来。

---

① 回春萍、刘英：《多声部叙事：西方女性主义理论》，《中国社会科学报》2013 年 12 月 4 日，第 B06 版。
② 肖巍：《女性主义伦理学》，四川人民出版社，2000，第 183 页。

　　生态女性主义这一术语由法国女性主义者弗朗索瓦·德·奥博纳（Francoise d'Eaubonne）在《女性主义或毁灭》（*Le Feminisme ou la mort*，1974）一书中率先提出，之后她在《生态女性主义：革命还是改革》（*Ecologie Feminism Revolution ou Mutuation*，1978）中论述了生态女性主义革命的必要性。奥博纳提出这一术语旨在唤醒女性在生态革命中的潜在能力，号召女性引领一场生态革命来拯救自己、拯救地球，并预言这场革命将使人们重新认识人与非人类的自然、男性与女性之间的关系。20世纪80年代生态女性主义成为一种时代思潮。1980年3月，600多名女性在美国麻省召开了题为"女性与地球上的生命"的第一次生态女性主义大会，该会议成为生态女性主义形成的标志。之后，生态女性主义在90年代迎来了蓬勃的发展，涌现出了一大批理论先锋，有一批重要的生态女性主义论著发表，如印度学者范达娜·席瓦（Vandana Shiva）的《继续生存：妇女、生态学与发展》（*Staying Alive：Women，Ecology，and Survival*，1989），席瓦和德国女生态主义学者玛丽娅·米斯（Maria Mies）合著的《生态女性主义》（*Ecofeminism*，1993），澳大利亚生态女性主义伦理学家瓦尔·普鲁姆伍德（Val Plumwood）的《女性主义与对自然的主宰》（*Feminism and the Mastery of Nature*，1993），美国学者卡伦·J. 沃伦（Karen J. Warren）主编的《生态女性主义》（*Ecofeminist*，1994）和《生态女性主义：妇女、文化与自然》（*Ecofeminism：Women，Culture，Nature*，1997）等。

　　生态女性主义不仅涉及意识形态，还涉及行动主义，而且两者在全球范围内几乎同时出现，这使得生态女性主义这场"绿色"革命影响显著。在德·奥博纳的两本关于生态女性主义的著作出版之时，许多地区的女性就积极开展环保运动，显示了女性在保护生态资源的斗争中的非凡勇气和识见。如印度女性为反对伐木的"契普克"（Chipko，也称"抱树运动"），肯尼亚妇女开展的"绿色林带"植树、护树运动，美国女性对"拉夫运河"污染事件的抗议，等等。由此，生态女性主义成为近几十年来世界范围内引人瞩目的一项社会文化运动和显学。

一　两个文化维度：环境与性别

　　生态女性主义具有跨学科、跨文化的特点，它是一种生态学导向的女性主义，以女性的性别视角在理论和实践中深入研究人类所面临的生态环境危机。环境与性别是生态女性主义关注的两个核心维度。生态女性主义"把女性主义的'社会性别'范畴作为研究和分析问题的范式，重视女性的地位、价值、体验和利益，以性别视角透视环境伦理、妇女伦理和生命伦理等实际问题"①。生态女性主义者认为，女性问题不是一个孤立问题，"压迫女性"与"压迫自然"存在某种内在逻辑联系，生态环境问题的解决也必将与妇女解放联系在一起。建立生态女性主义理论雏形的德·奥博纳在《女性主义或毁灭》中，综合了生态环境保护观念和女性主义性别意识，将自然和女性紧密联系在一起，展示了两者不可分割、互为依赖的关系。美国教授伊内斯特拉·金（Ynestra King）在《治愈伤口：女性主义、生态学和自然/文化二元论》（*Healing the Wound*：*Feminism*，*Ecology* ，*and the nat-ural/cultural Dualism*，1990）一文中也认为生态女性主义乃是一种将自然和女性作为研究的核心维度，并将两者相互勾连作为研究出发点的文化理论，他写道："在生态女性主义中，自然是分析的中心范畴。对自然中相互联系的统治——灵魂与肉欲、人类压迫和非人类自然——以及跟这些统治形式相关的女性历史地位的分析构成了生态女性主义的出发点。"②

　　生态女性主义立足环境与性别并将两者联系起来的研究维度，同时为生态学和女性主义提供了新视角，非常有意义，它"把并不孤立的环境问题与妇女问题联系起来综合考虑，使环境哲学和女性主义得到协调发展"③。在后现代语境下，集结性别研究和生态研究两股批评力量的生态女性主义为我们提供了一个崭新的文化哲思视角。面对目前存在的全球生态危机和女性解放的任务，生态女性主义的女性观和自然观显现了其新颖特色。

（一）生态女性主义自然观

　　生态女性主义视野中的自然是有机整体的自然，并且是性别角度下的自然。生态女性主义自然观是人类自然观发展链条中独具特色的重要一环。生态女性主义批判了近现代西方文明所持的机械论自然观，肯定了"前工

---

① 郑湘萍：《生态女性主义视野中的女性与自然》，《华南师范大学学报》（社会科学版）2005年第6期。
② 〔美〕格蕾塔·戈德、帕特里克·D. 墨菲主编《生态女性主义文学批评——理论、阐释和教学法》，蒋林译，中国社会科学出版社，2013，第4页。
③ 郑湘萍：《生态女性主义视野中的女性与自然》，《华南师范大学学报》（社会科学版）2005年第6期。

业时代"的有机论自然观。

机械论自然观立足人类中心主义立场，认为自然仅仅具有工具性价值，可以一味驾驭、一味索取。对此，生态女性主义者是忧虑与反对的。美国生态女性主义思想家卡洛琳·麦茜特（Carolyn Merchant）在其名著《自然之死——女性、生态与科学革命》（The Death of Nature：Women，Ecology，and Scientific Revolution，1990）中说道："有机理论的核心是将自然，尤其是地球与一位养育众生的母亲相等同……随着'科学革命'的推进和自然观的机械化、理性化。地球作为养育者母亲的隐喻逐渐消失，而……驾驭自然的观念……即机械论、对自然的征服和统治，成了现代世界的核心观念。"① 她预言机械论精神将造成"自然之死"的悲剧，会把地球推向生态毁灭的边缘，而"自然之死"又必将成为人类之死的隐语。她认为，"前工业时代"的有机论自然观应成为当今"后工业时代"环境保护和绿色生态理念的历史传统资源与哲学基础。生态女性主义肯定了"前工业时代"的有机论自然观，又将其深化，它"不是重新确立自然作为人类的母亲，也不是提倡妇女重新接受由那个历史等同所指定的养育者的角色"，而是要分析女性与自然诸多相关联的价值，"考察现代妇女解放运动和生态运动对传统自然观的冲击，以粉碎旧世界的方式呼唤一个新世界的到来"②。

生态女性主义自然观主张把自然作为一个有机整体，注重保护自然生态系统的完整与平衡，这同当今深层生态学所持生态中心主义立场的自然观是一致的。但不同的是，深层生态学在谴责人类中心主义时忽视了长期以来"人类中心"是"男性中心"的社会现实，没有严肃考虑男性中心主义或男性统治的构成机制；生态女性主义构建起的自然观则体现出性别观照，生态女性主义从性别和生态的立场出发，把自然概念与女性概念相联系，把自然作为女性议题，力图对压迫自然与压迫女性的"父权制"世界观进行批判，而不是简单地反对一般意义上的人类中心主义。生态女性主义的自然观从人与自然的有机整体性及女性与自然的关联性方面构建起一套新的价值系统，使女性、自然甚至所有"他者"共同发展成为一致的行动，联合起来实现整个生态系统的健康和谐发展。

---

① 〔美〕卡罗琳·麦茜特：《自然之死——女性、生态与科学革命》，吴国盛等译，吉林人民出版社，1999，第 2 页。

② 〔美〕卡罗琳·麦茜特：《自然之死——女性、生态与科学革命》，吴国盛等译，吉林人民出版社，1999，第 3 页。

（二）生态女性主义女性观

生态女性主义者倡导女性要在生态保护运动中积极发挥主导作用，这种主导性是指女性在参与和关注生态运动的过程中立足与自然的特殊联系所体现出来的性别力量、独特价值及其与自然的关联。"女性历来比男性更接近自然。女性的心灵更适合于思考人与自然的关系。"① 因此，生态女性主义强调女性在面对环境问题上的自为性，而不是"第二性"，不是被动的、消极的甚至懦弱的。

中国学者李银河认为："尽管生态运动不一定全是女性主义的，但是任何深刻的生态运动，其性别化程度是令人震惊的。它之所以令人震惊是因为深刻的生态学意识是一种女性意识，或者可以说，生态意识是一种传统的女性意识。"② 在近几十年的生态学研究与生态环境保护的历史中，女性确实用她们的思想与积极行动改变了传统社会固有的思维方式。例如，20世纪60年代以后在人类生态文化发展方面具有划时代意义的三篇文献——《寂静的春天》（*Silent Spring*，1962）、《我们只有一个地球》（*Only One Earth*，1972）、《我们共同的未来》（*Our Common Future*，1992），其作者均是女性，她们分别是美国生物学家雷切尔·卡逊（Rachel karson）、英国经济学家巴巴拉·沃德（Barbara Ward）、挪威前首相布伦特兰夫人（Gro Harlen Brundtland）。她们的思考对生态环境的建立、生态女性主义的发展产生了深远影响。1980年的"妇女与地球上的生命"大会主题也是在探讨父权制社会对女性与自然的压迫与统治的基础上，对女性环保主导性做倡导，以此建立起一个人与人、人与自然和谐相处的生存环境。1995年第四次世界妇女大会通过的《行动纲领》指出："妇女往往起着领导作用，或带头促进一种环境道德规范"，大会提出的"妇女和环境"的三个战略目标之一即"积极吸收妇女参与各级环境决策"。③

随着生态女性主义运动影响的深入，更多呼吁女性发挥主导性作用的声音出现在生态环境危机愈加严重和复杂的21世纪。如中国妇联和联合国国际减灾战略秘书处2010年联合主办的性别与减灾国际会议讨论并联合通

---

① 何怀宏：《生态伦理——精神资源与哲学基础》，河北大学出版社，2002，第2页。
② 李银河：《女性主义》，山东人民出版社，2005，第84页。
③ 第四次世界妇女大会《行动纲领》，1995年9月15日，http://www.wsic.ac.cn/international-womenmovementliterature/55343.htm。

过了"将性别意识纳入减灾全球行动北京倡议"。会议充分显现了女性在环保运动中的行动自信，这种自信与 20 世纪 70 年代生态女性主义产生之初苏珊·格里芬（Susan Griffin）的声音遥相呼应。格里芬在《妇女与自然：女人心底的怒号》（*Woman and Nature：The Roaring Inside She*，1978）中自信地提道："我们就是自然。我们是了解自然的自然。我们是有着自然观的自然。"①

二　深度文化颠覆：打破一种"观念结构"

生态女性主义立足自然和性别两维思考权力，由此发现：对女性的控制与对非人类的自然的控制都是由一种共同的观念结构（conceptual structure）造成的。正如美国著名生态女性主义者查伦·斯普雷特内克（Charlene Spretnat）所言，"生态女权主义的核心观点是：西方文化中在贬低自然和贬低女性之间存在着某种历史性的、象征性的和政治性的关系"②。这种关系就是父权制观念结构。生态女性主义者认为要实现女性与自然的解放，就要打破这种压迫性的观念结构。德·奥博纳在《生态女性主义：革命还是改革》中指出，自然与女性都处于被统治和压迫的地位，故而女性应该和自然结盟，团结起来共同反对父权制的社会制度。③

哲学生态女性主义学者卡伦·J. 沃伦系统论述了西方父权制观念结构的具体内涵。她认为父权制观念结构由三个支点搭建：价值二元论、价值等级制及统治逻辑价值伦理观。父权制观念结构的这些价值观企图证明的是人类奴役自然和男性奴役女性的合理性。而在生态女性主义者看来，生态女性主义不只是要解决环境恶化与生态危机的问题，更是要改变、清除扎根于父权制观念结构的这些价值体系和观念体系。生态女性主义批判二元对立的理论，反对将女性与自然、繁殖、物质、他者性/男性与文化、生产、形式、自我性的父权制意识形态武断两分，反对对地球上的生命做等

① 〔美〕苏珊·格里芬：《妇女与自然：女人心底的怒号》，林同敏译，广西人民出版社，2002，第 5 页。

② 〔美〕斯普瑞特奈克：《生态女权主义建设性的重大贡献》，秦喜清译，《国外社会科学》1997 年第 6 期。

③ See Barbala T. Crates, "A Root of Ecofeminism," in Greta Gaard and Patrick D. Murphy ed., *Ecofeminism Literature Criticism：Theory，Interpretation，Pedagogy*, Urbana and Chicago：University of Illinois Press，1998，p. 17.

级划分。生态女性主义尤其主张要打破父权制观念结构中的统治逻辑。卡伦·J. 沃伦在其生态女性主义代表性著作《生态女性哲学：西方视域中的内容和界定》（*Ecofeminism Philosophies：A Western Perspectiveit on What it and Why it Matters*，2000）中如此归结这种统治逻辑："这种父权制的价值——等级思想导致统治逻辑的产生，即这样一种……思维，它解释并维护了'劣势'群体对'优势'群体的服从，它还为这种现象争辩，以证明它是合理的。"① 因此，统治逻辑"不只是一种逻辑结构，也是一个独立存在的价值体系，它从伦理角度证明某种统治和支配是'公正的'和'正当的'，并为这种统治进行伦理辩护"②。

统治逻辑是逻各斯中心主义背景下的一种父权制态度，一种对自然、女性及一切他者的征服式、掠夺式的发展逻辑，是造成各种压迫的根源所在。沃伦在书中亦详细揭示了统治逻辑是如何解释、论证对女性、自然及其他人类他者统治的合理化的。她提出只有把"关联主义、整体论和多元论原则"作为本体论的生态女性主义才能动摇及颠覆这种统治逻辑。在后现代文化语境下，生态女性主义对逻各斯中心主义的深度颠覆体现为两方面：在人与自然的关系方面批判、解构人类中心主义；在权力与秩序方面批判、解构菲勒斯中心主义。人类与非人类的自然、男性与女性之间的关系在生态女性主义这里成为压迫性等级关系的基本范式，在一定程度上生态女性主义逐渐超越了解放女性与自然的目标，上升到对一切文化建构的统治行为的关注，如种族压迫、阶级压迫、歧视第三世界等。伊内斯特拉·金就宣称："生态主义危机与西方白人男性对一切自然和女性方面的故视体系有关……生态主义的任务是要不断铸造真正的反二元体制，或者辩证的理论和实践。"③

生态女性主义的批判矛头透过父权制堡垒直指包括价值二元论、等级制度和统治逻辑在内的压迫性"观念结构"，消解特权观念和形而上的二元对立，力求构建和谐发展的社会。如伊内斯特拉·金所说："我们能够利用它的优势来创造一个不同的文化与政治，这种文化与政治能够把直觉的、

---

① Karen J. Warren, *Ecofeminism Philosophies：A Western Perspectiveit on What it and Why it Matters*, New York：Rowman & Littlefild Puplishers Inc. , 2000, pp. 48 – 51.
② 陈风珍：《女性主义文艺美学透视》，光明日报出版社，2009，第198页。
③ 转引自刘岩、马建军等编著《并不柔弱的话语——女性主义视角下的20世纪英语文学》，重庆大学出版社，2011，第91页。

精神的和理性的认知形式结合为一体，同时包容科学与魔幻；在这个范围里，它们使我们得以转化自然—文化的区别，创造一个自由的、生态和谐的社会。"①

三　文化实践的观照：性别政治与生态伦理

基于对父权制观念结构的价值体系和观念体系的深度颠覆，生态女性主义在生态项目实践中做出了别具一格的贡献。这不仅体现了女性主义在当代世界重大问题上举足轻重的作用，彰显出性别政治色彩，而且有助于促进新的生态伦理理念和环境道德的建立。詹妮斯·伯克兰（Janis Birke-land）认为，"以一种价值观，或一种实践，或一种社会运动存在的生态女性主义提供了一种政治分析框架，用这种框架拷问与反思了男性中心主义和生态环境破坏之间的内在关系"②。

生态女性主义所建构的生态文化渲染着女性特质，体现出关怀伦理。观照其发展历程，它不仅注重理论支持，更强调实践性，注重形成一场声势浩大的运动。可以说，生态女性主义运动是融合了女性主义和环境主义的社会政治运动。在运动实践中，生态女性主义者认为，既然女性问题与生态问题互相关联、互相促进，其解决策略就需要联合在一起。卡伦·J.沃伦认为生态问题的解决必须纳入女性主义视角，而女性主义理论和实践的发展也必须包含生态学的视角。③ 美国学者罗斯玛丽·鲁特尔（Rosemary Ruether）在《新女人、新地球》（New Woman，New Earth，1975）中就指出"在一个继续以统治与被统治对立关系作为主要关系模式的社会，女性很难有自由（解放）可言，生态问题也不可能找到实实在在的解决途径。必须把女性运动与生态运动的种种价值需求联合起来，积极创造和重构基本的社会与经济，重建作为这个（现代工业）社会基础的价值观念"④。

---

① 〔美〕罗斯玛丽·帕特南·童：《女性主义思潮导论》，艾晓明等译，华中师范大学出版社，2002，第 375 页。
② Janis Birkeland，"Ecofeminism：Linking Theory and Practice，" in Gaard Greta，ed.，*Ecofeminism：Women，Animals，Nature*，Philadelphia：Temple University Press，1993，p. 18.
③ 〔美〕罗斯玛丽·帕特南·童：《女性主义思潮导论》，艾晓明等译，华中师范大学出版社，2002，第 113 页。
④ Rosemary Ruether，*New Woman/New Earth：Sexist Ideologies and Human Liberation*，New York：Seabury Press，1975，p. 204.

生态女性主义文化的发展历程贯穿着行动主义，考察生态女性主义文化实践，人们愈来愈看到它在关注性别政治、生态伦理方面的积极意义。

早在生态女性主义萌发期，当女性生态学者蕾切尔·卡森于1962年出版《寂静的春天》时，就因其女性身份而遭到对手的性别攻击，被污蔑为"自然的女祭司"，但她所唤起的生态意识和关怀伦理，直接促成1970年美国环境保护署成立，也使得反对农药污染成为一种生态正义。

经历40多年，生态女性主义在发展与繁荣期更是致力于构建这样一个和谐和睦的生态体系：它没有男女性别的等级划分，没有任何形式的社会压迫关系。于是，生态女性主义者在全世界范围内发展了各种形式的环保运动。除前文所提到的印度妇女的"抱树运动"、美国女性对"拉夫运河"污染事件的抗议等体现了生态女性主义的行动主义取向之外，值得一提的是，许多妇女环保活动带有全球性特点，影响很大。例如，席瓦等人发起的女性多样化运动是一场关于生物多样性、文化多样性和食品安全的全球妇女运动；美国妇女环境与发展组织（WEDO）在2004年11月19日发起的"种植一棵树"的全球运动，其宗旨是把环境、和平、人权和性别平等联系起来。

生态女性主义实践活动在全球发展时，在第三世界发展中国家特别注重与具体国情融合、关注基层运动、关注科技的殖民性质及全球化对第三世界女性与生态环境所带来的负面影响，体现出本土化特色。如肯尼亚著名环保主义女政治家旺加里·马塔伊（Wangari Muta Maathai）1977年开始在民间进行环保宣传，鼓励妇女植树，组织了著名的"绿色带运动"，这为肯尼亚乃至东非地区环境状况的改善、为妇女权利的争取做出了贡献；陕西"妈妈环保志愿者协会"是中国开展生态女性主义实践活动的典范之一，它积极发挥妈妈的环保环境监督维权作用，致力于推动妇女参与到本土的环境保护中，开展了"换树'1＋1'·美丽秦岭行动"等多项活动。中国政府与民间层面启动的生态女性主义本土化实践行动，既为提高中国女性环保意识做出了积极努力，也诠释了女性在当代中国生态文明建设中的地位与作用。从已取得的成效来看，生态女性主义本土化更有利于解决第三世界的性别、环境与发展问题。

可见，女性作为生态环保不可或缺的一分子，在世界环境保护史上做出了突出贡献。通过环保运动，女性在国际舞台上也彰显出自己的力量，发出了自己清晰的声音。作为一种倡导多元化、尊重生态差异性的文化，生态女性主义"从性别与生态相复合的特定角度反思人类共同的文化经验"①，"希望用一种整体性结合的观念：整体性、相关性（包括人与自然及人与人的关系）、尊重、同情、关怀、关爱等来代替西方父权制主张的分离、分化和对立的二元论"②，建立一种关怀和平等的伦理关系。生态女性主义从理论到实践对构建现代性的性别政治和生态伦理产生了相当大的影响，有着十分重大的现实意义。正如第四次世界妇女大会通过的《行动纲领》中所强调的，"妇女对无害生态环境的经验及贡献，必须成为 21 世纪议程的中心组成部分"③。

四　文化目标的指向：生态和谐与女性成长

生态女性主义既是"女性"的，又是"生态"的，通过性别和环境维度审视女性与自然，审视整个人类文化，质疑和解构现实社会普遍存在的父权制统治逻辑。其所指向的最终文化目标亦有"她性"与"生态"色彩，即生态和谐与女性成长。作为生态理论的生态女性主义，"所宣扬的是一种替代的文化观，它呼吁建立一种不是基于统治原则而是基于互惠和负责的生态道德伦理观"④。生态女性主义关注人类与其他所有形式生命的相互关联，其文化目标是要达到自然界和人类的和谐共生，建立平衡、和谐和有机完整的生态系统。

作为女性主义理论的生态女性主义，其理论与实践的目标同其他女性主义一样：关注女性成长与解放，争取人人平等的权利与地位。"女性主义的终极目标是使女性成长为人，是对人的塑造和发展的推进与实现。"⑤ 从"女性"的视角去看待环境，将不仅有助于解决生态危机，还能让女性更深刻地认识自我、发展自我。深层生态学强调生态自我实现与生态中心主义平等两大原则，在这两点上，生态女性主义是与之呼应的，生态女性主义在强调地球生命的相互关联性、批判统治逻辑的同时也在一定程度上实现

①　乔以钢：《论生态女性主义批评及其本土实践》，《天津社会科学》2011 年第 2 期。
②　李建珊、赵媛缓：《生态女性主义与中国传统文化》，《自然辩证法通讯》2008 年第 2 期。
③　第四次世界妇女大会《行动纲领》，1995 年 9 月 15 日，http://www.wsic.ac.cn/international-womenmovementliterature/55343.htm。
④　金莉：《生态女性主义》，《外国文学》2004 年第 5 期。
⑤　王宏维：《女性学导论》，广东人民出版社，2012，第 245 页。

了自我实现、自我成长。

女性在父权制的"观念结构"中处于"他者""边缘化""失语"的地位，对于在生态危机中同样处于"他者""边缘化""失语"状态的自然，生态女性主义以一种女性关怀立场为自然界的权利而斗争。女性在进行斗争实践与理论探讨的同时也不断成长，完善了自己的性别结构，不再"他者"、"边缘"与"失语"，积极彰显出女性的创造力与生命活力。"生态女性主义认为，女性更有责任、更有愿望结束人统治自然的现状——治愈人与非人自然之间的疏远"①。

如何治愈生态危机？社会生态女性主义提倡遵循一种有着可持续性、平等性、包容性、多样性、整体性、能动性等内涵的"女性原则"；哲学生态女性主义主张建构尊重自然、女性、生命和一切"他者"的爱护伦理学，即女性伦理学②；文化生态女性主义主张建构一种新型的女性文化，这种女性文化通过复兴古代自然女神的崇拜，重新发现女性价值，重新恢复对自然生态系统的敬重。当然，生态女性主义最终并不寻求用基于性别概念的"女性原则""女性伦理""女性文化"来取代男性价值，因为这又会陷入另一种"统治逻辑"，他们只是立足自我性别维度，积极发挥女性创造力去寻求一种能改造人们思维方式和有利于社会可持续发展的女性组织法则。生态女性主义者"不是试图寻求一种以女性为性别基础的品质来替代男性品质，而是提倡一种女性的组织原则，这种原则不仅将改变生产和再生产关系，而且也改变人们的思想意识"③。而在提倡"女性原则""女性伦理""女性文化"的过程中，女性突破父权制的观念结构在不断成长，女性的性别结构不断得到完善，女性的价值不断彰显。

生态女性主义将自然与女性视为人类生存和发展的本源，在存在性别歧视和生态危机的社会场境下，生态女性主义的性别与环境的双重观照维度体现出对自然生态问题和人类社会生态前景的终极关怀，最终使自然环境和社会环境、男性与女性和谐相处，协调发展，实现现代社会的可持续发展。

---

① 李银河：《女性主义》，山东人民出版社，2005，第 87 页。
② 〔美〕罗斯玛丽·帕特南·童：《女性主义思潮导论》，艾晓明等译，华中师范大学出版社，2002，第 231～235 页。
③ 金莉：《生态女性主义》，《外国文学》2004 年第 5 期。

结语　对话中的有机文化建构

　　作为女性主义这一多声部理论体系中的一支，生态女性主义不仅在女性话语建构上与其他女性主义形成对话性，而且在其自身内部也形成一种对话性。用卡伦·J. 沃伦的话讲，生态女性主义是个伞状术语，一种多元文化思潮。各个流派或侧重文化视角，或偏好哲学思辨，或着重政治批判，形成多种思想的相互对话与渗透。建立在打破统治逻辑基础上的"多样化的统一"原则不仅是生态女性主义的重要思想内容，也成为其格局的一项特征。著名女性主义者格内塔·加尔德（Greta Gaard）曾这样形容生态女性主义："不同的女性主义雪峰的思想都流向这个湖泊，有许多行动主义之路也通向生态女性主义之湖。"① 生态女性主义保持一种多元视角、对话姿态，多角度地考察女性与环境问题，从而使女性主义与生态主义愈加水乳交融。生态女性主义各分支在对待女性与自然关联上的倾向是：无论是文化生态女性主义的强调，还是社会生态女性主义的试图削弱，乃至哲学生态女性主义的批判性解构，尽管不同，甚至在继续论争，但都在试图将不同性质的"性别关系"与"人与自然关系"结合起来研究，给我们在反对各种形式的压迫方面提供了一种新思维、一种批判主义色彩的世界观和方法论、一种观照生态整体的宏观文化视野。作为发展中的文化思潮和社会运动，生态女性主义还在有机地建构之中，而其文化生命力在未完成的对话中愈加蓬勃。

---

① 何怀宏主编《生态伦理：精神资源与哲学基础》，河北大学出版社，2002，第 238 页。

有机共同体、跨肉身性与城市
文化的重建

——基于生态学视角的反思[*]

王晓华[**]

摘要 从生态学的角度看，城市并非人类独居的场所，而是人文和自然交织的地带。如果我们的视域从人类扩展到有机共同体，一种超越物种边界的跨肉身性关系就会显现出来。作为肉身性存在，人不可能生存于完全无生命的疆域。城市是活的世界，同样属于有机共同体。然而，从现代性诞生之初到当代，这个事实曾被长期忽略，暴力美学因此在城市建设中大行其道。于是，"自然之蚀"出现了，生态危机困扰着芸芸众生。要克服这种不平衡状态，就必须激活"在－生态圈－中"的跨肉身体验，重新定义城市文化：它是有机体共生的世界，我们必须同时尊重其人文生态和自然生态，珍视和守护属于所有生物居民的家园。

关键词 有机共同体 跨肉身性 城市文化 重建

Abstract From the perspective of ecology, the city is not the place where we human live alone, but the zone in which the humanity and nature are interlaced. If we develop our horizon from human being to organic community, a trans-corporeal relation would reveal itself. As bodily existence, we

---

* 本文为国家社会科学基金项目"主体论美学视野中的西方身体艺术研究"（项目号：17BZW067）的阶段性成果。

** 王晓华，深圳大学人文学院教授，主要研究美学、文艺学、文化理论。

can't live in a totally life-less world. Therefore, the city is also a living world which belongs to the organic community. Unfortunately, from the beginning of modernity to the contemporary era, this fact has been overlooked by the mainstream culture. The result is "aesthetics of violence" prevails over the urban construction, especially in some Chinese cities. Consequently, urban residents have been perplexed by the "eclipse of nature" and eco-crisis. In order to overcome the unbalanced state, the trans-corporeal experience of "in the eco-system" should be activated, and the definition of urban culture should be revised: it is a symbiotic world where the organisms lives together, where the human residents should respect the humanistic and natural ecology, where we are obliged to cherish and protect the oikos of all organic citizens.

Key words organic community   trans-corporeality   urban culture reconstruction

在"现代性"增殖的过程中，"进步"曾长期意指弥散性的暴力美学：为了实现有关"未来"的规划，万事万物都必须服从人类的安排，时间叙事因此主宰了空间诗学。当质料（formless material）源源不断涌向特定的中心时，城市便嬗变为重组世界的场所，"自然"则被迫退隐到边缘地带。后者不断被实施局部或整体的外科手术，被推倒、剖开、切割、充塞、移植、加工。于是，"自然之蚀"便牵连出一个平行性的事件：随着暴力美学衍生出支配性的力量，不安意识随即出现了，有关危机的言说开始蔓延。譬如，对拆迁和雾霾的中国式调侃折射出至深的忧虑，展示了对暴力美学的反思，表达了重构城市空间的强烈愿望。然而，我们是否能找到替代现代性计划的方案？暴力美学会不会以合理的方式消解？从生态美学的角度看，答案是肯定的：如果规划者的视域从特定的物种（人类）扩展到有机共同体（organic community），一种跨肉身性（trans-corporeality）关系就会显现出来，城市文化将因此获得重新定义。

一

跨肉身性是当代西方生态批评家新近创造的一个概念，内涵丰富而具有启发性。其一，"人类的肉身性（corporeality）意味着跨肉身性"，意味着与环境的相互啮合（intermesh）；其二，我们的环境并非惰性的空间，而是具有其本己需要（needs）、吁求（claims）、行动（actions）的"肉之世界"（world of fleshy）；其三，在人类身体与身体性自然（bodily natures）之间，交换（interchange）和互联（interconnection）时刻在发生，创造出内在的生命力。① 此论颠覆了传统的人类－环境定位，提供了重新思考城市文化的框架。如果承认人首先是肉身性存在，那么，他/她就不可能栖居于纯粹无机物的疆域。因此，城市也是活的世界（the living world），同样属于有机共同体的一部分。

从谱系学的角度看，跨肉身性属于生态学范畴。它的倡导者发展了生态学对有机体的言说，敞开了其中所蕴含的交互原则。根据德国生物学家海克尔（Ernst Haeckel）的原初定义，生态学（ecology）意指"研究有机体在家（环境）中生存的科学"，聚焦后者如何与周遭事物互动。② 当海克尔如此言说时，一种归属意识已经绽露：（1）人类身体属于有机体的谱系；（2）他/她生存于有机体编织而成的网络（web）之内；（3）跨机体的互动是生命之源。经过他和一些同道的努力，两个关键词迅速凸显出来：（1）有机体（organism）；（2）家（oikos）。每个有机体都只能生活于家中，家是有机体的基本生存空间，具有两个相互联系的维度：生存的有机条件（organic condition）和无机条件（土壤、空气、水等）。③ 任何有机体要生存下去，就必须协调二者的关系。此乃其"家事"。与此相应，生态学是"自然的家事管理学"或"自然的家事经济学"。④ 从这个角度看，生态学绝非泛泛地谈论生命，所凸显的并不是无主体的关系网络，相反，它从诞生之初就强调有机体的地位——它是管理家事的主体，是特定利益的拥有者，是关系之网的"结"（knot）。在这种原初表述中，机体美学的轮廓已然绽露，其要义是共生而非独大，是交往而非命令，是互动而非专行。简而言之，它倡导的是跨肉身性法则，演绎的是协调物种关系的技艺。这个立场

---

① Stacy Alaimo, *Bodily Natures*: *Science*, *Environment*, *and Material Self*, Bloomington: Indiana University Press, 2010, p. 2.

② Joseph R. Des Jardins, *Environmental Ethics*, California: Wadsworth Publishing Company, 1993, p. 177.

③ Frank N. Egerton, "History of Ecological Science," in *Bulletin of the Ecological Society of America*, July 2013, p. 226.

④ Frank N. Egerton, "History of Ecological Science," in *Bulletin of the Ecological Society of America*, July 2013, p. 227.

超越了传统的人类中心论，提供了重新审视城市文化的视镜——现代美学曾设立了孤独的主体（如笛卡尔的"我思"和莱布尼兹的"单子"），假定存在高居于物质之上的"灵"或"心"，认为人可以用思想左右一切，但跨肉身性概念的提出却破除了此类幻觉——无论身处何处，人只能生活于有机共同体中，依赖跨肉身性的交流。于是，反思现代性构架（Gestell）的参照系出现了，有关生态豁免权的想象暴露出其虚幻品格，先行者开始重新规划城市文化。正如人不是无肉身的主体，城市也不是生态学意义上的例外。它同样是有机体的家，同样处于全球生态网络之中。由此反观当代城市空间的建构，我们不难发现机体意识的缺席所造成的"自然之蚀"。

　　上面曾经指出，在现代性诞生之初，跨肉身性概念的缺席曾使人将自己想象为孤独的主体，可以决定万事万物的命运（Geschick），城市则被当作技术构架展现力量的主剧场。① 随着这种思路的流行，城市/乡村的二分法出现了。如果说城市是文明的代名词，那么，乡村就是自然的同义语。这是一种不平等的关系："城市吞并其乡村邻居所栽培之物"，乡村则只能服从城市的意欲（包括接受其"政治权威"）。② 它折射出有关生态豁免权的想象：依赖乡村的供给，城市可以独立于生态体系之外，形成由钢铁、石油、水泥构成的纯人工世界。在以城市为中心的世界图景中，自然没有必要非得存在于近处，完全可以退隐到边缘，默默地奉献原材料。当此类想象发展到极致时，自然似乎消失了，"人从自己的聪明才智中创造出一切"，而"这些都可以在打折商店中买到，被裹在塑料袋中"③。在占主导地位的当代城市美学中，参与者几乎总是被抽象化：占据中心的是"人"，但它又似乎只具有局部的肉身性并总是以自己残缺的形象面对被贬抑到边缘的"自然"，而后者更是被缩减为无形式的质料。这是双重的忽略和删削：一方面，人对跨肉身交往的需求被遮蔽、压制、抹去；另一方面，其他有机体的独立存在似乎消失了，剩下的是可以随意处置的"物"（thing）或"资源"（resource）。有机体、建筑、园林、道路被当作孤立之物，被随意

---

① Martin Heidegger, *The Question Concerning Technology and Other Questions*, New York & London: Harper Perennial, 1997, p. XX.

② Michael Bennett and David W. Teague co-editors, *The Nature of Cities: Ecocriticism and Urban Environments*, Tucson: The University of Arizona Press, 1999, p. 35.

③ Cheryll Glotfelty & Harold Fromm co-editors, *The Ecocriticism Reader*, Athens and London: The University of Georgia Press, 1996, p. 33.

转移、搬迁、消除、抹去。它们似乎本就处于无家状态，是质料而非自立的个体。这不仅仅是认识论上的失误，更是有意识的筹划。主导芸芸众生的是未来主义美学。人类似乎总是行于自己之前，再回过头来规划世界重新成型的路径。他/她是小型的造物主，信仰单向的决定论，迷恋以世界为对象的装置艺术，随时准备开启局部的创世记。在这种磅礴气势的挤压下，其他有机体则被忽略、遮蔽、抹去。他/她似乎不是身体性存在，仿佛可以生存于任何环境之中。于是，没有对手的人类主体开始独自编织世界。譬如，古城的拆迁似乎只牵涉人类的利益，有关补偿的讨论永远聚焦于单一物种，"自然"极少出现于相关的评估体系之中。这不正是生态危机的起源吗？在此背后，一种美学法则展示其支配性力量。它有时被命名为暴力美学，更多时候处于无名状态，却又总以触目的形式展现自身。只是，这种触目几乎从不惊心，因为后者已经形成了支配性的体系，已经在被支配之物中布局，并且已经把他者（the others）改造为自己的载体。由此形成的是一种同质性的文化 - 心理结构或集体无意识。它不是李泽厚先生所说的"积淀"，而是单向的"建构"。

随着这种城市美学的弥散化，两个严重的后果出现了。其一，有机物所编织出的网络（web）被忽略、遮蔽、抹去，城市成为自然退隐的空间，人类身体凸显为孤独的主体——来历不明、孤独无依、归处暧昧的存在；其二，伴随着"自然之蚀"，人这种有机体被困于无机物的帝国，主体的形貌消散于水泥、玻璃、钢铁的"构架"之内。于是，人类形象变得不无吊诡意味：一方面，他/她似乎是全能的存在，另一方面，其自然性又难以获得伸展。裂痕出现了，有关异化的言说开始流行，现代城市的存在变成了悖论：既是人群聚集的中心，又是人群逃离的对象。譬如，许多城市居民丧失了自己对地方（place）的归属感，似乎自己总是处于无家可归的状态。① 由此可见，暴力美学所造成的绝不仅仅是物的毁灭，而是整个城市生态共同体的创伤。

在当代中国城市的嬗变过程中，大量人文遗迹曾被铲平，众多历史编码被拖入黑洞，无数形貌雷同的单元体被树立起来。例如，安徽芜湖的老城拆迁造成了一大片荒凉地带，一个同时存在于物理空间和精神场域的空

---

① Cheryll Glotfelty & Harold Fromm co-editors，*The Ecocriticism Reader*，Athens and London：The University of Georgia Press，1996，p. 101.

白，一种熟悉事物缺席后的疼痛感。当曾居住于斯的居民走过熟悉的街道时，物的倾诉似乎清晰可闻。此刻，残存者均是历史的证人，仍在讲述曾经发生的天－地－人－物四重奏。在《儒林外史》的作者吴敬梓居住过的老街，笔者这个外来者也被抛入裂痕之中：保留下来的商铺、街道、居室、园林依旧形成了一个群落，承载着生命丰盈的踪迹。这是在场者的力量。它使在场－缺席的对比显得更加强烈，唤起了强烈的不安意识。这种不安源于对缺席的感受：这里曾经存在的生命共同体消失了，大多数原居民消失无踪，广义的地方文化已经残缺不全。断裂出现了，随时会扩大为心理学意义上的深渊。在西方工业化的历史上，缺席者所带来的断裂感受曾经折磨着劳伦斯（D. H. Lawrence）：

> 这就是历史。一个英格兰排斥另一个。水井曾使庄园繁荣，但他们现在像抹去农舍一样抹去了它们。工业的英格兰抹去了农业的英格兰。一种意义抹掉了另一个。新英格兰抹掉了旧英格兰。变化不是有机的（organic），而是机械的（mechanical）。①

劳伦斯倾诉的不是怀旧之幽情，而是被拆迁之痛。熟悉的事物被抹去，自己则被抛入陌生的世界。于是，一种有关"家"的哀悼之情油然而生。这是有机物的真实感受。它借劳伦斯之口说出，变成了可以反复回味的文字。它折射出一个事实：无论文化生产多么丰盈，人都依然是活的有机体，其存在都依赖于跨肉身的交往。从这个角度看，城市不是暴力美学可以随意增殖的场域，不是自然应该退隐之处，而是生态体系的内在构成。只有认识到这一点，我们才能找到"回家"的路径。

二

要推倒重建城市美学，我们必须回到原初的事实层面。城市同样是有机体的栖居地。它服务于一个原初目的：居住（dwell）。有机体——尤其是

---

① Laurence Coupe ed., *The Green Studies Reader*: *From Romanticism to Ecocriticism*, Edited by London and New York: Routledge, 2000, p. 75.

人类身体——是其尺度。只有当人类身体感到舒展时，它才具有盎然生机。在所有关于城市的言说中，身体意识都牵连出生态考量，而后者又反过来证明了人的身体性。譬如，当人们谈论建筑密度、道路状况、卫生条件时，居住者的身体性已经凸显出来。如果人不是身体性存在，那么，他/她就不会如此关注自己的"生存条件"，而会像柏拉图的主人公那样眺望天界。这种关注展示了有机体的普遍需要：只有在适合本物种的环境中，它才能活下去。进而言之，跨肉身法则意味着"生物居民"（bio-citizen）只能生存于"有机共同体"（organic community）之中。

　　城市虽然经常被等同于"文明"，但其主要成员依然是有机体。在其他生命、身体、人工制品交织成的城市空间中，有机体仍旧是中心和枢纽。它们是 oikos（家）的主人，是周遭世界的组织者，是相互感受、渗透、支持的个体。事实上，原初的城市诞生于有机体守护自己的需要：为了保护脆弱的肉身，人们建起了围墙和坚固的居所，这不正是城市的起源吗？自诞生之初，城市文化之中就蕴含着一种"身体学"：它源自身体的劳作，供身体栖居，为身体而存在。在描述城市时，文学家喜欢使用"心""肺""动脉"之类的身体隐喻。① 对于亚里士多德（Aristotle）来说，城市可以被比作动物的身体。② 这类言说折射出身体的二重性：既是文明的创造者，又是有机共同体的成员。即使处于石头、钢铁、水泥土所构成的空间之中，它也不可能完全脱离"自然"：（1）无论居住于何处，实在的身体需要吃、穿、住，需要物质性的交换，需要来自有机共同体的支撑；（2）为了获得对自己的完整的感受，人不能丧失跨肉身体验，否则，他/她就会缺乏存在感。正因为如此，原初的城市同样是"自然体系"（natural system），也是身体或其他有机体进行交往的场所。③ 它是生物的栖居处，是有机体的工作室，是自然和人文汇合的场所。在中国的前现代文化中，自然曾是城市的一部分：

---

①　Richard Dennis, *Cities in Modernity*, Cambridge and London: Cambridge University Press, 2008, pp. 37 – 38.

②　〔古希腊〕亚里士多德：《政治学》，颜一、秦典华译，中国人民大学出版社，2003，第122 页。

③　Richard Dennis, *Cities in Modernity*, Cambridge and London: Cambridge University Press, 2008, p. 37.

　　渭城朝雨浥轻尘，客舍青青柳色新。

　　劝君更尽一杯酒，西出阳关无故人。

——王维《渭城曲》

显而易见，诗中的柳树是城市居民。它不仅是悦目的景观，更是可兹信赖的生物伙伴（biotic fellow）。当它和其他有机体繁荣生长时，城市同样是可以安居的故乡：

　　诗家清景在新春，绿柳才黄半未匀。

　　若待上林花似锦，出门俱是看花人。

——杨巨源《城东早春》

与中国类似，西方早期的城市叙事同样并未完全排除自然的在场。譬如，"雅典邻接的土地远大于城墙所围起来的部分"，"适合于放牧绵羊、山羊、种植大麦"。① 事实上，自然和文明的交织是前现代城市的常规状态。到了现代性占据统治地位的时期，对自然的排斥开始出现，但并非一下子就占据了上风。在 1516 年出版的名著《乌托邦》中，托马斯·莫尔（Thomas More）曾如此描写理想的城市格局："整段建筑的住屋后面是宽敞的花园，四围为建筑的背部，花园恰在其中。每家前门通街，后门通花园。"② 接着，他以无比赞叹的口气写道：

　　乌托邦人酷爱自己的花园，园中种有葡萄、各种果树及花花草草，栽培得法，郁郁葱葱，果实之多及可口确为生平第一次见到。他们搞好花园的热忱，由于从中得到享乐以及各街区于此争奇斗胜而不断受到鼓励。一见而知，花园是对于全城人民最富于实惠及娱乐性的事物。这个城的建立者所最爱护的似乎也是花园。③

花园是有机体的聚集地，是缩微的自然，是都市中的绿地。如果乌托邦是

---

① 〔美〕理查德·桑内特：《肉体与石头——西方文明中的身体与城市》，黄煜文译，上海译文出版社，2011，第 10 页。

② 〔英〕托马斯·莫尔：《乌托邦》，戴镏龄译，商务印书馆，1997，第 53 页。

③ 〔英〕托马斯·莫尔：《乌托邦》，戴镏龄译，商务印书馆，1997，第 53 页。

理想之所，那么，花园的至高地位便折射出从未缺席的身体性需求：亲近自己的非人类伙伴，享受跨肉身交往的快乐。当且仅当这种需求实现以后，人才能获得"在家之感"。一旦它被城市所压抑，矫正性力量就会随即出现。从知识考古学的角度看，它首先催生了批评话语：当过多的高楼大厦占据了有机体的 oikos（家），有关"怪物"（monster）的言说就兴起了。譬如，1888 年，亨利·詹姆斯（Henry James）曾将城市描述为"吞食人类血肉的全能巨兽"，认为它是非人性的技术突变体（mutant）："一些异常巨大的发条装置，一些手臂挥舞、用拳头捶击、张开大口的钢铁机器，它们的每个部分都服从特定的、奇幻的、无情的增殖。"① 这些意象表达了一种不安意识：异化的力量开始控制城市，城市居民与自然生命的联系被撕裂，人可能被从大地上连根拔起。② 言说者演绎了批判性的修辞学实践，袒露了寻找补偿的愿望。

正是在这种力量的推动下，城市设计中出现了复兴自然的倾向。在 18～19 世纪的西方，建造公园成为与工业化平行的时尚，大量的绿色空间（green space）迅速涌现。③ 对布莱恩特（William Cullen Bryant）等诗人来说，"伟大的城市"必须拥有公园。④ 公园是扩大了的花园，是自然可以伸展的都市空间，是身体性理念的感性显现。伴随公园的增殖，自然和自然性概念开始流行："自然性所要背弃的是：非自然，对自然的全面忽视，对人和物的自然本性的不尊重；对自然的曲解，使之成为与其本质背道而驰的东西，亦即变成不自然。"⑤ 受这种思路启发，英国哲学家斯宾塞（Herbert Spencer）"创造了一元论的伦理学"⑥，要求增强"身体的福利"⑦，呼唤人们关注机体的生理状况："一丛灌木在贫瘠的土地上不是就会衰败，当

---

① Richard Dennis, *Cities in Modernity*, Cambridge and London：Cambridge University Press, 2008, p. 38.

② Richard Dennis, *Cities in Modernity*, Cambridge and London：Cambridge University Press, 2008, p. 39.

③ Michael Bennett and David W. Teague co-editors, *The Nature of Cities：Ecocriticism and Urban Environments*, Tucson：The University of Arizona Press, 1999, p. 93.

④ Michael Bennett and David W. Teague co-editors, *The Nature of Cities：Ecocriticism and Urban Environments*, Tucson：The University of Arizona Press, 1999, p. 101.

⑤ 〔德〕格哈德：《德国启蒙运动时期的文化》，王昭人、曹其宁译，商务印书馆，1990，第373 页。

⑥ 〔德〕恩斯特·海克尔：《宇宙之谜》，苑建华译，陕西人民出版社，2005，第 373 页。

⑦ 〔英〕赫伯特·斯宾塞：《社会静力学》，张雄武译，商务印书馆，1996，第 12 页。

被剥夺阳光时就变得孱弱，而假如移植到寒冷的气候里，就会完全枯死吗？这是因为它的组织和环境之间的和谐被毁坏了。"① 此时，对环境的思考已经超越了身体学，演变为"道德生理学"即生态伦理学。②

人不再是城市居民关注的唯一对象，自然重新回到了公众视野之中。后者不但到公园中体验跨肉身的感受，而且强化了"野外漫步"的诗性实践。③ 在《宇宙之谜》一书中，海克尔记叙了这个转折："到了 19 世纪末，多数有教养的人，尤其是大城市的居民，每年都有幸拥有几周的假日去欣赏阿尔卑斯山的秀丽风光和晶莹透彻的冰川，或欣赏蔚蓝色大海的辽阔和海岸优美迷人的景色。"④ 当海克尔如此言说时，城市 – 自然的二分法已经被超越，"人类学和生物学结合起来"，一种涵括整个地球的生态学视野出现了。⑤ 虽然他没有详细提及人的跨肉身体验，但已经表达了超越物种边界的"交往之乐"，展示了自己对生物共同体的归属之感。

在城市的历史上，暴力美学并非总是畅行无阻，相反，弥补性的力量始终未曾完全缺席：当自然被排挤之时，反向的作用也会出现，有关归乡的言说则接连不断。这当然体现了德勒兹（G. Deleuze）所讲的建构 – 解域的张力，但实际的缘由更为具体：无论变得多么强大，一种被称作"人"的存在依然是有机体，仍旧需要跨肉身的交往，同样依赖自己的生物伙伴（biotic fellow）。简言之，城市中也不存在"无自然的生态学"（ecology without nature）。明白了这个事实，重建城市文化的道路便清晰可见。

三

在展望城市文化的前景时，我时常想起荷尔德林的一句诗："充满劳绩，但人诗意地/居住在此大地上。"⑥ 从生态学的角度看，"此大地"就是 oikos（家），"居住"（dwell）意味着跨肉身的交往，"诗意"则只能显现于归属 – 守护的行动中。一旦意识到这三者的内在关联，有关城市文化的言

---

① 〔英〕赫伯特·斯宾塞：《社会静力学》，张雄武译，商务印书馆，1996，第 24 页。
② 〔英〕赫伯特·斯宾塞：《社会静力学》，张雄武译，商务印书馆，1996，第 23 页。
③ Michael Bennett and David W. Teague co-editors，*The Nature of Cities*：*Ecocriticism and Urban Environments*，Tucson：The University of Arizona Press，1999，p. 48.
④ 〔德〕恩斯特·海克尔：《宇宙之谜》，苑建华译，陕西人民出版社，2005，第 362 页。
⑤ 〔德〕恩斯特·海克尔：《宇宙之谜》，苑建华译，陕西人民出版社，2005，第 385 页。
⑥ 〔德〕海德格尔：《诗·语言·思》，彭富春译，文化艺术出版社，1991，第 188 页。

说就会获得新的尺度。

从根本上说，人之所以能在城市中居住，是因为它隶属于全球生态体系。出于对这个事实的尊重，生态城市的建设者倡导物种层面的宜居美学。譬如，美国库里蒂巴市长杰米·勒纳（Jaime Lerner）认为"城市中很少有建筑设计得比树更美"，带领市民大量种树，增加植物公民的比例。① 此举既推动了植物生命在城市中的复兴，又改善了空气质量，因而大受欢迎。现在，有关"绿肺"的言说已经成为城市文化的一部分。不过，如果仅仅重视那些给人类以直接益处和美感的物种，人就无法获得完整的跨肉身体验，而某些可能威胁人的生存的物种又不宜离人太近，所以，实现物种层面的宜居规划需要调和的艺术。为了解决这些实际问题，当代生态城市的探索者们设计出了许多方案。其中最为可行的是建设郊野公园和保持城市周边的原发生态区。除此之外，他们还设计出了鸟巢（一种多层次的绿色建筑，其不同的楼层有不同的植物，可供各类鸟儿栖居）、垂直社区（花园、果园、咖啡馆、停车场、居民区构成的有层次的生态体系）、生态村（处于自然环境中或拥有"永继农业"的小社区）等筑居模式。这些模式提供了一种令人兴奋的可能性：城市（尤其是中小城市）并非永远是其他生命的受难之所，相反，它也能成为众多物种的"共生"之地。在有机物交织出的生命之"文"中，在由无数 oikos 勾连出的网络里，广义的"主体间性"无处不在。由于这种可能性的绽露，当代社会学家已经不再坚持城市/乡村、文化/自然、人/非人类生命的二分法。他们提出了自然社区和社会化自然等具有建设性的命题，力图显示社会与自然交织和共生的前景。② 当这种努力落实到城市规划层面时，新的居住美学会获得"感性显现"。

海德格尔曾将人界定为"在世的存在"。生态学将世界的外延由"社会"扩展到了生态圈，此在的形象则升格为"在生态圈中的有机体"。这不是单纯的空间意象，而是一种生存论上的定位：只有依赖跨肉身性的交往，人才能诞生和成长。此非独属于人的规定性，相反，任何有机体都"在－生态圈－中"。生态圈是有机体编织出的网络，是相互成全的有情之所。此处，有机体是关键词，跨肉身交往则是不可取消的谓语，这是生命的语法。它意味着超越物种边界的时间性：任何有机体都是交往的产物，都属于绵

---

① 〔美〕理查德·瑞吉斯特：《生态城市》，王如松、于占杰译，社会科学文献出版社，2010，第152页。
② 〔加〕约翰·汉尼根：《环境社会学》，洪大用等译，中国人民大学出版社，2009，第36页。

延不断的谱系，都有其历史。在城市中，情况依旧如此。然而，主流城市美学却忽略了这个事实。历史似乎专属于人。这同样不仅仅是认识论上的失误，更是有意识的遮蔽。当人忽略了其他有机物生存的历史性时，主体就可以任性地实现自己的筹划，暴力美学因此大行其道。事实上，其他有机体不但在城市空间中顽强生长，而且参与了其历史性的创造。街头的树木、院子里的花草、公园里的飞鸟属于绵延的生命谱系，其"踪迹"业已与人类文化"交织"在一起。广义的城市历史不是知识考古学的对象，而是有机物的生命历程。这种意义上的城市是作用和反作用发生的场域，是生命友情增殖的空间，是跨物种交往的场域。它同样属于天 – 地 – 人 – 物的四重奏。在其中，有机物感受、熏陶、赠予，留下交往的踪迹。这踪迹就是"文"（纹理），就是"史"。与海德格尔所设想的不同，万物均历史性地存在。在其他有机物被从栖居地迁移乃至毁灭时，当"文"和"史"被遗忘，广义的"地方志"已经不再完整，人类也难以重构其物种史。事实上，非人类生命是地球上的资深居民。与其长达数十亿年的历史相比，人类的经历无疑要单纯得多。从这个角度看，它们确实是人类的"先生"，以它们为师是人类的荣幸。在漫长的演化过程中，非人类生命形成了无数小的生命社区。由于生物体不可还原的跨肉身交往，这些社区都具有自己的历史和个性。世界上没有两片完全相同的叶子，更没有两个完全一样的生态社区。任何城市都处于或大或小的生态社区中，因此，城市规划必须尊重自然生态。根据理查德·瑞吉斯特（Richard Register）的总结，人们普遍赞同的生态城市设计原则共有 12 条：（1）恢复退化的土地；（2）与当地生命条件相适应；（3）平衡发展；（4）制止城市蔓延；（5）优化能源；（6）发展经济；（7）提供健康和安全；（8）鼓励共享；（9）促进社会公平；（10）尊重历史；（11）丰富文化景观；（12）修复生态圈。① 其中，"与当地生命条件相适应""尊重历史""修复生态圈"等原则相互呼应，体现了尊重自然生态的城市建设理念。为了生态社区的可持续发展，城市应该培育源于环境特征的个性。恰如自然社区本来就具有自己的独特品格，缘于环境特质的城市规划更容易强化个性之美。

除了自然之外，城市还是人文荟萃之地。如果说自然界诞生于物的游

---

① 〔美〕理查德·瑞吉斯特：《生态城市》，王如松、于占杰译，社会科学文献出版社，2010，第 220 页。

戏，那么，城市则是人的作品。在其中，跨肉身交往的发起者和受惠者主要是人。人既是自然馈赠的接受者，又是重组世界的主体。自人诞生之日起，他/她就创造出不同于自然生态的人文空间。人文空间增殖、更替、嬗变，形成城市的另一种历史性。在现代化过程中，这种历史性同样曾经遭到漠视，同样遭遇了推倒重建的暴力美学。于是，前面所说的危机诞生了，人被迫承受丧家之痛。在追查危机之源时，西方环境美学家瑟帕玛（Yrjo Sepanmaa）曾指出：城市建设不应该也不可能永远从头开始，而是"新的要适合于旧的"，参照地方性的"自然历史维度"和"文化历史维度"。① 与自然生态相比，人文生态承载着各种传统、风俗、习惯、感知方式，具有独特的地方性。在当代生态话语中，珍视个性化生活环境的思潮常常被称为地方主义（provincialism/regionalism）。落实到城市规划层面，生态主义者试图调和全球性和地方性的关系："两种主要的'居住'理念存在于环境思想中，一个是地方性的，一个是国际性的。我们'全球化地思考，地方性地行动'，这个口号同时显示了生态思想与它对现实政治的实际影响的对比，也展示了调和两种观念的企图。"② 世界由地方构成，对世界的爱必然显现为对地方的爱。在参悟了这个道理之后，当代生态主义者更加偏爱特殊的地方——在这些个性化的生命空间，跨肉身交往的踪迹清晰可见，人则更容易获得"在家"之感。尊重这种意义上的地方性，就是尊重人文历史。

结　语

在有关城市文化的言说中，最值得重视的是缺席之物：它们存在于符号体系之外，默默无语但又总是有所表达。言说，就是将缺席者带入在场的光亮。然而，这种努力注定难以普惠众生：如果"物"是各种力量的交汇处，那么，生命网络便具有无数的"节点"，任何言说都注定有所遗漏。或许，最重要的不是表达，而是回到原初的生命体验：作为有机体，人"在－生态圈－中"，永远依赖跨肉身的交往。从这种体验出发，感同身受

① 〔芬〕约·瑟帕玛：《环境之美》，武小西、张宜译，湖南科学技术出版社，2006，第205～206页。
② Richard Kerridge & Neil Sammells, *Writing the Environment: Ecocriticism and Literature*, London and New York: Zed Books Ltd. , 1995, p. 167.

地面对我们的生物伙伴，答案自然会涌现于心。作为有机体聚集之所，城市同样是个共同体，对它的设计依旧需要服从生态学法则。一旦拥有了新的坐标系，有关历史、环境、人文、自然的言说就会别有深意，对话、合作、交流模式便会代替流行的主体－客体二分法，而城市则会升格为万物共生的 oikos。此刻，诊断病症的透镜已经诞生，新的坐标系业已出现，决定性的因素是我们的选择。

不可靠的宠物叙事：对人类中心主义的生态美学反思

李家銮　韦清琦[*]

摘要　近年来兴起的"宠物文学"中充满了脉脉温情，但是这种宠物叙事往往是不可靠的。当今的宠物饲养行为在育种方式、饲养方式、遗弃等三大方面均存在严重问题，这些问题都根源于人类中心主义。人类中心主义将人类的利益作为衡量一切价值的尺度，从根本上有害于包括宠物在内的整个自然界的福利和权利，反过来又会反噬作为自然界一部分的人类的根本利益。根植于中国古典生态思想和当代西方生态主义的生态美学，可以从哲学根本上反拨人类中心主义，为当下宠物饲养问题的解决提供借鉴。

关键词　宠物叙事　人类中心主义　生态美学

Abstract　The emerging "pet literature" is full of tender feelings, but such pet narration is most probably unreliable. Serious wrongdoings exist in the breeding, rearing and abandonment of pets, all stemming from anthropocentrism. Anthropocentrism treats everything in terms of human interests, compromising the wellbeing and rights of the entire non-human nature including pets and in return harming the fundamental interests of humans that are essentially part of nature. Ecological aesthetics, rooted in classical Chinese ecological thoughts and modern Western ecologism, can revise anthropocen-

---

* 李家銮，南京师范大学外国语学院2016级博士研究生，主要研究英美女性文学、生态女性主义文论；韦清琦，文学博士，南京师范大学外国语学院教授、博士生导师，金陵女子学院副院长，主要研究英美女性文学、英美生态文学、女性主义及生态批评。

trism from its philosophical foundation，lending support to the solution of pet problems.

Key words　pet narration　anthropocentrism　ecological aesthetics

世界文学中历来就存在"动物文学"的传统：《伊索寓言》用动物寓意人类的行为和道德选择；《圣经》中充满了动物象征；印第安人口头文学用动物来解释他们对于宇宙秘密的认知；希腊、罗马、印度、中国的古典神话里面充满了动物角色；中国的《聊斋志异》和《西游记》更是以动物为主角。与传统意义上的"动物文学"借动物寓人不同，近年来兴起的"宠物文学/文艺"以宠物为直接描写对象：2009 年莱塞·霍尔斯道姆（Lasse Hallström）执导的电影《忠犬八公的故事》（Hachi）大获成功，2017 年同样由他执导的电影《一条狗的使命》（A Dog's Purpose）在全世界引发了观影狂潮，获得了票房和口碑的双丰收；泽本嘉光的小说《我与狗狗的十个约定》，石黑谦吾的小说《再见了，可鲁》及改编的电影《导盲犬小 Q》，郭敏、昂晓丹的小说《猫狗一家人》等现代宠物文艺作品都因为细致刻画人与宠物之间的温情而风靡一时。

但这种宠物叙事往往是不可靠的，其中宠物与主人之间的脉脉温情掩盖了宠物饲养行为中日益深重的动物福利与权利危机。据中国新闻网转载法国媒体的报道，法国是拥有宠物最多的欧洲国家，也是宠物被遗弃最多的欧洲国家，每年有约 10 万只宠物被抛弃，绝大多数是猫和狗①。国内暂无此类准确统计，但是流浪猫狗已经成为许多城市的癣疥之疾，给居民的健康和安全造成了隐患。2008 年 BBC 播出纪录片《纯种狗的悲哀》（Pedigree Dogs Exposed），揭露了英国纯种狗培育的黑幕，如近亲繁殖等育种方法造成了各种遗传疾病泛滥和先天畸形；三年后 BBC 播出了续集《纯种狗的悲哀：三年之后》（Pedigree Dogs Exposed/Three Years on），除了英国各类狗展（conformation show）将狗的健康纳入评分规则之外，纯种狗问题并无明显改善，尤其是近亲繁殖的育种方法一直为英国犬业协会（The Kennel Club）所坚持。

从生态美学的角度看，这些宠物福利与权利危机都是人类中心主义造

---

① 　葛雨帆：《法国弃养宠物问题严重　每年约 10 万只遭主人抛弃》，中国新闻网，2015 年 2 月 12 日，http://www.chinanews.com/gj/2015/02 - 12/7058276.shtml，访问日期：2017 年 7 月 22 日。

成的生态危机的一部分，宠物问题的根源在于人类中心主义对于人类审美观念的扭曲。按照西方犹太－基督教的人类中心主义传统，人是"万物之灵长"、世界的中心，世界上的一切都应以人为尺度，人可以征服、利用和统治整个自然界。宠物或者伴侣动物作为非人类自然界的一部分，当然也就只能因为对于人类的某种价值而存在，所以宠物的培育必然要符合人类的审美需要而非遵循其先天特点，宠物的饲养必然要满足人类的情感陪护需要或者其他需求，在饲养过程中自然会出现拟人主义（Anthropomorphism）的驯养方式，宠物最终因为丧失了对人类的价值或者妨碍了人类的其他便利而被抛弃也就不难理解了。可以说，当下的宠物审美已经完全背离了宠物的天性美、自然美，在人类中心主义的作用下变异成了一种"审丑"文化。作为对人类中心主义的反思与反拨，生态美学则可以从哲学根源上为上述问题的解决打开思路，所以发现宠物饲养中的具体问题并厘清其人类中心主义祸根，并且从生态美学的角度构思不但治标而且治本的解决方案，就是当务之急。

一　宠物饲养的三大类问题

从宠物饲养的整个过程来划分，宠物问题可以分为育种方式、饲养方式和遗弃三大类，三大类中可能包含各种具体问题。其中宠物遗弃问题最为直观，对宠物的健康和生命构成了直接危害。如前所述，法国每年有约10万只宠物被抛弃，中国此类问题也日益严重，流浪猫狗伤人事件时常见诸报端。一方面，宠物作为已经被人类驯养了几千年的物种大多缺乏自主觅食的能力，被遗弃后往往只能冻饿街头，其中部分则成为流浪猫狗，寄食于路人的施舍。另一方面，这些被抛弃的宠物又往往成为人类健康和安全的隐患，没有防疫的流浪猫狗往往成为狂犬病等疾病的传播源，部分流浪猫狗甚至攻击人类。流浪宠物已经成为许多城市的城市病之一，但是城市管理部门组织清理流浪猫狗的行动又容易引发舆论争议甚至群体性事件。显而易见的是，流浪宠物问题的根源在于人类遗弃宠物，据《新华日报》援引南京江宁宏盛犬业公司的专家报道，"大街上成千上万的流浪狗、流浪猫不少是因为人们盲目购买、喂养后不适应而遗弃的"[①]。

---

① 许建军等：《城市如何应对"狗患"泛滥》，《新华日报》2006 年 8 月 28 日，第 B03 版。

宠物育种方式问题对宠物物种的长远影响最大，却不为一般宠物饲养者所知。1859 年，英国举办了世界上第一场狗展。从此，各类狗展日渐盛行，维多利亚时代的上流社会和中产阶级趋之若鹜，竞相出高价购买各类名贵纯种狗。随着"日不落帝国"的扩张及其影响力的扩大，维多利亚中产阶级生活方式成为一种时尚，为其他国家的"新贵"所模仿，极大地促进了宠物饲养的传播。1873 年，英国国会议员西瓦立斯·雪利（Sewallis Shirley）创立了英国犬业协会，该协会从创立之初就致力于纯种狗的血统纯正，为此它规范英国各类狗展的规则，登记英国所有纯种狗，并编列《英国犬业协会育种标准》（KC Breed Standards）以规定各个品种的纯种狗的各项标准。现在，英国犬业协会还举办全世界规模最大的狗展——克鲁弗兹狗展（Crufts Conformation Dog Show）——参加这类比赛的纯种狗也被称为赛级犬，每年几万只纯种狗被按照品种、年龄分级，然后公狗、母狗分开比赛看哪只狗最符合各项纯种狗标准，最后才从各级优胜者当中选出冠军。从几万只纯种狗中脱颖而出的冠军自然会成为明星犬，为自己及其主人赢得鲜花、掌声和荣耀，当然也会因此身价飙升。毫不令人意外的是，英国犬业协会及其克鲁弗兹狗展的影响力是巨大的，纯种狗的概念也是深入人心的，据统计英国有 700 万只宠物狗，其中 75% 是纯种狗。但是这种看似标准规范的宠物狗育种、饲养和比赛，却给狗类造成了巨大的伤害和痛苦。据 2008 年 BBC 播出纪录片《纯种狗的悲哀》的报道，在英国犬业协会的指导下，负责宠物狗育种的饲养员大量使用近亲繁殖的方法，比如使用"父女""母子""兄妹"这样的"乱伦式"配种方式，都是为了保持纯种狗血统的纯正，培育并固定某些广受宠物狗饲养者喜爱的体态特征。但是这些受人喜爱的特征对于宠物狗本身来说往往是一种折磨，比如骑士查理士王小猎犬（Cavalier King Charles Spaniel）因其可爱的外形广受宠爱，所以英国犬业协会大力推崇其育种标准以保持这个犬种的"纯净"，但是近亲繁殖推高了这种狗的脊髓空洞症（syringomyelia）发病率，具体表现为其头骨太小不足以容纳其大脑，使其痛苦异常，甚至直接死亡。

W. E. 梅森（W. E. Mason）1915 年出版的《万国犬种》（Breeds of All Nations）一书以照片和配文的形式记录了世界几乎所有的犬种，但是在近 200 年的纯种狗培育之后，许多赛级纯种狗的骨骼、皮肤、容貌、体态、步态发生了巨大的变化，这些变化符合《英国犬业协会育种标准》，但往往对狗的健康和生命安全有害。比如，德国牧羊犬（German Shepherd Dog）原产自德国，最早作为牧羊犬使用，《万国犬种》对其描述是"中型犬，躯干较长但是很健壮，非常勇敢、聪明"[①]，并记录其一般体重为 55 磅（约 25 千克）。现在德国牧羊犬经常担任军犬、警犬、搜救犬、导盲犬等工作，这些工作型德国牧羊犬与《万国犬种》1915 年记录的体型和特征差别不大，它们经过工作训练之后能够承担各种高难度、高危险工作，比如能够翻越 2.5 米的高墙。但是赛级犬型的德国牧羊犬在过去 100 年中发生了巨大的变化，体重增加到 85 磅（约 38 千克），看似高大威猛，但是很多赛级德国牧羊犬都长着夹角状后腿，患上了共济失调步态（ataxic gait），连行走都困难。再比如，英国斗牛犬（English Bulldog）因在斗牛场上被用作斗牛的诱饵而得名，经常作为勇气与坚毅的象征被视为英国精神的标志。曾经的英国斗牛犬拥有足够长的颌骨，使其面部器官得以比较均匀地分布，面部皮肤也就比较平整，《万国犬种》将其描述为一种"皮肤平整"的狗[②]。但是在过去 100 年的纯种培育中，英国斗牛犬的头骨严重变形，特别是上颌骨缩短了将近一半，使其出现今天常见的"地包天"颌骨结构；面部器官拥挤不堪，特别是呼吸器官变形导致其呼吸困难；皮肤出现大量褶皱，严重时甚至影响其视界。《万国犬种》1915 年所记录的英国斗牛犬宽大低矮的体型在过去 100 年中越发夸张，以至于现在英国斗牛犬必须依靠人为协助甚至手术才能完成交配和分娩。另外，英国斗牛犬常常患有心脏病，易发癌症，绝大多数都髋关节发育不良（hip dysplasia），概率显著高于其他狗种。

　　近亲繁殖的育种方式对纯种狗保持基因多样性非常不利。比如《纯种狗的悲哀》援引英国帝国理工学院的科学家的观点，认为虽然英国有 10 万只哈巴狗（the Pug），但是从基因多样性来说只相当于 50 只不同的狗。虽然英国犬业协会反对《纯种狗的悲哀》的批评，但是其首席遗传学家杰夫·桑普森（Jeff Sampson）在一篇论文中承认"超过 90% 的独特基因变体在 6 代之内都会消失，这意味着育种模式对基因多样性有着巨大的影响"。[③]近亲繁殖的育种方式也对宠物各种遗传疾病的发病率有推高作用。英国皇家兽医学院露西·阿什（Lucy Asher）团队选取了英国犬业协会纯种狗名录

[①]　W. E. Mason, *Breeds of All Nations*, p. 16, https://archive.org/details/dogsofallnations00masorich.

[②]　W. E. Mason, *Breeds of All Nations*, p. 8, https://archive.org/details/dogsofallnations00masorich.

[③]　Federico C. F. Calboli, Jeff Sampson, Neale Fretwell and David J. Balding, "Population Structure and Inbreeding from Pedigree Analysis of Purebred Dogs," *Genetics*, Vol. 179, No. 1, May 2008, p. 593.

中最知名的 50 种进行研究，结果发现 "每一个品种都至少有一个方面的赛级犬标准使其与一种疾病相关；共有 84 种疾病直接或间接地与赛级犬标准有关"。① 比如，哈巴狗与其他短鼻子狗一样常患高血压、心脏病、牙列问题、低氧合、呼吸困难、容易过热以及皮褶炎等多种疾病，名贵哈巴狗的 "双卷" 尾巴其实是一种基因缺陷，严重者可能导致瘫痪。另外，哈巴狗的体型被认为与中国人的喜好有关，据说是中国人最先培育了这种短鼻子小型宠物狗，16 世纪由荷兰东印度公司带回荷兰，从此在欧洲上流社会广受欢迎②，由此可见人工培育宠物狗使其具有某种体型特征由来已久，并非西方独有。

与对宠物危害最为直接的宠物遗弃问题以及对宠物长远危害最大的宠物育种问题相比，宠物的饲养方式问题则最为隐蔽，但是仍然会对宠物造成许多严重的伤害。人类在饲养宠物的过程中会出现大量拟人主义的行为，即将人类的特征、情感以及意图迁移到非人类的宠物身上。许多宠物饲养者将宠物视为家庭成员的一部分，比如自称为宠物的 "爸爸" 或 "妈妈" 而将宠物称为 "狗儿子" 等，甚至与宠物同吃同睡。这种宠爱甚至溺爱宠物的行为往往被遮蔽在温情脉脉的迷雾当中而没有得到足够的反思，比如，电影《一条狗的使命》从狗的视角叙事，显然就是将狗视为理解人类情感和逻辑的生物，2016 年的电影《爱宠大机密》（The Secret Life of Pets）更是直接将宠物的行为方式完全拟人化，更不用说《猫和老鼠》（Tom and Jer-ry）等影响了几代人的儿童动画片。事实上，这种拟人主义的饲养方式对宠物未必全是益处，可能会对其造成身心两方面的伤害。不少饲养者将人的生活习惯和行为方式强加于宠物之上，比如，给宠物穿衣服鞋子，训练宠物直立行走，给宠物购买儿童化的玩具，期待宠物理解并展现人类复杂的情感。但是，除了在极端寒冷的天气下，宠物一般不需要自身皮毛之外额外的保暖设备，所以给宠物穿衣服鞋子势必会打乱其本身的体温调节机能，影响它们散热；宠物猫狗往往依赖于脚掌上的肉垫行走，依靠爪子进行抓取动作，给猫狗穿鞋子显然不利于它们行走，更妨碍其爪子的收放和使用；

① Lucy Asher, Gillian Diesel, Jennifer F. Summers, Paul D. McGreevy, Lisa M. Collins, "Inheri-ted Defects in Pedigree Dogs. Part 1：Disorders Related to Breed Standards," *The Veterinary Jour-nal*, Vol. 182, No. 3, Dec. 2009, p. 402.

② The Kennel Club, "Pug", http://www. thekennelclub. org. uk/services/public/breed/display. aspx? id = 6164&uDesc = 0.

训练宠物直立行走则会严重损害宠物的骨骼健康，轻则引发关节炎，重则导致骨骼错位。

宠物往往能够给人类带来直接的好处，比如，心理学实证研究表明，"宠物狗主人的心理压力水平远远低于非宠物狗主人的心理压力水平"。[①] 但是，宠物饲养对于宠物的心理健康却往往不利，拟人主义的饲养方式不利于宠物的心理健康和行为习惯的养成，比如，过分亲密的行为会造成宠物心理认知错误，可能会造成宠物焦虑甚至狂躁，增加其攻击性。布拉德肖（J. W. S. Bradshaw）和凯西（R. A. Casey）经过实证研究后认为，"对于家养动物来说，对其嗅觉和认知能力的误解似乎是对其福利最大的挑战"，宠物具有人类一样复杂的情感——如骄傲、罪恶感等，"会导致宠物行为错乱"。[②]

二　宠物问题的人类中心主义祸根

上述宠物饲养过程中出现的种种问题，从具体层面而言当然可以归咎于各种实际的对象和原因：比如宠物育种中的近亲繁殖问题可以归咎于英国犬业协会的《育种标准》等不科学的育种标准和宠物育种从业者的错误观念，宠物饲养方式的问题可以归咎于饲养者本身的知识和培训不足，宠物遗弃问题可以归咎于饲养者的冲动购买行为和责任心的缺失等。实际上，世界各国已经从这些具体层面出台了对应的措施。比如《纯种狗的悲哀》播出后引发轩然大波，英国犬业协会不得不在其《育种标准》中做出修正，并在克鲁弗兹狗展等各类狗展中引入健康检查，只有健康的狗才能进入下一轮比赛；不少国家出台了动物保护法案，遗弃宠物被列入违法行为；中国不少城市也设立了宠物培训学校，有意饲养宠物的人可以先培训后购买。但是，从哲学的层面上来说，这些措施都只能治标而不能治本，不能从根本上揭露宠物问题的根源，也就不能从根本上解决宠物问题。从生态美学的角度来说，人类中心主义才是一切宠物问题的祸根。

----

① Vei Kit Lee, Ming Sing Chai, "Dog Ownership, Perceived Social Supports and Stress Among University Students," *American Journal of Applied Psychology*, Special Issue: Psychology of University Students, Vol. 4, No. 3 – 1, 2015, p. 45.

② J. W. S. Bradshaw, R. A. Casey, "Anthropomorphism and Anthropocentrism as Influences in the Quality of Life of Companion Animals," *Animal Welfare*, Vol. 16, No. 1, May 2007, p. 149.

　　首先，英国宠物狗育种问题的直接原因是英国犬业协会的《育种标准》过分推崇某些特征以及广泛使用的近亲繁殖育种方法，其背后更深层次的原因则是宠物购买者、饲养者对于纯种宠物的过分推崇以及对于某种宠物特征的变态偏好。宠物饲养者往往以其宠物的纯正血统而自豪，也往往对某些宠物与众不同的特征趋之若鹜。这使得宠物交易市场上纯种宠物的售价是非纯种宠物的数倍甚至数十倍，也间接推动了近亲繁殖方法等育种方式的流行和纯种宠物标准的异化。人类的偏好始终是从人类本身出发的，宠物对于人类的社交价值直接服务于人类的利益。以宠物狗为例，人类驯化狗的历史非常悠久，家养狗往往作为工作犬而存在。宠物狗的真正风行是在英国维多利亚时代。霍顿（Rod W. Horton）和爱德华兹（Herbert W. Edwards）在《美国文学思想背景》（*Backgrounds of American Literary Thought*）中认为，"温文尔雅"① 的维多利亚时尚不过是"顽固的悠闲阶级以文化、服装和礼仪的最高主宰者自居，试图一面证明文化教养的存在，一面否认其他人具有这种教养"。② 他们也承认，"维多利亚女王时代的风尚取消了君主和贵族的礼仪形式，制定了一套良好的中产阶级行为准则"。③ 所以，维多利亚风尚本质上是一种附庸风雅，而宠物狗——特别是纯种狗在此时流行起来，不过是这种附庸风雅的一种表现形式和牺牲品，其背后的人类中心主义动机一目了然。如果以龚自珍的《病梅馆记》做类比，喜欢某种宠物的体态特征的宠物购买者、饲养者就是认为"梅以曲为美，直则无姿；以欹为美，正则无景；以疏为美，密则无态"的"文人画士"，而根据消费者需求使用近亲繁殖等方法进行宠物培育的从业者就是"斫其正，养其旁条，删其密，夭其稚枝，锄其直，遏其生气，以求重价"的"鬻梅者"④，两者形成了一种互相驱动的关系，构建了一张牢不可破的利益网。从这个角度看，对英国纯种狗造成巨大伤害的绝非英国犬业协会和育种从业人士，而是包括消费者在内的整个纯种狗行业。被 BBC 大加挞伐的英国犬业协会看似顽固不化，固守各种赛级犬的评选标准，其实不过是迎合了

---

① 〔美〕罗德·霍顿、郝伯特·爱德华兹：《美国文学思想背景》，房炜、孟昭庆译，人民文学出版社，1991，第 352 页。

② 〔美〕罗德·霍顿、郝伯特·爱德华兹：《美国文学思想背景》，房炜、孟昭庆译，人民文学出版社，1991，第 206 页。

③ 〔美〕罗德·霍顿、郝伯特·爱德华兹：《美国文学思想背景》，房炜、孟昭庆译，人民文学出版社，1991，第 207 页。

④ 龚自珍：《龚自珍全集》，上海人民出版社，1975，第 186 页。

各种宠物饲养者的需求而已。同样的例子还有金鱼，市面上各种美观的观赏金鱼其实都是人类利用其遗传变异规律经过挑选、杂交和近亲繁殖的产物，可以说人们能看到的金鱼都是病态鱼，也可以说观赏金鱼是一种人类中心主义的变态审美。

其次，宠物饲养中常见的拟人主义倾向也是人类中心主义的典型表现。拟人主义是人类心理的一个基本特征，罗素·贝尔克（Russell W. Belk）在其著名论文《所有物与扩展的自我》中就认为"我们的所有物是我们身份的一个主要贡献者和反映"。① 蒂娜·凯斯勒（Tina Kiesler）和萨拉·凯斯勒（Sara Kiesler）甚至用"宠物石头"测试了这一人类心理学特征，这一近乎荒诞的方式证明了"自我扩展可以从理论上加以定义，并在试验中测量和验证"。② 宠物作为人类的所有物，必然要反映人类的偏好和期待，具体表现为以人类为中心的行为方式，比如，宠物对人类极度依赖，以人类要求和训练的方式展现自己，问题在于这种"人类化"的行为方式对于宠物本身的身心健康往往不利。可以与之类比的是，在生态文学中，不少生态作家从人类自身的视角出发，将自然描画成"珊珊可爱"的，甚至有意无意地将自然人格化、神格化，以引发人类对自然的亲近感乃至敬畏感。从表面看，这种拟人主义的方式似乎展现了人类对于自然的热爱与亲近，但事实上对生态教育往往会起到消极作用，从无意识层面固化读者的人类中心主义。同理，对于宠物的过分溺爱，将其当作人一般优待，一方面会对宠物造成伤害，另一方面也会固化人类中心主义，并在温情脉脉中为这种人类中心主义行为开脱。比如，对于常见的"养狗能消除紧张"的说法，"心理分析师吴晓然主任将其归为两点原因：其一，人与人的关系容易紧张，人与宠物在一起时这种紧张就不存在；其二，人的控制欲过于膨胀，养狗能满足人们的支配欲望"。③ 可见，这一类养狗者只是将宠物狗当作建立自身权威、发泄支配欲望的工具而已。

至于宠物遗弃问题，则显然源自人类中心主义。遗弃宠物的饲养者大

---

①　Russell W. Belk, "Possessions and the Extended Self," *Journal of Consumer Research*, Vol. 15, No. 2, Sept. 1988, p. 139.

②　Tina Kiesler, Sara Kiesler, "My Pet Rock and Me: An Experimental Exploration of the Self Extension Concept," in Geeta Menon and Akshay R. Rao, eds. *Advances in Consumer Research*, Vol. 32, Duluth, MN: Association for Consumer Research, 2005, p. 365.

③　许建军等：《城市如何应对"狗患"泛滥》，《新华日报》2006 年 8 月 28 日，第 B03 版。

多并没有承担饲养义务的决心和能力。《新华日报》就援引南京江宁宏盛犬业公司的犬业专家的话分析了当今宠物市场的乱象："像名车、名表一样，当下有人把狗当比富工具，什么名贵养什么，有的人会花几十万元买一条狗，但风潮一过，新鲜感没了，马上就将狗转让或遗弃。"① 这种毫无节制的购买自然会导致毫不负责的遗弃。对于这一类宠物饲养者而言，购买、饲养和遗弃都是其人类中心主义思维的典型表现。

三 宠物问题的生态美学出路

既然上述宠物问题的哲学源头是一致的，即都是人类中心主义在作祟，那么要从根本上解决这些问题，就要消解人类中心主义。当今的各种生态思潮，包括生态哲学、生态批评、生态伦理学、生态美学等，都旗帜鲜明地反对人类中心主义，所以要解决宠物问题就要借助这些生态思想。如果具体地从审美的角度考察宠物问题，则要借助生态美学，生态美学从起源上就是反对人类中心主义的，所以从审美的角度解决宠物问题这一重担自然而然地落到了生态美学的肩上。同时，生态美学的反人类中心主义哲学根基，则为从其他角度寻求宠物问题的解决方案提供了思想上的借鉴。

驯养宠物本身就是典型的人类中心主义行为，所以完全意义上的生态美学自然是反对宠物驯养行为本身的。道家思想是中国古典哲学思想中生态意蕴最浓厚的，推崇天人合一的哲学观，而非将人类与自然界对立起来。比如，《庄子·马蹄》就鲜明地讽刺了人类中心主义的虚伪与残忍："马，蹄可以践霜雪，毛可以御风寒，龁草饮水，翘足而陆，此马之真性也。虽有义台路寝，无所用之。及至伯乐，曰：'我善治马。'烧之，剔之，刻之，雒之，连之以羁馽，编之以皂栈，马之死者十二三矣；饥之，渴之，驰之，骤之，整之，齐之，前有橛饰之患，而后有鞭筴之威，而马之死者已过半矣。"② 同时，庄子也深刻地认识到动物都是对人"有用"才陷入被人类利用的境地，所以他推崇的恰恰是"无用"，是"五石之瓠，何不虑以为大樽，而浮于江湖"③ 的返璞归真，是"曳尾于涂中"④ 的悠然自得。具体到

① 许建军等：《城市如何应对"狗患"泛滥》，《新华日报》2006 年 8 月 28 日，第 B03 版。
② 庄子：《庄子》，方勇译注，中华书局，2010，第 142 页。
③ 庄子：《庄子》，方勇译注，中华书局，2010，第 12 页。
④ 庄子：《庄子》，方勇译注，中华书局，2010，第 278 页。

宠物，唯其对人类"有用"才落得如此境地，或者反过来说，人类想要"用"宠物所以才会驯养它们。庄子这种天人合一、返璞归真的生态思想没有给出具体实现手段；与之相比，现代西方生态主义思想在动物福利与权利方面的表述则更为明确，观点也往往更为激进。西方动物权利论的代表人物汤姆·雷根（Tom Regan）就认为："不全面废止我们所知的动物产业，权利观点就不会满意。"① 具体到宠物问题，自然就是要全面废止宠物饲养，因为雷根的动物权利论是一种彻底废除主义的动物权利论，他要求的不是更大的笼子，而是"清空牢笼"（empty cages）②，这自然是非常难以实现的。但是雷根准确地认识到了动物问题的人类中心主义源头，他认为人类"对待动物方式的错误源于把动物当作资源的制度，为避免这些错误人们应改变自身观念"。③

　　宠物饲养已经是既定社会现实，全面废止宠物饲养行为在当下显然尚不具有可操作性，那么当下更有意义的讨论方向就是生态美学可以从多大程度上缓和宠物饲养行为中的人类中心主义成分、如何最大限度地减少对宠物的伤害以及对人类的附带伤害。与雷根的激进相比，另一位西方动物权利代表人物彼得·辛格（Peter Singer）就缓和得多，他认为"可以继续将动物用于人类的目的，但必须对动物的利益给予更多的考虑"。④ 国内学者张燕提出用整体生态观解决动物问题，并进一步提出三个基本原则，即动物内在价值与工具价值的平衡、人类权利与动物权利的双重考量、现实需要与理想诉求的适度结合⑤，并指出："基于整体生态观的基本立场和理论逻辑，人类应当承认动物有自己的内在价值且在一定意义上拥有自己的权利，并尊重它们的这种内在价值和权利，不虐待动物，保护野生动物物种，甚至在必要时对人类自身利益作出某种形式的让渡和牺牲。但是，在现实条件下，人类仍不能免除对自然和动物的利用。"⑥ 如果以这种具备现

---

① 〔美〕雷根：《动物权利研究》，李曦译，北京大学出版社，2010，第 331 页。
② 张燕：《谁之权利？何以利用？——基于整体生态观的动物权利和动物利用》，《哲学研究》2015 年第 7 期。
③ 武培培、包庆德：《当代西方动物权利研究评述》，《自然辩证法研究》2013 年第 1 期。
④ 张燕：《谁之权利？何以利用？——基于整体生态观的动物权利和动物利用》，《哲学研究》2015 年第 7 期。
⑤ 张燕：《谁之权利？何以利用？——基于整体生态观的动物权利和动物利用》，《哲学研究》2015 年第 7 期。
⑥ 张燕：《谁之权利？何以利用？——基于整体生态观的动物权利和动物利用》，《哲学研究》2015 年第 7 期。

实可操作性的整体生态观作为解决宠物问题的基本理论指导，那么就应寻求宠物问题的缓解和部分解决办法，而不求完全废止宠物饲养。在这方面，中国古典哲学思想仍然可以为我们提供借鉴。庄子借北海若之口说："牛马四足，是谓天；落马首，穿牛鼻，是谓人。故曰：无以人灭天。"[1] 反过来说，即便利用动物，也不应以人类的标准和需要肆意残害动物；即便要培育、饲养宠物，也应该遵循其天性。在这方面，龚自珍的《病梅馆记》仍然可以给我们提供借鉴：对于近亲繁殖等问题，现在所需要的正是龚自珍式的"纵之顺之，毁其盆，悉埋于地，解其棕缚"[2] 这样的反操作，可以尽快废止这种以人类审美偏好强加于宠物培育选择之上的思路。在生物学上，不同物种之外存在生殖隔离，大英百科全书将其定义为"两个或多个物种之间不能杂交繁殖"[3]，并解释道："在有性繁殖生物之间，可以交配繁殖的不同个体属于同一物种。生物体中阻止交配繁殖的生物学属性被称作生殖隔离机制（RIM）。"[4] 不同物种之间根本不能交配生育具有生育能力的后代，大多数情况下不同物种之间根本不会有交配行为，即使交配也不会产生后代，或者产生的后代并不具备生育能力——比如公驴和母马基因结合的概率非常小，即便偶尔结合产生的后代骡子也不具备生育能力。而狗是作为一个物种存在的，也就是说所有狗之间都可以交配生育具备生育能力的后代，所以所谓"纯种狗"根本就是一个伪概念，是人为地近亲繁殖，人为地培育、固化其基因特点的畸形产物。从实际上讲，不同宠物狗之间也的确存在社交、交配行为，所以只要废除"纯种狗"这种人为的种族内部隔绝做法，就可以防止前文所述很多与纯种狗强相关的遗传疾病，有利于宠物狗的健康。同理，生态美学推崇自然生态的宠物饲养方式，即尽量符合宠物的自然行为方式，而非以人类为中心从人类的角度去理解、培训宠物的行为方式。至于宠物遗弃问题，生态美学推崇人类的生态责任：既然宠物是在人类的驯养之下失去了觅食等野外独立生存能力，那么人类就负有对它们的生态义务。具体到饲养宠物的个人，既然购买、领养了宠物，就不应遗弃宠物。

---

[1] 庄子：《庄子》，方勇译注，中华书局，2010，第262页。

[2] 龚自珍：《龚自珍全集》，上海人民出版社，1975，第186页。

[3] Britannica, "Speciation", https://www.britannica.com/science/speciation-ref1029737.

[4] Britannica, "The Science of Evolution", https://www.britannica.com/science/evolution-scientific-theory/The-science-of-evolution-toc49881.

　　当然，生态美学推崇的"天人合一"等生态主义思想并非要将人类与动物隔离开来置宠物于不顾，也不是宣称依靠生态主义和生态美学的理论本身就可以解决现实中十分复杂的宠物问题。在现实操作层面上，生态美学恰恰推崇科技、法律等多维度手段，以缓解、解决宠物问题。比如，不少城市立法对宠物进行保护，惩罚宠物虐待和宠物遗弃行为，生态美学对此表示支持和欢迎。再比如，对于当今的宠物饲养者，生态美学不是要用"驯养宠物都是人类中心主义"加以训斥，而是立足现实，对宠物饲养者科学、合理地善待宠物表示鼓励。宠物问题非常复杂，要解决也不可能一蹴而就，但是其根源在于人类中心主义，所以从生态美学及其反人类中心主义的哲学根基出发，尽量消解人类中心主义的错误观念和做法，就是解决宠物问题的根本及可行之道。

白色的城市，黑色的丛林

——《土生子》的生态重释[*]

——《土生子》的生态重释[*]

胡志红　　胡湉湉[**]

摘要　对黑人文学的生态重释是黑人文学生态批评的重要议题之一。黑人作家理查德·莱特的经典小说《土生子》因突出再现了城市环境与小说主人公托马斯·比格悲剧命运之间的内在关联而成了生态热评的对象。站在环境公正立场，透过黑人文化视野，生态解读《土生子》可深刻了解城市环境尤其黑人贫民窟的形成与恶化、人性异化、黑人环境审美经验式微、城市丛林化的环境种族主义根源及其险恶用心，发掘其丰富的环境内涵，构建黑人环境文学经典，以期对生态重释美国少数族裔文学提供有益的启示。

关键词　《土生子》　环境公正　生态重释　环境种族主义

Abstract　The ecocritical reinterpretation of black literature is a key part of black literary ecocriticism. *Native Son*, black writer Richard Wright's best novel, characterized by the excellent representation of the inherent connection between urban environment and the tragic fate of its hero, Thomas Bigger, becomes the hot subject of black ecocriticism. With environmental justice in mind and from the perspective of black culture, one, when ecocrit-

---

[*]　本文为 2013 年国家社会科学基金项目"美国少数族裔生态批评理论研究"（项目号：13BWW005）的阶段性成果。

[**]　胡志红，文学博士，四川师范大学文学院教授，主要研究比较文学、英美文学、文化及生态批评；胡湉湉，四川大学文学与新闻学院硕士研究生，美国爱达荷大学英文系访问学者，主要研究新媒体研究、环境传播学。

ically reinterpreting *Native Son*, could have a deeper understanding of environmental racism and its ulterior motive resulting in the formation and deterioration of urban environment, black slum in particular, human alienation, the atrophy of black aesthetic experience, and the emergence of man-made urban jungle. Thus one could dig out its rich environmental meanings, and contribute to the construction of black environmental canon. Therefore, it may offer us vital inspiration to ecocritically re-interpret American ethnic literatures.

Key words　*Native Son*　environmental justice　ecocritical reinterpretation　environmental racism

前　言

在环境公正议题的强力推动下，种族范畴成了第二波生态批评最为引人注目的亮点，多种族视野成了考察文学与环境关系的基本观察点，包括城市环境在内的各种人工环境也都纳入生态批评的考察范围，少数族裔生态批评也应运而生，并成了生态批评最为活跃、最为丰饶的学术场域。① 作为少数族裔生态批评中颇具影响力的一支，黑人文学生态批评力荐透过黑人文化视野考察黑人文学中所揭示的种族主义与黑人环境退化之间的内在关联及奴隶制、种族隔离法等对黑人看似悖谬的自然观的深刻影响，凸显独特的黑人环境经验，以揭露形形色色的环境种族主义，探寻黑人解放与环境解放的共同文化路径，其研究内容庞杂，其中，生态重释黑人文学、构建黑人环境文学经典已成为其重要内容。美国著名黑人作家理查德·莱特（Richard Wright，1908～1960）的名篇《土生子》（*Native Son*，1940）自问世以来，一直被学界尊为抗议文学之经典并主要从社会层面加以解读，但它因突出描写了城市环境与小说主人公黑人青年托马斯·比格（Thomas Bigger）悲剧命运之间的内在联系，充分揭露了环境种族主义与黑人生存境遇日益恶化之间的因果关联，因而成了少数族裔生态批评热评的对象。在

---

① 参见胡志红《从主流白人文学生态批评走向少数族裔文学生态批评》，曹顺庆主编《中外文化与文论》第29辑，四川大学出版社，2015，第38～46页。

此，笔者试图透过黑人文化视野，主要就《土生子》解读的生态转向、城市社会人文生态的异化、黑人环境审美意识的萎缩、城市的丛林化及城市丛林隐喻的文化内涵等五个方面给予简要分析，发掘其环境内涵，以期对生态重释美国少数族裔文学提供有益的启示。

一　生态转向：从社会抗议小说走向
城市环境小说

黑人的城市化过程极为复杂，在不同作家的笔下城市风貌可能呈现迥然不同的特征，莱特笔下的城市，尤其他的经典长篇小说《土生子》中的描写，充分暴露了城市令人生畏的阴暗面。该作一经问世即取得巨大成功，广受读者和学界推崇，也因此被誉为美国黑人文学的里程碑，莱特也因该著而享誉美国文坛，正如黑人小说家詹姆斯·鲍德温（James Baldwin, 1924 ~ 1987）的评价："该小说是迄今为止美国最有力、最著名的关于黑人处境真实写照的声明。"① 长期以来该著被学界定格为黑人文学中最有力的社会抗议小说，莱特也被尊为激情四溢的抗议作家。该著以冷峻的现实主义甚至自然主义的笔触描写比格的悲剧，充分暴露了美国城市种族主义的肆虐和黑人火山般喷发的愤怒。批评家大多认为，比格的"非人道行为实乃那个非人道世界的产物"，是他发泄心中复仇怒火的一种手段，是黑人为争取做人的权利而向现存种族主义体制发起的玩命的挑战。② "通过致力于追求非裔美国人种族公正和经济公正的原则，莱特确立了黑人社会抗议小说的标准"，该著"几乎可以作为社会抗议小说蓝本，从而影响非裔美国文学叙事方向"。③ 由此可见，批评家们主要从社会层面解读该著，探究比格悲剧的成因及走出悲剧的可能路径。

然而，如果我们透过黑人文学生态批评的视野解读，就会发现该小说也是一部精彩的城市环境小说，因为它将社会公正、环境公正、种族范畴深度融合，揭示种族主义、环境不公、环境退化及黑人环境审美意识等议

---

① Philip Bader and Catherine Reef, *African-American Writers*, Rev. , New York：Facts on File, 2011, p. 305.

② 郭继德、王文彬等编译《当代美国文学词典》，江苏人民出版社，1987，第 312 ~ 313 页。

③ Philip Bader and Catherine Reef, *African-American Writers*, Rev. , New York：Facts on File, 2011, pp. 305 - 306.

题之间的复杂交错，谴责环境种族主义行径，蕴含丰富的环境内涵，对此，生态批评学者布伊尔在生态重释《土生子》时指出，"没有一部自然主义小说能像《土生子》那样将环境桎梏再现得更为真实了"，甚至认为，比格的性格早已由他所处的环境铸就，因此比格的悲剧也注定是环境决定论的悲剧，在此，他指的"环境"实际上就是城市丛林，"环境桎梏"就是地狱般的黑人居住区域。① 在黑人生态批评学者史密斯（Kimberly K. Smith）看来，在《土生子》中，"当下许多激发黑人环境思想的熟悉主题在对城市风景栩栩如生的描写中得到充分表现"②，由此可见，《土生子》不愧为一部精彩的城市环境小说，甚至可被界定为城市环境抗议小说，因为它充分揭示了环境种族主义与黑人环境退化之间的因果交织，并通过比格形象的塑造发起对环境种族主义最为无情、令人恐怖的挑战，对当下黑人文学的生态批评具有重要的启示意义。

经济大萧条后的 20 世纪 40 年代，城市黑人街区的经济形势更为严峻，黑人文学中的乌托邦主题随之也几乎淹没在冷峻、苍凉、刚劲的城市现实主义之中，这种后哈勒姆文艺复兴文学中又出现了 19 世纪危险可怕、丑陋堕落的城市形象，突出黑人在此地狱般环境中的生存境遇。与此同时，也重拾了 19 世纪黑人文学主题——风景的物理蜕变与种族压迫之间的关联，《土生子》可算作黑人文学环境新转型后的代表作。

表面上看，该著情节似乎颇为简单，主要讲述生活在芝加哥贫民窟的愤怒黑人青年比格因竭力抗击贫困和摆脱种族主义压迫，却落得因谋杀而判处死刑的可悲下场。自始至终，该小说都充溢着紧迫感、郁闷感、灾难感，潜藏着一种随时可喷发的火山般的、不可遏制的、极具破坏性的能量——内在的愤恨，这种火山般的能量随时都可喷发，酿成巨大的悲剧。该小说也悬挂着一根因绷得太紧而随时可断裂的弦——比格与白人社会之间的关系，既反映了社会底层被压迫民族的内心活动，也烘托出这种生活环境所养成的主人公的残暴性格。

在小说的开头，主人公比格在破落的家追杀老鼠的场景与后来白人警察围攻、追捕他的场景何其相似，老鼠的命运实际上也预示了比格作为杀人者和受害者的命运。这种"相似"揭示了人类中心主义与种族中心主义

---

① 胡志红：《西方生态批评史》，人民出版社，2015，第 249～250 页。
② Kimberly K. Smith, *African American Environmental Thought Foundations*, Lawrence, Kansas: The University Press of Kansas, 2007, p. 182.

在逻辑关系上的一致性，物种歧视和环境种族主义之间的合谋，"白人世界将非裔美国人与动物相提并论"，将非裔放归城市丛林，旨在明证白人统治黑人的合理性和正当性，从而彰明虐待动物与压迫黑人之间存在内在逻辑关联，因为弱肉强食是自然律之客观要求。然而，莱特试图拆解二者之间的关联，因为"残忍生残忍"，被动物化、饱受凌辱的黑人一旦有机会也会将满腔的愤怒发泄在动物身上，甚至发泄在包括白人在内的他人身上。[①] 因而在探寻生态问题的解决方案时，还必须考量种族问题，进而说明生态中心主义理论必须和环境公正理论结合，方有可能更为全面、更为深刻地阐释生态问题、种族问题。

二 种族主义与城市社会人文生态的扭曲

城市种族主义导致白人与黑人人性的全面异化，进而造成人与人之间关系的疏离紧张，整个社会生态扭曲变形，人人自危，生活在充满危险敌意的城市环境中。比格可谓人性异化的典型，他与城市环境——包括社会层面和物理层面——之间的关系也因此被彻底异化。

如果说传统种植园经济将黑人锁定在南方，他们完全被剥夺了做人的基本权利，成了白人奴隶主会说话的牲畜和私产。然而，被解放的黑奴在进入城市以后，却远未充分享受到美国公民的基本权利，形形色色的种族主义依然肆虐。其中，奉行种族隔离制度的吉姆·克劳法（Jim Crow laws，1876～1965）[②] 就是最为严重的表现形式，它将黑人圈定在充满暴力的贫民窟之中，不能平等地享用公共教育、服务及设施，不能平等分享社会与自然福祉，从而使得他们长期处于弱势地位，沦为城市的游民，他们的环境经验，包括自然审美意识，也因此严重受阻或变异。城市中白/黑生存空间的惊人失衡和物质占有的严重不均导致整个城市社会人文生态的扭曲和人的全面异化，进而导致人与人之间关系的全面扭曲变异。比格全家从南方

---

① Lisa Woolley, "Richard Wright's Dogged Pursuit of His Place in the Natural World," in *Interdisciplinary Studies in Literature and Environment*, Vol. 15, No. 1, 2008, pp. 175 – 188.

② 吉姆·克劳法泛指 1876 年至 1965 年美国南部各州以及边境各州对有色人种（主要针对非洲裔美国人，但同时也包含其他族群）实行种族隔离制度的法律。这些法律上的种族隔离强制公共设施必须依照种族的不同而隔离使用，且在隔离但平等的原则下，种族隔离被解释为不违反宪法保障的同等保护权，因此得以持续存在。

移居北方城市后，尽管得到白人居高临下的施舍，却依然穷困潦倒，生活在充满暴力的黑人贫民窟之中，到处见到白人冷冰冰的面孔，遭遇白人的白眼，比格也一直无稳定的正当职业，成了城市的浪子。

在城市中，种族主义歧视扭曲比格的认知，不仅造成他与白人世界间的敌对关系，而且还导致他与家人之间的疏离，甚至鄙视自己，最后开始怀疑、憎恨整个社会。

生存空间的狭窄与物质的极度贫乏导致比格性格扭曲并与包括家人在内的黑人社群之间的关系疏离。比格一家四口人，包括母亲、妹妹、弟弟，吃喝拉撒睡都被压缩在一间极为狭窄肮脏的小房间里，"就像生活在垃圾堆中"，"过着像猪一样的生活"，与老鼠混居，靠救济度日，比格家还随时面临因停止救济而挨饿的威胁，而他又是全家的主要劳动力，全家的生存境遇可谓在死亡线上挣扎。他家生存空间的狭窄既意味着城市黑人生存机遇之窘迫，更意味着城市黑人自由的匮乏。对他而言，"生活没有多的选择余地，想到这些，他简直要疯了"。比格在家听到最多的是母亲的唠叨与责骂，还有家人之间"无休止的吵闹"，搞得他甚至厌恶家庭生活，讨厌他的家人。"他知道他们都受苦，而又无能为力，一旦深刻体会到家人的处境，他们的凄惨、他们的屈辱，他立刻就会因为恐惧和绝望而感到不知所措，所以在他们面前，他沉默寡言，虽然与他们挤在一起，但总是隔着一堵墙、一副厚重的帘子。对他自己则更为严厉，他深知，一旦让自己认真思考糟糕的生活，他要么想自杀，要么想杀人，这样，他不顾一切，出手要狠。"[1]在外会遭到白人的白眼与歧视，在家没有体会到家庭的温暖，活得没尊严，人生没希望，满腔的愤懑无处发泄，一旦有机会就难以压制。在小说开头，全家围打老鼠的场景就是他发泄的一个途径。他残忍地打死了那只肥人的老鼠，还将其作为战利品在家人面前炫耀，吓得小妹妹惊慌失措。他甚至恨生他养他的、善良的母亲和爱他疼他的女友贝西（Bessie），以至于最终残忍地杀害贝西，贝西于他而言就是满足他情欲和配合他干小偷小摸勾当的工具，在他的生命受到威胁时，贝西就成了牺牲品。[2]仁慈的母亲试图用基督之爱感化他、感动他，却引起他的反感，因为他早已怀疑一切，在他看来，母亲的宗教像贝西的威士忌酒一样麻痹人，是黑人自我安慰的一种

---

①　Richard Wright, *Native Son*, London: Vintage Books, 2000, pp. 38 - 42.

②　Richard Wright, *Native Son*, London: Vintage Books, 2000, p. 381.

途径，让人精神颓废，缺乏斗志。① 在临死之前，他也不愿见他的母亲和弟弟、妹妹，他甚至对亲情早已经麻木。至于其他黑人，比格也曾有渴望与他们交往沟通的念头，但"当他看到他周围的黑人时，这种想法就瞬间化为乌有，即使他们像他一样黑，他与他们间的差异也太大，因而难以构筑共同的纽带、共同的生活"。在莱特看来，社群的缺乏对比格的成长简直是个大的灾难，种族压迫在黑人贫民窟造就的不是社群温情的产生，而是一个更为原始的有机生命——一种"像石头下生长出来的杂草"一样的生命，它主要通过恐惧、憎恨、犯罪的形式表现出来，② 而这种新生命生存的土壤，都有我们所有人的双手犁的地、播的种。他甚至扭曲了对自己的看法，鄙视自己，自暴自弃。"他成了他讨厌的东西，他知道耻辱的标志就附着在他的皮肤上。"有了这样的想法，最终就是破罐子破摔，害人害己。

可以这样说，他除了具有害怕、愤恨的能力以外，早已失去了爱与被爱的能力，几乎不能动真情、表真爱，对整个白人社会而言，他除了感到莫名的恐惧和满腔的仇恨，随时都想报复以外，没有别的想法。有一个白色幽灵如影随形地跟着他，有一种白色恐怖像乌云般笼罩着他，让他焦虑不安。即使有少数白人，像雇用他当家庭司机的百万富翁多尔顿（Dalton）之女玛丽（Mary）和白人男青年共产党员简（Jan），真心诚意地帮助他，平等友善地对待他，他也不能接受，不能相信他们发自内心的友善，对他们依然感到恐惧和仇恨，因为他们都是"白人"。当简告诉比格，"不要对我说'先生'，我不喜欢这种称呼，你与我是完全一样的人，我绝不比你强，也许其他白人喜欢，但我不……"，然而，比格却难以接受，甚至不知道"如何学会不对白人说'先生'和'女士'"。③ 玛丽的大方热情友善没有换来他的友善，恰恰相反，与白人在一起，引起他的反感，他犹如出水之鱼，极不自然，甚至生恨。正如他说，"她让我感觉到自己像一只狗，我简直要疯了，想哭"④，他与整个白人世界之间可谓有不共戴天之恨。

由于认知扭曲，他眼中的社会是个混乱无序、充满敌意的丛林。为了生存和自卫，他开始怀疑、憎恨、报复整个社会。"他被限制在如此狭小的环境之中，尖酸刻薄的语言或无情的拳打脚踢随时都会掷向他，迫使他行

---

① Richard Wright, *Native Son*, London：Vintage Books, 2000, p. 271.
② Richard Wright, *Native Son*, London：Vintage Books, 2000, p. 419.
③ Richard Wright, *Native Son*, London：Vintage Books, 2000, pp. 101 – 102, 104.
④ Richard Wright, *Native Son*, London：Vintage Books, 2000, p. 379.

动，在强大的世界面前，他的行动实际于事无补。但他会闭上他的双眼，胡乱反击，不管是人还是物，也不看是什么或是何人都要还击。"① 实际上他的心理已彻底扭曲，甚至变态，走向了反社会，一有机会就报复社会。

由此可见，尽管他生活在城市，然而，他已经与包括黑人社群在内的所有人完全疏离，"独自生活在一个将白人世界与黑人世界隔离开来的恍兮惚兮的无人地带"，完全没有一点家园意识，成了一个十足的漂泊"无情"的浪子，其结果是，疏离逐渐演变成仇恨，甚至屠杀，这样悲剧在所难免。② 这种破坏性的力量就像个暂时沉睡的火山，不断积蓄能量，一旦爆发会对整个社会造成毁灭性的打击。对此，黑人不知，黑人认命，白人不知，白人傲慢。所以，在比格眼中，就像盲人多尔顿夫人一样，他们都是睁眼瞎。

造成城市人文生态全面异化的根本原因在于白/黑世界之间在生存空间和财富占有上的惊人差距，这种差距让人瞠目结舌，可谓天壤之别。白人富翁多尔顿（Dalton）不仅拥有整个黑人区的房产，而且还拥有白人区域的房产。他彬彬有礼，遥不可及，俨然像神。尽管他热衷于黑人慈善事业，捐资几百万美元支持黑人教育，但他仅在限定贫民窟区域租房给黑人，这些房屋都是危房。多尔顿一家的热情和他们富丽堂皇的别墅让比格感到恐惧、感到屈辱。多尔顿家与比格家的差异可谓天上人间，多尔顿家窗明几净，应有尽有，并雇用了多人为他们服务，每个人甚至像他这样的黑人也都有自己的房间，而他家四口人却挤在一个破旧的房间里，老鼠成灾，吃喝拉撒睡都在里面，全部家当就是四把破旧的椅子、两张破旧的铁床、一个破旧的衣柜及一张破旧的饭桌，家庭成员之间没有任何隐私。③ 这种对环境空间和物质资源占用的巨大反差必然导致他的心理进一步失衡，从而进一步加剧了他内心的痛苦和愤恨，一旦有了发泄的对象，他的出手一定是"狠、猛、疯狂、残暴甚至歇斯底里"，这从他的杀人焚尸案中可看出。他因失手使得多尔顿之女玛丽窒息而死，而后又砍下她的头在火炉中焚烧，以消除罪证，如此惨无人道、骇人听闻的事，除了他，不知谁还能做！他杀害玛丽，看似偶然，实则必然。实际上，"在此以前他已多次杀人，只不过在其他时候没有碰到如此合适、可轻易处置的受害者，以至可强化或放

---

① Richard Wright, *Native Son*, London：Vintage Books, 2000, p. 271
② Richard Wright, *Native Son*, London：Vintage Books, 2000, p. 98.
③ Richard Wright, *Native Son*, London：Vintage Books, 2000, pp. 204，135.

大他杀人的欲望，他的罪似乎自然而然，他感觉到，他的整个生活似乎都在走向干杀人之类的事情……他生命的隐秘意义——其他人无法了解，他也竭力隐藏——已经溢出"[1]。他杀人的行动无非就是他内在恐惧与仇恨的外溢，是客观对应物，是种族主义仇视在他心中长期发酵的结果。

在黑人世界中，这种普遍的恐惧与仇恨一直存在，并且在发酵。因为一旦一个黑人犯罪，所有黑人就成了罪犯，黑人都要遭殃，都成了猪狗，要生存，黑人必须反击。[2] 在布伊尔看来，莱特也借比格塑造"一个美国生活的象征人物"，他体现了任何一个生活在"地球上最富裕的国家"而被剥夺了共享这种富裕权的土生子的凄惨、异化、暴力倾向。《土生子》实际上诊断出了北方城市贫民区黑人男子特有的综合症，当然，这不仅限于黑人。这种症状在任何给定条件下都是可以预测的，因为是人为的，因而也是可以重塑的。[3] 反过来，我们也可以这样说，如果种族主义偏见得不到有效的缓解或消除，迟早会有更多的不同肤色的比格出现，所以比格的行动会产生振聋发聩之效果，让白人世界反思、检讨自己的言行、自己的文化、自己的体制。

三　种族主义与黑人环境审美意识的萎缩

种族主义毒化城市人文生态，剥夺了黑人接受环境文化教育、参与环境活动的机会及平等分享环境福祉的权利，扭曲黑人与环境之间的关系，导致了黑人与城市环境间的疏离，进而引发黑人环境审美意识的萎缩、退化甚至泯灭。

对比格而言，生活在城市犹如被羁押在囚笼，根据美国生态批评学者布伊尔的分析，该小说大部分事件发生在封闭狭小的空间，而这些空间与比格对他人所采取的"钢铁般的自控态度"相呼应。这种态度实际上是比格的一种自我保护策略，以防因"恐惧与绝望而失去自我"。[4] 这仅是他疏

---

① Richard Wright, *Native Son*, London: Vintage Books, 2000, p. 136.

② Richard Wright, *Native Son*, London: Vintage Books, 2000, p. 282.

③ Lawrence Buell, *Writing for an Endangered World: Literature, Culture, and Environment in the U. S. and Beyond*, MA: The Belknap Press of Harvard of University, 2001, pp. 138 – 142. 也参见胡志红《西方生态批评史》，人民出版社，2015，第250页。

④ Lawrence Buell, *Writing for an Endangered World: Literature, Culture, and Environment in the U. S. and Beyond*, MA: The Belknap Press of Harvard of University, 2001, pp. 138 – 139.

离城市环境的一个方面。比格还面对另外一种疏离，那就是他与城市物理环境之间没有融为一体，甚至格格不入，城市对他而言没有一点"在家的感觉"①，而这种感觉是欧洲殖民者踏上新大陆后孜孜以求的目标，他们利用枪炮和十字架，克服千难万险，历经血雨腥风，玩尽各种花招，终于建立了一个强大的、令人生畏的强国，实现了自己的家园梦。正如他的辩护律师犹太裔人马克斯（Max）的解释：

> 仅从物质层面看我们的文明，它是多么引人注目，真令人眼花缭乱！多么刺激我们的感官！对每个人而言，幸福似乎唾手可得！广告、收音机、报纸和电影铺天盖地，不断向我们袭来！然而，想想这些黑人，请记住，对他们中的许多人来说，这些简直就是嘲弄的象征。这些五光十色的景色让我们激动不已，但对许多人来说，无异于习以为常的奚落。试想想这样的情景：一个人行走在这样的景色中，他也是风景的一部分，然而，他知道风景不是为他而存在。②

比格就是这样一位黑人，被种族主义及其变体——种族隔离法，排除在风景之外的局外人。史密斯曾说："要确保与物理风景维持一种恰当的审美的、精神的关系，比格得感觉到他自己是有权主导风景的社群的一部分。"③可悲的是，各种或隐或显的种族隔离和排他的体制已将他从城市的日常生活中排除了出去，对他而言，"善良的白人不是真正的人，他们只不过是一股巨人的自然力，像头上狂风暴雨的天空，或像一条在黑夜中突然展现在他脚下的波涛汹涌的、深深的河流。只要他和他的黑人同胞不逾越某种界线，就没有必要害怕那种白色的力量，然而，无论你是否害怕，每天都要与之相伴，即使文字上没有表达出来，也必须承认它的现实，只要他们生活在被圈定的城市角落里，他们内心只能默默地对此表示羡慕"④，因为他们面对的似乎是一种不可改变的自然定力，城市被自然化了，成了丛林，在这种危险的、充满敌意的自然环境中，比格要么被吞噬，要么被毁灭，

---

① Richard Wright, *Native Son*, London：Vintage Books, 2000, p. 424.
② Richard Wright, *Native Son*, London：Vintage Books, 2000, pp. 421－422.
③ Kimberly K. Smith, *African American Environmental Thought Foundations*, Lawrence, Kansas：The University Press of Kansas, 2007, pp. 183－184.
④ Richard Wright, *Native Son*, London：Vintage Books, 2000, p. 144.

生存都成大问题，何谈欣赏环境美？

　　种族主义扭曲了黑人与环境之间的审美关系。莱特也写实地描写了多姿多彩、令人眼花缭乱的城市风景；这是一座"美轮美奂的城市"，一座"庞大、喧闹、肮脏、嘈杂、阴冷、狂暴"的城市。这样的城市对白人简和玛丽来说也许是美丽的，然而对黑人来说则是完全不同的景象。在白人的眼中，城市的夜晚灯火辉煌，城市的天空五光十色，城市的河水波光潋滟，美不胜收。① 然而，这一切对比格来说，就大不一样。为生计发愁的比格对城市美丽的景色无动于衷，兴味索然，视而不见，当然绝非他生性愚钝，而是他对"风景"有着完全不同的理解。他眼中的城市杂乱无章、无情冷酷，是一个"茂密的丛林"，一个"杂草丛生、野性十足的森林"。② "街道犹如一条条穿过茂密丛林的长长小路，沿途一双双无形的手高高地举着火把"③，黑人被强制生活在白人圈定的区域——贫民窟，大多是危房，"就像关押野兽一样将黑人限定在那里"，黑人不能在黑人居住区之外租用房子，同样的房子，黑人付的房租是白人的两倍，同样的面包，在白人区要便宜很多，黑人区的商业主要由犹太人、意大利人、希腊人操控。④ 更为恶毒的是，白人商人还将所有变质食品运到黑人区并以超高价卖给他们。⑤ 在这样的地方，黑人实际上并未拥有太多的自由空间，他们被限制、被监视、被规训，犹如印第安人的保留地一样，是个白人世界打造的囚笼，黑人总是被宰割。生活在如此恶劣的种族主义空间中，比格对城市之美的反应要么被遮蔽了、被阻断了，要么被扭曲了。

　　史密斯又说："尽管城市风景令人激动，社会不公剥夺了风景之美，比格的审美意识实际上被那压制人的生存环境全然遮蔽了。"⑥ 为了突出强调黑人环境审美意识受阻或被阻断的残酷现实，莱特特意描写了在押中的比格的心理活动。"为了自卫，他将白天黑夜挡在大脑之外，因为假如他再想日出日落、月亮星星、风雨云朵，他或许在被送上电椅之前，要先死去一千次。为了让他的心理尽可能适应死亡，他将囚室外边的世界统统变成一

---

① Richard Wright, *Native Son*, London：Vintage Books, 2000, p. 99.
② Richard Wright, *Native Son*, London：Vintage Books, 2000, pp. 78，169，456.
③ Richard Wright, *Native Son*, London：Vintage Books, 2000, pp. 178 – 179.
④ Richard Wright, *Native Son*, London：Vintage Books, 2000, pp. 279 – 280.
⑤ Richard Wright, *Native Son*, London：Vintage Books, 2000, p. 373.
⑥ Kimberly K. Smith, *African American Environmental Thought Foundations*, Lawrence, Kansas：The University Press of Kansas, 2007, p. 183.

片广袤无垠的灰色土地，那里没有白天黑夜，住的全是奇怪陌生的男男女女，他不能理解他们，但是，在临死之前，他渴望与他们相聚一次。"① 也就是说，他不仅对他生活的城市和其中的所有人，包括白人和黑人，完全没有一点感情，而且还对他生活的世界也彻底绝望，在离开这个世界之前，没有一点不舍之情，反而向往一种毫无美感、色调单一的灰色世界并希冀与生活在其中的完全陌生的人交往一次，这充分说明城市环境不只是导致比格的审美意识的泯灭，而简直使其全面异化。

史密斯进一步阐明比格审美意识被遮蔽的原因："种族压迫阻碍了黑人对日常生活的表达，也即阻断了比格可参与创造的一种象征文化。"② 关于此议题，非裔美国学者卡罗琳·芬尼（Carolyn Finney）曾做过精彩的评述。在她的《黑色面孔，白色空间》（*Black Faces, White Spaces*, 2014）一书中，她全面深刻探讨了在美国各个历史时期尤其奴隶制时期和种族隔离法时期，美国主流环境话语、环境体制、环境实践、环境文化、大众文化和视觉再现等与种族/族裔范畴之间的复杂纠葛，揭示了美国有色族，尤其非裔一直受排斥、被边缘化、被负面再现的文化机制及其实践，指出"种族化户外休闲身份"隐含着严重的种族偏见，因为它将户外环境爱好者界定为强壮年轻的白人，尤其是男性。直到今天，尽管赤裸裸的环境歧视似乎不复存在，但文化，尤其是大众文化仍然还在延续这种"种族化户外休闲身份"③，这样黑人环境意识、环境审美意识必然遭遇遮蔽或阻隔，这就必然导致一种恶性循环，从未有人向比格以及有同样经历的黑人阐释风景，因为他不理解它，所以他见到的城市就是一团乱麻，能看见、能体验的就是种族隔阂之墙。用比格的话说，"他们不让我去想去的学校，他们却建很大的学校，然后画一条线将它围起来，然后又说，除了生活在线内的人可去，其他的人不能去，这样就把我们这些有色族孩子全都圈在线外……我一个黑娃还有机会干什么呢？我们没有钱、没有矿山，没有铁路，什么都没有，他们不让我们有这些，他们叫我们待在一个小地方"④。

① Richard Wright, *Native Son*, London：Vintage Books, 2000, p. 442.

② Kimberly K. Smith, *African American Environmental Thought Foundations*, Lawrence, Kansas：The University Press of Kansas, 2007, p. 183.

③ Carolyn Finney, *Black Faces, White Spaces：Reimagining the Relationship of African Americans to the Great Outdoors*, Chapel Hill：The University of North Carolina Press, 2014, pp. 25 – 31.

④ Richard Wright, *Native Son*, London：Vintage Books, 2000, p. 383.

对黑人而言，生存都是个大问题，又被剥夺了参与环境审美和接受审美的教育的机会，甚至被限制走进或融入美丽的自然环境，由此可知，他们的环境审美意识除了萎缩和泯灭，可能就没有别的路径了。如果说南方种植园限制了黑人奴隶的自由，非人的奴隶制摧残了他们的身心，扭曲了他们与南方乡村环境之间的审美关系，那么城市种族主义的变体——种族隔离法，则成了阻隔黑人与城市环境审美关系的意识形态工具、社会体制，从而导致黑人环境审美的严重萎缩，这是因为城市种族主义并未让城市变成解放黑人的空间，反而成了腥风血雨的丛林。

四　种族主义与城市的丛林化

环境种族主义导致城市人文生态全面异化，黑人环境审美经验退化甚至泯灭，因而在莱特笔下，城市既非黑人温馨的家园，也非哈勒姆艺术家笔下激情燃烧、灵感四溢的艺术天堂，而是一个现代人造丛林，其中，白人是猎手，黑人是猎物，比格被动物化，成了人类进化过程中的过渡性物种。

比格杀害玛丽以及销毁证据的手段简直是惨无人道，绝非正常人所为，这种自然主义式的描写在一定程度上否定了他的人性，或者说，那是比格人性的倒退，向动物界跨进了一大步。比格的杀人真相暴露以后，白人世界义愤填膺，失去理智，近乎疯狂，整个城市瞬间蜕变成了一个危机四伏的丛林。白人世界就不再用人化的语言来描述比格了，他彻底被动物化，成了一个恶魔、猛兽。像困兽的比格也千方百计地试图逃脱由 5000 名警察和 3000 多名志愿者组成的强大警力对黑人居住区进行的地毯式的搜捕①，为了孩子们的安全，白人父母代表团要求城市教育主管部门宣布所有学校关门停课，直到黑人强奸犯、凶手被捕为止；多名黑人男子挨打；几百名长得像比格的黑人男青年在南部热点地区被逮捕，正在接受调查；市长要求公众遵守秩序，警惕可能的暴乱；白人为了自身安全解雇了几百名黑人员工，进出芝加哥的所有车辆必须接受检查，所有的公路都被封锁；等等。② 种族主义的代表性团体三 K 党也在牢房外焚烧作为种族主义象征的十

---

① Richard Wright, *Native Son*, London: Vintage Books, 2000, p. 274.
② Richard Wright, *Native Son*, London: Vintage Books, 2000, pp. 274 – 276.

字架，表达对比格、其他黑人的愤怒和威慑。① 这些都足以说明黑人的生存困境，也让人想起奴隶主带着猎犬搜捕逃逸奴隶的可怕情景。比格试图从各种被遗弃的建筑物、房顶及小巷等被白色权力忽视而不被操控的空间逃脱，可惜都未奏效，落得与逃逸奴隶一样的下场。区别在于，南方奴隶生活在被奴隶主操控的乡村，而比格生活在被白色权力包围的街区，从某种角度看，城市空间更可怕、更危险，因为"城市环境太稠密，不可能成为一个给人自由的空间，因而他必然逃不脱白色城市的囚笼"。②

种族主义话语否定了比格作为人的身份。在比格被捉拿归案后，白人世界既义愤填膺，也欢欣鼓舞。各种媒体对此凶杀案的报道，尤其对比格的报道真可谓耸人听闻，白人对比格的骂声也荒诞之至，完全剥夺了他作为"人"的资格。他像个"黑猿、丛林猛兽"，"黑蜥蜴、黑疯狗、亚人类的杀手、黑东西"，"恶魔、响尾蛇、食尸鬼、野人、龙"，等等。③ 这些不同种类的残忍动物被白人世界用来指代城市黑人，尤其黑人男子，让他们成为白人灵魂深处罪恶愿望的投射物，内心深处恐惧的客观对应物，黑人成了他们的替罪羊，白人世界给自己也构筑了一个个噩梦，构建了一个暴力血腥的城市丛林。

比格被剥夺了作为人的身份，从而将他排除在人之伦理关怀的范围之外。他被抓捕后，群情激愤的白人说得最多的一句话就是"吊死他""烧死他""杀了他"，④ "吊死"（lynch）是白人种族主义暴徒们针对所谓"强奸"白人女性的黑人男青年施行的一种最为野蛮的私刑，这种私刑也将黑人男性形象定格为半人半兽的野人凯列班（Caliban）形象⑤，这样拥有"文明、进步"的西方人似乎就占据了道德高地，就有了充分的理由处置他。对此，他们常用的路径有两条：要么开化他，要么除掉他。

他们还运用进化论理论将比格置于非人的境地，为他们的种族压迫提供"科学"依据。为了揭露白人至上观念的荒谬，莱特这样描写囚笼中的

① Richard Wright, *Native Son*, London：Vintage Books, 2000, pp. 366 - 367.
② Kimberly K. Smith, *African American Environmental Thought Foundations*, Lawrence, Kansas：The University Press of Kansas, 2007, p. 183.
③ Richard Wright, *Native Son*, London：Vintage Books, 2000, pp. 309, 434, 436 - 438.
④ Richard Wright, *Native Son*, London：Vintage Books, 2000, pp. 310, 367, 402.
⑤ 凯列班是英国著名戏剧家莎士比亚名剧《暴风雨》（*Tempest*, 1611）中的主要人物之一。参见罗意蕴、罗要真编著《莎士比亚名剧名篇赏析》，四川教育出版社，2005，第224～225页。

比格："畜生一样的黑娃似乎对他的命运无动于衷，好像审讯、审判甚至即将要被推上电椅，他也不感到恐怖，他的行为就像早期未进化完成的人，他在白人文明中似乎是那么格格不入。"① 为此，他被骂为各种可怕的"动物"，无非是说明他完全不受现代文明温情的感染，他的语言和举止缺乏温顺可爱、与人为善、喜笑颜开的普通南方黑人的魅力，这种黑人对白人毕恭毕敬、逆来顺受，是典型的"汤姆叔叔（Uncle Tom）的形象"②，因而最受美国人喜爱。

根深蒂固的种族主义像肿瘤般侵蚀美国各大城市，导致数以百万计的有色族，尤其非洲裔美国黑人的生活严重错位失衡，"其程度触目惊心，完全出乎人之想象，其悲剧性恶果如此严重，积重难返，让人不愿意看、不愿意想，以至于我们宁愿将其看成自然秩序，并假惺惺地用不安的良心和虚假的道德热情加以粉饰，以维持现状"③。种族主义成了铁定的"自然秩序"，无法改变，人类社会成了自然世界，成了腥牙利爪、弱肉强食的丛林，照丛林法则运行。比格，作为一个被动物化的存在，也只能照丛林法则行事。正如他的辩护律师马克斯（Max）的解释："这个孩子的罪不是一个受到伤害的人对另一个他认定曾经伤害过他的人所实施的报复行动，如果这样，案件确实就简单多了。然而，这是一个人误将整个人类一族看成是宇宙自然结构中的一部分，并照此行动。"④ 也就是说，他的生存境遇，他所听、所见、所接受的各种象征性文化符号，共同给他构建了一个丛林图景，他也成了自然丛林的野人，为了生存或自卫，受意志力的驱使，不得不本能地行动，实现自己存在的价值，并因此获得一种终极解脱或满足。至于丛林图景形成的具体原因，马克斯解释说："从整体上看，他们（黑人）不只是一千二百万人，事实上，他们已经构成一个独立的民族，一个在我们国度里受压制、受剥夺、被囚禁的民族，一个被剥夺了任何政治、社会、经济和财产权的民族。"⑤ 在这样的处境下，一种丛林化的社会观自然形成，自然法则顺理成章地成了社会规律，达尔文生物进化论成了社会

① Richard Wright, *Native Son*, London：Vintage Books, 2000, p. 310.
② "汤姆叔叔"是 19 世纪美国女作家 Harriet Beecher Stowe（1811～1896）的小说《汤姆叔叔的小屋》（*Uncle Tom's Cabin*, 1852）中的男主人公黑奴汤姆（Tom）。
③ Richard Wright, *Native Son*, London：Vintage Books, 2000, p. 416.
④ Richard Wright, *Native Son*, London：Vintage Books, 2000, p. 422.
⑤ Richard Wright, *Native Son*, London：Vintage Books, 2000, p. 423.

达尔文理论，并成了种族主义者维护殖民统治的理论武器。

有鉴于此，一位白人警察甚至说，"死亡是医治他类坏蛋的唯一办法"。① 也就是说，像这位警察这样的白人从未反思、检视自己的行为，更未认定种族主义是一个文化问题、体制问题，比格之类的问题是黑人自身的问题，只能按照美国法律进行惩戒。

在种族压迫下，黑人的身体、智力和精神的成长都严重受阻，甚至扭曲变形。"从而形成了一种黑人的生存方式，有自己的一套规律和诉求，一种经由无数黑人集体的而又是盲目的意志培植的土壤中成长起来的人构建的存在方式。"如果他们的生存境遇得不到有效的改善，那么，他们严重受阻的生命只能以"恐怖、仇恨及犯罪"的方式表现出来，这也是对丛林法则的遵循。② 对白人而言，这就是践踏人类伦理道德，就是破坏文明成果，可他们奈何不知，白人文化主导下构筑的城市文明实际上是个城市荒野，它一直就靠剑与十字架维护城市文明，其结果已经走到它的对立面，或者说，它所标榜的"文明、进步"对白人而言是对的，而针对其他族群则是统治、剥削与暴力。用马克斯的话说：来自旧世界殖民者的梦想在旧世界被压抑，他们经历千难万险来到美洲新世界，征服了荒野，建成了规模庞大的工厂、富丽堂皇的大厦、繁华的大都市。与此同时，他们也殖民他人，压榨他人的生命，"就像旷工用了镐或木匠用了锯一样，强制他人满足自己的需要，其他人的生命对他们而言就是对付危险地理和气候的工具和武器"③。黑人被剥夺了基本的人身自由，他们作为人的身份也遭到践踏甚至否定，作为奴隶从非洲被卖到美洲，他们的梦想彻底夭折，他们生命的表现或展开就不能简单地套用白人社会界定的"好或坏"的尺度来评判，只能用它自己的术语来界定"完成或实现"。诸如暴力、强奸、杀戮等犯罪行为，也是一种生命的展开，一种"存在感"的终极实现，这种生命存在的方式，有它自身展开的逻辑，也只能用它自己的，当然也是扭曲的标准尺度来衡量。白人世界必须明白，要变丛林为社会，他们除了改变自己，别无选择。否则，烧死一个比格，还有千千万万个比格，他们随时都会对许许多多的白人富家小姐"玛丽"下手。"比格的尸体并未死掉！他依然活着！他早已在我们各大都市的荒野森林中，在贫民窟繁茂芜杂、令人窒息

① Richard Wright, *Native Son*, London：Vintage Books, 2000, p. 310.
② Richard Wright, *Native Son*, London：Vintage Books, 2000, p. 417.
③ Richard Wright, *Native Son*, London：Vintage Books, 2000, pp. 417 – 418.

的草丛中安营扎寨！他已忘记了我们的语言！为了生存，他已磨尖了他的爪牙！变得冷酷无情！他早已愤恨之极，我们却不能理解！他神出鬼没，不可预测！夜间从窝里爬出，鬼鬼祟祟地来到文明之地！看见善良的面孔，他也不躺下，调皮地踢踢腿，等人搔痒、抚摸，不，他要跳起来杀人。"①在此，我们可以看出，莱特笔下的城市图景是多么可怕啊！到底是什么原因造成的呢？解铃还须系铃人，是白人种族主义，要将丛林变成真正的文明人的城市，主要责任在于白人主流社会，当然，黑人也需积极配合，也需将恐怖、愤恨变为爱之动力。

城市的丛林化实乃种族主义的产儿，对莱特而言，城市成了一个自然有机体，他突出强调城市的自然主义特征是为了说明这都是社会不公的恶果："城市是丛林，因为种族压迫使它如此。"② 种族主义压制甚至剥夺了黑人的创造性行动和创造性表达的能力，由此不让他们成为充分进化的人。白人与黑人之间的关系被还原成了纯粹动物之间的关系，成了猎物与猛兽之间的关系，他们不会像人与人那样交往、沟通，进入彼此的主体现实。白色城市成了杂乱的、危险的、弱肉强食的争斗与厮杀场所，"生存斗争""适者生存"是这里的主导法则，这些既是自然律，也是上帝法。③ 对生活在其中的黑人个体而言，生存斗争是第一要务，由此可见，白色城市不言人之审美和精神内涵，这是社会达尔文主义的自然空间，马基雅维利的自然化社会，也是文学自然主义大显身手的场域，对黑人而言，悲观绝望是主调，铤而走险是无奈。

五　城市丛林隐喻的文化内涵

关于城市荒野化或丛林化的文化内涵，生态批评学者早已对它进行了较为深入的探讨。1999 年，生态学者迈克尔·贝内特（Michael Bennet）和蒂格（David W. Teague）共同编辑出版了《城市自然：生态批评与城市环境》（*The Nature of Cities*：*Ecocriticism and Urban Environments*）一书并辟专

① Richard Wright, *Native Son*, London：Vintage Books, 2000, p. 420.

② Kimberly K. Smith, *African American Environmental Thought Foundations*, Lawrence, Kansas：The University Press of Kansas, 2007, p. 184.

③ Marvin Perry, *An Intellectual History of Modern Europe*, Boston：Houghton Mifflin Company, 1993, pp. 253 – 254.

章"城市荒野"（Urban "Wilderness"）① 对荒野内涵进行研讨。论文作者们站在环境公正立场，引入种族维度，从多层面、多角度考察了荒野隐喻的内涵，集中探讨了种族、电影、文学、社会公共政策与环境公正运动之间的关系，同时也指出，城市荒野的建构是白人用来为自己丑化城市空间，妖魔化、压榨内城区被野蛮化的居民辩护的幌子，然后再运用文明手段对他们进行压制的暴行进行辩护的借口罢了。由此看来，环境种族主义也深潜于城市环境之中。

在《丛林男孩》（Boyz in the Woods）一文中，作者安德鲁·莱特（Andrew Light）认为，内城区的荒野化是古典荒野观的现实转化，再一次实现古典荒野的传统角色——蛮荒之地不同于、低于文明领域。他在对多部当代美国电影中荒野隐喻的内涵进行较为深入的分析后指出，内城区的荒野化隐藏着阴险的目的，这种"贬损内城居民及城市空间的做法与过去妖魔化土著人、自然空间的做法如出一辙"②，其目的都是剥削与统治。

在《创建少数民族贫民区：反城市主义与种族的空间化》（Manufacturing the Ghetto：Anti-urbanism and Spatialization of Race）一文中，贝内特进一步分析指出，种族的空间化是导致城市环境种族主义盛行的根本原因。草根环境公正运动也蓬勃兴起，其旨在反对不公平地将有害垃圾场与其他有害物质强加给少数族裔社群。贝内特认为，二者的出现都是种族空间化的具体表征——遭受歧视的几乎都是有色族人民居住的城市社区，他们的整个社会与生存环境形势每况愈下，这种糟糕的局面使他们成了"个体道德缺失的表现，而不是体制不平等的表现"③，从而将社会责任转嫁到有色族人个体的失败与无能。这样，种族歧视就具有地理象征的内涵，而种族的空间化本身也是种族主义意识形态主导下的公共政策与体制所造成的，但"种族"一词被抹去或被隐去，更准确地说，是被转移了，被挪到少数族裔居住地上，是更阴险、更毒辣的种族主义表现。

这种种族空间化形态的少数族裔贫民区实际上是一种"国内殖民地"，

---

① Michael Bennet and David W. Teague, *The Nature of Cities：Ecocriticism and Urban Environments*, Tucson：University of Arizona Press, 1999.

② Michael Bennet and David W. Teague, *The Nature of Cities：Ecocriticism and Urban Environments*, Tucson：University of Arizona Press, 1999, p. 141.

③ Michael Bennet and David W. Teague, *The Nature of Cities：Ecocriticism and Urban Environments*, Tucson：University of Arizona Press, 1999, p. 174.

甚至是被殖民的"国内第三世界"。在贝内特看来，这种"无种族的种族主义"形式只能在拓展的环境公正运动的框架内得到最好的解决。

结　语

根据上文分析可知，透过黑人文化视野对《土生子》的生态重释，可充分揭示种族主义与城市人文生态、黑人命运、黑人环境经验等之间的内在关联，深刻了解城市黑人贫民窟的形成与恶化、人性全面异化、黑人环境审美式微、城市丛林化的环境种族主义根源及其险恶用心，重构了环境经典，进而开辟了阐释传统黑人文学尤其黑人城市文学的新维度，极大拓展、丰富了黑人文学生态批评的内容。

与此同时，对《土生子》的生态重释实际上也与主流白人文学生态批评展开了潜对话。首先，它质疑主流生态批评以深层生态学主导环境叙事、以人类中心主义/生态中心主义这种非此即彼的二元对立模式阐释文学与环境之间关系及探寻应对环境危机文化对策的简单天真甚至带有乌托邦色彩的做法。其次，它挑战主流生态批评泛化环境危机责任、推卸环境责任的圆滑世故做法。主流生态批评忽视环境议题中的环境不公问题，尤其是环境种族主义问题，因而不但不可能解决环境危机，反而会恶化环境危机和社会人文生态，甚至借"生态"之美名，行生态殖民主义之实。理性地看，环境问题既是思想意识问题，也是现实生存问题，所以，在莱特看来，人与环境间的关系主要取决于自由和社会平等，因为这是个体有能力参与公共文化的关键。在南方，奴隶制剥夺了黑人做人的基本权利和土地所有权，将黑人排斥在土地管理的社群之外。在城市，黑人似乎享有与白人一样的平等与自由，但种族隔离法事实上又否定了他们公平地享用自然福祉和社会福祉的权利，完全排斥了他们对城市环境的管理权，而沦落为城市的浪子。事实上，城市黑人的环境经验与南方黑奴的乡村环境遭遇本质上并无二致，正如黑人生态学者史密斯所言："身无自由、无家可归，无力以创造性的行动回应自然世界。"①

---

① Kimberly K. Smith, *African American Environmental Thought Foundations*, Lawrence, Kansas: The University Press of Kansas, 2007, pp. 184 – 185.

专题二

景观政治

主持人语

周志强

虽然景观研究肇始于 20 世纪 60 年代，但有关景观问题的讨论历史悠久。从耶路撒冷所罗门皇城的奇幻美景与东晋山水画的妙姿百态，一直到今天东京银座街区的富丽堂皇和港珠澳大桥的壮观雄奇，这个世界日益陷入景观化的过程。是什么原因导致一个地方变成了人们观看的风景？又是什么原因激励人们设计令人惊叹的景观？一直以来，不同学科背景的人们对此做了各种各样的回答。人类学家关心景观中人们活动方式和生活故事的差异感的构建；心理学家则致力于讨论"风景－刺激"的心理反应机制；历史学家会从风景的变化中思考民族意识的内涵；旅游产业的学者们则研究如何规划人们的视觉消费；等等。在这里，一个有趣的问题悄悄浮出水面：景观不仅仅是因为自然风景或者宏大事物的奇特而成为风景，其间还存在整个当下社会如何编码人们的观看方式和创生怎样的观看意识的问题。这就令景观的研究与文化政治的命题连接在一起：景观的研究，必然要通过研究什么样的审美资源的分配方式创生了景观，以及在这个创生的过程中，我们的审美观念如何被改造、修改甚至扭转或支配等问题来实现。

常常有人问我，你为什么言必谈"政治"？这就牵连到何谓"政治"的问题。其实，所谓政治，指的是一个社会的重大资源的分配方式，以及这个方式的生成机制与生成规则。所以，我们讲"景观政治"，肯定不是因为要研究带有政治性的景观，而是要研究是什么样的社会文化规则系统，甚至意识形态的运转密码创造了景观的观看欲望和管理方式。

从这个角度来说，本期的几篇文章都是讨论景观本身的文化政治命题的。贾晓楠的"藏漂"研究非常具有创新性。首先，对于"藏漂"进行田野调查并进行民族志的描述分析，这在国内还是首次。其次，这篇文章视野非常开阔——它对"藏漂"的形象特征、话语方式和职业观念进行了细读，以此来解读当前全球消费主义时代西藏风景的政治编码。在贾晓楠的文章中，我们可以阅读到西藏风景作为一个当下中国的"他者"而成为风景的复杂过程。

同样具有创新性的是刘洁莹的"贫民窟风景"研究。这是一个崭新的课题。贫民窟的研究目前在国内几乎是空白，而从"贫民窟与贫穷的发现"这个角度来阐释文学作品的贫民窟的文化政治更是首次。作者提出一个值得深思的话题：贫民窟的创生本身就是一种通过展现贫穷而遮蔽贫穷的方式。对于贫穷想象的规定性，造就了一个现代社会如何将"贫穷问题化"而令穷困丧失认识价值的状况。

高宇的"森林改造计划"研究不是关于中国的课题，而是关于德国的森林景观的设计和规划的课题。但是，这个课题的意义是普遍性的。代表了"自然"的"森林"，乃是一个国家创生出来的"异托邦工程"的后果。设计主义的美学政治，其内在的吊诡在此呈现。

我的"街头景观政治"的研究尚处在思考的"初级阶段"。因为周宪老师的宽容和计武兄的激励，匆忙写就。在这篇文章里，我尝试做两个方面的贡献：一个是希望打开新的研究街头文化的思路，使这个国内并不热的命题，能引发一些学者的关注，最好可以激活"街头文化"的研究；另一个则是希望能引发争论，尤其是国内致力于亚文化研究的学者们的批评或争鸣。

相对来说，我不太认同伯明翰或者芝加哥学派对于街头文化的抵抗性的鼓吹。尽管我们可以把街头文化与涂尔干所说的"集体欢腾"联系在一起，甚至把街头文化的狂欢性看作对整齐划一的城市景观的颠覆，如芭芭拉·艾伦瑞克在《街头的狂欢》里所描述的"嘉年华"。但是，"景观政治"可能更倾向于强调显示了资本巨大的塑造世界能力的"景观"是如何最终控制人的活生生存在，并让人们不再生活在历史中，而是生活在物的幻象中的——这也是这一辑四篇文章，都致力于从新的角度来反思景观的原因。

不妨说，"景观"显示了这个世界正趋向于"寓言化"的状况。现代社会是双重叙事的社会：一方面是伟大的创造，另一方面是伟大的破坏；于是，现代社会一方面乃是马克思所说的那种剥削和压迫，另一方面则是用

（商品）文化的形式为不存在这种压迫和剥削做辩护。拜物教的诞生，证明了这样一种现代社会文化与现实之间的"寓言性关系"：任何事物都不是表面看起来的那个样子，因为拜物教的文化在扭曲、改造和伪装现实。① 所以，对于景观研究首先必须是对于景观政治的研究，即关于景观如何扮演自己不是景观而是我们的生活本身角色的研究。卢卡奇说：

> 笼罩在资本主义社会一切现象上的拜物教假象成功地掩盖了现实，而且被掩盖的不仅是现象的历史的，即过渡的、暂时的性质。这种掩盖之所以可能，是因为在资本主义社会中人的环境，尤其是经济范畴，以对象性形式直接地和必然地呈现在他的面前，对象性形式掩盖了它们是人和人之间的关系的范畴这一事实。它们表现为物以及物和物之间的关系。②

现在，我们可以重新理解卢卡奇所说的"物化"。所谓"物化"可以看作一种"去危机化"，或者说"去紧急状态趋势"。由此，卢卡奇提醒我们，要意识到现代社会本身就在生产一种可耻的寓言：你不能从你自身的现实处境来理解你的生活，而需要引入生活之外的意义——美轮美奂的城市、浪漫沉浸的爱情、温情脉脉的慈爱与无限宽容的宗教——来阐释自己的生活。

所以，景观的政治研究，就是一种破除旧的生活寓言而创造新的寓言的研究。鉴于此，我期待这一辑的文章能创造新的理解世界的角度，最终激活对于景观政治学的研究。

---

① 〔美〕大卫·哈维：《资本社会的17个矛盾》，许瑞宋译，中信出版集团，2016，第 XXVII 页。
② 〔匈〕捷尔吉·卢卡奇：《卢卡奇文选》，李鹏程编，人民出版社，2008，第15页。

藏漂与风景的"位置错觉"

——西藏风景政治的另一种阐释

贾晓楠*

摘要 对于风景的想象,许多的"奇"和"异"都是通过观看者的自身观照产生的。"西藏风景"的生成是西藏的历史、风俗、地理和地缘文化政治与现代社会消费主义文化政治之间的碰撞、对立、沟通和共谋的结果。"藏漂"是这种碰撞和对话的生动表征。诸多受到西藏文化景观的吸引而常年生活在西藏的移居者,用切身的经验"证实"了西藏风景想象的合理性和合法性,以一种"反都市"的无意识,勾画出西藏风景的消费内涵。将生活器物和细节变为无明确所指的能指、强调情感经验的突变、凸显肉身存在的坚定和想象性生活在现实之外的幻觉,藏漂的"活法"和"说法",形成了观察西藏风景政治的独特视角,也是今天边地旅游之文化冲动的内涵阐述。

关键词 西藏风景 藏漂 溢出的能指 召唤性诉求 平常心幻觉

Abstract The act of imagining landscape involves the observation of "singularities" that reflect the viewer's own sensibility, and the "Tibetan Landscape" is the result of interaction, opposition, inter-communication and conflict between Tibet's history, customs, geography, geo-cultural politics and modern consumerism. "Tibetan drifters" are one example of a cultural phenomenon that offers a vivid representation of this collision and dialogue. Many Tibetan drifters who have been living in Tibet because of their at-

---

* 贾晓楠,南开大学文学院文艺学专业在读博士研究生,主要研究风景与视觉文化。

traction to the cultural landscape of Tibet have used their own experience to "confirm" the logic and legitimacy of their way of imagining the Tibetan landscape and embody the consumption of the Tibetan landscape through an unconscious "anti-metropolitan" rationalization. They transform living objects and details into signifiers without specific purpose, emphasizing sudden changes in emotional experience, highlighting the imaginative existence of the body beyond reality. Their lifestyle and opinions constitute a unique perspective to observe landscape politics in Tibet and the connotations of the cultural impulses underlying tourism on the frontier.

Key words Tibetan landscape　Tibetan drifters　overflowing signifier interpellation　hallucinations of normalcy

这些年，去西藏旅游变成了一件具有极大魅力的事情。据《西藏统计年鉴》对外经济贸易与旅游中旅游人数及旅游收入的统计，1981 年西藏国内旅游人数为 6568 人次，到 2013 年赴西藏旅游的人数竟激增到了 1268.74 万人次，赴西藏旅游的人数竟然相差了千倍。境外游客赴藏旅行的人数也由 1981 年统计的 2005 人次增加到 2013 年的 18.72 万人次。[1] 另据西藏旅游网统计，2016 年西藏全区累计接待国内外游客 2315.94 万人次，比上年同期增长 14.8%，2012～2016 年累计接待国内外游客 8236 万人次。[2] 旅游规模的突发性扩大，隐含了值得我们思考的问题：西藏作为一种风景，它提供了一种什么样的想象？这种想象的方式如何？通过这种想象，游客们最终又是如何构造了自己的生活态度和现实意识呢？西藏并不是你我的故乡，而无数人说起西藏时却认作故乡，到底是什么让我们如此"迷恋"西藏？是西藏真的有神秘的召唤性魅力，还是我们需要这样一个富有神秘感和神圣感的空间来释放我们对于未来的想象和对于当下的不满？

为了讨论这些问题，本文试图以所谓"藏漂"作为研究对象，用自己的亲历性经验来描述和分析——这也算是一种带有强烈的个人经验色彩的民族志书写——西藏景观想象的内在文化逻辑。

---

[1] 中华人民共和国国家旅游局编《中国旅游统计年鉴 2000－2013 年》（正副本），中国旅游出版社，2016，第 48～50 页。

[2] 《西藏旅游近五年接待游客 8236 万人次》，http://www.tibetcn.com/news/xzly/201709 143583.html，访问日期：2017 年 9 月 14 日。

相对来说，藏漂就是那种身心将西藏当作故乡的外地人。事实上，本地人和外来者的复杂关系，是构造风景记忆和刻板印象的重要元素。德国社会学家哈拉尔德・韦尔策在《社会记忆》中将"附带地形成过去的无限纷繁庞大的领域"称为社会记忆[①]。书中记录了写书者（也是游人）如何在当下的空间移动里与昔日的历史、文化记忆对话的状况。游人行走在自然景观中，除了个人的自我观照之外，也在审视"自我"与"他者"、"自我"与"外在世界"的关系。这种关系，构成了景点旅游者的消费心态。法国社会学家莫里斯・哈布瓦赫在其《论集体记忆》[②] 中也指出，"历史记忆"乃是通过书写与记录才能触及社会行动者，而个人并非直接去回忆历史事件，只有通过阅读或听人讲述，或者在活动与节日的场合中，当人们聚集一处，共同回忆长期的成员的事迹或成就时，记忆才被激发出来。于是，"聚集"与风景生成的关系变得具有了特殊的意味。而台湾学者郭佩仪在他的博士学位论文《所罗门群岛 Langalanga 人的风景、历史与迁徙》中描述了当地 Langalanga 人在不同的历史语境中的历次迁徙，认为"风景"是 Langalanga 人文化中的一个核心观念，与他们如何感知、记忆和再现历史以及表现自我紧密相关。同时，他也关注到本地人、外地人和当地风景的形成的关系。[③]

事实上，在西藏，来自外地又长期旅居西藏的人们[④]，不仅其本身已经成为西藏风景的一个构成部分，而且还成为西藏风景政治话语的积极生产者。与此同时，是什么样的精神意识和社会文化机制造就了这些人奇特的生活习性、自我认同与言说方式，更是我们触摸西藏风景文化之内在塑形的核心命题之一。

我们习惯上把这种外地来藏、长期旅居而具有西藏风景话语生产力和表达热情的人称为"藏漂"。

然而，遗憾的是，对于藏漂的研究要么是关注极少，要么是视而不见。也几乎没有人注意到，藏漂形象的自我生产与西藏风景文化的生产之间，

---

① 〔德〕哈拉尔德・韦尔策编《社会记忆》，季斌、王立君、白锡堃译，北京大学出版社，2007，第 1~11 页。

② 〔法〕莫里斯・哈布瓦赫：《论集体记忆》，郭金华等译，上海人民出版社，2002，第 42~43 页。

③ Guo Pei-yi, *Landscape*: *History and Migration Among the Langalanga*, *Solomon Islands*, Doctoral Thesis, University of Pittsburgh, Department of Anthropology, 2001, p. 13.

④ 这里提到的旅居西藏的人群不包含外派西藏的公职人员一类。

是怎样的一种内在的相互维系又共谋互生的关系。简单来说，只要你接触到"西藏"这两个字，藏漂就仿佛已经深陷其中。那些游记的写法、攻略的意识、游客自我形象的定位，以及无意识地寻找藏漂精神的活动，都表明藏漂在西藏风景文化中具有不可忽略的意义和功能。

本文正是将西藏和风景结合起来，尝试从藏漂的视角去解读西藏风景的文化逻辑。通过几位藏漂丰富独特的个案，探寻人们想象西藏、讲述西藏的方式，从而思考西藏形象在当今世界形成的社会文化机制。通过挖掘隐藏在西藏风景背后的这些复杂内涵，对风景的文化研究理论进行细化解读。

一　溢出的能指

在我认识的在西藏的朋友里，一夫似乎是那个不太急于向我表达，又总是在慢慢表达的人。他是一个西藏通，他知道很多和西藏有关的传奇故事。他在内地读大学，在大一的时候偶然翻看杂志，一本《中国最美景色》里一张巨幅的西藏 108 拐的照片震撼了他，那时他决定去西藏。我们在拉萨约见时，他胸前的一串凤眼菩提佛珠非常醒目，能看出已经佩戴了很久，他也时不时地抚摸把玩一下。他佩戴的这串佛珠，珠子的中间点缀着几个小挂件，上面串着藏式的银珠。我问他这有什么特别，他讲这是念经的时候用来记录念经的次数的，108 颗佛珠念一遍之后再重新开始，每拨一个旁边的银珠就算念过一遍。在给我讲解的过程中他摘下佛珠给我看，也嘱咐我不要把佛珠放到比较低的地方，比如腿上，这个过程我听得很认真，这其中有好奇，也有对他认真讲述西藏的一种笃定的信任。我发现，即使去掉他身上这些有趣的事物，我依然能看到他身上的穿着所体现的那种西藏的幻觉。

藏漂喜欢关注西藏的寺庙和一些不容易被大家知道的地方。在拉萨，一夫喜欢小巷子里的寺庙——从外边看是一个很普通的民居院子，但里面供着大型佛像。这种喜欢里面包含了对于西藏的有趣的独特发现和阐述，借助于此，一夫有能力把拉萨的神圣变成一种可以落实的生活感受。这就凸显了藏漂的景观意义：通过搜寻不同于观光客的拉萨的视觉和体验信息，藏漂用自己的生活方式把旅游观光变成远方幻想的生活经验。不妨说，一夫正在把西藏旅游纳入总体的同质化的日常化规划中，把西藏抽象的、神圣的、宗教的、脱离了游客的意义变成了生活的东西，把西藏的整个旅游规划因为藏漂的存在而纳入现代人的生活叙述当中。

在拉萨见到的一些藏族年轻人和内地的年轻一代无异，穿着时尚，眼神锐气，让我有种不在西藏，而身处某一个内地城市的熟悉气息。我的朋友 Sunny 是一个在西藏广播电台工作的美女藏漂。她有着黝黑的皮肤和一头及腰的长发，胸前那个大的让我无法不去盯着看的文身，以及戴在胳膊上零零散散足有五六串的佛珠让我有点恍惚，在她身上真实地汇聚了那种属于都市人的潮流感，同时又堆砌着藏地才有的一种风情。她有一辆牧马人吉普车，里面满满堆着的都是可爱的毛绒玩具，最大的一个毛毛熊躺在宽大的后备箱里，足有一个成年人的个头，也因为体积太大，她干脆把后排座全都撤掉了。她戴着一顶有点像魔女的帽子，有一个可爱的尖尖的帽顶，她给我看她最近画的插画，讲她在西藏的故事。

早在 2010 年前后，Sunny 来到拉萨，那时她在拉萨没有工作，暂住在一个客栈里，她在墙上画了一幅巨大的自己头像的油画，给墙上的自己戴上了藏族的皮草帽子，穿上了藏装，还在脸上特意画了一抹只有藏族女孩才会有的高原红。她的房间陈设很简单，好像房间里的每一个物品都不具有装饰性，可这里又是一个无处不在言说的空间，每一件物品似乎都在表达自身曾经有过的历史。

Sunny 让我迷恋的是她在众多器物中的那种自洽。和她一天的相处让我甚至有点遗忘了我们衣食住行的基本需要，她的生活里充满了各式各样的符号，好似一个极端富有生产力的符号运转系统。在她的生活中，实用品似乎变得毫无意义，而随处可见的各种饱含意义的物品，无论是挂件还是文身，都在指示走向远方的抽象的观念。实用性被符号性掩盖了。

我发现，几乎每一个藏漂都在尝试让我观看不是生活本身的东西。即使是无意间被我遇到，每一个藏漂依然是四周拥有或者是充满了不属于肉身的，而属于形而上意义表达的符号，一个手环，一串念珠，一个发饰，一顶帽子，一幅画，一辆牧马人……无论如何，我们可以从一个藏漂身上看到一个抽象的西藏和这个抽象西藏给我们留下的刻板印象与想象性记忆。

从走向远方的冲动到切近的生活，几乎每一个藏漂都是一个具有丰富能指生产力的代表。西藏似乎变成了一种可以让人们摆脱现实生活之物化环境的想象驱动力。在藏漂的身上，西藏的具体意义变成了一个个抽象的意义，抽象的观念又变成了具体可见的现实，从生活的油盐酱醋茶中你同样能感受到一种永远生活在远方的样式，并且持续地为我们表达一种走向远方的冲动和想象。在此，他们的故事成了对西藏风景有效的诠释，也让每一个生活在现实中的内地游客在那一瞬间变成了一个想象圣景的囚徒。

如果你在八廓街边走走，你会发现，工艺品店里的转经筒一类宗教的物件和在藏族手艺人家里精美的木刻都摆放在一起，甚至还有一些外国淘来的工艺品。它们都被放置在那里，好像毫不顾忌这些物品本身所具有的那种宗教气息和仪式象征。我完全有理由把认识的这些藏漂表达意义的器物称为溢出的能指：到处都是能指，他们是平面化的，没有层级，没有等级，并不指向某一个意义，却又总能汇聚成一个抽象的、被物质化的西藏的风景图像，一个能把历史穿在身上，把宗教置于眼前，把未来挂在肩膀上的藏漂一族，正在对那些庸庸碌碌、陷入同质化消费主义社会的人群进行有趣的区分。

如果我们做一个非常粗略的统计会发现，藏漂的生活器物可能只占 7%～15%——即使是一个像我一样在冲击博士学位的学生，我的宿舍里也大多是有实际意义的物品。可是在藏漂的生活里面，到处都是指向形而上意义的器物。在这些器物中，那种脱离俗世生活的冲动，那些神圣的、神秘的、琐碎的生活里面开动无限想象性的意义丰富饱满，然而，这些意义又总是昏暗不明，也同时淳朴简单。简言之，藏漂的生活里充满一种构建和堆砌"能指"的冲动，总是以不同的形式不厌其烦地指向同一个意蕴：这里到处都是不是生活的生活，或者这里只有意义，没有生活。

二 召唤性诉求

由上可知，"溢出的能指"是一种呈现"召唤性诉求"的形式。该形式试图证明：现在的生活才是真正的生活。伴随这种"溢出的能指"的创造，"自主的主体"的幻觉诞生了。

宋虎是一个有着粗犷的外表，却用细腻的镜头去言说西藏的藏地婚纱摄影师。他在西藏已经跑了 80 万公里。如果一天 24 小时都在工作，那他 20 个小时的工作是在盯着屏幕里的西藏，而不是真实的西藏。

到底是什么构成了虎子对西藏的认同感？西藏地处高原而缺氧，一些人来西藏好像是来洗涤心灵的。实际上，当真正到达西藏以后，由于缺氧，许多人是发蒙的状态。这种独特的体验让虎子和他的摄影团队获得商机：

他负责带一对对来到西藏的外地新婚夫妇去感受这个"不同"的世界。

抛开海拔不说，西藏也并不是一个适合居住和拍摄婚纱照的地方。虎子和他的队员常常需要全副武装，在极端天气和恶劣环境中工作。虎子承担着整个拍摄过程中最重要、最艰苦的工作。看虎子的微博，你会发现，他细心地记录着每一次出行拍摄时的体会，尤其会记录新人一路的体验和感受。他的切身参与和付出，让我时常将他和在藏区朝拜的苦行者等同起来。他也常常提到自己一直以来坚持的信念："对待客户如初恋般热爱，对待事业有宗教般的意志。"宗教般的虔诚，个人生活的简单，对极致生活的追求，这都让他这个西藏风景的"接引者"变得非常富有魅力。每当我看到他们到达冈仁波齐或喜马拉雅山脉垭口，我都强烈地感受到，他是用生命在拍摄和记录。当然，他们拍摄出的照片以及随行视频都非常震撼，绝不亚于任何一个地理杂志的景观大片。

有意思的是，他自己把这个艰苦的过程讲述为一种对爱的信仰。当路程中遭遇恶劣天气，新人因为条件太艰苦不愿意配合的时候，他会让一对新人在车里休息一会儿，打开音乐和暖风，和他们分享他这些年在路上遇到的爱与成长的故事，给一对新人上一堂关于爱的课程。当虎子把游客心中圣洁的山与永恒的爱情联系在一起时，他就变成了能把圣山和日常生活勾连在一起的中介，一个可以把你带入到伟大情景中的"接引者"的角色。一方面，虎子用照片构造着别人的影像，另一方面，这些行为又变成照片、图谱，给人们构建一种新的宏大镜像。几年前，他的一个朋友为他写了一篇博文，隔天的点击率已经是 10 万人次以上，之后又有了另一篇，全国最有名的自媒体二更也来找他参与节目。现在他在全国的关注度达到一个亿。由此，虎子便处在一个双重镜像的生产序列中：他为别人创造一种主体的永恒感，也为自己找到了一个主体的位置；他既是身在西藏圣地、摆脱城市俗世生活的亲身说法人，又是消费主义社会中占有文化资本的"大 V"。

人的角色和位置是相对的。特定的社会背景是由特定的社会角色来扮演的，当然，同一个位置也可以有很多个角色，通过这些角色的融入给自身位置以最完美的诠释。作为一个独立摄影工作室的老板，虎子同时也是一个商人，他生产的角色首先是那个改变你的生活，使你认同一种在西藏的简单、纯粹、极致，内涵极其丰富的生活的角色。虎子身上的摄影师与商人这两种角色是冲突的，而只有通过不断地讲述拍摄者这个角色的重要性才能遮蔽自己所在的商人的位置，从而实现角色上的缝合。爱的意义可以包罗万象，而没有爱就没有消费；爱的意义，就是用想象性的主体角色来掩盖他所在的真实社会处境的表达，是作为一个商人，在最大化地追求利益的同时，也在进行自我的无意识辩护。

可以说，任何一个藏漂在你面前都会无意识地扮演一个具有召唤性的角色，以至于你也会认同西藏简单的生活、明媚的阳光、爱心的话语……其间，游客和藏漂都可以恰如其分地扮演自己的角色。西藏成为这样一个地方，你到达这里就会获得一个角色，它是一个激起外人想象的地方。任何一个游客都会投奔西藏提供给自己的那个角色，或是一个想象性的角色，在想象的位置上不断地扮演着朝圣者、拍照者、反思者、感叹者或体验者。而对于摄影师虎子而言，他处在一个由西藏生产的角色里面，又处在一个比游客更有优越感的想象性的位置——他是拥有西藏的，是那个体会了西藏"真谛"的人，而只要跟随他，你就能领略真正的西藏。这也恰恰是西藏风景政治的潜在意蕴。

三 平常心幻觉

来到西藏这片土地，我常听到身边的朋友在我耳边念叨生命的无常。让我没有想到的是，西藏一方面被表达为永恒灵感的圣地，另一方面也在生产世事无常、生命无常。我的朋友席格初到大昭寺时就"感觉"到自己的内心获得了归属感。然而，"无常感"却是他现在最常使用的概念之一。

席格第一次跟我说到"无常"是在我们认识的第一天。他给我讲起他在西藏的生死经历。来西藏八年，席格经历过几次危及生命的事情，包括严重的高原反应和车祸，但他顽强地生存下来了。在西藏，席格却有过刚刚还见过的人，一会儿工夫就得知这个人已经死亡的经历。他在桑耶寺转山时遇到一个藏族人，刚刚打过招呼，一会儿工夫这个人就因心脏出问题，死掉了。他第二次跟我提起"无常"是讲遇到自己的上师后他的心境：

> 我望见一个堪布站在悬崖边上看山，突然看到几只鸟落在了高僧的肩头，之后又飞走了。他很惊奇和震撼。那时候他才是一个大四的学生，人还很浮躁。当他回去之后和朋友讲起这件事情，他说这就是一位得道者，身上没有一丝杀气，连鸟儿都知道他不会伤害它。

席格领悟了所谓"生命无常"：你无法选择今生成为什么，但既然来到这个世界，对待自然万物就该有一颗平常心，还要敬畏。

之后，"平常心"这个概念又在其他几位藏漂朋友的口中出现。有一次遇到客栈老板东哥，当我们聊起人们对布达拉宫、大昭寺的崇拜心态时，他笑着告诉我，对西藏不要有太多的别的什么心态，平常心就好。他说，来到西藏的汉族人呈现出两个极端，有游客看到藏族人会表现出特别的热情，分外想要融入，巴不得赶快沐浴更多紫外线的照射，套上藏装声称自己也是藏族，那种自豪感会让他们觉得藏族人身上的一切都是神圣的。要不就是期待过高，要不就是期待太低。也有游客来到西藏后生怕别人不知道他在内地的身份，这种自称具有文明的优越感的人也比比皆是。而东哥说，来西藏，你一定要尊重西藏，保持一种平常的心态，不要表现得高高在上，但也不必故意谄媚，要有一颗平常心。

他跟我说起在西藏的平常心态让我有些好奇。中国的禅宗讲，修佛有一颗平常心就好，不用磕头拜佛，念兹在兹，平常心即佛。而我的这位朋友是拉萨知名青旅的老板，他来西藏十年，从内地一个公司普通的 IT 工作者走到今天，在西藏拥有数家规模很大的连锁青旅，可谓当今的成功人士。而在我看来，他如此频繁地提起平常心却也表达了一种在当今消费主义社会中，对于人，对于独立个体意义和独立个体经验的尊崇的欲望。在他的讲述中，他对西藏是抱有一颗"平常心"的，也愿意强调在青旅接触到的游客大多都很浮躁。拉萨是很多人的心灵圣地，而一些游客对汉族的文化都不关心，何况来到拉萨这样的地方。

平常心和无常感构成了藏漂和很多来西藏的朋友共享的话语。一方面我们在庸常的生活里感受着自己的不变，甚至带着一种永生的幻觉来处理周遭的纷纷扰扰，而另一方面，我们又常感受到生命的无常，这暴露出我们对这个时代和社会那种脆弱的掌控感——正是在这里，西藏给了我们平常心的幻觉。西藏不变，但是现代社会的一个特点就是变，一切都处在变化当中。

毫无疑问，西藏具有独立的文化符号和编码系统。从生活观念来说，西藏的一些地方以及大多数的藏民，他们仍旧保持着一种较为传统的生活样态，并以此安身立命。西藏地理位置特殊，有独立的语言、饮食、立法，自成一派，而更特殊的是宗教和文化。这种独特性有效地给游客一种生产"真谛"的体验。这好似一种真我的幻觉。当你来西藏旅游，平常心幻觉给了西藏朝圣者这样的幻觉：我从这里悟出了这个世界的真谛，我掌握了世界的真，而其他的都是假象。

平常心当然是一个幻觉，但这个幻觉又是那么真实。我发现，藏漂更愿意把在西藏的传奇经历讲述成惊心动魄的，甚至带有奇幻色彩的体验。并且，因为到了西藏，藏漂也更愿意把在西藏的经历当成一种真谛。

当平常心变成了不平常的经验就包含了更多的意味。不断地强调平常心，这背后的过程实际上是一个真我游戏，是在一个复杂、矛盾的行为和事件里面构建一种稳定性的冲动，期待一种静止状态的永恒感，创造以不变应万变的幻觉。这种真我幻觉是掩盖这个时代风云变幻，人没有能力去操控自己命运的一种虚弱承认。我在西藏，也能感觉到那种无论外部世界怎样都无法触动我内心的情形。对现代人来说，这个世界始终是一个巨大的谜团，资本主义的到来使我们对于世界的掌控感减弱了，人的价值感随着对世界的更多了解而被削弱。而西藏"激活"了朝圣游客的一种平常心幻觉：它是一个平常心幻觉的圣地，守着佛默念平常与无常。由此，西藏成为众多人心中的"精神家园"，去西藏就成了去了解这个世界"最本真"一面的途径——只要在拉萨，其他的一切就都是空，都是虚幻。旅游仿佛变成了游客探寻真实世界的途径，而去西藏旅游就是当代的朝圣，游客远离自己的寻常生活，不远千里来到西藏，体会和追求都市给予不了的另一种更真实的生活，努力探求生活的"真谛"。

四　私奔式冲动与西藏的风景政治

通过观察几位"藏漂"在西藏的生活，从他们生活中那些溢出的能指、爱心话语到平常心幻觉，我们看到，西藏在今天正散发着独一无二的魅力。而在我看来，这种魅力在于，它自始至终都是一个神话，它用最简朴、自然、自由的生活，更多关注自我内心世界的探寻来对抗都市繁荣背后的单调。

可以说，藏漂创造了一种风景政治的"角色位置"，就是不承认自己所在的位置的那个位置。规则化的物化社会使藏漂们用体验性的细节对抗想象。在西藏，你常能听到很多关于瞬间改变人生的经历和讲述，这就是一种用瞬间战胜一切的自我幻觉。藏漂是用细节征服自我，成为行动说服心态的说服者。

现代社会充斥着许多高高在上的欲望，"去西藏"则变成一种欲望的"吊诡方式"：这本来是躲开现代社会之欲望纠缠的生命之旅，却因此变成了另一种"形而上的欲望"——"只有去西藏才是真人生"。资本主义的商品，首先呈现为这样一种"欲望的召唤结构"，如同一些人购买奢侈品乃是购买一种生活方式的欲望实现的幻觉。与此同时，我们又永远无法真正买到满足欲望的任何商品，而永恒漂浮在欲望性购买的途中。这构成了现代社会有趣的"解放性压抑"的文化政治逻辑：

> 一方面是解放，一方面是压抑；压抑是为了解放，可以作为商品流通，解放是造就消除压抑的内在心理动力。资本主义社会在创造了工业社会的同时，更多地创造着杂志女郎和热气腾腾的肉体欲望……杂志女郎撩拨了男人们的欲望，让任何男人觉得这是一个没有性压抑的国度……但是，杂志和电影中的曼妙女体，说到底乃是一个"No-body"，是一个现代男人在日常生活永远也无法得到、却在想象里面不断得到的欲望——没有人可以在现实的生活中遇到那个杂志女郎，这个女郎是平面的、纯粹的和无形的，所以，最终也是对刚刚被解放出来的性欲望进行压抑的。①

不妨说，西藏正是这种解放性压抑的风景商品：你怀着各种愿望去西藏，而实际上却没有地方能够满足你的欲望。

在这里，对西藏"真实"以及"真谛"的探求形成了所谓"私奔主义"的内涵，从藏漂的生活样式中呈现出的以上三种形式，组合在一起构成了一种私奔式的冲动。而全球消费主义背景下的西藏风景政治，正是这种私奔式冲动的编码效果。游客去西藏的冲动，变成了一种逃离现有生活方式而创造真谛想象的过程。藏漂的生活和表达，正把这种逃离和创造变成一种可见的"事实"。

这种"私奔"行动背后的社会规训力，甚至一系列常规性的力量是如何驱使游客完成各种形式的私奔行为的呢？无论是凝视者或是被凝视的景观，皆置身在一组有系统的、从未间断的社会关系之中，并且这些关系需

---

① 周志强：《伦理巨变与 21 世纪都市新伦理小说》，《天津师范大学学报》（社会科学版）2012 年第 4 期。

要由多方面共同联手打造。藏漂所召唤的逃离和创造，并非单纯因为西藏风景的独特，而是因为生产西藏之独特景观的文化政治。

简单来说，旅游机构、摄影师、旅馆经营者、景观设计者、开发旅游的政府官员、旅游达人等种种社会力量，用技术性、符号性、有组织性的论述以及各自社会角色的倾力投入，共同建构出"私奔者"的冲动以及"私奔者"想要逗留的地方。

饱览风光当然重要，但游客要做的事情不是观看那么简单。游客对于景观的消费以及旅游的经验，能够体现自我的外在实践，而每一种观看方式背后的技术与物质力量也同样在深深影响着游客的观看。在这里，私奔的冲动更多是表达了个体对于周遭既定社会生活的一种"妥协性的抵抗"，当无处可逃时，我们才会私奔，然而强大的资本主义之网又使私奔仅仅成为一种想象性的抵抗。

丰富的能指系统的使用、富有召唤力的景观影像生产和平常心态的偏执，都创生了这样的"私奔冲动"：一种对规则的超越。从卢卡奇物化的意义上来讲，现代人的生活，尤其是都市生活，都是按照物的原则组合在一起的，这个世界是按照物的规则来进行编码的。而面对物的规则编码，藏漂选择了一种想象性的方式：逃离的幻象。"私奔冲动"指的就是非正面的、消极的与物化世界的对抗，它体现为一种想象态的、形式的、感性的、遮掩的办法，而不是揭示的、批判的和创造性的办法。它是一种被围困的现代社会特殊的情结——当我们身陷既定性的生活而无法逃脱时，我们就有私奔的冲动。

所以，私奔冲动的"私"字便具有了特殊的意涵：用自己的想象，一种错觉的主体位置，一种爱心的话语，一种溢出的形式来创造一种新的感觉的空间。这个空间仿佛不受物化世界所支配，我们被物所奴役的状态在这个空间里仿佛消失。

而"奔"是对一个空间的指向，从一个位置移向另一个位置。就主体错觉来说，是用一个新的符号的自我代替一个旧的符号的自我；从爱心的话语的角度来说，是用一种新的生活的实践来代替一种旧的生活的实践；从溢出的能指的角度来说，是用符号的观念创造了形而上的世界来代替形而下的、油盐酱醋茶的实用的世界。所以，"奔"字隐约指向的西藏风景，正是西藏这样一个广阔的空间给人们提供的想象空间。这个空间是自我的，因此是私人的；是美好的，因此是反都市的；是浪漫的，因此是去除禁忌的；是形而上的，因此是脱离了低级趣味的。西藏的风景提供了一个用空间换未来的乌托邦想象。而当我们将空间上的远方当成时间上的乌托邦，把空间当成未来时，就会创生私奔情结的多姿多彩。

从这个角度来说，"私"和"奔"的组合构成了西藏风景空间独特的旅游内涵，任何对西藏本身的观看都与去看其他风景不一样，因为只有在西藏这个空间里才能够给你提供一种身心俱在的幻觉。如果说一般的旅游是一种视觉凝视的话，那么西藏并不仅仅如此，仅仅观看西藏是得不到西藏的，藏漂是努力把眼睛看西藏的人，用身体触摸西藏的人变成与西藏同在的人的途径。西藏的风景政治里面就隐含了从一般的视觉符号的"胜境"向特殊的形而上观念的"圣境"的转移：游客对西藏宗庙与藏人生活的凝视虔诚而执着，哪怕是一草一木，都能激活游客们精神性的想象力。在这里，坚持用形而上的意义来体验神圣的西藏——或者干脆说在"生产"西藏的神圣，成为这种凝视的核心特点。由此，藏漂，作为西藏风景中特殊的一类"游客凝视"的群体，已成为西藏风景政治的一种活的诠释。

西藏对游客而言就是那个最理想的私奔地。在旅游地之外的其他一些地方，大家心系着事业与荣耀，步履匆忙。但在西藏，你可以感受虔诚、信念和极乐。告别了使人焦虑的、高压的城市生活，所有日常生活的连接全部暂停，游客感受到与其他同行者彼此紧密的连接，甚至在这里体会到神圣或超自然的经验。在这个遥远的地方，无论是朝圣者还是游客无不虔诚地"敬拜"神圣，以求一种心灵的升华。正是因为大量的藏漂呈现出了西藏旅游的一个总体的心态，那就是，西藏就是我们奔向的那个地方，是我们个人找到自我的地方，是我们能够找到爱和真正主体，焕发我们新的人生的地方，由此西藏也就完成了一次自我精神洗礼的幻觉。

然而，这个世界的逻辑并没有使西藏成为那个摆脱人生庸常的圣地，反而，资本主义消费文化仍在不断地刺激着我们的欲望，即便是西藏也概莫能外。更多元的旅行体验，背包行、自助游、拼车、搭车、青旅以及男女混住大通铺，这些"浸入"式的旅行体验仿佛变成了人们追求独立、摆脱庸常，不再受控于体制内的一种新的生活和行为方式。而旅行者追随西藏的这种新式的价值观仿佛成为他们摆脱固有观念、改变心境的一个重要的渠道。事实上，无论你去西藏拍婚纱照，或是去拉萨开青旅，和去到世界另一个地方并没有什么差别。无论是购买东西的物质欲望还是去远方看风景的冲动，无论是商品对人的诱惑还是人在感情世界中对心灵更深度的探索，商品拜物教的逻辑使我们的欲望永远充斥在心中，却永远得不到满足。从更深层次的意义上说，藏漂用一种"实在的现实生活"，将西藏的历史性幻化成抽象的可看性，把本身的生活变成了一种空荡荡的空间。在这里，一种到处是意义却只有一种意义的"景观拜物教"，令幽深多样而复杂繁密的"西藏"变成了同质化的心灵幻象。

作为景观的伦敦东区

——19 世纪末英国的贫民窟旅游[*]

作为景观的伦敦东区

——19 世纪末英国的贫民窟旅游[*]

刘洁莹[**]

摘要 19 世纪末英国社会出现的贫民窟旅游与一种社会性的贫困话语紧密相关，吊诡的贫民窟旅游将城市贫困具体化、视觉化，成为当时贫困话语所建构的贫民窟想象与旅游期待的典型形式。本文以景观化伦敦东区的贫民窟旅游为案例，凸显其去政治化的文化逻辑，分析贫穷、罪恶、暴力是如何作为一种贫民窟的自然属性而进入人们的视野的。在这里，东区的贫困与不平等的经济政治制度的沉重代价之间的关系被切断了。相应地，想象贫民窟的方式蕴含了世纪末英国对于文明的衰落与公共控制权的丧失的恐惧，以及资产阶级自身身份确认的困难。

关键词 贫民窟旅游 伦敦东区 贫困话语 景观 阶级矛盾

Abstract Slum tourism, fashioned in Late-Victorian England, is condensed with the contemporary urban poverty discourse and slum imaginations. Providing with visualized poverty and pseudo-reality, slum tourism paradoxically transforms urban poverty from a political and social problem into a cityscape and spectacle, and thus depoliticizes it as if urban poverty is an organic part of the modern life. Meanwhile, the East End of London as a spec-

---

[*] 本文为天津市社科规划项目"19 世纪英国小说中的贫民窟形象研究"（项目号：ZX20160122）、南开大学建设性项目人文社科青年教师研究启动项目"维多利亚时代的伦敦城市书写"（项目号：63172043）的阶段性成果。

[**] 刘洁莹，南开大学外国语学院讲师，南开大学文学院在读博士。

tacle can be seen to operate as a manifestation of bourgeoisie anxieties of the Fin de siècle and crisis of identity through the spatial opposition to their own community, the West London.

Key words　slum tourism　East End of London　poverty discourse spectacle　class conflicts

伦敦东区的贫民窟在 19 世纪末似乎突然被发现了。1882 年牛津大学毕业的记者、作家沃尔特·贝赞特发表了小说《各色人等》，他将通俗小说中常见的中产阶级爱情故事置于伦敦东区的黑暗与穷困之中，引发了当时社会对于贫困的空间想象。随后，1883 年乔治·西蒙斯（George Sims）的系列新闻报道结集出版为《穷人如何生活》（*How the Poor Live*），其中大量的插图将贫民窟的黑暗以及贫民窟居民的悲惨生活呈现在世人眼前。同年，安德鲁·默恩斯（Andrew Mearns）的《被遗弃的伦敦的痛哭》（*Bitter Cry of Outcast London*）的震惊效应更加剧了人们对于伦敦东区作为道德沦丧的罪恶之地的认识。一时间伦敦东区成了城市贫穷的代名词，成为 19 世纪末英国社会最棘手的问题之一。贫民窟，这个城市的阴暗之地吸引了大量的社会评论家、记者、政客、小说家、社会改革者、慈善家、警察。P. J. 基廷（P. J. Keating）指出，直至 1880 年英国的中上等阶层才开始通过一系列的努力来了解阶级矛盾。① 1885 年伦敦东区著名的慈善机构"汤因比厅"（Toynbee Hall）开幕，1886 年查尔斯·布思（Charles Booth）开始对伦敦东区进行社会学调查，在后来的十几年间完成了 17 卷本的《伦敦人的生活和劳动》（*Life and Labor of the People in London*）；1887 年女王在东区为"人民宫"（the People's Palace）揭幕，同年威廉·布斯（William Booth）创立的"救世军"（Salvation Army）宣布除了精神救助之外，他们还要对伦敦东区进行社会改造。②

事实上，在此之前，中上等阶层拜访贫民窟（slumming）的做法一直存在，但主要是小规模、独立进行的社会调查，通常由一些作家、艺术家进行，后来又有一些政府或慈善机构的工作人员和志愿者加入。但总体而言，

① P. J. Keating, *The Working Classes in Victorian Fiction*, London: Routledge & Kegan Paul, 1971, p. 106.

② P. J. Keating, *The Working Classes in Victorian Fiction*, London: Routledge & Kegan Paul, 1971, pp. 109 - 110.

贫民窟叙事一直是影响拜访实践和贫民窟认知的主导要素。① 但到了 19 世纪末，越来越多的人似乎不再满足于有关贫民窟的报道和叙述，拜访贫民窟成为一种集体性且商业化的行为。伴随着大众旅游业的发展，拜访贫民窟的目的除了具有利他主义的慈善性质外，还开始具有满足娱乐好奇的窥探乐趣。这个时期伦敦东区的贫民窟成为一个被制造和被消费的商品，是受人欢迎的旅游目的地，是当时富裕阶层趋之若鹜的时尚行为。19 世纪 80 年代，很多伦敦城市指南之类的杂志，不仅向人们介绍商店、纪念碑、教堂，同时还设计出线路，告诉人们如何探访那些位于"白教堂"这样臭名昭著的贫民窟里的"景点"。这种富有人群的风尚迅速影响至美国。1886 年 9 月 14 日的《纽约时报》指出："拜访贫民窟的行为开始于伦敦。女士们和先生们对那里的情景充满好奇，当拜访贫民窟成为潮流时，他们会穿上普通的衣服去看看那些曾经听说过的人们，他们对那些人一无所知，仿佛去拜访一些生活在一个奇怪国度中的异类。"这标志着贫民窟从被排斥到被赋值的一个跳跃。它从伦敦社会急于掩盖且希望被遗忘的毒瘤，变为绅士和淑女体现高尚道德，体验新奇的令人生畏的经验的地方。伦敦东区从一种生产资料变为一种消费对象。

贫民窟这一城市空间通过商业化再现之后，成为供人凝视的风景。观光牵涉到想象，但是贫民窟观光不是在脑海中幻想寻欢作乐的过程，而是编织关于城市贫困的白日梦，期待自己能亲身体验日常生活之外的新奇之物。本文着重围绕三个问题展开对于 19 世纪末英国贫民窟旅游的讨论：19 世纪末的贫民窟旅游蕴含了怎样的想象贫困的方式？贫民窟旅游与当时的贫民窟话语之间有何联系？为什么在世纪末的英国会出现这种景观化的想象贫困的方式？

一　作为旅游目的地的贫民窟

贫民窟旅游以游客亲身体验的方式带来了对于贫民窟最为直接的真实感，同时也建构了旅游体验的差异感。旅游赋予游客以视觉经验为主的多元感官体验，他们看到狭窄肮脏的街道，衣衫褴褛的孩子，街头的酒馆，

---

① Tony Seaton, "The Literary Evolution of Slumming," *Slum Tourism: Poverty, Power and Ethics*, London and New York: Routledge, 2012, p.41.

麻木呆滞的人群，仿佛真的看到了底层社会的日常，获得了一种"眼见为实"的体验。旅游者在旅游过程中通过各种物质层面的感官接触来达到文化认知，在城市贫困的短暂体验中获得一种特殊的审美和愉悦，在这一过程中，对于"真实性"的追求则是旅游者旅游和获得旅游体验的动机。①

贫民窟旅游以景观化的方式使中上等阶层产生"真实"幻觉，以为自己看到了真实的城市贫困。"真实感"的塑造为他们对于贫民窟这个城市空间的表征提供了正当性，为中产阶级提供了一种理解贫民窟的新路径：作为一种独立的城市景观。当贫民窟这个被行动、活动、叙述和符号激活的地方被作为风景的时候，其也就被化约为图像和具有"景色"的地方。贫民窟变成了一个供观看的景观或者供阅读的文本。这种贫民窟话语不仅激发了社会对于伦敦东区城市贫困的关注和同情，确认了社会对于伦敦东区的鄙视与恐惧，还包含了对于一个未知空间的窥探与惊奇。

在窥探一个与自身完全不同的世界的同时，他们也在用一种惊奇的态度来表达自己与那样一种世界的截然不同，这种"与我无关"的游客体验，是在用一种接近的方式表示拒绝。从贫民窟引起社会关注开始，它就是一个古怪特异的空间。"贫民窟内的凄惨景象往往是一片昏暗，十足肮脏，恶臭的烧油路灯之间挂着破衣烂衫。无论是在屋内还是室外，许多人都弓着腰，似乎一直难见真容。"②记者、社会学家、作家们不遗余力地生产各种形象和比喻来指称伦敦东区糟糕的状况。赫胥黎（T. H. Huxley）将贫民窟居民们比喻为"波利尼西亚的野蛮人"，威廉·布斯（William Booth）将他们称作"非洲的俾格米人"（通常身材非常矮小的非洲人种），简·亚当斯（Jane Addams）则选择称呼他们为"奥地利的采盐矿工"，对于威廉·巴里（William Barry）来说东区的贫民窟像是一艘"贩奴船"，乔治·西蒙斯用一种非常传统的比喻，认为自己在伦敦贫民窟的所见所闻犹如"地狱场景，其恐怖程度超过但丁神曲中的地狱"，将贫民窟指认为遥远的部落或是未知的地区，为探访这个城市空间增加了一种发现感和冒险刺激。伦敦东区在此时不只是城市的一部分，1901 年，贝赞特关注伦敦东区的情况将近 20 年之后，认为东区就是一个城市，"世界上再找不出另一个像伦敦东区这样的城市"，这里聚集了将近 200 万人口，"仿佛一个拥有统一管理的独立城市

① Dean MacCannell, *The Tourist: A New Theory of the Leisure Class*, New York: Schacken Books, 1976, pp. 91 – 105.
② 〔英〕彼得·阿克罗伊德：《伦敦传》，翁海贞等译，译林出版社，2016，第 481 页。

一般"，就人口数量而言远远超过"柏林或维也纳，或圣彼得堡，或是费城"。维多利亚时代的伦敦是帝国的中心，是繁荣与进步的代表，却被笼罩在极端的城市贫困的阴影之下，以隔绝的、陌生的方式看待贫民窟，形成了一种游客视角，塑造了一种观看方式。

旅游一方面追求"真实"，另一方面也在追求一种"偏离常轨"（departure）。游客离开日常生活和例行事务，在旅游中让感官投入一系列刺激新奇的活动。贫民窟空间及其居民在游客的窥探与好奇的目光之下被客体化为景物，而被看到、被标记的是那些被认为与正常生活相反的社会构成元素，正是差异性构建了游客的凝视。一方面，贫民窟旅游凸显了贫民窟及其居民的"他者性"，另一方面，游客在对比彼此差异的时候，也确立了所谓正常的、有道德的文明生活。

二　贫民窟与 19 世纪末英国社会的贫困话语

麦肯奈尔提醒我们，游客与景物间的第一次接触并不是景物本身，而是对景物的某个描述。维多利亚时代的贫民窟游客们实际上自觉或不自觉地接受了有关城市贫困的话语叙事，被引导到白教堂这样恶名昭彰的"著名"目的地，并影响着他们对于伦敦东区的预期与想象。厄里在《游客的凝视》中指出："当我们在凝视特定景致时，会受制于个人的经验和记忆，而各种规则、风格，还有在全世界四处流传的各地影像与文本都会形成我们凝视的框架。"[①] 就人们对于伦敦东区的想象而言，其城市贫困话语的来源主要包括当时的贫民窟小说和新闻报道。

19 世纪 80 年代"贫民窟小说"（Slum Fiction）在英国文坛异军突起，它们不约而同地将故事背景设置在伦敦东区的陋街窄巷之中，深入贫民窟内部，讲述贫民窟居民的悲欢离合。主要作品包括乔治·吉辛（George Gissing）的《黎明中的工人》（1880）、《无所归属的人们》（1884）、《阴曹地府》（1889）；沃尔特·贝赞特（Walter Besant）的《各色人等》（1882）、《基便的孩子们》（1886）；阿瑟·莫里森的（Arthur Morrison）"伦敦东区三部曲"，即《米恩街道的故事》（1894）、《杰戈的孩子》（1896）和《去伦

---

① 〔英〕约翰·厄里、乔纳斯·拉森：《游客的凝视》第三版，黄宛瑜译，上海人民出版社，2016，第 3 页。

敦城》（1899）；伊瑟·赞格威尔（Israel Zangwill）的贫民窟系列小说，即《贫民窟的孩子们：奇特人群的研究》（1892）、《贫民窟的孙辈们》（1892）、《贫民窟里的追梦人》（1898）、《贫民窟悲剧》（1893）；玛格丽特·哈克尼斯（Margaret Harkness）的《城市姑娘》（1887）、《失业》（1888）、《最黑暗的伦敦城》（1889）；等等。贝赞特的《各色人等》于 1882 年一经出版就引起轰动，至 1905 年共售出 25 万册。"对于很多中产阶级的读者而言，贝赞特的小说就是东区，或者至少是一个让他们觉得舒服的东区，他通常被认为是使得东区的称呼流行起来的第一人。"① 贫民窟变成旅游目的地的现象涉及如何生产并维持观看对象的生产过程。黑暗窄巷、肮脏拥挤的工作场所、妓女聚集的街头、移民聚居区、慈善机构等这些反复出现在贫民窟小说中的地点，成为贫民窟旅游的景点。

　　如果说 19 世纪 40 年代城市贫困被第一次发现的时候，人们将贫困的原因归为个人，即穷人自身的道德缺陷，认为他们的酗酒、放荡、游手好闲是来自上帝对他们道德低下的惩罚。那么，到了 19 世纪末，人们对于贫困的解释发生了变化。他们更多地将贫困问题归因于环境，受到达尔文主义和自然主义的影响，乔治·吉辛和阿瑟·莫里森等作家，都将贫民窟这一城市空间排除在城市之外，仿佛这是一个自足的封闭空间，其中人们的各种苦难和罪恶都受到伦敦东区这个独立环境的决定性影响，个人的努力微不足道。比如阿瑟·莫里森在他的《杰戈的孩子》中描绘了这样一个充满暴力与犯罪的"他者"世界。贫民窟杰戈的支柱性产业是"偷盗"。从孩子到夫妻到黑帮，都是偷盗产业的从业者，对于杰戈的人来说，成为黑帮组织一员就意味着经济的成功，以及他人的绝对尊敬。莫里森将杰戈的居民比喻为大老鼠，流窜在贫民窟的暗街陋巷，他们摆脱卑贱命运的方式只有死亡。这里的价值取向与维多利亚社会完全相反，不参与偷盗、不酗酒、有工作的人在杰戈的命运就是被排挤、被鄙视，甚至是被殴打。他们被分离出来，任何改革或者教育手段都无法触及他们，因此也无法有效地改变他们，并因此必定会保持他们永久的异质性。美国作家杰克·伦敦于 1902年特地来到伦敦东区，乔装匿名体验生活，创作出《深渊居民》，进一步妖魔化了贫民窟及其居民，认为贫民窟的人们是绝望且危险的野蛮人，犹如动物园里的困兽，"他们身材矮小、发育不良，佝偻着背。他们表现出来的

---

① Paul Newland, *The Cultural Construction of London's East End*, Rodopi B. V., 2008, p. 59.

是人最初的一点点天性，就像那些住在山洞之内的人们……这些人穿着破衣服，浑身污垢，长着各种令人恶心的皮肤病和脓疮，皮肤青肿，举止粗野猥亵，身体畸形，目光斜视，面容如野兽一般……他们瘦弱的身体里充满力量，残暴的原始力量，抓挠撕碎。当他们冲向人类的时候，会把猎物向后弯曲，甚至对折，掰断脊椎"。① 在他看来只有"动物园的管理员们"才能防止无辜的路人落入贫民窟里那些杀人犯之手。

其次，由于识字率的上升、印刷成本下降、政府税收降低，维多利亚时代的新闻业非常繁荣，这股重要的力量也成为建构贫困话语、塑造伦敦东区刻板印象的核心因素之一。由于报纸杂志之间的激烈竞争，编辑们为了应对，开始开发新的报道形式来吸引读者。调查新闻（investigative journalism）之父威廉·斯特德（William Stead）将感伤主义文学、犯罪报道和其他形式的通俗文化形式结合起来，注重对话、场景和心理描写、细节描写，这种报道方式被称作"新新闻主义"（New Journalism），在 19 世纪末对英国的新闻产业产生了革命性的影响。为了追求轰动效应，往往模糊事实与想象之间的界限，安东尼·史密斯（Anthony Smith）指出，当时的新闻"成为建构现实的艺术，而不是对现实的记录"。② 《被遗弃的伦敦的痛哭》起初匿名出版，没有插图，充满通俗作品中的感伤主义叙述，主题也并不新鲜，但是斯特德立刻意识到它的价值，在自己的《帕尔默报》（*Pall Mall Gazette*）上不遗余力地连续推荐，指出这本小册子标志着"新时代的开始"（25 October 1883：1），并附上此书的精华缩写版，连续若干天刊载相关的来信和讨论，制造轰动效应。正是借助报纸的巨大发行量，这个话题引起了公众的关注，引发了政治、经济社会学者和普通读者的大量讨论，直接导致 1884 年皇家调查委员会对于工人阶级住房情况的调查和之后《住房法》（*Housing Act*）的颁布。安东尼·沃尔（Anthony Wohl）对此给予高度的评价，认为"它的影响力直接且具有催化作用，是维多利亚时代最伟大的改革文献之一"。③ 但是，《被遗弃的伦敦的痛哭》在发现贫困引发全社会对于贫民窟关注的同时，建构出了一种与当时中产阶级推崇的家庭观念截

---

① Jack London, *The People of the Abyss*, Cambridge University Press, 2013, p. 12.

② Anthony Smith, "The Long Road to Objectivity and Back," in Boyce, Curran and Wingate (eds), *Newspaper History*, p. 168.

③ Anthony S. Wohl, *The Eternal Slum：Housing and Social Policy in Victorian London*, New Brunswick (New Jersey)：Transaction, 2002, p. 189.

然相反的生存状况。在这个小册子里充满类似的描述:"卫生检查员在一个房间里发现了父亲、母亲、三个孩子和四头猪!另一个房间里,一个男人得了天花,他的妻子刚刚生过第八个孩子,他们的孩子们衣不蔽体满身泥土。一间地下的厨房里住了七个人,还有一个快死掉的孩子。"拥挤和肮脏的环境导致了贫民窟的疾病和道德堕落。"我们无法谈论他们的家庭状况,因为这样的地方怎么能被称为家呢?比较而言,野兽的洞穴更加舒适和健康。"① 这本小册子强化了将贫民窟及其居民与野兽相比较的贫困话语。

这一形象又通过白教堂谋杀案得以加强。1888 年到 1889 年间伦敦东区的白教堂地方发生了连环杀人案,受害者均为妓女,凶手作案手段残忍血腥,而警方又迟迟无法破案,一时间此案成为英国上至女王下至百姓共同关注的焦点。围绕开膛手杰克的铺天盖地的新闻报道在伦敦东区的形象建构中起到了关键性的作用。通过具有煽动性的新闻报道,伦敦东区成为整个英国的焦点和茶余饭后的谈资,报道所关注的不仅仅是凶案本身,而且将伦敦东区这一地理空间的各种特征掺杂着想象呈现出来,犹如当时流行的哥特小说。朱迪斯·沃克维兹(Judith Walkowitz)指出"有关开膛手凶杀案的新闻报道首先强调的因素就是其环境:白教堂,这个臭名昭著的贫穷的地方,与伦敦城的金融区相邻,无论是以公共交通还是以私家马车都很容易到达。白教堂是衰落的内城工业区的一部分,处在伦敦东区的边缘,那个伦敦无产阶级聚集的地方,一个拥有 90 万人口的'城市'"。② 黑暗、危险、犯罪、血腥、娼妓成了人们对于伦敦东区的固有印象,并不断被层出不穷的报道确认加强。直到今天,"开膛手杰克"仍然是白教堂地区旅游线路的最大卖点。

19 世纪伦敦城市化的发展,使人们永远不可能彻底了解伦敦,在人们的想象中伦敦是一座永远扩张的虚构迷宫,也就总有一个隐秘的伦敦存在。伦敦东区的贫民窟凝聚了人们的焦虑与恐惧。虚构与非虚构的贫民窟叙事相互叠加、互为影响,构建起 19 世纪末有关伦敦东区的贫困话语,形成了伦敦西区和东区光明与黑暗、文明与野蛮、道德与堕落、整洁与肮脏的强烈对照,将穷人描绘为一个新出现的种族,他们绝望落后,亟须拯救。这为贫民窟旅游提供了一种期待视野,想象出一种背离常规的生活。旅游活

---

① "The Bitter Cry of Outcast London," *The Pall Mall Gazette*, 16 October, 1883: 11, pp. 57 – 58.

② Judith Walkowitz, *City of Dreadful Delight: Narratives of Sexual Danger in Late-Victorian London*, Chicago: University of Chicago Press, 1992, p. 193.

动永远不是纯然的视觉经验，"游客凝视的一切，其实是他们从各种媒体上吸收与内化的理想再现……即使实景不像再现那般美好，但最终盘踞在民众脑海中的依旧是再现的画面，仿佛那是自己亲眼目睹的一切"。① 因而，贫民窟就变成了由贫民窟话语构造而成的体验景观。同时，在这样一种文化建构之中，贫民窟作为一种物质实体被镶嵌在环境之中，形成一种展示，与贫困话语形成了循环指称的关系，共同形塑了整个维多利亚社会对于贫困的认知。

三　发现贫困与世纪末的英国

19 世纪末的英国渐渐从日不落帝国的辉煌中淡出，开始经历文明的衰落与公共控制权的丧失。贫民窟被想象成为维多利亚时代资产阶级秩序话语的对立面。贫民窟旅游用一种想象的亲身经验代替现实的问题，不仅仅受到经济利益的驱动，而应语境化地纳入维多利亚时代晚期的社会和文化特征中进行分析，将它作为经济社会等问题的后果与反应。贫民窟旅游折射出当时英国社会的心理机制，帝国中心的伦敦借此与虚构的深渊之城的道德沦丧、腐朽与野蛮联系起来。

（一）发现贫困的方式

贫民窟的旅游事实上暗中培植了一种对待贫困的方式，或者说，对于贫民窟的旅游鼓励人们用惊奇的方式来发现贫困，从而无形中就把贫困想象捆绑到特定的排斥性心态中，即当贫困大量进入人们的视野时，鼓励人们使用一种"旅游"的方式，用亲身经历的现场感，把贫困作为一种"符号"或者说"象征"孤立于特定的社会现实之中。当贫困作为景观被观看的时候，它就不再作为"事实"连续性发生了。

19 世纪 80 年代的英国，穷人以"再一次发现"的方式出现。1848 年宪章运动失败以后，英国社会经历了五六十年代的经济繁荣，克己节俭与自助的观念被广为接受。个人的慈善行为在中上等阶层蔚然成风，"慈善组织协会"于 1869 年成立；1867 年城市工人阶级中的部分男性获得了普选

---

① 〔英〕约翰・厄里、乔纳斯・拉森：《游客的凝视》第三版，黄宛瑜译，上海人民出版社，2016，第 115 页。

权，1870年英国开始实行国家教育，扩大了学校教育的范围。19世纪70年代在迪斯累利政府的领导下开始进行针对城市贫穷的改革，包括劳动时长的规定、工会权利、公共健康等方面。① 英国社会似乎出现了整体的进步，贫富差距在稳步缩小。1873年阿尔弗雷德·马歇尔（Alfred Marshall）认为"英国社会的各个阶层都在上升"，并非常有希望实现"每个人都是绅士"的时代。② 狄更斯和盖斯凯尔夫人的"社会问题小说"、卡莱尔对于文明的忧思等涉及的阶级矛盾似乎顺利解决了。

但是，在19世纪最后20年，英国逐渐进入一个相对衰退的时期，大英帝国的霸权逐渐受到其他国家的挑战，出现了经济萧条。莫尔顿、台德合著的《英国工人运动史（1770—1920）》中指出，80年代中期，"工人阶级中——不论是有组织的或是没有组织的——正在酝酿着一种新的战斗精神"。③ 特别是伦敦东区1888年火柴厂女工的游行和1889年伦敦码头工人的罢工直接形成了这两个团体的工会。1889年的罢工很快席卷了泰晤士河两岸，参加罢工的人数庞大，有3万名码头工人和3万多名其他工种的工人。宪章运动的老领袖乔治·哈尼写道："这次伦敦东头伟大的反抗斗争是过去所有罢工、停工、闭厂都不能望其项背的。自从宪章运动达到最高峰的全盛时期以来，我还没有看到过任何运动，它的重要性和利害影响能与1889年的伟大斗争相比拟。"④ 这次罢工使得伦敦东区成为工人运动的榜样，英国工会会员的数量从1889年的86万人增加到1890年的将近200万人。同时，它作为新工会主义最初的胜利，证明了不熟练的工人是可以组织起来并将巨大的罢工运动坚持到底的。19世纪60年代中期的"新模式工会"，具有较强的排他性，只接纳技术手艺高、工资收入高的工人阶级，而将非技术工人排除在外，并且尽可能避免与雇主的直接对抗，采取谈判的方式实现自己的诉求。⑤ 1890年伦敦举行了第一个"五一国际劳动节"示威游

① Krishan Kumar, "Version of the Pastoral: Poverty and the Poor in English Fiction from the 1840s to the 1950s," *Journal of Historical Sociology*, 1995, Vol. 8.

② Alfred Marshall, "The Future of the Working Classes", A. C. Pigou (ed.), *Memorials of Alfred Marshall*, London: Macmillan, 1925, pp. 102, 115. 阿尔弗雷德·马歇尔（1842~1924），近代英国最著名的经济学家之一，新古典学派的创始人，特别关注收入分配和贫困问题。

③ 〔英〕莫尔顿、台德：《英国工人运动史（1770—1920）》，叶周等译，三联书店，1962，第199页。

④ 〔英〕莫尔顿、台德：《英国工人运动史（1770—1920）》，叶周等译，三联书店，1962，第202页。

⑤ 金燕：《19世纪下半叶英国工会法律地位的改善》，《学术研究》2014年第8期。

行。伦敦东区的贫穷肮脏再次浮现出来，而且这些暴民似乎随时会冲出伦敦东区，席卷一切，摧毁那些明亮富裕的文明之地。

　　另一个重要因素是社会主义在这一时期的复兴，虽然罗伯特·欧文的合作社会主义在 19 世纪初就广为人知，但是在英国经济迅速发展繁荣鼎盛的局面下，社会主义思想仅仅在少数政治团体中被讨论。《资本论》虽然在 1867 年就已经出版，但是直到 1887 年才有了英文版本。社会主义与新工会运动结合，使得 19 世纪末的工人运动呈现出鲜明的"战斗"色彩，也导致当时英国社会普遍存在一种对于社会主义革命的恐惧心理。吉辛的小说《民众》其副标题为"英国社会主义的故事"，小说中对底层贫民表现出强烈的反感，工人阶级出身的主人公自私虚伪、背信弃义，在意外获得一笔遗产后迅速堕落，沾染了很多恶习，为了与上层社会联姻，抛弃出身贫穷的妻子。不仅有很多批评家指出吉辛对于穷人的憎恶态度，他自己在家书中也写到这本书是"对无产阶级目标与能力的野蛮讽刺"①。霍布斯鲍姆在《帝国的年代（1875—1914）》中指出，1875 年之后，"由工业资本主义所创造，也为工业资本主义所特有的工人阶级，其大规模的有组织的运动已在这期间突然出现，并且要求推翻资本主义"。"对于资产阶级而言，这是一个深刻感受到危机而且必须转型的时代。他们传统的道德基础，正在他们自己所积累的财富、舒适和压力下崩溃。"② 资产阶级自由主义曾经相信，市场会以自己的方式调整并解决贫困问题。但是到了这个时刻，资产阶级的自信岌岌可危，他们也感受到"资产阶级自由主义的社会和世界，逐渐朝其'离奇死亡'迈进，它在达到最高点的时刻死去"。③

　　对于未来的担忧，对于日渐庞大的工人阶级队伍的恐惧，这时都被集中于伦敦东区这个罪恶深渊，成为人们恐惧的一个具体对象。彼得·阿克洛伊德（Peter Ackroyd）说"所有对于城市的焦虑都集中在东区，似乎在某种奇特的意义上，它已经成为伦敦本身黑暗面的缩影"。④ 这一地区不仅是一个城市空间，不仅代表着阶级的区隔，还可以被看成一个隐喻，是威胁

---

① George Gissing, *Letters of George Gissing to Members of His Family*, London：Constable & Co.，1927，p. 172.

② 〔英〕艾瑞克·霍布斯鲍姆：《帝国的年代（1875—1914）》，贾士蘅译，中信出版社，2014，第 11 页。

③ 〔英〕艾瑞克·霍布斯鲍姆：《帝国的年代（1875—1914）》，贾士蘅译，中信出版社，2014，第 11 页。

④ Peter Ackroyd, *London：The Biography*, Chatto & Windus：2000，p. 678.

和革命的代名词。然而，景观虽然提供了黑暗恐怖的场景，但观看者总是保持着一种安全的距离，当城市贫困与贫民窟居民的生活被固定为一种景观的时候，仿佛就只存在于视觉范畴，而不再构成真正的威胁。在这个意义上，作为景观的贫民窟既指认出恐惧又化解了恐惧。

（二）资产阶级自身身份焦虑

随着社会流动性的增加，原本用以确定社会"中等阶层"的传统等级制度逐渐失效，这个"中间社会区域"的界限就变得非常模糊。霍布斯鲍姆认为在 19 世纪中期，关于"中产阶级"的条件，其标准是相当明确的。但在 19 世纪晚期，新兴中产阶级或申请中产阶级身份的人，其数目在迅速增加，这种情况引起了分界和定义的实际问题。中产阶级的条件，在理论上比那些构成贵族身份（出身、世袭称号、土地所有权）或工人阶级的（工资关系、体力劳动）条件更难决定。其中，正式教育越来越成为（而且至今仍是）其主要指标。"学校教育主要是提供进入社会上公认的中等和上等地带的入场券，以及使进入者在社交上习惯那些使他们有别于较低阶级的生活方式。"[①] 1828 年伦敦大学学院的建立标志着"英国新大学运动"的开始，它区别于传统意义上的牛津、剑桥，改变了超高学费的状况，面向中产阶级的子弟，"学费仅相当于牛津、剑桥的 1/10，同时采用工学兼顾的走读制度，安排现代技术与自然科学课程"[②]。到了 1870 年，英国议会通过《福斯特法案》，奠定了国家初等义务教育制度的基础，使得受教育人数大幅增加，教育范围的扩大是为社会中力争上游的人而设，并不是为那些已经达到社会顶端的人而设。

我们可以看到，这种允许学生取得资产阶级身份的教育日渐发展，以适应不断增加的人数。随着作为入门必要的初等义务教育的确立，学生人数迅速增加，"19 世纪 70 年代晚期到 1913 年间，保证学生能取得中产阶级身份的大学，其学生人数在大多数欧洲国家大致增加了三倍……到了 19 世纪 80 年代，德国观察家已经在担心大学录取人数已超过经济体系对中产阶

---

① 〔英〕艾瑞克·霍布斯鲍姆：《帝国的年代（1875—1914）》，贾士蘅译，中信出版社，2014，第 196 页。

② 柳友荣：《英国新大学运动及其对我国应用型本科教育的启示》，《高等教育研究》2011 年第 8 期。

级的容纳度"。① 教育的发展并不能够提供充分的身份标记。对于公认的中产阶级而言，他们的收入和教育的结合与民众出身之间的差距明显，而下层中产阶级由于收入不足，出身与民众接近，则较难指认出他们相对于其他人的地位。

中等阶层身份标记的不明确性构成了他们的身份焦虑，通过共同的休闲方式，形成中产阶级的文化建构，通过确立"他者"形成确认身份的想象。空间生产的过程是一个不断创造空间中心地带，也同时生产出边缘地带的过程，形成严格的等级制，但同时中心地带又要依赖这些处于边缘的他者。社会关系将自身投射到空间里，而形成的城市空间作用于社会各阶层对自身的确认。正如约翰·伯格在《观看之道》中指出的那样，"我们从不单单注视一件东西；我们总是在审度物我之间的关系"。②

结　语

1888 年 11 月 1 日的《星报》（The Star）写道，"东区需要的是光明——电灯的光明照亮那里的街巷的阴暗角落，同情与希望的神奇之光照亮那些承受着苦难的生命中的阴暗角落"。③ 显然过去处于黑暗中的贫民窟被人忽视不见，犹如隐形，然而到了 19 世纪末，全社会对于城市贫困的极度关注宛如突然出现的过度强光，仍然让人无法看清贫民窟的面目。当时风行的贫民窟旅游将城市贫困具体化、视觉化，以"真实感"这样一种伪经验通过底层生活的刻板印象，把伦敦东区固定为一个都市风景，用一种去政治化的方式将其纳入城市生活的一部分，仿佛贫穷、罪恶、暴力是这个城市空间的自然属性。中上等阶层并没有想象一个与东区居民平等的未来社会，他们也拒绝承认东区的贫困是不平等的经济政治制度的沉重代价。体验贫民窟的贫困发现过程也是塑造自身身份的过程，对于富裕的中上等阶层来说，在世纪末由盛转衰的阴影之下，贫民窟一方面是一个具有威胁的他者世界，另一方面也是一个充满冒险刺激的想象空间，既投射了他们的种种焦虑和危机，又以景观化这一去政治化的手法想象性地化解了这些焦虑和

---

① 〔英〕艾瑞克·霍布斯鲍姆：《帝国的年代（1875—1914）》，贾士蘅译，中信出版社，2014，第 200 页。
② 〔英〕约翰·伯格：《观看之道》，戴行钺译，广西师范大学出版社，2005，第 2 页。
③ The Star, 1 October, 1888.

危机。

　　总之，贫民窟旅游变成了一种无意识的"恐惧管理工程"。英国中上等阶层将贫民窟和城市贫困作为安放世纪末种种焦虑的空间，好像只要找到消除贫民窟的方式，一切社会问题就迎刃而解了。通过贫民窟旅游他们似乎无限接近了社会问题的症结，然而通过想象重组，用去政治化的文化逻辑将贫民窟景观化，却使得他们避免真正地去面对根本性的社会问题。从这个意义上看，贫民窟旅游就成为他们消除恐惧的心理幻觉，成为他们自我拯救的一种方式。

从输液的树到乐高的城：关于现代生活的寓言

高 宇[*]

摘要 我们从文化与技术两个层面上赋予了一个自然物可以任由我们处置的合理性。文化景观概念的提出事实上为这一合理性奠定了基础，相比之下，技术的合理性在这个过程中显得更为迅猛和深刻。文化与技术合理性共同造成了现代都市景观中"输液的树"这一怪异的现象，而借助对这一现象的合理性的分析，我们便可以将其作为一个辩证意象，想象我们的整体生活环境，这即是"乐高的城"。从前者到后者的推理过程向我们呈现了一则关于现代生活的寓言。

关键词 森林 景观 现代都市 乐高

Abstract We endow ourselves with the legitimacy to do anything to a natural object from both cultural and technical perspectives. The proposal of the concept of Cultural Scene laid the foundation for the legitimacy, comparing with which, the technical legitimacy appears to be more rigorous and profound in this process. Together the cultural and technical legitimacy give birth to the bizarre phenomenon "trees with Ⅳ drips" in modern urban scene. With the help of the analysis on the legitimacy of this phenomenon, we could treat it as a dialectical image and, with its assistance, imagine our overall living environment, which is "the city of Lego". The reasoning

---

* 高宇，南开大学文学院 2016 级在读文艺学博士研究生，主要研究公共艺术、风景与景观政治。

process from the former to the latter presents us with an allegory about modern life.

Key words　forest　landscape　modern city　LEGO

关于树，我们经常听到的一句俗语便是"树挪死，人挪活"。然而在我们今天的日常生活中，这句俗语已经被推翻了一半：在当下的都市景观的规划中，不乏公园、小区及公共绿地的存在，从他处移植过来的景观树随处可见。尽管大部分景观树并没有因为移植而死去，但它们之中的小部分确实活得并不轻松。这不仅是因为树木的移植会对其发育完全的根系造成重大的破坏，也因为不同的树木依赖于不同的生长环境。不同地域的土壤、降水甚至温度条件的变化对于树木的生长也有着决定性的影响。当树木被移植到新的地址并且存活状况不理想时，就需要各种人为的辅助措施。其中最有趣的措施，或许便是在树干上给树打点滴，即给树输液。我不止一次在我生活的城市即天津看到输液的树，而且基本上都是二球悬铃木，即法国梧桐。我想这与天津地区的盐碱化土壤条件不无关系。然而，我因此产生的问题并不在于某一种树及适合其生长的某一种条件，而在于我们似乎已经对都市这样那样的人造绿地景观见怪不怪了。将树木作为都市景观的构成元素进行移植，因都市绿化的功能而具有其必要性、合理性。因此，本文需要解决的第一个问题便是，我们如何接受了这样的合理性？随后，本文试图在这个问题的探讨基础上，将给树输液作为一个透视现代都市图景的寓言，将现代都市景观中的一棵树视为本雅明所言的一种辩证意象，进而想象现代生活的整体状况。

一　森林的嬗变："自然"的异化和商品化

我们如何接受树木作为一个自然物（如果我们今天还可以称其为自然物的话）可以根据我们的需要而任意处置？我想关于资本与资本社会的一些观点可以帮助我们开启对这个问题的思考。大卫·哈维在论及资本与自然的关系时提到，资本可以并且需要将自然分割出来，并利用其制造一个市场。[①] 作为自然物的树，自然可以作为商品在这个市场中实现其价值。作

---

① 〔美〕大卫·哈维：《资本社会的 17 个矛盾》，许瑞宋译，中信出版社，2016，第 56 页。

为景观元素的树木，绝大多数是从临近或其他地方的林场或树苗培育基地订购而来，特殊的景观选址还时常伴随着对树木的特殊要求，因此很多时候政府以及城市园林部门甚至花重金购买作为村落社树的百年老树。电视剧《马向阳下乡记》便对此有大量的描写。另外，所谓"自然"早已在人类，特别是资产阶级改造自然的过程以及资本漫长的流通和积累中被内化了。具体来说，人类利用自然及改造自然的过程促进了生产的发展，其产品不但影响着自然，其中也包含了作为产品和产物的自然。在资本眼中，自然就等同于一个"使用价值的巨大仓库"①，能够支持商品价值（交换）的生产和实现，在这个逻辑中，自然被货币化、资本化和商业化了。这就意味着自然可以被分割为私有产权，使商品化自然资源的做法合法化。当自然被贴上价值的标签，社会劳动就遭到了忽略，我们在都市中从来只看到被精心呵护的绿化带及绿化景观，而很少考虑到这一现象背后所遮蔽的人的社会劳动。因此，作为景观元素的树木在这里就被工具化，从而作为景观社会意识形态功能中的一个具体环节。

这里似乎有一个疑问。政府及园林部门从村落收购百年老树的做法之所以被人们视为粗野，重要原因并不仅仅在于树作为自然物及其年龄，而在于一棵社树作为一个乡土聚落所具有的文化象征和精神意义。因此，将自然物分割为商品，并不是把树木作为景观元素任意处置视为合理化这一观念的源头。事实上在进入资本主义发展所带来的现代化之前，人对于自然物从观念层面的利用和改造早已开始。树木本是客观的自然存在，根本不具备任何社会属性，在传统中国血缘宗族、宗法以及宗教观念的支配下，它被神化，被赋予众多而庞杂的社会生活内容。当社树呈现在眼前时，就会唤起人们强烈的宗教感情和有关宗教意义的联想。这二者是同时共生、彼此融合在一起的。这时，自然物的树已成为社会化和宗教化的树，成为"人化了的自然"的一种特殊形式。正是这种宗教形式下的社会关系和社会内容决定了社树的本质。社树被视为有生命、有意志，具有某种神秘意义的、超自然的神灵，人们祈求树神的护佑，保佑家族繁盛、平安吉祥。这种"社树"或"神树"崇拜甚至被视为原始宗教的一种形式。②

森林是由单个树木集合而成的完整生态系统，有着漫长的观念发展史。

---

① 〔美〕大卫·哈维：《资本社会的 17 个矛盾》，许瑞宋译，中信出版社，2016，第 278 页。
② 朱智武：《酒泉丁家闸五号墓"社树图"辨析》，《南京艺术学院学报》（美术与设计版）2014 年第 6 期。

这里，笔者以德国的森林为研究对象，试图呈现德国人在历史上如何通过森林意象逐步构建自己的身份认同。笔者对于德国森林的研究源于德国卡塞尔近郊的一个村子发生的具有环保主义色彩的抗议事件①。2012 年，黑森州政府向德国联邦政府提交了修建 44 号高速公路（11 号施工路段）的草案。这条高速公路计划要穿过当地的森林自然保护区。由于这个原因，该高速公路路段的施工计划饱受各界议论长达两年之久，迟迟未能破土动工。2014 年 3 月，新上任的交通部长公开表示将重启高速公路的建设工程。② 值得注意的是，交通部官方发布的施工计划图表明，路线的规划在最大程度上避免了直接穿越整片森林，而是通过开掘隧道和沿着森林的已有边界绕行的方式尽量减少对森林的破坏，甚至在必要的路段设计了方便野生动物穿越公路的桥梁。至此，笔者决定撇开所谓环保主义热情，转而对德国的森林进行研究。

德国人和德国森林之间着实具有非常亲密的关系。《德国民族史》（*National History of the German People*）的作者、"德国民族浪漫主义"的创始人之一威廉·海因里希·里尔（Wilhelm Heinrich Riehl）将"真正的德国人"描述为"来自森林的自由人"③。同时，托玛斯·莱坎（Thomas Lekan）也提到，德国的森林"象征着对祖国的热爱，象征着根植于自然法则的、日耳曼人原始的自由神话观念，也象征着摆脱了国外统治、争取民族团结之斗争的英雄主义、活力和精神状态"④。莱坎描述的这种无形的"自然特质"，实际上是文化再生产和文化改造的结果。德国的森林并非天然具有这一切象征，它们都是被构建出来的。在这些宏伟和情感的词语外，莱坎并没有忘记指出，所有这些诗意和英勇的措辞，事实上都是基于国家意识形态。另外，一如里尔强调森林在构建德国民族意识过程中的作用，鲁道

---

① 这一事件几乎印证了笔者对于德国人具有极高环保意识的看法。然而，接下来的深入调研使笔者对这个问题进行了彻底的重新思考。经过调查，笔者意识到参与抗议活动的绝大部分人只是不希望高速公路太靠近自己的住宅以避免噪声的骚扰，而事实上大多数远离工程选址的居民对于这一事件并没有过多的回应。

② Peter Ketteritzsch，"A 44 im Lossetal：Al-Wazir stellt überraschend Trassenplanung vor"，https://www.hna.de/kassel/kreis-kassel/lossetal-al-wazir-stellt-ueberraschend-trassenplanung-3429179.html.

③ Thomas Lekan and Thomas Zeller, eds., *Germany's Nature：Cultural Landscapes and Environmental History*，New Jersey：Rutgers University Press，2005，p. 21.

④ Thomas Lekan and Thomas Zeller, eds., *Germany's Nature：Cultural Landscapes and Environmental History*，New Jersey：Rutgers University Press，2005，pp. 58 – 59.

夫·杜伊斯堡（Rudolf Düesberg）也在其德国森林与德国社会的民族研究中，致力于赋予德国森林以"大众教育者"的角色①。在文化的构建中，德国的森林与其民族性的联系被充分而深入地构建起来，因此其中的诸多理念被后来的法西斯纳粹政权所挪用以支持其意识形态。纳粹盖世太保首领赫尔曼·戈林也兼任国家林业部长一职。

实地考察的结果证明，德国的森林看起来并非如此。在德国的森林中徒步有一种奇特的体验，即你可以非常轻易地看到森林的深处。在并不怎么茂密的树冠之下，所有的树干整齐而对称地排列开来。森林中生长着的不仅仅是同一种树，而且高度和体积都高度相似，每棵树之间的距离也非常平均，彼此相距 3 ~ 5 米远。这样一幅庞大的、结构分明的种植园一样的森林和莱坎所描绘的具有崇高精神和野性面孔的德国森林相去甚远。相比之下，不如称其为一个单一的、人造的森林。这一疑问笔者通过查阅德国的林业报告（由 BMELV 发布）得到了解答。根据这份报告，德国现存的森林绝大部分都是人造的经济林②。经历过工业革命之后，德国几乎清除了国土范围内的全部树木，目前德国的森林是人类活动深入干预的结果。

自 19 世纪以来，德国引进了所谓"科学林业"（scientific forestry），其热情拥护者之中便有莱坎。科学林业源自启蒙运动产生的机械的、工具的世界观，在这一观念的普及下，德国的新造林主要遵循对称性和统一性原则，将异质、异龄的混交林转变为一种同龄化、单一化的种植模式。除此之外，科学林业采用体积等单位为测量标准，其目的是便于通过数学的方式估算其经济价值。一些科学林业的极端拥护者甚至提出"森林的主要目的是为其所有者提供经济收入，任何其他的目的都是附加的"③。科学林业所带来的后果在笔者所徒步的森林的另一端有着最好的体现：森林的尽头有上百棵树木遭受暴风雨的严重破坏，很多甚至被连根拔起。这一戏剧性的场景当归咎于科学林业所推崇的单一、速生的种植理念——德国引进的挪威云杉及苏格兰松树等速生树种无法深入和稳定地扎根在土壤中。19 世

① Rudolf Düesberg, *Der Wald als Erzieher*, Berlin：Parey, 1910, p. 139.
② Federal Ministry of Food, Agriculture and Consumer Protection（BMELV）, *German Forests：Nature and Economic Factor*, 2011, Berlin：Bundesministerium für Ernährung, Landwirtschaft und Verbraucherschutz, 2011, p. 4.
③ Thomas Lekan and Thomas Zeller, eds. , *Germany's Nature：Cultural Landscapes and Environmental History*, New Jersey：Rutgers University Press, 2005, p. 63.

纪下半叶，德国遭遇了大规模的林业灾难，甚至威胁部分地区的生态系统。以杜伊斯堡为代表的部分德国森林研究者开始提出一种回归自然的替代方法，试图将森林恢复到"传统的自然状态"。19 世纪初期的科学林业由于其机械主义和功利主义，被绝大多数林业工作者视为林业现代化的标志。因此，在 19 世纪下半叶的林业改革中，"回返自然"的森林被视为德国森林的理想形态①。具体措施包括有意识地种植混交林，在不同的气候和土壤条件下种植相应的树种，并获得了成功。近年来，根据林业报告，73% 的德国森林由混交林组成②。

综观德国森林的变化发展历程，不管是民族文化身份建构的象征化、科学种植将森林作为经济来源的商品化，还是最终"回返自然"种植模式的"再生态化"，都是人与文化整体进行干预的结果。至此，树木作为一个自然物按照人类的需要而加以干预和改变，最终获得了其合理性。我们早已在观念中潜移默化地接受了树木作为现代都市绿化的必要组成部分，也很难再因看到一棵正在输液的树而大惊小怪。

二　自然景观、文化景观和现代都市"总体景观"

到这里，我们所面对的森林——整片自然风光——都经过了深刻的重塑与文化再生产，成为所谓"第二自然"。对自然的统治或者称掌握，构建了我们所说的"风景"，它们不再"自然"。风景建立在其观看者的文化构建之上。这就是人类思想、情感和文化构建意义上的"自然"和作为包括人类在内的生命形式的复合体意义上的"自然本身"之间的区分，即"文化景观"和"自然景观"。人类地理学家卡尔·萨尔（Carl O. Sauer）用一段类似于公式的表述清楚地对文化景观下了定义：文化景观是由某个文化群体在自然景观之上塑造的。在这个过程中，文化作为中介，自然景观作

---

①　Thomas Lekan and Thomas Zeller, eds. , *Germany's Nature: Cultural Landscapes and Environmental history*, New Jersey: Rutgers University Press, 2005, p. 63.

②　Federal Ministry of Food, Agriculture and Consumer Protection (BMELV), German forests: Nature and economic factor, 2011, Berlin: Bundesministerium für Ernährung, Landwirtschaft und Verbraucherschutz, 2011, p. 5.

为媒介，文化景观便是结果。① 在这个基础上，我们不妨再深入一步，将"风景"的英文 landscape 拆分为 land 和后缀 scape，这样便能够从词源上追溯风景或者景观的真正含义。scape 这一后缀源自古英语中的"sceppan"或"scyppan"（Merriam-Webster Dictionary），其含义为"塑造"（Oxford English Dictionary）②。根据这样一层解析，我们就不难理解米切尔（W. J. T. Mitchell）为何在《风景与权力》中提出将"景观"这个概念作为一个动词，而非名词来理解。米切尔要求读者在理解风景这个概念时，不要从"它是什么"或"什么意思"来解读，而是要思考"风景"作为一种文化实践活动和社会主体身份的构建过程究竟"做了什么"。根据对词源的解读，米切尔对"风景"这一概念的总结甚至比萨尔还要短，米切尔认为，风景就是"经由文化调解（mediated）"的自然景象③。

当我们已经意识到上述森林景观实际来自 19 世纪以来的再生林，并且已经论证森林的再塑造属于文化景观的演变过程，那么我们如何评价清除部分森林以建造高速公路的做法？如果高速公路建设所代表的都市景观可以在某种意义上被称为现代的文化景观，是不是就意味着这只是一个文化景观的更替过程？如果我们承认"风景"的本质是文化景观，即为人类干预和改造自然提供的一个可用空间，那么应当如何在不同程度的干预之间确定一种界限？美学的断裂可以是一种界限。虽然今天很难再去想象一个完全未经染指的自然，但仍有必要区分不同时期的不同情况。面对柯罗（Corot）、康斯泰勃（Constable）或特纳（Turner）等人的风景画杰作，我们无法将一幅处处都被现代基础设施所填满的景象与之相提并论。过去的文化景观，在很大程度上是一种农业景观。然而，由于交通不便、能源资源短缺以及气候条件等限制了农业社会的生产力，区域的发展因此具有显著的多样性。人类重新塑造自然的进程实际上很慢。

正是由于现代化进程的开始，这一切都被改变了。现代化的过程伴随着将《浮士德》中所描绘的人的力量借助浩大工程和组织劳动完全释放的

---

① Carl O. Sauer, "The Morphology of Landscape," in J. Leighly eds., *Land and Life: A Selection from the Writings of Carl Ortwin Sauer*, Berkeley: University of California Press, 1963, p. 343.

② Kenneth R. Olwig, "Representation and Alienation in the Political Landscape," *Cultural Geographies*, Vol. 12, 2005, pp. 19 – 40.

③ W. J. T. Mitchell, *Landscape and Power*, Second Edition ed. Chicago: University of Chicago Press, 2002, p. 1.

过程，也伴随着将一切破坏和罪恶都合理化的过程。现代化，特别是资本主义工业化彻底撼动了农业社会的物质条件和象征意义。诸如地理学、地质学等新兴学科及相应的工程，再加上测绘等新型技术，使得为提升交通能力而实施的大型工程建设成为可能，随着有限交通向便捷交通的转变，资源越来越容易获得。最终，区域的多样性逐渐走向终结，传统的文化景观被现代工业景观迅速取代。

现代化开启了将一切都标准化的模式，标准化的构件不仅节约成本，还能够适应任何气候和地质情况，因此可以应用于各种房屋、建筑、街道甚至整个街区的建设工程。因此，我们今天所面对的现代都市，就成为一个由各种不同标准组件拼接而成的"总体景观"（Total Landscape）①。这事实上成为今天现代都市中的"第二自然"。勒·柯布西耶（Le Corbusier）在《走向新建筑》（*Towards a New Architecture*）中论证了这样一个观点，即工业的进步在建筑领域首先确立了自身的存在意义，工业总是致力于转化自然原材料并使其成为我们称为"新材料"的东西，如大量的水泥、钢筋、卫浴配件、绝缘材料、管道、五金等，无一不是从自然材料转化而来。工业化事实上体现了这样一个过程，即人工材料取代自然原材料，同质化的人造材料取代了异质化的、含混不清的材料，最终，所有的工业产品，不论是建筑还是其他，便都可以由某种固定的组合方式实现②。在这个意义上看都市景观中的树木，尽管它依然保留着其生命形式及自然属性，但此时它无疑也已经单元化和构件化，成为都市总体景观中的一个孤立的零件。

三　乐高之城与现代生活

现在我们似乎已经无法直视我们身边的自然物——树不再成其为树，或这个能指只剩下了有限的所指。不仅如此，似乎整个自然景观也不再"自然"了，它们在历史上历经了数不清的文化层面的转变、重塑以及再生产，其次又在资本主义经济体系的运行下不断被生产和再生产，被分割为商品而贴上价格标签，最终在现代都市景观中沦为一个个孤立的构件。想

---

① Heike Strelow, eds. , *Natural Reality. Künstlerische Positionen zwischen Natur und Kultur-Artistic Positions between Nature and Culture*, Stuttgart：Daco Verlag, 1999, p. 154.

② Le Corbusier, *Towards a New Architecture*, New York：Dover Publications, Inc. , 1986, pp. 229 – 232.

到这里，笔者对都市中的树木以及现代都市的整体面貌产生了新的想象。这一想象的结果便是乐高玩具。乐高积木玩具在这个意义上不再仅仅是一堆可以随意组合的彩色砖块。作为 20 世纪以来所发明的、在全球范围内最受欢迎的玩具之一，其基本智慧和乐趣便在于数量丰富、色彩多样的连锁砖块，可以任意地组合与拼装在一起。我们完全可以借助这些彩色的砖块依据自己的意愿和想象创建一个巨大的、高度仿真的事物甚至场景。如果有机会拜访并参观乐高玩具的制作商，我们或许会看到各种关于其概念、历史、文化和价值的资料册，我们也可能注意到这些册子里面的一些有趣信息。乐高的创始人 Ole Kirk Kristiansen 在 1934 年发明了乐高（LEGO）这个名字并将其用作商标。LEGO 这个单词事实上是丹麦语 LEG GODT 这两个词语各取前两个字母组合而成。LEG GODT 这一词语的含义是"发挥出色"或"玩得好"（play well），有趣的是，乐高的创始人似乎在当时并没有理解到，LEG GODT 在拉丁语中的意思是"组合在一起"（put together）。而第二层含义恰恰显示出乐高的本质所在。不仅如此，乐高玩具的整个系统便意味着使用成千上万的微型建筑元素可以组合出无数种形式，并且能够很容易地拆解开来并进行下一次重组。如果你拥有更多的乐高砖块，便拥有了更多的创新可能[①]。

当我们面对一个由乐高砖块拼接而成的、尺度迷你却高度仿真的"乐高景观"时，我们毫无疑问会发出赞叹的声音。有趣的地方在于，这种赞叹的声音和当你看到宏伟的自然风光时所发出的赞叹有什么区别？康德认为，这种赞叹应当来自"崇高"这一概念。这来自人类"渺小的自我"与"宏伟的他者"之间发生的一种在内心和观念中的断裂，来自对此情况进行的推理与演绎的结果，也来自宏伟的景象所具有的数量的巨大性和形式不定的整体性。然而康德意义上的"崇高"在今天——根据布鲁诺·拉图尔（Bruno Latour）的观点——已经消失了。取而代之的是，塑造和改变地表的最大力量已经为以集体为形式的人类活动所具有，而这种活动的结果便是产生了一种全新的"崇高"。[②] 根据这一推论，乐高玩具成为我们今天的生活环境的最精确的比喻。从乐高能够拼接、拆解并再重组的特质中，诞生了某种我们称为"乐高神话"的东西，组装一个乐高景观需要把之前组装

---

① The LEGO Group, *Company Profile*：*An Introduction to the LEGO Group*, 2010.

② Albena Yaneva and Alejandro Zaera-Polo eds., *What is Cosmopolitical Design?*, Farnham：Ashgate, 2015, pp. 21 – 33,

好的景观进行拆解和再组装，而这就无形中契合了浮士德及其伟大工程的特点。从某种意义上来说，乐高似乎是浮士德发明出来的玩具。自 18 世纪起便致力于区分"崇高"与"优美"的爱德蒙·伯克（Edmund Burke）认为，崇高的最显著特质在于，在脑海中感受到恐惧，同时在现实条件中并不会出现真的危险。① 在这个意义上，就暗合了魔鬼靡非斯陀给浮士德传递的关键信息：不要为创造带来的牺牲责备自己，要接受破坏，将破坏视为神圣的创造力的组成部分；当抛开了负罪感，行动便得到了自由。同样，当我们在拼装和拆解乐高玩具的时候，也并不会为自己造成的"破坏"而真的感到自责，反而潜伏着当新的乐高景观被完成时内心的成就感。

如果我们在此结束乐高玩具厂的参观，再看一眼外面的世界，会有怎样的体验？笔者的体验在于，笔者似乎无法再区分一个现实的景观和一个乐高组装成的景观。乐高景观模型和真实的世界之间的差别似乎消失了，它们之间反而有着难以穷尽的相似性。这里笔者用乐高中的玩具人偶做一个生动的比喻。我们似乎和小小的乐高人偶有着很多的相似性：我们都有面部表情，都有可以替换的发型，都扮演着给定的角色，并且还有肤色的差异。甚至我们都会玩一种叫"猜猜我是谁"的游戏。自 2010 年起，乐高推出了"收藏家系列"。所谓收藏家系列，就是乐高推出的一款包装在密封袋里的人偶收藏系列。由于包装是密封的，所以你在购买之前无法得知你究竟会获得哪种人偶。收藏家之间可以互通有无，从而实现完整的收藏。② 讽刺的是，2014 年上映的《乐高大电影》中甚至还宣扬乐高人偶具有一定程度的"自由意志"。然而笔者想要借此说明的是，我们和乐高人偶一样，都生活在一个人造的环境中。这个环境一直处在被组装、被拆除和被重组的动态过程中，并且有一天终将面临完全的崩塌。我们和乐高人偶一样，背后都有一双强大的、无形的双手，乐高人偶意识不到他们被谁制作、包装、安置、摆弄和抛弃，而我们也几乎一样。

我们生活的世界每天都在经历改变，我们无法看清是谁在改变这一切，也不清楚究竟为何不能按照自己想要的方式改变。如果可以将乐高世界看作像我们生活的环境一样完整和封闭的系统，我们便可以从高处看到它的整体，意味着可以部分甚至完全根据个人的偏好来塑造一个理想的乐高世

---

① Immanuel Kant, *Critique of Judgement*, trans. Werner S. Pluhar, Indianapolis：Hackett Publishing Company, 1987, p. xix.
② The LEGO Group, *Company Profile*：*An Introduction to the LEGO Group*, 2010, p. 15.

界。距离本身可以创造一个视角。如果我们——以及乐高生产商、零售商——是乐高人偶背后操纵一切的双手，那么我们也应当在一定距离和高度之外，建立这样一种总体性的视角，只有这样，才能洞察在我们的背后操纵我们及身边一切的那双手，从而辨明我们的生活的设计者、制造者和操纵者究竟是谁。

结　语

正是基于文化和技术这两方面的合理性，树木被我们剥离了作为特定生态系统中的自然物的"第一自然"，而被重塑为虽具有生命形式却脱离了其生态系统的"第二自然"，彻底沦为现代都市中孤立的景观元素。在这两种合理性的共同作用下，输液的树成为现代都市景观中司空见惯的现象。然而，输液的树和乐高的城作为现代生活的寓言，其本质上是一种本雅明意义上的"辩证意象"。在这样的寓言中，一切可能性蕴含着颠覆和摧毁。当我们借助米尔斯所说的"社会学的想象力"，发现稀松平常的事物中所包含的复杂的历史和社会的运转过程，我们便有可能在对这种现象或症候的分析中发现理解和解决问题的可能性。[①] 因此，当我们能够清楚地看到一棵树被像乐高构件一样从一处拆解开然后重新组装到另外一处的过程时，我们也就能够洞察其中的作用机制。当我们能够在认识上从像乐高景观一样的现代都市外表上拆下一块砖，我们也就有机会从整体上思考更好的组合方式。借用城市社会学家罗伯特·帕克（Robert Park）的观点，"城市是人类最始终如一坚持的，并基本上成功地按照他的愿望去改造它所生活的世界的尝试"。哈维在《叛逆的城市》中认为，我们在没有明确意识到改造城市也是在改造自己的情况下，在城市建设中间接地改造了自己。[②] 那么反过来，笔者认为也同样可以为了改造自己而主动对城市进行改造，从而实现一如既往的、追求更好生活的梦想。

---

① 周志强：《文化批评的政治想象力》，《南京社会科学》2014 年第 9 期。
② 〔美〕大卫·哈维：《叛逆的城市》，叶齐茂、倪晓晖译，商务印书馆，2016，第 3 页。

街头景观的文化政治札记[*]

周志强[**]

摘要 街头景观既是街头的本身形象，也是街头的湮没方式。本文从街头景观的政治编码角度考察"街头文化景观"，分析街头的发现及其象征化的内涵，反思街头上发生的私人生活的自由幻觉与社会文化霸权暗中控制街头的基本状况。街头从形成到繁荣的过程，竟然也是从被发现到"被去街头化"，逐渐丧失其场所认同内涵的过程。在今天，"街头景观"正在表现出一种"到处是生活，却没有意义"的状况。

关键词 街头 景观 实在界 电影

Abstract Spectacle in the street is not only an image of the street, but also its hide. This paper aims to explore "the cultural spectacle" in the street from a perspective of political encoding, and analyze discoveries of the street and its symbolical connotations, and then reflect on the illusive liberation of private life which takes place in the street and the basic conditions of social and cultural hegemony imposed on the street unseen. The process from the formation of the street to its booming is also a process from its discovery to "de-street", which loses its identification of site. Today, spectacle in the street is displaying a life without meaning.

---

* 本文为国家哲学社会科学基金一般项目"批判理论视野下的当代中国文化批评研究"（项目号：13BZW006）、教育部人文社会科学重点研究基地重大研究项目"中国当代大众文化形态、成因、演变及评价的诗学研究"（项目号：16JJD750009）的阶段性成果。

** 周志强，南开大学文学院教授，主要研究文化研究、文艺理论与美学。

Key words street spectacle realthing film

定义"街头"（street）比我们想象的要麻烦，而"街头景观"这个概念也不像我们习以为常的那么简单。首先，并没有一个可以清晰限定的地理空间可以称为"街头"。一般来说，由建筑物夹道而成，并且有各色市民流动的公共空间，才可以算得上是"街头"。其次，也不能认为任何街道都可以称为"街头"，在习惯性的用法中，"街头"指的是一个地方——一般是城镇——具有标志性意义的空间，它常常由该地方带有检索性功能的建筑物或者历史事件共同构成。所以，"街头"的含义带有强烈的想象性色彩——在笔者的家乡山东省滨州市流钟乡，各村的人们坚持把去乡政府所在地称为"上街"。最后，"街头"还与一定的族群聚集方式紧密相关。在天津，穆斯林聚集区的街头与汉人聚集区的街头不论多么接近，依旧可以清晰地区分成两个地区。天津北辰区著名的"天穆街"，尽管到 20 世纪 80 年代才划归"天穆镇"，但是作为一个"街头"，同一个族群的人们聚集在一起的方式一直传承，行政区划似乎对它没有什么具体的影响。所以，我们几乎无法用学院派的方式严格定义"街头"：它是地理位置和人们习以为常的行为结合一定的历史文化传统形成的空间，与其说它指的是一个个具体地理位置，毋宁说它指向的是一种特定生活方式里的"空间观念"或"位置感"。

任何街头，都必须内含"景观"，因为单纯的地理无法形成街头，而只有提供视觉指向性的空间，才可能成为"街头"。从这个意义上说，"街头"是借助于视觉规则确立起活动空间感和行为秩序的地方。人们通过一系列的观看，最终把特定的空间"默认"为"街头"。不妨说，街头即街头景观。

但笔者所说"街头景观"，并不全部使用"景观"一词的西语含义。spectacle，意为景观、奇观，出自拉丁文 spectae 和 specere，意思是观看、被看。使用"景观"这个中文词进行翻译，可以体现出 spectacle 这个概念所指称的事物不为主体所动的那种静观性质；使用"奇观"，则可以体现出 spectacle 这个概念引发关注、引人迷恋的特性。二者意义相结合，意在说明现代都市的奇异景象：都市既是被展示的视觉对象，又是客观的、物化的现实。① 然

---

① 相关资料可参见〔法〕居伊·德波《景观社会》，王昭凤译，南京大学出版社，2006；〔美〕凯尔纳：《媒体奇观：当代美国社会文化透视》，史安斌译，清华大学出版社，2003。

而，在早期的街头，这种物化现实的"奇观"含义并未凸显，"街头景观"更多地指那些带有地理标志性意义的处所或者建筑。所以，有学者更愿意把"街头"与"社"、"邻"等概念联系在一起进行考察，尤其是"社"，在古代，它指的是祭祀土地（神）的地方。① 所以，寺庙神社往往构造了早期街头的聚集模式。交通的发展，也同样形成街头。客舍酒店，驿站署衙，都会促成街头的发生。但是，街头的观看性并没有完全形成"奇观化"的景象。在这里，"街头"乃是一种人们极其熟悉的空间，不属于社区活动领域的元素，被隔离了出去。时至今日，"街头"蕴含着复杂多样的文化元素，唯独把"熟悉感"驱逐，从而才真正令"街头景观"变成符合景观文化研究话语中的"景观"内涵。

简言之，一方面，所谓"街头"，本身就是因为特定的景观而成为街头的；另一方面，严格意义上的"街头景观"，是现代社会背景里因为资本主义的精神文化的浸染而令"街头幻象化"的后果。用一种吊诡的说法，即街头景观乃是街头本身，却也同时湮没街头。本文考察"街头文化景观"，尝试从街头景观的政治编码角度，分析街头的发现及其象征化的内涵，反思街头上发生的私人生活的自由幻觉与社会文化霸权暗中控制街头的基本状况。街头从形成到繁荣，竟然也是从被发现到"被去街头化"，逐渐丧失其场所认同内涵的过程。在今天，"街头景观"正在表现出一种"到处是生活，却没有意义"（life without meaning）的状况。

一　街头景观惊现

"街头"当然是中国传统社会生活方式的集中体现之地。街头文化的研究范围包括"街头巷尾民间艺人的表演、集体的庆祝仪式、下层民众在街头谋生的方法等，那些与街头有直接关系的店铺、茶馆和其他场所"，王笛认为，社会精英与下层民众在街头争夺，形成了底层对精英的对抗。② 但是，这种朴素的社区社会，在遭遇了现代街头文化的冲击之后，很快就丧失其存在的合法性。在1933年的《子夜》这部小说的开头，茅盾这样描写

① 〔美〕王笛：《街头文化——成都公共空间、下层民众与地方政治，1870 - 1930》，李德英、谢继华译，中国人民大学出版社，2006，第13页。
② 〔美〕王笛：《街头文化——成都公共空间、下层民众与地方政治，1870 - 1930》，李德英、谢继华译，中国人民大学出版社，2006，第1～2页。

了上海的街头：

> 风吹来外滩公园里的音乐，却只有那炒豆似的铜鼓声最分明，也最叫人兴奋。暮霭挟着薄雾笼罩了外白渡桥的高耸的钢架，电车驶过时，这钢架下横空架挂的电车线时时爆发出几朵碧绿的火花。从桥上向东望，可以看见浦东的洋栈像巨大的怪兽，蹲在暝色中，闪着千百只小眼睛似的灯火。向西望，叫人猛一惊的，是高高地装在一所洋房顶上而且异常庞大的霓虹电管广告，射出火一样的赤光和青燐似的绿焰：Light，Heat，Power!①

这确实是"猛一惊"的方式看到的"街头"。"射出火一样的赤光和青燐似的绿焰"，这样的修辞来自传统评书或者演义小说里鬼怪出现时的描写，此时此刻用起来，显示了街头文化的巨变意味。而且，这种修辞往往用于荒郊野外或仙山神谷之中，如今却成为街头新变的体验表达。与之形成对比，不妨看看鲁迅发表于 1919 年 4 月第六卷第四号《新青年》上的《孔乙己》是怎样切入街头的：

> 鲁镇的酒店的格局，是和别处不同的：都是当街一个曲尺形的大柜台，柜里面预备着热水，可以随时温酒。做工的人，傍午傍晚散了工，每每花四文铜钱，买一碗酒，——这是二十多年前的事，现在每碗要涨到十文，——靠柜外站着，热热的喝了休息；倘肯多花一文，便可以买一碟盐煮笋，或者茴香豆，做下酒物了，如果出到十几文，那就能买一样荤菜，但这些顾客，多是短衣帮，大抵没有这样阔绰。只有穿长衫的，才踱进店面隔壁的房子里，要酒要菜，慢慢地坐喝。②

从街头看出去，不过是做工的人来买酒。而叙述人之所以会注意到孔乙己，也无非是因为他是穿着长衫而站着喝酒的人。有趣的是，鲁迅的笔调里沉潜着一种宁静不变的气息。街头的日子仿佛永远如此，乃至于二十年不过

---

① 茅盾：《子夜》，开明书店，1933，第 9 页。
② 《鲁迅全集》第 1 卷，人民文学出版社，1981，第 440 页。

只是涨了酒钱而已。

更值得我们注意的是，茅盾和鲁迅不仅呈现了两种完全不同的街头风景，更呈现了两种完全不同的"街头视线"。在茅盾的笔下，"街头"是复杂的、由具有不同形状的事物构成，整个街头是一种需要用几何形的眼光才能看清楚的样态；而在鲁迅的笔下，"街头"则是线性的，并且有一个固定的视角点，"我"与"酒客"形成了简单的二元对立关系。在茅盾那里，街头是扑面而来的，同时，又是面向不同的人敞开的，尽管茅盾坚持了叙述者的视角限定，但是依然清晰地把环形街头四处流动的景观呈现了出来。离开的电车、射向空中的霓虹灯光线、没头没尾的钢铁高架等，把鲁迅笔下街头的封闭性彻底击碎。

也就在这里，我们看到了在历史的关键时刻"街头"景观的深刻变化。鲁迅笔下的"叙述者"有一种非常镇静自在的情态：他有能力观察街头看到的一切，也因此显示出对所观察的事物所抱有的自信——他所看见的就是实在界本身（the Real Thing）。但是，这种自信在茅盾那里是匮乏的。不妨看看茅盾所使用的一系列有趣的形容词：高耸、横空、爆发、巨大、怪、异常庞大。这些词语都具有一种溢出主体能力的特性，它们所描绘的景物，都显示出观看者无法穷尽其内涵的意味。这些词语创生了茅盾笔下上海街头的一种隐晦不明的意象——这接近于本雅明所说的那种"辩证意象"：每个街头的景致，都仿佛非其自身而成为其自身；换言之，除了变成自己的幻象，否则就无法成为人们认知和理解的现实。

于是，"街头景观"就是这样一种诡异的景观："街头"创造行为者的亲身体验，仿佛让人们置身于实在界的充实饱满之中；而"景观"则把这种实在界的充实饱满变成了激活行动者焦虑的幻象，并在这种幻象中创造一种"试图掌控这个庞大复杂世界的愿望"。

在这里，茅盾之街头趋向于一种克里斯托弗·艾什伍德之汽车旅馆的"不真实"："美国汽车旅馆是不真实的"，"这些旅馆的不真实，是故意设计出来的"。① 在这里，"街头景观"什么都是的时候，那就变成自己；同时，它其实什么都不是，只是一种焦虑和愿望的符号矩阵。它只允许视觉进入，不再对身体的经验承诺意义；而它又只允许视觉欲望性的展开，而抗拒任

---

① 〔斯洛文尼亚〕斯拉沃热·齐泽克：《欢迎来到实在界这个大荒漠》，季广茂译，译林出版社，2015，第13页。

何阐释性的内涵。

在这里，街头不再是温情脉脉的社区生活的空间，而是挤满欲望表达和争取形式化存在的都市焦虑症的发病场所。随着消费主义和市场逻辑的权威确立，街头的文化政治日益彰显出一种充满生活而又隔绝生活的诡异逻辑。

二 "大妈的街头"

很长一段时间，在人们的印象中，"街头"是充满国家隐喻和政治韵味的丰满空间。在一部 1978 年公映的电影《黑三角》中，卖冰棍的老太太于黄氏从和蔼可亲的街头老人，最终变成阴险狡诈的特务（见图 1、图 2），这隐藏了特定历史时期街头想象的一种政治密码："街头"既然是公共的，也就可能是被恶意使用的，所以，"街头"是需要管制的。这是"大妈"这个形象与街头的一种诡异关联："大妈"乃是活泼生动的日常生活的表征，而"特务"则是政治话语的生动面孔。于是，《黑三角》把公园、街道、家庭和国家拼插在了一起，共同汇聚到"街头"的集体记忆之中。

图 1　　　　　　　　　　　　　　图 2

在这里，关键不在于"大妈"和"街头"蕴藏的政治想象力，而在于通过将"街头大妈"反转为一个危险的人物，透露出一种回到街头之深度真实的渴望。如果借用茅盾所呈现的上海街头的焦虑来映衬《黑三角》之"于黄氏"——第一代"大妈"的街头形象的话，那么，我们可以说，这部电影用一种私人生活经验与国家政治理性的对立，显示出回到"街头"之"实在界"的强烈冲动。在电影的结尾处，逮捕于黄氏，就变成了"街头真相"的关键时刻：于黄氏的手枪被女公安人员缴获，而不在街头抛头露面的大妈，正义凛然地看着这个卖冰棍的街头大妈。于是，"大妈"这个极为常见的街头人物形象，因为可以被这样简约明快地揭示其"真实"，从而释放了茅盾上海街头的认知焦虑。

不妨说，对于"街头"之"实在界"的激情，成为创生街头景观构造的内在驱力。于是，"街头"也就始终与"大妈"粘贴在一起，成为其景观的一纸之两面。"大妈"被极大地化约，成为消失的街头的症候，同时，也成为街头存在的证据。与之相应，"大妈"也就成为不在场的"街头"的在场方式，这种方式，面对"实在界"的拥抱冲动的时刻，不得不使用幻想来实现这种对真实的拥抱的古怪逻辑。齐泽克这样描述道：

> 精神分析在这里为我们提供了与此完全相反的教益：我们不应错把现实当虚构。面对实在界的硬核（hard kernel of the Real），我们只有将其虚构化（fictionalize），才能维持其存在。简言之，我们应该仔细分辨，究竟是现实的哪一部分通过幻象被"超虚构化"了。这样，即使这一部分已经成为现实的一部分，我们还是要将其纳入虚构的模式（in a fictional mode），以此感知其存在。[1]

于是，《黑三角》把"街头"的复杂性"虚构化"了：如果纷纭复杂的"街头"，其神秘之处也不过就是"大妈"的身份错位，那街头的惊惧就可以毫无压力地消除了。

所以，五年之后电影《夕照街》（1983 年）的公映，也就立刻让这种"超虚构化"街头的逻辑线索变得更加清晰。在这部电影中，"重塑属于我们的现代性街头"，成为潜在的影像欲望。这就比"街头大妈化"的方式更加复杂，虽然其程序是内在一致的。四合院邻里的"街头"与高楼鳞次栉比的"街头"形成了替代性的关系。电影召唤说：夕照街的美好与失业的痛苦、有家而无着的焦虑感、无法抵挡外商诱惑的心智是关联在一起的；而夕照街被推倒，表面上是建立一个现代化的都市北京，实际上却是让夕照街的人们走出四合院，走向"街头"，成为自食其力而自给自足的"新时代人"。

---

[1] 〔斯洛文尼亚〕斯拉沃热·齐泽克：《欢迎来到实在界这个大荒漠》，季广茂译，译林出版社，2015，第 19 页。

值得反思的是，电影的开头和结尾都有一个"画外音"，扮演着天启之声。一方面，这个声音知晓一切也掌控一切，成为"替历史说话"的人——从"未来位置"来证实夕照街消失的合情合理；另一方面，这个声音充满溢出其位置的"怀旧韵味"，它似乎是在见证夕照街之夕阳西照不得不消失的合法性，却也同时扮演了"离开生活"的感伤者——这个感伤者，正是鲁迅《孔乙己》里面那个信心十足的"叙述者"，他此时正在现代社会路口发出历史性的感喟。但是，更加有趣的是，这个"伤感者"同时也是茅盾《子夜》里那个被街头景观"挫伤"的"焦虑者"——他在召唤新的街头的同时，却也无法抹掉内心深处对于旧的街头的那种熟悉感。在《夕照街》里，《黑三角》的"大妈"变成了一个"复数"，即一个由各色人等共同组建的"大妈群体"；《黑三角》通过把"街道"变成"大妈"而获得焦虑纾解，而《夕照街》则通过把"街头"变成"自食其力者的群体"而获得新的意义。不同的人填充"街道"的意义，就像用棉絮填充被子一样；但是，被子是通过掩盖棉花而成为被子的，同样，"街头"通过虚拟化人的意义而获得意义。

三 再造"街头"

如果说街头景观通过人的虚拟化而获得自身的合法性，那么，现实中的人也从来没有放弃对街头的实际占领。这就不得不提《顽主》（1989 年）这部电影。

如果用一种不确切的方式来称呼这部电影，那么，完全可以说这是一部"街头电影"。"三 T 公司"开业，力争在资本主义建筑物林立的街头创建具备青年人愤世嫉俗个性的行动。作为一家"公司"，它经营一种与完全被商品充斥的街头完全不同的"产品"：精神。公司的经营行为，成为一种游离于商品社会的理性规则缝隙里的行动。它并不致力于破坏规则，而是处处向资本主义的街头规则俯身学习；但是，它也绝不纳入这个规则系统，从而努力把"桀骜不驯"这种"身体姿态"缝缀到新的街头景观之中。更有趣的是，三位"三 T 公司"的青年人，在街头四处游荡，胡吃海塞、喊叫惹事、贫嘴吵架、结伴撩妹……但是，他们的眼神却呈现一种"看，并不需要看见"的状态。这是自"街头景观惊现"以来，对待街头景观的最为无所谓的态度——它既没有茅盾《子夜》的焦虑感，也不扮演《黑三角》

里面的幻觉位置，同时，对于《夕照街》的实用主义新时代召唤更是毫不客气地嘲笑。到了1989年，如果说街头景观已经以物神的方式展露出对"观看方式"的规定性的话，那么，目空一切又毫无意义的三位青年人的"不看街头"（见图3），就构造了颇具张力的政治对抗性。

图 3

拒绝被任何话语虚拟化为一种关于人生的故事幻觉，这是《顽主》留给街头景观政治的另一种谜底。用一种拒绝的方式融入街头，从而在街头永远留下划过的痕迹。这是街头景观形成之后，第一次在街头看到的"不再参与街头而在街头的目光来往中与你较量"的情形。本雅明曾经在比较雨果和波德莱尔的时候这样说过："如果说雨果把人群颂扬为一部现代史诗中的英雄，而波德莱尔则是为大城市乌合之众中的英雄寻找一个避难所。雨果把自己当作公民置身于人群之中；波德莱尔则把自己当作一个英雄从人群中离析出来。"① 这三位青年人至少在街头把自己置换为"英雄"。而只有以这种他们自我矮化（反复自嘲）的方式，才能创造出一种可以拒绝被规则化的"委屈的崇高感"。在他们的这种崇高感的映照下，无论是功成名就还是沽名钓誉，都变成街头虚假幻象的各色版本。他们骂骂咧咧，眼里充满挑衅，同时，又等待被街头的政治宣判死刑。有趣的是，他们选择了一种非常正式的"停业告示"："奉上级指示停业"。然而，在公司门口排队的人们却等待他们的服务……于是，通过正式话语宣告的"停业告示"，被另一种继续下去的生活冲散：公司，一种资本主义的街头政治被消灭了，而蔑视这种街头政治的精神却依旧在到来的途中。

---

① 〔德〕瓦尔特·本雅明：《巴黎，十九世纪的首都》，刘北成译，上海人民出版社，2006，第131页。

但是，《顽主》对于街头的拒绝，只能是轻飘飘的，因为街头景观彰显出来的魅力，已经是无法拒绝的了。早在《路边吉他队》（1985 年）这部电影中，人们对于街头的想象就已经转换到新的认同空间之中了。在街头弹唱的小伙伴们遭到了"街头人们"的质疑嘲讽，也赢得掌声激励。在电影的结尾，青年人的弹唱获得了所有人的认可，从而经由一个仪式而宣告自己正式成为街头景观的一个标志物。于是，"街头景观"突然变成了确证自我之成熟方式的场域。

值得关注的是，这部电影以一种预言式的方式宣告了这样一种"街头"：街头不能发生"事件"，而只能发生故事；街头只能是叙事性的，而不能是戏剧性的。《顽主》的结尾同样蕴含了这则政治寓言：这里没有什么新鲜的事情发生，除了我们可以拒绝这种不新鲜之外。

在这里，"事件"（event）可以从巴迪欧的意义上来阐述。"事件"乃是对于新的可能性的创造，因为"事件"是一种绝对性差异的"独体"而与"整体"毫无关系——或者说根本就不存在黑格尔意义上的"整体"。[①]这仿佛是日本电影《你的名字》（2016 年）中的"彗星撞地球"，把一个原本可以完整讲述的"叙事"变成了四分五裂的被打断的"戏剧"。所以，"事件"是一种断裂，是对连续体的历史的非历史化。尽管齐泽克认识到"事件"通过一种否定性的逻辑延续整体，但是，它至少是对"因果链条"的超出，从而成为"奇迹"。[②]按照这样的逻辑，"街头景观"正在消除"事件"，而承诺"故事"——一种按照特定序列排列和修改各类事件的历史想象。按照这样的思路，我们可以看到 20 世纪 80 年代的"街头政治"，虽然创生了《顽主》的街头青年这种"异数"，却在总体上重新塑造了"街头景观"的内涵：谁有权力在街头堂而皇之地生存，谁才是这个世界的真正主人。《顽主》尽管体现出了"对抗性占领街头"的韵味，却通过把"委屈的崇高感"转化为"崇高的委屈感"而终结在形式化的姿态之中。

"街头不再发生事件"，这既是消费主义的合理允诺，也是现代社会政治的有效后果。人们逐渐忘记了香榭丽舍大街用了消除革命元素的意义，而创造出一个"展示性的地图空间"：街头成为全球化景观里的景观认知图绘。

---

① 〔法〕阿兰·巴迪欧、〔斯洛文尼亚〕斯拉沃热·齐泽克：《当下的哲学》，蓝江、吴冠军译，中央编译出版社，2017，第 21～23 页。

② 〔斯洛文尼亚〕斯拉沃热·齐泽克：《事件》，王师译，上海文艺出版社，2016，第 4 页。

四　街头与认知图绘

无论是站在日本东京的银座大街，还是徘徊在纽约的第五大道，"街头景观"都变成了"真正活过的证据"，而不再是生活空间。这种所谓"非场所"（non-place）的含义就在于，"街头"只有彻底变得无所不在而无所不是的时候，它才能以极端空壳化的方式向所有人敞开。有学者这样介绍奥吉的非场所理论："奥吉认为，相对于传统人类学里所研究的那些'人类学场所'（anthropological space），在当代城市大量建造的是无数的'非场所'（non-place）。人类学场所定义了社群所共享的历史、关系和身份，比如祭祀空间、村社的广场、小镇的教堂等。这类场所是在社会流动性非常低的前现代时期，社群与空间长期互相塑造中形成的，这类空间具有交织的共同记忆和物质环境。'非场所'是指在快速现代化过程中不断涌现的新设施——主题公园、大商场、地铁站、候机楼、高速公路和各种城市中的通过性空间。'非场所'打破了空间与人之间长期磨合所形成的关系。人与'非场所'之间的关系受契约与指令的控制……"①

然而，"街头景观"意义的吊诡之处却不能仅仅从认同空间的丧失来简单理解——更进一步说，"街头景观"通过丧失具体的意义，从而为所有的生活意义辩护；而它执着地把进入其中的任何人，都变成它所要塑造的"同质化意义"，并借此提供饱满充实之感。于是，"街头景观"也就是所有人的"人生地图"。人们步行在街头，也就寓言性地走在人生大道上。在这里，彰显一切也就意味着掩盖一切，它的可怕之处乃在于通过鼓励肉身的行动来令自己"彻底景观化"。街头的浪漫和凄惨，都经由偏执狂一般的精神制造，而令其丧失其混乱倾颓的另一面。这像极了本雅明所讲述的"玻璃建筑"的寓言：玻璃因其易碎而构筑建筑物的奇诡震撼，却也因此永恒地把"破碎"置于玻璃建筑的幻觉之中。

这就是《杜拉拉升职记》（2010 年）里的"街头景观"：四通八达的街区，鼓励所有信心百倍的穿行者；街头不是用来看的——那是失败者或者无法融入现代社会的乡下人的做法，杜拉拉的成功就在于有能力从街头这

---

① 谭峥：《"非场所"理论视野中的商业空间——从香港垂直购物中心审视私有领域的社群性》，《新建筑》2013 年第 5 期。

家公司穿行到街头另一家公司。事实上，电影把走在街头的杜拉拉展示为"成功仪式"中的行走者；同时，街头也蕴含情感遭遇的所有可能性——杜拉拉最终在泰国的街头重新遭遇王伟，实现了"全部人生都在街头"的寓言。

"全部人生都在街头"这句话，其实可以换成"成功的人生都在街头"。所以，这就意味着这个世界最好的人生故事，归根到底都是"街头故事"，因为只有街头的光耀，才真的是"人生好故事"！就像最糟糕的事情也一定发生在街头一样，"混乱的社会"这句话的潜台词，就是街头的混乱。

在王笛的笔下，"街头"是底层人抵抗精英文化统治的空间；然而，很快我们就发现，街头已经不允许底层人出现：这并不是说街头景观是一种空间闭合的场域，如同私家会所，而是说街头景观是一种"精神闭合"的空间，进入它，每个人只能选择成为"精英"，除非选择不进入。

街头景观正在提供一种无所不包的知识幻觉。这里到处是"生活"，却永远缺乏"意义"；或者反言之，这里到处是"意义"，却因此缺乏"生活"。秩序、规则以"你可以做你想做的一切、得到你想要的一切"的自由幻觉有效控制着"街头"。

一方面是秩序井然，另一方面则是承诺任何激情，街头景观于是在累积"单一的幸福感"，同时也就是在积累怨恨。在这里，齐泽克吊诡的"合题"鬼影重现：一个社会越是井然有序和神志健全，"非理性"暴力这个抽象否定性就越是要归来。[①] 2017 年 10 月 1 日晚，美国西部城市拉斯维加斯曼德勒海湾度假村酒店外发生了枪击事件，凶手随后自杀。这种暴力形式与街头政治的政治逻辑是完全一致的：在街头到处是行动，却根本没有意义；暴力也胀满对于实在界的拥抱冲动，却归根到底不会得到什么。[②]

---

① 〔斯洛文尼亚〕斯拉沃热·齐泽克：《欢迎来到实在界这个大荒漠》，季广茂译，译林出版社，2015，第 5 页。

② 〔斯洛文尼亚〕斯拉沃热·齐泽克：《欢迎来到实在界这个大荒漠》，季广茂译，译林出版社，2015，第 11 页。

专题三

医疗社会文化史
视野下的身体

主持人语

闵凡祥[*]

身体，是人之作为"人"的具体物化表现，是由人的各生理组织构成的整体。在生理上，它会因相关生理组织的病变，表现出各种程度不同的痛感、残疾乃至整体性毁灭。但身体之于人类而言，并不只是一种单纯的生理存在。人类在认知与改造外界的同时，也在不断地认知与建构自己的身体。由此，人类在不同的历史阶段，形成对身体的不同认知建构以及对身体"异常"的不同对待与具体处理方式。处在不同物质发展阶段与文化情境下的各种人群，在对身体认知与对待身体的态度及相关方式上，表现出明显的社会与文化的历史与现实差异性。

从某种意义上说，医学即人类认知自己身体的知识体系，医学知识的具体实践——健康维护与疾病治疗活动则是人类对待自己身体的态度与相应形式的具体表现。在社会文化史视野下，人类所发展的医学科学及以其知识为指导的健康维护与疾病治疗活动，并非仅仅是解释、处理与解决人体各种具体生理"异常"问题的单纯科学与技术行为，它们同时具有社会与文化意义。人类文明的发达程度，在整体上制约着人类对自我身体的认知与医学知识的具体发展。人类各群体的具体历史经历、所处的发展状态、经济发达程度、特有的宗教信仰与文化习俗等，规定着其认知身体、对待身体、管理身体、治疗身体的群体特殊性。在时间维度上，这种特殊性表现为某一特定群体身体认知与其医学知识体系、健康维护与疾病治疗在行为和方式上的历史差异性；在空间维度上，则表现为不同社会文化空间中

---

* 闵凡祥，历史学博士，南京大学历史学院副教授，主要研究欧美医疗社会文化史。

群体身体认知与其医学知识体系、健康维护与疾病治疗在行为和方式上的共时差异性。

承认人类身体的社会与文化属性，理解人类不同群体由历史所发展与实践的不同医学知识体系在社会与文化层面所存在的历史与现实差异性，可帮助我们更为全面与理性地认知与对待我们的身体，更为公正与科学地对待不同"社会"与"文化"中的身体、医学及其知识的具体实践。

基于以上认识，我们开辟"医疗社会文化史视野下的身体"专栏，试图引入社会文化史的视角与研究范式，运用历史学、社会学、经济学、政治学、人类学等多学科或跨学科的理论与方法，从医学、疾病、健康等层面对身体的社会与文化属性给予多维度的整体性考察与展示，以期读者由此能更为全面地认知、理解、对待与管理身体。

本辑五篇文章的作者分别来自中国史、世界史、中医文献学与心理学等不同学科领域，论述主题的时间跨度涵盖了古代、中世纪、近代和当代各主要历史时段，在空间上包含了中国与欧洲两大文明群体，从不同维度考察了身体在中欧两大文明体系中不同时段的社会史与文化史意义。其中，郑洪、赵卓然、王广坤的三篇文章，分别向读者展示了古代中国与中世纪和近代欧洲社会与文化对身体的认知，以及此种认知对中欧两种医学体系发展的影响及其社会隐喻意义；陈子晨的论文讨论了较为晚近出现的精神障碍的"躯体化"问题，指出这一概念的产生与发展，反映的是现代实验医学观念试图对身体进行规训的实质；陈勇的论文以 20 世纪的中国为历史情境，围绕西方现代医学与传统中国医学对近视这一人体视觉器官的特殊器质性改变的成因及其矫治方法的争论，展示了国家政治力量对身体认知与疾病治疗领域的深度介入及其影响，认为隐藏于其背后的关键问题是国家对国民身体的控制、塑造与争夺。

五行五脏身体观的建构、应用及其文化诠释

郑　洪[*]

摘要　五行五脏身体观是传统中国医学观念中最重要的身体知识。对身体形成以"五脏"为中心的认识，定形于五行学说盛行的先秦至两汉时代，被建构成为涵盖人体与自然的体系，用以灵活地诠释人体现象和医疗经验。西方解剖学传入后，五行五脏身体观受到冲击，五行被认为不"科学"，至多被视为一种"文化"。"文化"的观念能否应用于医疗实践，这是五行五脏身体观有无保留价值的关键。从思维的角度，可以认为传统身体观主要是诠释性的，体现了传统知识系"实用化"的东方科学特征。

关键词　五行　五脏　身体观

Abstract　The five elements and the five zang organs of the body view is the most important body knowledge in traditional Chinese medicine concept. Forming the body to the understanding of the "the five zang organs" as the center, setting down between the popular period of the five elements theory in the pre-Qin and Han times, is constructed to be a system which covers human and nature, and is to flexibly interpret the phenomenon of the human body and medical experience. After the introduction of western anatomy, the view was affected which the five elements were considered not "scientific" but as a kind of "culture" at best. It is the key to keep the value of the five

---

* 郑洪，浙江中医药大学教授，主要研究中医医史文献研究、中医文化。

elements whether the concept of "culture" can be applied to medical prac-
tice. From the perspective of thinking, the traditional view of the body can be
regarded as the interpretation which embodies the eastern scientific character-
istics of the traditional knowledge system "practical".

Key words　the five elements　the five zang organs　the view of body

　　司马迁的《史记》中记载扁鹊饮了"上池之水"，于是能"视见垣一方
人。以此视病，洞见五脏症结"。唐司马贞《索隐》云："言能隔墙见彼边
之人，则眼通神也。"张守节《正义》云："五脏谓心、肺、脾、肝、肾
也。"对此记载，医史专家陈邦贤断言"此属神话"①，但当代"国医大师"
裘沛然献疑说："我每读至此总感到有点困惑。"以司马迁对信史的追求，
若无根据不会如此猎奇，"这究竟是写史书者的博闻，还是我们批判者的偏
见？"② 近代有人借用西医 X 光机的发明来推论其事可信："始信吾人目力，
实有窥见人体脏腑之功能。不过吾人性灵，久为物欲遮蔽，一点灵光，失
其效用，必藉光学助力，乃能透视耳。"③

　　笔者在读到此段时，也非常好奇。如果扁鹊真的能看透人体，他看到
的是什么呢？是如解剖图一样的真实结构，还是类似 X 光下的图像？他又
如何根据所见来判断"五脏症结"？因为人体功能高度复杂，即使"看见"，
要将所见与生理功能或疾病联系起来，也需要有背景知识。在现代医学中，
解剖所见和 X 光所见的诊断意义也是不完全一样的。

　　古代佛教宣扬有"眼神通"，道教则说可以"内视"，如《黄庭内景
经》有"历经五脏视节度"之语。他们"看"到的又是什么呢？经文往往
语焉不详，倒是宋朝的率性文人苏轼曾经和盘托出道士传授的"内视"其
实是这样的："内视五脏，肺白、肝青、脾黄、心赤、肾黑（当更求五脏
图，烟罗子之类，常挂壁上，使心中熟识五脏六腑之形状）。"

　　如此说来，所谓"内视"不过是按图谱来想象身体中的五脏，并非真
的"视"见。人体内五个脏器的真实色泽其实并非如此，但在传统观念中，
它们却"应该"是这五种颜色，因为这是"五行五脏身体观"的内容之一。

　　身体是一种物质性存在，身体观却可以不完全等同于真实身体。身体

---

① 陈邦贤：《二十六史医学史料汇编》，中医研究院中国医史文献研究所，1982，第 9 页。
② 裘沛然：《裘沛然选集》上册，上海辞书出版社，2004，第 105~109 页。
③ 曾其逊：《拉杂谭》，《国医杂志》1933 年第 9 期。

观是古代传统医学的基石,一般认为,医学作为实用性学科,必须以"客观"的科学认知为基础。五行五脏身体观这种有别于"客观"的知识体系是如何建构起来的,又是如何在医疗中面对真实躯体的呢?从文化角度来探究和诠释,这是一个有意义的论题。

一 五脏配属五行:以文化为起点的建构

五行五脏身体观,是将人体的五脏配属五行,并以此为中心统属身体内外而形成的一种知识系统。其配属自然与人体的情况见表1。

表1 五行归类

自然界							五行	人体						
五音	五味	五色	五化	五气	五方	五季		五脏	五腑	五官	五体	五志	五液	五脉
角	酸	青	生	风	东	春	木	肝	胆	目	筋	怒	泪	弦
徵	苦	赤	长	暑	南	夏	火	心	小肠	舌	脉	喜	汗	洪
宫	甘	黄	化	湿	中	长夏	土	脾	胃	口	肉	思	涎	缓
商	辛	白	收	燥	西	秋	金	肺	大肠	鼻	皮毛	悲	涕	浮
羽	咸	黑	藏	寒	北	冬	水	肾	膀胱	耳	骨	恐	唾	沉

资料来源:郭霞珍主编《中医基础理论》,上海科学技术出版社,2012,第29页。

在表1中,虽然人体的五脏、五官、五体、五液等处于并列地位,但实际真正配属五行的是人体内部器官中的心、肝、肺、脾、肾这"五脏",其他的体内外器官或分泌物则是经由五脏与五行相联系。借助五行的配属与推衍,以五脏为核心形成内统身心、外通天地的复杂体系。因此,五脏与五行的相配是关键。

五脏与五行如此相配,是基于什么样的经验认知?从研究来看,似乎是文化事件的产物,而不是医学研究的结果。首先五脏与五行的配法,就是有不同体系的。汉代有古文经学派与今文经学派两种配法,见表2。

表2 五行五脏的两种配法

五脏	肝	肺	心	脾	肾	代表文献
古文经学配法	金	火	土	木	水	《吕氏春秋》《礼记·月令》
今文经学配法	木	金	火	土	水	《淮南子》《黄帝内经》

结合表 1，可见传统医学所用的配属同于今文经学派。

对于两种配法形成的缘由，古今学者已经进行过许多探究。主要观点有二。第一种观点较为久远，在东汉时经学家郑玄就指出，古文经学配法是基于五脏在人（或祭牲）体内位置与五行的对应关系，对今文经学配法虽未说明缘由，但指出是"医病之法"，"若反其术，不死为剧"①。

第二种观点起于 20 世纪，民国时顾颉刚②、梁启超③等学者论证了古代"五德终始"说中，王朝的五行属性其实经过了人为篡改。例如西汉前期曾崇尚土德，后来刘向父子力倡汉应为火德，王莽篡汉时加以利用，至东汉进一步确定汉为火德。一般认为受此影响，医学上也将"君主之官"心脏从原本配属土改为配属火。

按照这种观点，关系人命的医学居然建立在随意的起点上，岂不是很不可靠？精通医学的学者章太炎就认为："五行之说……本非诊治之术，故随其类似皆可比附。就在二家之外，别为配拟，亦未必不能通也。"④ 主张在医学中废弃五行。然而很多中医学者反对此说。当代"国医大师"王玉川就认为"帝王改制与五脏祭是医史研究的误区"，他断言"五脏祭与医学无关"，认为儒家祭礼中五脏五行有古文经学配法，不能说明中医也曾有这种配法；中医固有的配法，并不是随帝王改制而变来的，"既然中医学不曾采用古文家的那套五行五脏说，必然有它不采用的历史原因"⑤。

对于中医这种"医病之法"的配属，到底以什么为根据，历代语焉不详。唐代王冰对《素问·五脏生成篇》中"五脏之象，可以类推"一语曾注释说："象，谓气象也。言五脏虽隐而不见，然其气象性用，犹可以物类推之。何者？肝象木而曲直，心象火而炎上，脾象土而安静，肺象金而刚决，肾象水而润下。"⑥ 不少著作认为这里说的就是配属之理。但分析此段文字，王冰只是以五行学说来说理，以阐述各脏的炎上、润下等特性，而非说明五脏配五行的原因，亦即只是对配属结果的解释，并非原因推论。

也有学者试图论证中医应用这种配法是由更强大的法则来决定的。有

---

① 段玉裁：《说文解字段注》，成都古籍出版社，1987，第 177 页。

② 顾颉刚：《五德终始说下的政治和历史》，《古史辨》第 5 册，上海古籍出版社，1982，第 486 页。

③ 梁启超：《阴阳五行说之来历》，《古史辨》第 5 册，上海古籍出版社，1982，第 343 页。

④ 章太炎：《章太炎医论》，人民卫生出版社，1957，第 1 页。

⑤ 王玉川：《运气探秘》，华夏出版社，1993，第 94 页。

⑥ （唐）王冰撰注《黄帝内经素问》，辽宁科学技术出版社，1997，第 22 页。

学者提出，中医五行五脏配法是脏腑学说先与阴阳学说结合的结果。在《春秋繁露》中五行阴阳为：木为少阳，火为太阳，金为少阴，水为太阴。而人体五脏亦分阴阳，其中心与肝为单数属阴，肺与肾成对为偶数属阴；再按位置上下细分，则肝为少阳，心为太阳，肺为少阴，肾为太阴；脾与胃关系特殊，可算作特殊一对，故为至阴。以阴阳属性为中介，则五脏与五行形成了确定的配属关系①。这一说法，实际是将问题转换成五脏的阴阳配属原理了。但五脏的阴阳配属同样存在多种说法，例如《灵枢·九针十二原》说"阳中之少阴肺也，阳中之太阳心也，阴中之少阳肝也，阴中之太阴肾也"，《素问·六节脏象论》却说"心为阳中之太阳，肺为阳中之太阴，肾为阴中之少阴，肝为阳中之少阳"。如按后者，则前述推论又全然不同了。

以笔者看来，今文经学配法与古文经学配法有一种简单的逻辑关系，因而历史学者的分析很可能是对的。前人多仅考证君王（在五脏里对应心）属性的变动，鲜少探讨其他四脏配法的改动怎样发生。其实仔细观察，不难发现整个体系的变更过程。首先，五脏之中，肾位最下而属水，这是学者们均无异议的，故在古文经学与今文经学中肾都是属水的。其次，按照"天一生水"的说法，以水作为起点，将五行按相克顺序排列下去，形成"水－火－金－木－土"的固定序列。古文经学以五脏配属五行，对应地成为"肾－肺－肝－脾－心"序列。再次，由于君王从属土改为属火，于是将"君主之官"的心前移到火位，即肾之后。在原序列中，由于心的插入，肺、肝、脾要依次后移一位。如此一来，新的配法就成为"肾－心－肺－肝－脾"，对应于"水－火－金－木－土"五行序列来看，岂不正是今文经学的配法？

最简明的逻辑，或许就是最有可能的解释。那么医学所用的五行五脏配属，就并非经过多么深入的医理研讨建构的，而只是采用了新的文化观念而已。学界通常认为《黄帝内经》是两汉时期成书的。所以很可能是这时采用了官方规定的君主之德来改动心的配属，然后形成新的配法。

有学者考证，《黄帝内经》有些篇章还残存着古文经学派的配法，如《素问》心为君主之官、肺为相傅之官、肝为将军之官、脾为仓廪之官、肾

---

① 张效霞：《回归中医——对中医基础理论的重新认识》，青岛出版社，2006，第107～117页。

为决渎之官的说法，其实可以看出曾分别配属土、火、金、木、水的痕迹①。但新配法形成之后，就成为新的起点。按照近年中医"脏象发生学"的研究，有不少中医理论其实是在五行五脏身体观的规范推导下才出现的。如肺的功能之一是主宣发，因为外感会引起体表与呼吸系统的不适，治疗常常以发汗为主；但另一功能是主肃降，被认为"是从'金'行特性中类比推导出来的，是以'金'行特性为参照系，采用'援物比类'（《素问·示从容论》）的结果"②。类似者尚有不少。

二　从形质到气化：文化冲突下的观念嬗变

五脏配属五行，虽然源自文化观念，但在医学中，需要有合理的论证，才能令人信服。怎样说明人体这些血肉脏器，与水、火、金、木、土这"五行"物有同一性？这在古代其实有过论辩。以中医经典《难经》为例，其第 33 难说：

"肝青象木，肺白象金。肝得水而沉，木得水而浮。肺得水而浮，金得水而沉，其意何也？"③

肝得水而沉，肺得水而浮，说明当时人们说的就是实实在在的形质之脏器。然而对于其与配属物木、金不相符的性质，《难经》的解答是这样的："肝者，非为纯木也，乙角也，庚之柔，大言阴与阳，小言夫与妇，释其微阳，而吸其微阴之气，其意乐金，又行阴道多，故令肝得水而沉也。肺者，非为纯金也，辛商也，丙之柔，大言阴与阳，小言夫与妇，释其微阴，婚而就火，其意乐火，又行阳道多，故令肺得水而浮也。"

其解答说明肝、肺本身形质如何不重要，依照五行配属的性质才是对的。"肝青""肺白"也同样如此，即使不完全符合实际色泽也无妨。由此可见，五行对五脏知识的改造已经显著地体现出来。文化规范重于实际观察所得的取向已经形成。但是在古代，一般不会否定五脏是有形之物，只是认为其功能不受形质所限。

近代西学东渐以来，传统中医身体观遇上了现代解剖生理学的"客观"知识的更大挑战，已不仅仅是色泽、质地这类表浅区别，而是在结构、功

---

① 田树仁、高兰莉：《〈灵兰秘典论〉与心配土说》，《陕西中医学院学报》1996 年第 4 期。
② 李如辉：《发生藏象学》，中国中医药出版社，2003，第 142 页。
③ 吕广：《难经集注》，辽宁科学技术出版社，1997，第 33 页。

能认识上的全面不同。这成为近代中西医论争的焦点问题。中医无法回避西医对身体结构认识更精详这一事实，传统医学文献所记载的脏器形质错讹实多。但这是否说明中医应当被废除呢？当然不是。近代中医发挥了五行五脏身体观重推论而轻实质的特点，强调"人之五脏，本于五行"，"西洋医学则只就人身形质立论，不知人之气化实与天地同体也"①，并进一步提出中医之五脏为"气化"之五脏，而非"血肉"之五脏②，所以不需要受西医影响而更改。"气化"说的提出，使五脏的观念性意义得到了强化，更不受形质所限。

对此，当时反对中医的代表人物余云岫提出一个尖锐的疑问说："然则《内经》所论之人，将非血肉之人，而为四时气化之人？所论之病，将非血肉之病，而为四时气化之病乎？"③他质疑，人体难道不是血肉之躯而是"气化"之人吗？更具体的论争，则有"肝生于左"之争。中医有"肝生于左""肺藏于右"的说法，在传统理论里，认为肝属春为少阳，故在左主升，肺属金为少阴，故在右主降。这本是五行五脏身体观结合阴阳八卦得出的推论，但这与肝主要在人体右侧、肺位于上部的解剖认知不一致。对此，近代著名中医张山雷解释说：

"夫以脏腑之所在言之，肝居右胁，肺位胸中，固是一成不变之定位……所谓东方风木入通于肝者，正以畅茂扶疏，合德于木……则其气升腾，所治在左……所谓西方燥金入通于肺者。正以清肃静顺，合德于金……则其气顺降，所治在右，亦其常耳。此固以德性言之，以运用言之，推究其气化之周旋，而初非指定其形骸之位置。"④

在这里，张山雷认为"气化之周旋"与"形骸之位置"完全是两回事。这种解释即用"气化"来应对解剖认知的不足，从而维持五行五脏身体观，这成为近现代中医界应对类似问题的基本态度。以研究《黄帝内经》著称的当代中医学者烟建华概括说，五行五脏观的形成有解剖直观、仿象臆测和意象思维三个阶段，"经历了复杂的学术演变过程，最后'详于气化、略

---

① 唐容川：《唐容川医学全书》，中国中医药出版社，2015，第 7 页。
② 这方面的研究可参见邓铁涛主编《中医近代史》，广东高等教育出版社，1999；皮国立：《近代中医的身体观与思想转型：唐宗海与中西医汇通时代》，三联书店，2008。
③ 祖述宪编注《余云岫中医研究与批判》，安徽大学出版社，2006，第 136 页。
④ 张山雷：《张山雷医话医案》，天津科学技术出版社，2010，第 256～257 页。

于形迹'的五脏概念成为主导，形成主流派"①。对于中医五脏的这种"气化"特质，有人称之为"数术化的空间"②，也有的称"藏象的实质在于它是一种符号，是一种模型"③。"数术""符号""模型"，显然都是文化色彩浓厚的名词，可见五行五脏身体观在现代更多被看成一种文化属性的观念。

这些在西医眼里当然是难以理解的。余云岫说："夫医者日与血肉之人相接，其所治之病，大都又皆有血肉之变化。"他批评中医"以虚构四时气化之五脏"，"辗转以求血肉之病情"④。然而，正如皮国立指出："当时的中医也不需要'由解剖学所带来正确脏腑形质'这样的医学工具与观察方式，来辅助他们诊断与治病，或是去解释疾病发生原因。"⑤ 相反，在传统的五行五脏身体观内他们能够很好地开方用药，并取得良好的临床疗效。

在科学主义者眼中，很难承认有一个血肉之上的"气化"身体。所以，中医以文化性的诠释来自立，从而成功抵御了各种废除中医的风潮。从中医自身来说，既然在起点上，五脏配属五行就很有可能是文化事件，因此从解剖生理来推究某脏何以属某行其实意义不大。在理论建构的原点之时，五行与五脏相配可以做不同的搭配，但在当时的文化语境中，某种配法上升到规范地位之后，脏腑学说即沿着这一体系来发展，并进而推衍出一些新的脏腑性能学说。"气化"的角度看，这些脏象的性能不必一定是真实脏器的性能，但中医经过长期实践形成了以"气化"脏象为基础的"理法方药"的一体化系统。到了这个时候，如果再去否定推翻原初的设定，牵涉面就太大了。对基础理论的任何变动都会关涉到中医体系的完整性和存在价值。哪怕是"肝在左"这样容易令人误解的观点，由于已经与脉学、证候学、药性理论等紧密配套，也难以变动。现代中医界也认为："五脏概念演化过程是客观存在的，演化结果应当受到尊重。"⑥ 因此，只有坚守五行五脏身体观的基本内容，才能有效地保持整体观念、辨证论治的思维⑦。

---

① 烟建华主编《〈内经〉学术研究基础》，中国中医药出版社，2010，第 135 ~ 136 页。
② 李建民：《发现古脉——中国古典医学与数术身体观》，社会科学文献出版社，2007，第 214 ~ 215 页。
③ 张其成：《东方生命花园——易学与中医》，中国书店，1999，第 104 页。
④ 祖述宪编注《余云岫中医研究与批判》，安徽大学出版社，2006，第 136 页。
⑤ 皮国立：《近代中医的身体观与思想转型：唐宗海与中西医汇通时代》，三联书店，2008，第 150 页。
⑥ 烟建华主编《〈内经〉学术研究基础》，中国中医药出版社，2010，第 135 ~ 136 页。
⑦ 对此，笔者曾称之为"约定论"。详见邓铁涛、郑洪《中医五脏相关学说研究：从五行到五脏相关》，广东科技出版社，2008。

三　应用之理：气化如何作用于形质

人们很难反对科学主义的这种观点：如果中医有疗效，则必然应有科学基础。只是将近百年来的研究，尚未能对此有令人信服的成果。也许我们在未来确实能够发现这些基础，同时也能证明五行五脏"模型"有着科学原理。但问题是，古代的中医并不会知道未来这些知识。所以，当时他们是怎样依靠传统的知识观念来进行医疗活动的？其实践的应用思维不依靠"科学"，但必然也有其合理的思维。既然科学实证解释尚有待将来进行，那么文化的诠释就必不可少。有学者称："西方的科学思想是还原论，方法是公理化方法；东方的科学思想是整体论，方法是'实用化'方法。"① 科学而有"东方"之修饰，其实也是借其名称进行文化解读的一种方式。

本文尝试从实例来说明这种"实用化"思维，仍以"肝生于左"为例。《难经》中有一个例子说："肝之积名曰肥气，在左胁下，有头足，久不愈……"它明确地描述了"肝积"的部位在左胁。有现代中医学者认为，它或许应当与另一条文"脾积"对调："脾之积名曰痞气，在胃脘，脾大如盘，久为愈，令人四肢不收，发黄疸，饮食不为肌肤。""如果肝脾两积文意颠倒一下，则更切合今日解剖病理实际。"② 很显然，这是在宗奉现代科学的思维，然而古代医学著作却一直沿用而并不修改。如果说这种不符合解剖病理的命名是根源于"模型之脏"，那么它为何能够治好"血肉之脏"的疾病？从"实用化"的角度来看，它必然要有合理的逻辑。

假设遵循现代知识，认为中医说的有些"肝"病实际是血肉之"脾"的问题，或者反过来，有些脾病实际是血肉之肝的疾病。而治疗最终要达到的目的，是改善这个血肉之脏的毛病。那么，"错位"的认识是如何达至拟定的目标的呢？

在这里，有必要提到五行五脏身体观的另一基本内容，即五行生克，它在治疗思维中起着特殊的作用。五行相生相克，构成了两个闭合的环链。哲学史著作常将五行学说定性为循环论和机械唯物论，不过中医对五行生克的应用在许多方面不同于哲学。

---

① 朱清时、姜岩：《东方科学文化的复兴》，北京科学技术出版社，2004，第67页。
② 章真如：《肝胆论》，湖北科学技术出版社，1986，第95页。

著名中医专家邓铁涛认为："中医的五行生克，不应简单地把它视为循环论、机械论。它包含着许多朴素的辩证法思想，它所概括的生克制化关系，实质是脏腑组织器官之间、人与环境之间、体内各个调节系统促进和抑制之间的关系。五行学说指导临床治疗的过程，实质是使人体遭到破坏的内稳态恢复正常的过程。因此，这一学说值得我们好好研究和发扬。至于名字是否仍用金、木、水、火、土，则可以考虑。我认为宜用肝、心、脾、肺、肾称之，或改名为'五脏相关学说'，更为恰当。这样就有别于古代之五行，可以减少人们的误解。"①

关于邓氏的观点，笔者在其指导下，与其合撰有专著进行探讨②，兹不赘述。这里要讨论的是，五行生克的"循环论"特点，其实恰好是解决哲理性脏器与实际器官论两者关系的一种工具。

这里不妨以邓铁涛有关肝炎的论述作为讨论范本。他认为，"慢性肝炎之本为脾虚"，"本病病位不单在于肝，更重要在于脾，从脏腑辨证而论，应属肝脾同病而以脾病为主之证"，"《金匮要略·脏腑经络先后病脉证》中说：'夫治未病者，见肝之病，知肝传脾，当先实脾，四季脾旺不受邪，即勿补之。'根据这一宝贵的理论，治肝炎应注意'实脾'，故提出健脾补气，扶土抑木以治疗慢性肝炎的总原则"③。

在上面的论述中，"肝炎"其实是西医病名，是解剖"肝"发生的病变，而中医却认为它主要是"脾"的问题，治疗方案以补脾为主；但也不否认本病与"肝"有关。因肝木克脾土，故肝炎治脾，这一治疗方案就可用"扶土抑木"来解释。这个"脾"是"模型"之脾，所治的肝则是实质之肝。由此可见，当某种疾病出现"原型之脏"与"模型之脏"不统一时，只要治疗方案有效，总可通过五行关系来解释，将治疗的目标引回到病变实际发生的"原型之脏"上。换言之，假使有人采用补肾为主的治法治肝炎，那么在五行生克关系中也可以借助水生木的关系，将治法命名为"滋水涵木"等。

上文所引《金匮要略》的原文对"见肝之病，知肝传脾"有详细的解释，更能说明这一特点。原文说："夫肝之病，补用酸，助用焦苦，益用甘

---

① 邓铁涛：《学说探讨与临证》，广东科学技术出版社，1981，第 8～15 页。

② 邓铁涛、郑洪：《中医五脏相关学说研究：从五行到五脏相关》，广东科技出版社，2008。

③ 邓铁涛：《中国百年百名中医临床家丛书·国医大师卷·邓铁涛》，中国中医药出版社，2011，第 50～51 页。

味之药调之。酸入肝，焦苦入心，甘入脾。脾能伤肾，肾气微弱，则水不行；水不行，则心火气盛，则伤肺；肺被伤，则金气不行；金气不行，则肝气盛。故实脾，则肝自愈。此治肝补脾之要妙也。"

这段话在后世引起了极大争议，有医家质疑"治一脏而殃及四脏"[1]，岂非更为不妥？但也有人指出这是"隔二、隔三之治，故曰此治肝补脾之要妙也"[2]。所谓隔，是就相生相克序列中的间隔而言，某脏有病本应治该脏，如果不治该脏，而是治生克序列中相隔一位的另一脏，则为隔一，相隔两位为隔二，依此类推。由此可见，当中医辨"证"所在的脏，如果不同于疾病所在的客观脏器时，完全可以通过隔一、隔二、隔三或其他生克的说法，来构成两者之间的关联。古代医家对这类治法多有论述，如元代名医朱丹溪论治小便不通时说："有隔二隔三之治，如因肺燥不能生水，则清肺金，此隔二；如不因肺燥，但膀胱有热，则直泻膀胱火，此正治；如因脾湿不运，精气不升，故肺不能生水，则当燥脾，此隔三也。"[3]

某病究竟应该隔"几"去治疗并没有固定规律。实际是中医按四诊八纲、辨证论治获得了有效的经验后，再借用这种"隔"的理论来诠释经验而已。也就是说，辨证论治的思维可能针对的是"模型"性的A脏，但药物所治疗的却是实质上发生病变的B脏，而在五行生克环链中，借用"隔"的说明，无论隔二还是隔三，最终能落实到疾病所在的A脏上。这就构成了哲理性五脏对实质器官的作用途径。这也许不能称为科学思维，而是一种文化思维，但思维的作用不过是支配人类行为而已。用文化性的思维和概念，同样可以指导中医合理地整合经验知识和实践应用。

结　语

身体观总是有着某种文化规训的特性。苏轼所提到的道教"内视"，就是自觉地受这种五行五脏身体观规训的体现。本来中医经典《黄帝内经》中已记载有不少解剖知识，说明人们对血肉之躯的形态构造应该做过观察。就五色而言，古人肯定见过真正的内脏，知道它们并非五彩斑斓的。但这并未影响体系的内容，而且成为"内视"的指引。

---

① 陈修园：《金匮要略浅注》，科技卫生出版社，1958，第1~2页。
② 吴谦：《医宗金鉴》，人民卫生出版社，1980，第443~444页。
③ 朱震亨：《丹溪治法心要》，山东科学技术出版社，1985，第131页。

回到本文开始的疑问，显然扁鹊是否真能看见内脏不是关键，重要的是他用什么样的观念来解释内脏疾病。既然五行五脏身体观中的五脏并不完全对应客观的五个器官，那么认识内脏的功能或病变，就不是靠真实的"视"，而是靠"以表知里"的诊察手段。所以有学者倾向于认为这是一个隐喻，"这里记载的恰恰是脉诊与脏腑之间联系的建立——扁鹊发现了脉象变化与脏腑病变之间的对应关系，因此能够通过诊脉来察知体内的疾病……换言之，扁鹊饮上池水的故事，实际上隐喻着中医经脉学说与脏腑学说的融合"①，事实上司马迁在《扁鹊传》最后说"至今天下言脉者，由扁鹊也"，或许也是对他"见垣一方"抱有某种怀疑。

本质上，五行五脏身体观不是实证观察来的知识，而是一种对生命和疾病现象的阐释性理论，有人称之为"说理工具"②。是否真正明白此节，对中医的评价会有极大差异。

梁漱溟曾说："中国人无论讲什么总喜欢拿阴阳消长五行生克去说……拿金、木、水、火、土来与五脏相配属……这种奇绝的推理，异样的逻辑，西方绝对不能容，中国偏行之千多年！……他所说的心肝脾肺，你若当他是循环器的心，呼吸器的肺……那就大错了，他都别有所指。所指的非复具体的东西，乃是某种意义的现象，而且不能给界说的……其结果一切成了玄学化，有玄学而无科学。"③

本文在前面已经分析了所谓"玄学"，只是不能合于科学而已。但它并非随意之"玄"，背后其实有着历经千年锤炼的应用逻辑，是可以指导实践的"实用化"理论体系。为了说明中医符合"科学"，近百年来人们进行过大量的研究，实际上发现并非所有中医理论都能找到现代科学基础。或者有时看似相通，实不相干，比如说"'肾'病常可见皮肤色素沉着、变黑，故有'肾'主黑之说"④。这听似有根有据，但在思维上距离中医更远了。反而从文化的角度诠释传统身体观的思维，或许更能说明中医的实质。同时也足以说明，科学与文化并不应是"绝对不能容"的关系。

① 万芳、钟赣生主编《中医药理论技术发展的方法学思考》，科学出版社，2011，第 39 页。
② 鲁兆麟：《中医临床思维方法》，北京科学技术出版社，2013，第 30 页。
③ 梁漱溟：《梁漱溟全集》第 2 卷，山东人民出版社，1989，第 354～359 页。
④ 谢新才、孙悦：《中医基础理论解析》，中国中医药出版社，2015，第 138 页。

《和平的保卫者》中的医学与有机体论

赵卓然*

摘要　医学隐喻是西欧中世纪时期政治写作的流行方法，建立了政治共同体与身体的联系。中世纪初期大部分学者将头部视为最重要的部位，到 13 世纪与 14 世纪之交，以帕多瓦的马西利乌斯为代表的思想家，认为心脏是身体最重要的部位，这种医学观念受到了亚里士多德生理学的影响。马西利乌斯在《和平的保卫者》一书中，完整论述了国家有机体论，详细阐述了心脏的功能职责，认为国家安宁，有合法的秩序才是有机体健康的表现，这些观点与医学知识直接相关。马西利乌斯有机体论中的立法权在民和反驳教权派的教权至上的主张，都应用到当时的实践中，成功为王权派辩护。

关键词　马西利乌斯　《和平的保卫者》　有机体　心脏　亚里士多德

Abstract　Medical metaphors present all over medieval Western European political writings, which have been made to establish the relationship between bodily imageries of the political community and physiological knowledge. During the early medieval period, the primacy of the head of the body politic is believed by most of scholars. While at the turn of the thirteenth and fourteenth centuries, the primacy of the heart of the body politic pervades the majority of scholars, represented by Marsilius of Padua. This reveals the influence of Aristotelian physiology on scholastic medicine. In *Defensor Pacis*,

---

* 赵卓然，历史学博士，山东师范大学历史与社会发展学院讲师，主要研究古代中世纪史。

Marsilius illustrates the function of the heart and the theory of body politic，elaborating legal order and tranquility are the health of the political community. All of the above views are coincided with the medical knowledge. The points of legislative power belonged to the people and contradicting the supremacy of ecclesiastical power have been put into practice，defending the royalists successfully.

Key words Marsilius *Defensor Pacis* body politic heart Aristotle

中世纪时期，神圣罗马帝国发展的一个重要特征是教皇和皇帝的斗争，双方互有胜负。在巴伐利亚的路易四世（Ludwig Ⅳ the Bavarian，1282～1347，1314～1347 年在位）统治期间，阿维尼翁（Avignon）的罗马教皇约翰二十二世（Pope John ⅩⅫ，1244～1334，1316～1334 年在位）拒绝承认路易四世为皇帝，引起德意志诸侯的不满。于是，双方进行了激烈斗争，在通过一系列法令之后，皇帝获得不受教皇限制的地位。[1] 在这场斗争中，涌现了一批支持王权和支持教皇的学者和著作，帕多瓦的马西利乌斯[2]（Marsilius of Padua/Marsilio or Marsiglio da Padova，约 1278～1342）成为王权派的代表，《和平的保卫者》（*Defensor pacis*）是其最重要的代表作，被誉为"中世纪晚期最富原创性和影响力的一本著作"。[3]

有机体论（body politic/organic metaphor/animate organism）是《和平的保卫者》中最重要的政治理论之一。西方学界对此早有关注，研究成果比较丰富，但对医学理论和有机体政治理论同时进行关注的相对较少，这可能是因为马西利乌斯几乎没有引用医学权威的著作，如阿维森纳（Avicenna，约 980～1037）和他的老师阿巴诺的彼得（Peter of Abano/Pietro d'Abano，约 1257～1316）等人的医学理论，仅引用了一次罗马医学家盖伦（Aelius Galenus/Claudius Galenus/Galen，约 129～210）的《论动物的起源》（*On the Genesis of an Animal*）[4]。西方学者关注他的医学与政治学理论联系的

---

① 〔美〕沃格林：《政治观念史稿（第三卷）：中世纪晚期》，段保良译，华东师范大学出版社，2009，第 87 页。

② Marsilius 又被译为马西留或马西略。

③ 徐大同、丛日云：《西方政治思想史》第二卷，天津人民出版社，2005，第 400 页。

④ Marsilius of Padua，*The Defender of the Peace*，trans. Annabel Breet，Cambridge：Cambridge University Press，2005，p. 91.

代表文章主要有以下几篇：亚历山大·艾切莱（Alexander Aichele）的《国家的心脏和灵魂：亚里士多德本体论及帕多瓦的马西利乌斯〈和平的保卫者〉的中世纪医学理论的一些评论》，探讨了亚里士多德对国家和动物类比的运用，以及对马西利乌斯有机体类比的影响，展示了中世纪有机体理论的发展脉络①；崇史隆（Takashi Shogimen）的《马西利乌斯〈和平的保卫者〉的医学和有机体论》，分析了医学隐喻的含义和政治理论的医学化，重点阐述了心脏这一器官在国家有机体中的类比。② 弗洛里亚诺·乔纳斯·凯撒（Floriano Jonas Cesar）③、约瑟夫·坎宁（Joseph Canning）④ 等学者曾提及马西利乌斯对医学语言的使用。在国内学界，张云秋较早关注了马西利乌斯的政治思想，黄颂、曹芳芳、杨蒙等也都论述了马西利乌斯的政治观点，但尚未有论文阐述马西利乌斯的有机体论与医学的关系。⑤ 本文拟通过对《和平的保卫者》的文本分析，探讨马西利乌斯的医学和政治理论的关系，从细节上描述分析有机体类比。

一　《和平的保卫者》成书背景

马西利乌斯在意大利的帕多瓦（Padua）出生，青少年时期一直在这里生活，中年时期到了法国，晚年在德国度过，一生中从事过多种职业。马西利乌斯在帕多瓦大学系统地学习了医学，师从中世纪后期的医学权威之

---

① Alexander Aichele, "Heart and Soul of the State: Some Remarks Concerning Aristotelian Ontology and Medieval Theory of Medicine in Marsilius of Padua's *Defensor Parcis*," in Gerson Moreno-Riaño, ed., *The World of Marsilius of Padua*, Turnhout: Brepols Publishers, 2006, pp. 163 – 186.

② Takashi Shogimen, "Medicine and the Body Politic in Marsilius of Padua's *Defensor Pacis*," in Gerson Moreno-Riaño and Cary J. Nederman, eds., *A Companion to Marsilius of Padua*, Leiden: Brill, 2012, pp. 71 – 115.

③ Floriano Jonas Cesar, "Divine and Human Writings in Marsilius of Padua's *Defernsor Parcis*: Expression of Truth," in Gerson Moreno-Riaño, ed., *The World of Marsilius of Padua*, Turnhout: Brepols Publishers, 2006, pp. 109 – 123.

④ Joseph Canning, "Power and Powerlessness in the Political Thought of Marsilius of Padua," in Gerson Moreno-Riaño, ed., *The World of Marsilius of Padua*, Turnhout: Brepols Publishers, 2006, pp. 211 – 225.

⑤ 参见张云秋《马西略政治思想初探》，《世界历史》1987 年第 4 期；黄颂：《马西略政治思想综述》，《昌潍师专学报》2000 年第 6 期；曹芳芳：《马西略主权在民说述论》，硕士学位论文，天津师范大学，2010；杨蒙：《和平的保卫者——浅议马西利乌斯的反教权观念》，《前沿》2013 年第 18 期。

一阿巴诺的彼得，先后做过神圣罗马皇帝亨利七世（Henry Ⅶ，约 1275 ~ 1313）的骑士和巴黎大学的院长，之后继续从事医生职业。在此期间，他和法国学者让丹的约翰（John of Jandun，约 1285 ~ 1323）[①] 成为好友，并当过路易四世的私人医生、大使和顾问。1329 年，他回到德国度过后半生。[②] 总的看来，马西利乌斯一生的主业为医生，但他一直热衷于政治、关心时事，与政治人物打交道较多，尤其与路易四世的王室关系密切。1324 年，马西利乌斯在巴黎完成了《和平的保卫者》（*Defensor Pacis*）的写作。除此之外，马西利乌斯还有两部重要的著作：《帝国的变迁》（*De Translatione Imperii*）和《小辩护书》（*Defensor Minor*）[③]。

尽管马西利乌斯并没有医学著作留存下来，但是《和平的保卫者》一书经常将共同体（civil community）与动物身体相类比，这既能说明他的医学知识丰富，又显示了他接受的医学教育和医师职业的影响。中世纪思想家对医学的兴趣，与医学在中世纪盛期兴盛，并且再次成为大学教育的专业学科有关。这一时期西欧经济复苏，贸易兴盛，城市增加，这些因素都促进了医疗服务和医学专业化的发展；伊斯兰学者和医生保存并提高了古典医学技术，直到文艺复兴时期，阿拉伯医学水平都远超西欧，大量的阿拉伯语版本的古希腊哲学和医学著作被翻译为拉丁文，这样，伊斯兰文化与西欧拉丁文化相互作用，促进了西欧古典哲学和医学的复兴。[④] 换言之，阿拉伯医学与西欧文化的相互影响，促使中世纪盛期的西欧医学迅速发展。13 世纪初期，医学成为大学教学的专业学科，巴黎、蒙彼利埃（Montpellier）、博洛尼亚（Bologna）和帕多瓦（Padua）等地的大学成为医学学习中心。[⑤] 中世纪医学和古典医学在理论上大致相似，生理学和病理学的基本要素依旧是四体液说。[⑥] 这是盖伦在吸收希波克拉底（Hippocrates of Kos，约

---

① 一些学者认为让丹的约翰与马西利乌斯合作完成了《和平的保卫者》，参见 Frank Godthardt, "The Life of Marsilius of Padua," in Gerson Moreno-Riaño and Cary J. Nederman, eds. , *A Companion to Marsilius of Padua*, Leiden: Brill, 2012, p. 26.

② C. Kenneth Brampton, "Marsiglio of Padua: Part I. Life," *The English Historical Review*, Vol. 37, No. 148, 1922, pp. 503 – 504.

③ 又译为《和平的保卫者（小卷）》，殷冬水、曾水英译，吉林人民出版社，2004。

④ Jeffery Zavadil, *Anatomy of the Body Politic: Organic Metaphors in Ancient and Medieval Political Thought*, Ph. D. Dissertation, Arizona State University, 2006, p. 270.

⑤ Irvine Loudon, ed. , *Western Medicine: An Illustrated History*, Oxford: Oxford University Press, 1997, pp. 58 – 59.

⑥ Irvine Loudon, ed. , *Western Medicine: An Illustrated History*, p. 59.

前460～前370）的四体液说基础上，做出相应发展的学说。[①]

值得注意的是，中世纪和古典时期医学理论的一个最大的不同点，即中世纪医生对解剖学非常感兴趣，解剖学得到前所未有的重视，一开始动物解剖被用作教学和学习的工具，后来出现少数人类尸体的解剖，同时外科手术得到逐步发展与提高。[②] 解剖学和外科手术的发展应更多地归功于教皇教廷的倡导。13世纪以前，教廷记录上没有对医生的记载；进入13世纪，教皇热切接受了医学，如英诺森三世（Pope Innocent Ⅲ，1160/1161～1216，1198～1216年在位）是第一位有专职医生的教皇，卜尼法斯八世（Pope Boniface Ⅷ，约1230～1303，1294～1303年在位）的教廷中聚集了当时的几位名医。[③] 教廷医生为教皇提供科学的医疗，延长教皇生命，所以13世纪以后的教廷不仅有神学家和法学家，还有医学家，这样教廷和大学一样，都成为知识交流的良好场所，可见大学不是唯一的医学中心。因此，不是医学专家的学者，同样能够获得更多的医学知识；医学家除学习医学外，也学习过其他方面的知识，比如亚里士多德的道德哲学，在亚氏《政治学》（Politics，Politica）等著作复兴之前就已经成为大学的基础课程。13世纪后，《政治学》等著述广泛传播，更是影响巨大，因此医生在进行专业训练之前已经熟悉亚里士多德的观点。在这种知识氛围和社会环境中，医生参与政治理论的探讨和政治思想家对医学感兴趣都是常见的现象。

医学知识并没有在中世纪晚期从政治思想中去除，而随着解剖学和外科手术的增多，越来越多的思想家开始使用有机体隐喻。"隐喻的含义是一种给定的语境中表达方式阐释的产物。因此它的意义本质上是不稳定的，因为会考虑各种不同的语境。"[④] 于是，政治思想家需要国家有机体这种隐喻概念，这样能够更好地表达复杂的社会关系。运用身体类比可以追溯到《圣经·罗马书》中使徒圣保罗的隐喻，将教会比喻成基督的身体："正如我们一个身子上有好些肢体，肢体也不都是一样的用处。我们这许多人，

---

① 〔美〕洛伊斯·N. 玛格纳：《医学史》，刘学礼主译，上海人民出版社，2009，第107页。

② Irvine Loudon, ed., *Western Medicine: An Illustrated History*, Oxford: Oxford University Press, 1997, p. 63.

③ Takashi Shogimen, "Medicine and the Body Politic in Marsilius of Padua's *Defensor Pacis*," in Gerson Moreno-Riaño and Cary J. Nederman, eds., *A Companion to Marsilius of Padua*, Leiden: Brill, 2012, p. 76.

④ Jeremy Rayner, "Between Meaning and Event: An Historical Approach to Political Metaphors," *Political Studies*, Vol. 32, Issue 4 (1984), p. 537.

在基督里成为一身，互相联络作肢体，也是如此。"① 古典时代，柏拉图、亚里士多德、西塞罗等人将德性与身体健康相类比，中世纪早期，日耳曼政治传统中没有这种概念，基督教逐步一统天下，身体类比从政治领域转到神学。② 从中世纪盛期开始，古典哲学、医学在拉丁西方重新兴盛，促使有机体隐喻在政治思想领域流行，比如枢机主教莫扬穆捷的亨伯特（Humbert of Silva Candida/Humbert of Moyenmoutier，1000/1015 ~ 1061）讲道："任何人……想要用一种无可非议的方式比较教会与皇室权威，或许会说……神职人员是灵魂，君主是身体，他们彼此相合相互需要，故而要互相服务。如同灵魂胜过身体并且对其进行指令，是以教会权威胜过皇室，或者说神圣胜过现世。"③ 另一位著名的知识分子索尔兹伯里的约翰（John of Salisbury，1115/1120 ~ 1180）在他的著名政治理论著作《论政府原理》（Policraticus）中论述，国家有机体出现后，中世纪的政治学著作经常出现国家和身体的类比。约翰借《图拉真的教导》，运用隐喻的方式形象地说明了他理想中的国家（res publica）："那些在教区从事工作的人，把上帝的崇敬传达给民众，他们是有机体的灵魂……君主是头部，只服从于上帝和那些在世俗中实践上帝权力和代表上帝的人，即使是头部也要受灵魂的支配。议会是心脏部分，行使最初的好的或者坏的工作。法官和地方行政长官是眼、耳和舌头。官员和军队是双手……财政管理者是肠胃……农夫和手工业者是双足。"④ 约翰是第一个将有机体比喻阐述得如此详细的作者。⑤ 奥

---

① 《圣经·罗马书》（《圣经》新标准修订版和合本），中国基督教协会，2000，第 283 页。《圣经》中其他地方也有涉及基督身体的，比如《圣经·以弗所书》："既在十字架上灭了冤仇，便借这十字架，使两下归为一体（body），与神和好了。"（第 340 页）"身体只有一个，圣灵只有一个，正如你们蒙召，同有一个指望。"（第 341 页）《圣经·歌罗西书》："又要叫基督的平安在你们心里作主，你们也为此蒙召，归为一体；且要存感谢的心。"（第 355 页）

② Jeffery Zavadil, *Anatomy of the Body Politic: Organic Metaphors in Ancient and Medieval Political Thought*, Ph. D. Dissertation, Arizona State University, 2006, pp. 245 – 246.

③ *Adversus Simoniacos*, ed. cit., p. 225. Quoted in R. W. Dyson, *Normative Theories of Society and Government in Five Medieval Thinkers: St. Augustine, John of Salisbury, Giles of Rome, St. Thomas Aquinas, and Marsilius of Padua*, Lampeter; Lewiston, N. Y.: Edwin Mellen Press, 2003, p. 118.

④ *The Statesman's Book of John of Salisbury-Being the Fourth, Fifth, and Sixth Books and Selections from the Seventh and Eighth Books, of the Policraticus*, Translated into English with an Introduction by John Dickinson, New York: Russell & Russell, 1963, Book V, Chap. 2, pp. 64 – 65.

⑤ Tilman Struve, "The Importance of the Organism in the Political Theory of John of Salisbury," in Michael Wilks, ed., *The World of John of Salisbury*, Oxford: Basil Blackwell, 1984, p. 303.

拓·基尔克（Otto Gierke）则指出有机体类比是中世纪欧洲政治的一个与众不同的特征。①

这种概念隐喻（conceptual metaphor）"建立在知觉的、生物学的或文化上的经验基础上"。②崇史隆分析认为，这种概念或术语的比较由经验基础决定，比如"喜爱"与"血液温暖"相关，"理解"常常与"消化吸收"关联，如果没有这种经验，就无法进行表达合理的类比。因此可以推断，医学比喻在政治文本中如果没有医学知识是不可能实现的，这种知识为政治概念建构提供心理意象（mental image）。他进一步强调撰写政治文本的作者运用很多心理意象，是为了更好地理解他们的作品，在这个过程中，比喻可以将作者的政治理论分类，强调某一方面和忽略某一方面，例如，"社会的个体是身体里的细胞"这种比喻强调了社会中个体的联系与合作，但没有强调个体的独特性。③

在这种社会背景和写作传统下，马西利乌斯在其著作《和平的保卫者》第一卷通过身体类比讨论了政治共同体的起源、结构和运转这类问题。他几乎没有参考《圣经》和其他神学家著作，仅参照柏拉图、亚里士多德和西塞罗等非基督教权威。马西利乌斯将政治观点从神学中剥离，用自己的语言对待身体政治，这种医学隐喻深刻而又形象地表达了他的政治观点。

二　有机体论

马西利乌斯并不是有医学背景的唯一一位政治哲学家。大阿尔伯特（Albetus Magnus，约 1200～1280）、罗马的贾尔斯（Giles of Rome，约 1243～1316）、阿德蒙特的恩格尔贝特（Engelbert of Admont，约 1250～1331）以及库萨的尼古拉（Nicholas of Cusa，1401～1464）等政治思想家都写过有关医

---

① Otto Gierke, *Political theories of the Middle Ages*, translated with an introduction by F. W. Maitland, Cambridge：Cambridge University Press, 1900 (1987 printing), pp. 22 - 30.

② Zoltán Kövecses, *Metaphor：A Practical Introduction*, Oxford：Oxford University Press, 2002, p. 69.

③ Takashi Shogimen, "Medicine and the Body Politic in Marsilius of Padua's *Defensor Pacis*," in Gerson Moreno-Riaño and Cary J. Nederman, eds., *A Companion to Marsilius of Padua*, Leiden：Brill, 2012, pp. 80 - 81.

学概念的文章。① 可见，中世纪医学和政治思想是有密切关系的。在《和平的保卫者》第一卷，马西利乌斯就以医学知识为基础，用自己的术语讨论政治观点，没有涉及基督教这一精神权威。

马西利乌斯在《和平的保卫者》第一卷第 2 章中指出："根据自然，动物的最佳状态是健康、相似的，根据理性，国家的最佳状态是安宁。现在健康——如更多的专业医生描述——是动物的最佳状态，每个部位根据自然能发挥最好的作用。如果我们根据这种类比，安宁将是一个城市或国家的最佳状态，根据理性和建立方式，属于其中的各个部分都能完美地各司其职。"② 马西利乌斯将国家比作"动物身体"，是为了定义安宁（tranquility，*tranquillitatem*）。安宁是马西利乌斯政治理论中的关键概念，他认为国家目标是实现人的"富足的生活"。由此可见马西利乌斯的有机体隐喻的内涵：根据自然，健康是动物的最佳境况，与之类比，根据理性，安宁是一个国家或城市的最佳状态。在古典时代，健康用来描述政治德性，如智慧、节制、勇气和正义，基督教作者依旧用健康形容基督教德性，如希望、信仰和宽容，而马西利乌斯以此来阐述整个国家有机体的和平安宁。③

马西利乌斯接着论述："不安宁是一个城市或国家不好的状态（正如生病的动物），每一部分都没有尽到自己的职责。"④ 如果没有安宁，国家就会生病。⑤ 所以马西利乌斯从一个医生而不是哲学家的角度讲述政治理论。哲学和医学的不同在于，哲学试图揭示特定实体的真相，比如它的本质具有普遍性、不可改变性和可理解性等；医学关注个体的特定状态，这种状态受周边环境影响，环境变化可能会导致实体的表现不同，这是医生关注这些实体的原因。⑥

---

① Takashi Shogimen, "Medicine and the Body Politic in Marsilius of Padua's *Defensor Pacis*," in Gerson Moreno-Riaño and Cary J. Nederman, eds., *A Companion to Marsilius of Padua*, Leiden: Brill, 2012, p. 73.

② Marisilius of Padua, *The Defender of the Peace*, I, ii, 3, pp. 12 – 13.

③ Jeffery Zavadil, *Anatomy of the Body Politic: Organic Metaphors in Ancient and Medieval Political Thought*, Ph. D. Dissertation, Arizona State University, 2006, p. 313.

④ Marisilius of Padua, *The Defender of the Peace*, I, ii, 3, p. 13.

⑤ Cary J. Nederman, *Community and Consent: the Secular Political Theory of Marsiglio of Padua's "Defensor Pacis"*, Lanham, MD: Rowman & Littlefield, 1994, pp. 132 – 133.

⑥ Alexander Aichele, "Heart and Soul of the State: Some Remarks Concerning Aristotelian Ontology and Medieval Theory of Medicine in Marsilius of Padua's *Defensor Parcis*," in Gerson Moreno-Riaño, ed., *The World of Marsilius of Padua*, Turnhout: Brepols Publishers, 2006, p. 177.

马西利乌斯在《和平的保卫者》第一卷第 15 章具体描述了国家有机体：“为了描述这一类比，使国家各部分的有效决定因素更清晰，我们运用亚里士多德的《论动物部分》（*On the Parts of Animals*, *De Partibus Animalium*）第 16 章，盖伦的《论动物的起源》以及更专业的继任者的著作。通过一定的原则或者动机——或是事务的一种完整形式，或是单独形式，或是其他创造动物及其部位的能力——第一次在时间和自然上形成动物特别的有机部分，在这一部分中，有自然德性或者力量，与一定热量一起作为积极原则；这种力量和热量是形成以及区别动物中已有部分的积极因素。这种第一个形成的部分是心脏或者其他类似行政的部分，正如上文提及的亚里士多德及其他专业哲学家所说，我们应该相信他们，因为他们在这个领域非常专业，我们可以没有证明地说，这不属于我们当前的探求。现在人类第一个形成的部位，在品质品格方面比动物的其他部位更加高贵和完美。自然德性使动物形成了各部位，通过这种恰当的形式，各部位相互分离、相互区别、安排有序并且相互尊重，同时又保留自己的特色；借此它们免受到目前为止自然允许的伤害，如果它们因疾病或其他阻碍而有过失，它们会通过本部位的德性修复。国家根据人类理性恰当地确立，这点需要用类比的方式考虑。人民或者重要部分的身体的灵魂，首先确立或者应该确立的是类同于心脏的部位。在这部分中，人民整个身体的灵魂拥有一定的德性、形式或者建立国家剩余部分的积极力量或者权威。这一部分是政府（君主），它的德性，有普遍的因果联系，即为法律；它的积极力量为依据公共正义和利益审判、命令和判决的权威。”① 由此可见，马西利乌斯更像是作为一名医生，对心脏进行了独特描述，“自然德性或力量以及温度”是形成动物不同部位的决定性因素，心脏以及类同心脏的部位“在品质品格方面比动物的其他部位更加高贵和完美”。一部分“和心脏类同”，是政府或君主政治，形成于“人民或者重要部分的身体的灵魂”，其中包括“一定的德性或有积极力量或权威的形式”，他们建立了政治共同体的其他部分。政府的“德性”是法律，“积极力量”是审判命令公正判决的“权威”。因此，“君主政治的权威授权一个特别的人这就等同于心脏的心脏”②。

对于政府的“德性”法律，马西利乌斯用了很多篇幅阐述，马西利乌

---

① Marisilius of Padua, *The Defender of the Peace*, Ⅰ, ⅩⅤ, 5, 6, pp. 91 – 92.

② Marisilius of Padua, *The Defender of the Peace*, Ⅰ, ⅩⅤ, 7, p. 93.

斯认为国家要受到法律的管理，构建适度政府是最好的。① 换言之，他认为
一个有序的国家的其中一个特征是有一个绝对的君主统治一切（适度君主
政体），他强调一个城市或王国只能有一个政府，如果因为地理原因有多个
政府，那么必须有一个最高的，它能够改正其他政府的错误。这种统治者
或者统治机构要与人民制定的法律一致。人民立法者是法律存在的充足理
由。在这种情况下，人民立法者是人民整体，或者最重要的部分，通过选
举或者聚集的民众表达意愿，根据所有民众的提议，决定去做什么。是根
据民众意愿选出政府机构或者君主，还是通过继承原则下的选举，马西利
乌斯倾向于前者。他认为，这样最可能选出最好的君主，因为根据出身，
时常会有意外情况出现，不能确保选出明君。② 马西利乌斯认为任何人都可
以制定法律，但是有智慧的人会做得更好，他们更有闲暇时间，而"技工
要全身心地工作才能满足生活需求"③。然而，需要说明的是，马西利乌斯
不认为重要部分等同于同意贵族代替整个人民群体，他继续阐明多数比少
数（君主和贵族）更有能力制定法律。④ 马西利乌斯使用重要的部分指代人
民的大部分，他们希望拥有良好的政府和法律，他通过引用亚里士多德的
观点阐述："通过自然，因此所有人都有建立人民共同体的动力……国家中
的那部分希望政体持久的人肯定比不希望的重要……那些不希望国家长久
的人存在于奴仆中，而不是人民中……因此大部分人民希望规范法律，否
则自然和艺术中就会出现缺陷……"⑤ 马西利乌斯认为人民的集合体和人民
的重要部分意思相同，⑥ 多数人民一般不会是邪恶的或者没有辨别力的；大
部分人民神志清醒，能够理性思考；每个人都可以判定法案。因此，似乎
可以毫无争议地推断，重要部分包括大多数人民，这一包含所有成年自由
男性的群体。⑦ "'所有的整体都优于部分'，这一论断基于对数量、质量以
及德性实践的考虑是正确的。所以人民的团体是必要的，或者人民的重要

---

① Francesco Maiolo, *Medieval Sovereignty*: *Marsilius of Padua and Bartolus of Saxoferrato*: *A Study on the Medieval Origin of the Idea of Popular Sovereignty*, Maastricht: Maastricht University, 2007, p. 208.

② Francesco Maiolo, *Medieval Sovereignty*: *Marsilius of Padua and Bartolus of Saxoferrato*: *A Study on the Medieval Origin of the Idea of Popular Sovereignty*, p. 209.

③ Marisilius of Padua, *The Defender of the Peace*, Ⅰ, ⅻ, 2, p. 66.

④ Marisilius of Padua, *The Defender of the Peace*, Ⅰ, ⅻ, 5, p. 68.

⑤ Marisilius of Padua, *The Defender of the Peace*, Ⅰ, ⅹⅲ, 2, pp. 74 – 75.

⑥ Marisilius of Padua, *The Defender of the Peace*, Ⅰ, ⅹⅲ, 2, p. 74.

⑦ Marisilius of Padua, *The Defender of the Peace*, Ⅰ, ⅹⅲ, 3, p. 75.

部分，这一能分辨哪些要选出哪些要拒绝的团体同样是必要的。"① 马西利乌斯认为国家的统治者没有权力制定法律。统治者只能保护法律，因此法律高于君主或者国家的统治机构，"创立法律是必要的，如果政体在民众正义和利益方面达到最优"。② 马西利乌斯在没有直接支持皇帝反对教皇时，指出人民整体更值得信任和有能力，比其他团体更适于统治和制定法律。③ 这表明最好的情况是立法者直接统治，或至少积极监管整个国家。④ 由此可见，马西利乌斯认为类比心脏这一管理器官的是政府，而他心中的理想政府是由人民立法者直接统治。⑤

当马西利乌斯探求君主是否通过审判程序或者强制权力改正错误时，他再次运用了心脏的隐喻："因为心脏没有采用与自然德性和温度相反的行动，它总是自然地表现合适的行动。正因为此，心脏通过这样的方式影响或者调节控制着动物的其他部位，其他部位自己没有控制能力，他们也互不影响。但是，作为人类的君主，他有智慧和欲望，有可能遵循错误的观念或私欲，做违背法律的事情。正因为此，君主的行动，要服从可以控制他的权威……"⑥ 这段话显示马西利乌斯认为心脏的功用在每个方面都无法和君主的角色相提并论。心脏没有可依赖的，因此也不能被其他的器官纠正，它的功用从未违反自己的自然德性，人类的君主可以被纠正，如果他的行动违反了法律，就由有机体中的其他拥有权威的成员纠正。显而易见，马西利乌斯对心脏的比喻是有限制的。

马西利乌斯强调各部位即各阶层之间相互依赖、相互协作，再一次运用了动物身体的隐喻："正如亚里士多德《动物的运动》（*On the Movement of Animals*，*De motu animalium*）这本书中所说，控制动物行动的主要原则有一个，如果多个相异原则同时控制，动物将会被驱使到对立面行动或者完

---

① Marisilius of Padua, *The Defender of the Peace*, Ⅱ, ⅹⅲ, 2, p. 74.

② Marisilius of Padua, *The Defender of the Peace*, Ⅰ, ⅺ, 1, p. 56.

③ Marisilius of Padua, *The Defender of the Peace*, Ⅰ, ⅻ, 5, pp. 68 – 69.

④ James M. Blythe, *Ideal Government and the Mixed Constitution in the Middle Ages*, Princeton, N. J. : Princeton University Press, 1992, p. 201.

⑤ 马西利乌斯的这种类比结构非常复杂，因为他没有简单界定人民整体或者重要部分及灵魂，参见 Alexander Aichele, "Heart and Soul of the State: Some Remarks Concerning Aristotelian Ontology and Medieval Theory of Medicine in Marsilius of Padua's *Defensor Parcis*," in Gerson Moreno-Riaño, ed. , *The World of Marsilius of Padua*, Turnhout: Brepols Publishers, 2006, pp. 179 – 185.

⑥ Marisilius of Padua, *The Defender of the Peace*, Ⅰ, ⅹⅷ, 2, 3, p. 124.

全不动……这和有秩序的国家一样，如本卷 15 章所说，和良好的动物在本质上类似。因此，正因为多元原则对动物有害，同样的观点可在国家运作中看到。"[1] 所以，有不同职责的各部分必须融入公共的政体中，相互协作，各司其职，并且处在最高部分的统治之下。

马西利乌斯的医学隐喻强调有机体中的各部分协同合作的观点，并不是其独创，索尔兹伯里的约翰的有机体论也强调合作。但马西利乌斯与约翰有明显的区别：约翰的隐喻明确指出身体各部位包括头部、眼睛、舌头、胳膊、胃、足等相当于社会的不同阶层，而马西利乌斯只是模糊地指出各部位，他只是从细节上阐述不同部位为了满足人类不同需求的不同职责，而没有对应人类或者动物身体的不同部位。他将源于人类心灵功能的人类行为分成两部分，即有营养的部分和认知食欲部分："人类行为及其接收者，一些是在我们知识范围外的自然结果：比如一些因素的冲突本性，因为他们混合在一起，组成了我们的身体。我们可以恰当地确定这类有营养部分的行为……这种类别是可以被人类身体吸收的替代品，比如食物、水、药品、毒药之类。还有其他的行为及其接收者，这些是由于认知和食欲，来自人们或发生于人们自身的行为。其中一些是人们'内在固有的'……其他一些被称作'可传递的'……为了调和保护灵魂中有营养部分的行动——如果停止，动物作为独立的个体和一个物种，将会腐烂——需要设置农业和畜牧业。"[2] 因此食物的生产和获得成为身体政治的一个功能性部分。同时，"为了调节受周围因素影响的人类行为及其接收者，人们发明了技工：比如羊毛制造、制革、染色，所有的建造技能……"[3] 因此，另一个功能性部分是为满足感觉上的愉悦的制造部分："根据我们的认知和食欲，国家必须有特殊部分或者机构……保证行为正确，达到平等或者和谐。否则，他们会带来冲突，最终市民分裂，国家毁灭，人民失去富足生活。"[4] 武装的部分是为了保卫城市免受敌人侵犯，在有冲突时执行法官的判决；必需品和公用品的条款在合适的时机也需要其他部分，这部分称为"财务部"；最后，为了礼拜上帝和增加公众生活的德性行为，教会部分建立。[5]

---

[1] Marisilius of Padua, *The Defender of the Peace*, I, xvii, 8, pp. 118 – 119.

[2] Marisilius of Padua, *The Defender of the Peace*, I, v, 4, 5, pp. 24 – 25.

[3] Marisilius of Padua, *The Defender of the Peace*, I, v, 6, pp. 25 – 26.

[4] Marisilius of Padua, *The Defender of the Peace*, I, v, 7, p. 26.

[5] Marisilius of Padua, *The Defender of the Peace*, I, v, 7, pp. 27 – 29.

三　心脏隐喻

马西利乌斯并不是第一个将心脏比喻重要部分的。如前所述，索尔兹伯里的约翰，将头部比作君主，心脏是议会，其源头可以从《圣经》中找到。教会被认为是基督的身体，基督被认为是身体（教会）的头部的观点在中世纪教会中非常流行。学者通常认为头部与灵魂一样重要，因为头部是管理身体的最重要部分，比如约翰·威克里夫（John Wycliffe，约 1320 ~ 1384），皮埃尔·埃利（Pierre d'Ailly，1351 ~ 1420），让·格尔森（Jean Gerson，1363 ~ 1428）等都持有这种观点。另一种观点认为心脏是最重要部位，比如托马斯·阿奎那（Thomas Aquinas，1225 ~ 1274）、罗马的贾尔斯等，阿奎那将基督比作心脏，贾尔斯将国家的分配正义比作心脏。[①] 马西利乌斯也认为最重要的部位是心脏。

中世纪时期，关于人身体中最重要的器官是头部还是心脏存在争议，这是当时医学领域最热门的争论之一。关于这一问题的讨论又可以追溯到古典时代。柏拉图在《蒂迈欧篇》（*Timaeus*）中认为头部是最重要的部位："头颅，乃身体的最神圣的部分，作为统治者。"他认为大脑是感觉和运动体系的中心。他描述头部为"相较于其他，我们诸神造好头后便把整个身体都置于它支配之下，使它拥有各种运动。为了使头颅不至于在坑坑洼洼的地上打滚，或遇到高坡而无法逾越，等等，他们便让它有身体，使之移动方便"。[②] 心脏则是"血管的汇集点，也是血的源泉，涌流周身至各部位。他们把它置放于卫士室……"[③] 可见柏拉图认为头部最重要，而心脏是相对次要的部位。

而亚里士多德强调心脏的优势地位，他认为："这些血管必然拥有一个本原或源泉，这个本原即为心脏。显然，血管发源于心脏，但并不穿越心脏；另外，心脏是同种的，在本性上与血管相同。心脏处于起支配主导作用的第一位置上。它位于躯体的中心，不是下部而是上部，不是后面而是

---

① Takashi Shogimen, "Medicine and the Body Politic in Marsilius of Padua's *Defensor Pacis*," in Gerson Moreno-Riaño and Cary J. Nederman, eds., *A Companion to Marsilius of Padua*, Leiden: Brill, 2012, pp. 98 – 100.

② 〔古希腊〕柏拉图:《蒂迈欧篇》，谢文郁译注，上海人民出版社，2003，第 41 页。

③ 〔古希腊〕柏拉图:《蒂迈欧篇》，谢文郁译注，上海人民出版社，2003，第 70 页。

前面。自然总是把比较高贵的位置赐予比较高贵的部分，除非有更重要的东西阻止它这样做。这点对人来说是最显明的，即使在其他动物那里心脏也趋于相似的位置，居于肌体的必需部分的中心。"① 心脏还是胎儿形成的第一个器官："胚胎一经形成……此乃有血动物的本性的本原……所有血管都发源于心脏。"② 而对头部的看法，亚里士多德指出："有人认为血管的始点在头部，这是错误的看法。因为首先，按他们的看法就会有许多血管的源泉散布其上；其次，这些源泉就会被置于冷的位置，但十分明显，血管的源泉是不胜寒冷的，相反，心脏区域是热的。"③ 心脏被认为是身体中最热的部位，为全身提供最重要的热量，显然，亚里士多德把头部置于功能次要的位置，强调心脏的重要。

中世纪的医学权威罗马医学家盖伦又有不同的观点："在人体内，空气是吸入的宇宙之气，它受到体内三个基本器官肝、心、脑固有功能的调节并由静脉、动脉和神经三种管道分配……空气受肝脏调节，所以它是营养的灵魂或自然的灵气，具有支持生长和营养的植物性功能，这一营养的灵魂受静脉所支配。心脏和动脉负责维持、分配内部的热量、空气或重要的灵气，以使身体各部分温暖和活跃。第三个适应性发生在大脑，大脑产生感觉和肌肉运动所需的动物灵气并受神经所支配。"④ 马西利乌斯的隐喻性语言将最重要的权威政府比作类同心脏的部位，而不是头部，可以看出他遵循的是亚里士多德的观点。

这种类比，反映了马西利乌斯反对教权的观念。心脏与世俗政府类比暗示了教会不是共同体中的统治部分，他认为教会和其他部分如农业、军事、商业部分一样都是共同体的一部分，如果人民想在现世和来世生活美满，宗教部分是必要的，宗教能够激发德性行为，使公众生活富足，在来世也会幸福。⑤ 马西利乌斯在《和平的保卫者》第二卷第 7 章中对教士做了类比："假设掌管身体健康的医生（有权为法官或人类立法者教授和实践医学技术）宣称，有关未来的健康或者死亡之类的事，可以根据医学在人民

---

① 苗力田主编《亚里士多德全集》第五卷，中国人民大学出版社，1997，第 76～77 页。
② 苗力田主编《亚里士多德全集》第五卷，中国人民大学出版社，1997，第 78 页。
③ 苗力田主编《亚里士多德全集》第五卷，中国人民大学出版社，1997，第 77 页。
④ 〔美〕洛伊斯·N. 玛格纳：《医学史》，刘学礼译，上海人民出版社，2009，第 105 页。
⑤ Janet Coleman, *A History of Political Thought from the Middle Ages to the Renaissance*, Oxford: Blackwell Publishers, 2000, p. 148.

中进行审判，人们会因这种过分的行为受到威胁……同样通过类比，灵魂的医师教士、审判官和劝解者，关注灵魂的永恒健康、永久死亡或者未来的世俗惩罚。但是他们在现世生活中不能也没有这种强制性权力……所以基督称自己为医生而不是统治者。"① 可见，马西利乌斯强调宗教和教会在人们生活道德方面的作用，而世俗政府拥有审判、命令和执行判决的强制权力。他的概念性隐喻，即自然身体的心脏是有机体的政府，只能说明共同体中唯一的最高权威是世俗政府。这一观点还可从他将腐败的教会政府类比为丑陋的怪物看出。马西利乌斯认为："（教会）被罗马教皇所允许的行动，拥有很多权力，他们受到影响——如果允许这么说的话——腐败了整个基督身体。"② "但是我们现在开始讲述这个身体的形式（应该包括秩序和成员的位置），仔细看这个身体会发现它是丑陋的怪物。有人会想这样一个动物的身体，其中的四肢直接与头部关联，对相关任务来说这是畸形和无用的吗？如果一个手指或一只手直接与头部关联，缺少它应有的位置，它将会缺少应有的力量、动作和功能。"③ 显然，马西利乌斯认为现在的教会政府，作为神秘的基督身体，是丑陋的怪物，这进一步反映了他反对教权的理念。

结　语

马西利乌斯的医学比喻并不是都植根于医学知识，但又不能轻易忽视这种隐喻性语言，他的有机体隐喻展示了政治理论中医学语言的发展。《和平的保卫者》中的政治概念，不仅包含神学、哲学和法律的相互作用，还有人类身体这一医学概念的心理意象。马西利乌斯对公共生活的阐述被认为是作为一个医师职业情感的扩大。④ 正如艾伦·格沃斯（Alan Gewirth）所说："他们（那些接受传统社会有机体学说的人）从道德上解释生物学，

---

① Marisilius of Padua, *The Defender of the Peace*, Ⅱ, ⅶ, 4, 5, pp. 211 – 212.

② Marisilius of Padua, *The Defender of the Peace*, Ⅱ, ⅹⅹⅳ, 2, p. 418.

③ Marisilius of Padua, *The Defender of the Peace*, Ⅱ, ⅹⅹⅳ, 12, p. 425.

④ Takashi Shogimen, "Medicine and the Body Politic in Marsilius of Padua's *Defensor Pacis*," in Gerson Moreno-Riaño and Cary J. Nederman, eds., *A Companion to Marsilius of Padua*, Leiden: Brill, 2012, p. 112.

马西利乌斯将道德和政治一起生物化。"① 或许说马西利乌斯将政治学说医学化更恰当。

马西利乌斯认为教权至上的观念是当时社会的弊病，正如医生要为病人治病，他的政治理论的一个目标就是反对教权。他不仅运用有机体论提出这一政治观点，而且将其运用到实践中。马西利乌斯常年跟随在路易四世身边，在意大利时作为路易四世的使者，发表反对罗马教皇的演说。路易四世的很多行为也受到《和平的保卫者》的启发，在该书第一卷第 1 章第六节中，马西利乌斯明确指出该书的读者群，并且特别指出是献给路易四世的："对给予者的崇敬，对探知真相的热情，对兄弟和国家持久的爱，对受压迫者的怜悯同情；呼吁被压迫者不要犯走旁门歪路的错误，激励那些能防止这种（错误）发生的人采取行动；特别是对您，最高贵的路易，神圣罗马帝国的皇帝，作为上帝的代理人，将为本书做结尾，这是来自外部的希望：您有某些特殊的古代的血缘权利，更不用说您的英雄气质和闪耀美德，消灭异端的意志，支持保护天主教真理及其他真理原则，消除邪恶宣扬美德，结束各地争斗传播宁静和平，这些都是根深蒂固地确定的。我经过一段时间辛苦勤勉地探索，写了如下的思想总结，这些总结会对您提供一些帮助，让大多数人反对上述的那些错误及其他意外事件，使得国家凝聚联合。"② 在该书启发下，路易四世认为不经教皇授权只通过人民同意就可以加冕；马西利乌斯还被路易四世任命为米兰大主教，因而得以利用自己的权力惩罚支持教皇约翰二十二世的教士。③ 虽然马西利乌斯的有机体论有其局限性，然而其中蕴含的立法权在民、君主权力有限、反对教权至上的思想在当时甚至以后都产生了重要的影响。

---

① Alan Gewirth, *Marsilius of Padua and Medieval Political Philosophy*, New York: Columbia University Press, 1951, p. 51.

② Marisilius of Padua, *The Defender of the Peace*, I, i, 6, p. 8.

③ Jeffery Zavadil, *Anatomy of the Body Politic: Organic Metaphors in Ancient and Medieval Political Thought*, Ph. D. Dissertation, Arizona State University, 2006, p. 323.

从"生命灵气"到"血液循环"：
近代身体话语的科学转型[*]

王广坤^{**}

摘要 在西方医学发展历程中，哈维"血液循环论"意义重大，它不仅为生命科学的后续发展奠定了坚实基础，更是彻底纠正了人们对于身体认知的误区，明确了身体运转的科学规律。由于"动脉"和"静脉"血液流动的差异，古典医学理论只认可"静脉"携带血液，灌溉全身；而"动脉"则被神秘化，认为其携带"生命灵气"，维持全身运转。有关身体运转的灵气想象被基督教所利用，进一步确立了宗教神学的权威，束缚了医疗科学的发展。哈维的"血液循环论"以科学方式解读了动脉功能，确立了身体运转代谢的科学模式，破除了身体运转的灵气想象，推动了身体认知的科学发展，为现代医学进步指明了方向。

关键词 血液循环论 身体认知 动脉 生命灵气

Abstract In the course of development of Western medicine, Harvey put forward the theory of "blood circulation" have great significance, it not only lays a solid foundation for the further development of life science, but also correct people's misunderstanding about body cognition, clear the scientific law of body operation. Due to the differences in arterial and venous blood flow, the classical theory of medicine only recognized "vein" carrying

---

* 本文为国家社科基金青年项目"英国公共卫生管理制度变迁研究（1848～1914）"（项目号：14CSS010）及北京师范大学青年教师基金项目的阶段性成果。

** 王广坤，历史学博士，北京师范大学历史学院讲师，主要研究医疗社会文化史。

blood, irrigation and body; "artery" is a mystery and bring "life aura" to maintain the body systemic operation. The spiritual imagination of body movement was used by Christianity, further establishing the authority of religious theology and restricting the development of medical science. Harvey put forward the "blood circulation theory" in a scientific way of arterial function, establish a scientific mode of running the body metabolism, get rid of the body running the aura of imagination, promote the scientific development of body cognition, also pointed out the direction of modern medical progress.

Key words　blood circulation　body cognition　artery　life aura

在人类医学发展历程中，英国医生和生理学家威廉・哈维（William Harvey，1578~1657）的作用至关重要，他提出的"血液循环"思想不仅引导世人准确认识到人体生理学的发展规律，促进了医学的革命性进步，还有助于人体认知科学的发展，尤其是破除了人们对于身体认知的神秘想象。目前，国内学界较少从身体认知学的角度考察"血液循环"理论的重要价值，对其理论所体现出的身体科学认知问题未做系统考察。本文拟从此角度出发，分析前哈维时代盖伦构建的"灵气"理论及哈维"血液循环"理论对身体运行的不同解读，阐明哈维理论对盖伦观点的颠覆性改造，并着重探讨这种改造对身体认知学发展的积极意义。

一　前哈维时代的身体认知

在古代中世纪乃至近代早期，西方医学界对人的身体结构一直有着神秘主义的思想认知。人们一直遵从着古罗马时代伟大的医学家盖伦（Claudius Galenus，129~199）形塑的古典医学理论身体认知体系，认为身体充满灵气，血液更是灵气的携带者。古代欧洲在涉及人类血液的问题上，都会有许多迷信的遐想，古罗马人就认为，角斗士喷涌的鲜血是治疗癫痫病的特效药。[①]

盖伦构建的古典主义医学理论体系无法准确认知身体，因为身体的运

---

① Stanhope Templeman Speer, "The Life of the Blood, as Viewed in the Light of Popular Belief. From Notes of an Introductory Lecture Delivered by the Professor of General Pathology in the Faculty of Medicine of Montpellier," *Provincial Medical & Surgical Journal*, vol. 16, no. 13, 1852, pp. 309 – 312.

转主要靠血液来输送营养并排出代谢废物，有许多复杂人体器官的参与，需要建立在严格的身体解剖实验基础上。但是，盖伦却无法做到这一点，因为他那个时代严禁解剖人体。特殊的社会背景使得盖伦虽然曾解剖过无数的猴子、牛、猪、狗等动物，但基本上没有解剖过人体。为此，"盖伦经常批评他的前辈们，尤其是埃拉西斯特拉塔和希罗费罗斯，他明显嫉妒他们具有能够获得尸体并且在尸体上进行解剖的特权，当然，盖伦没有掩饰他的工作基于对动物的研究，包括猪、大象或者'人类可笑的模仿物'——猿猴"。①

盖伦凭借他对人与动物身体结构雷同性的深入探测，在肌肉和神经学领域做了许多贡献，但他无法把握身体如何运转、血液怎样运行的规律。虽然盖伦用大量动物解剖实验，证明了动脉内存在血液，纠正了此前医学界认为动脉内只有空气而没有血液的误判。但在具体的身体代谢和活动规律上，盖伦无法突破亚里士多德（前384~前322）倡导的人体"灵魂"说桎梏。不过，与亚里士多德等人认为"灵魂"在心脏的看法不同，盖伦认为"灵魂"不在心脏而在脑，并据此提出身体运行的"三灵气"理论：灵气与灵魂是一致的，身体是灵魂的工具，灵气是生命的要素，为生命体提供动力。肝脏、心脏、大脑分别产生人体的三种灵气：自然灵气、生命灵气和理性灵气。自然灵气储存于肝，与血液结合，由静脉将自然灵气和营养物质送到全身各处；生命灵气储存于（左）心，来自肝脏的血液通过心室中间隔的微孔进入左心后，与生命灵气相混合，形成高级血液沿动脉运行至全身各部；理性灵气储存于脑，当高级血液流经脑时吸收理性灵气，通过神经分布于身体各处。②

在盖伦的理论体系中，身体被完全神秘化了："灵气是生命的要素，共有三种：动物灵气位于脑，是感觉和动作的中心；生命灵气在心内与血液相混合，是血液循环的中心，并且是身体内调节热的中心；自然灵气从肝到血液中，是营养和新陈代谢的中心。"③盖伦的理论明显接受了柏拉图（前427~前347）的三种灵魂学说，这种学说将重要的功能分成植物性、

---

①　〔美〕洛伊斯·N.玛格纳：《医学史》第二版，刘学礼主译，上海人民出版社，2009，第104页。

②　刘虹：《重读盖仑——盖仑医学思想述评》，《医学与哲学》2016年第4期。

③　〔意大利〕阿尔图罗·卡斯蒂廖尼：《医学史》，程之范、甄橙主译，译林出版社，2013，第217页。

动物性和理性的"灵魂"或"灵气"。① 该理论的最大特征是将人体内的"动脉"神秘化，认为它运行的是高级血液，从而增添了身体的神秘特征，强调静脉血源于肝脏，动脉血源于心脏，后者更为高级和重要："动脉血是非常纯净且无杂物的，故能营养最重要的灵气……动脉血在大脑中转化为动物灵气，并通过神经网络分布全身的过程构成了盖伦的'三灵气说'。"②

盖伦构建的身体运行理论认为肝脏是身体生命的源泉，也是血液活动的中心。人体肝脏通过吸收营养物质而制造出带有自然灵气的静脉血，沿静脉系统流遍全身，将营养物质送至身体各部分。由于肝脏在不停地制造血液，血液也因此不断地被送至身体各部分。右心室是静脉系统的主要分支，从肝脏出来进入右心室的血液，可以通过心室间的孔道直接进入左心室，并在那里获得生命灵气，变成颜色鲜红的动脉血。带有生命灵气的动脉血又通过动脉系统，分布到全身，使人能够有感觉并进行各种活动。当动脉血流经大脑时，又获得了动物灵气，并通过神经系统分布到全身。在盖伦的身体运行理论中，血液无论是在静脉或是动脉中，都以单程直线运动方法往返活动，犹如涨潮和退潮，朝着一个方向，不做循环运动。

由于盖伦崇尚灵气，因此他有关人体血液和新陈代谢的理论混有浓厚的唯心主义目的论，认为人的构造是按造物者的目的而设；同时，他强调"灵气"是生命的要素，身体只不过是灵魂的工具：肝脏产生"自然灵气"，肺产生"生命灵气"，脑产生"动物灵气"。这种理论使得身体充满灵性神秘主义，尤其是关于人的身体和灵气、精神关系的论述受到基督教重视，契合了基督教崇尚的肉体臣服于精神的理念。

此后，盖伦理论被基督教利用，定为权威教条，宗教神学更是利用这种理论来验证神学话语。"灵气论"被用来论证"一分为三"：人分为僧侣、贵族和平民，自然界分为动物、植物和矿物，动物分为鱼、兽和鸟，而上帝则是圣父、圣子、圣灵的三位一体。在其后 1000 多年里，盖伦理论与宗教神学接轨，严重阻滞了医学发展。

盖伦的身体代谢理论是在没有解剖人体的基础上提出的，赋予了身体不可言说的神秘性，基督教充分利用这种神秘性，将之作为整个中世纪的

<hr>

① 〔美〕洛伊斯·N. 玛格纳：《医学史》第二版，刘学礼主译，上海人民出版社，2009，第105 页。

② 〔美〕洛伊斯·N. 玛格纳：《医学史》第二版，刘学礼主译，上海人民出版社，2009，第107 页。

权威医学体系。但是，到文艺复兴时期，宗教权威受到挑战，认为解剖尸体是对身体不敬的思想被抛弃，一种新的思想出现：只有对人体本身进行解剖研究，才能认识到人体的美。①

文艺复兴时期，爱好现世生活和享受凡尘快乐的思想萌发，盖伦时代及中世纪那种"认为解剖尸体是表示对人体——'灵魂之宫'不敬，因而加以禁止的态度，这时让位给一种新的，但也是古老的思想，即只有对人体本身进行研究才能认识完全的美"。② 这种观念使得文艺复兴及其之后涉及人体认知的科学家和艺术家们都普遍重视人体解剖。达·芬奇（1452～1519）就是其典型代表，他非常痴迷解剖，对心脏和血管的研究尤其细致，曾经将蜡注入心脏以观察房室的形状，否定了盖伦的心肺相连说，亦即认为肺静脉是将空气输入心脏的通道，并证明了静脉的根源在于心脏，而非盖伦所说的"静脉起于肝脏"。③

文艺复兴时期许多理论家的发现与解剖学的发展激起许多科学家对盖伦理论的怀疑。1500 年，西班牙内科医生赛尔维特（Michael Servetus，1511～1553）提出一个肺的小循环假说，且推断出血液不可以在心室间流动（这是盖伦学说中最致命的弱点），而是经过肺从右心到左心。1559 年，意大利解剖学家柯伦波（Realdo Colombo，1516～1559）重申了赛尔维特关于血液肺循环的观点。他在《论解剖》一书中，证实在心房之间或心室之间的间隔上不存在开口，这与盖伦的观点截然相反。④

当时世界著名解剖学研究中心的意大利帕多瓦大学里的诸多医生更是对盖伦理论进行了系统辩驳。在文艺复兴时期，意大利是解剖学的引领者，它更容易获得解剖学迫切需要的人体："罪犯处决的方法很适于以后做解剖之用，有时还能改变死刑的形式以便尸体能够更适合解剖学者的要求。这些便利使得意大利的解剖学派引导欧洲达一个半世纪之久。"⑤

意大利的人体解剖学奠基人维萨里（Andreas Vesalius，1514～1564）认

---

① 张大庆主编《医学史》，北京大学医学出版社，2003，第 65 页。
② 〔意大利〕阿尔图罗·卡斯蒂廖尼：《医学史》，程之苑、甄橙主译，译林出版社，2013，第 417 页。
③ 张大庆主编《医学史》，北京大学医学出版社，2003，第 66 页。
④ 〔英〕罗伊·波特：《剑桥插图医学史》，张大庆主译，山东画报出版社，2007，第 99～100 页。
⑤ 〔意大利〕阿尔图罗·卡斯蒂廖尼：《医学史》，程之苑、甄橙主译，译林出版社，2013，第 438 页。

为，盖伦的记述只适用于动物，关于人体的记述多数是不够的或不正确的，强调解剖学的研究有从头开始的必要。[①] 他在经过大量人体解剖后，"第一次与盖伦相反地描述了静脉路线和人类心脏的解剖学，并明确宣称他没有见到心室中隔的孔道"，强调："我不明白即使最小量的血液如何能够通过中隔从右心室流到左心室。"[②]

此外，博洛尼亚的解剖学教授阿兰齐奥（Giulio Cesare Aranzio，1530～1589）发现了动脉导管、静脉导管以及心脏瓣膜的半月瓣结。米兰的卡尔卡诺（G. Carcano，1536～1606）于 1593 年出版了一本关于胎儿心脏大血管路径的书，最早描述了卵圆孔和动脉导管。[③] 帕多瓦大学的著名解剖学家法布里修（Fabricius ab Aquapendente，1537～1619）1600 年在他的《论静脉瓣》一文中描述了瓣膜口朝向心脏，但未能对瓣膜作用做进一步的解释。[④]

尽管文艺复兴的医学有了很大进步，但是"在循环的秘密没有解决之前是谈不上生理学的真正进步的"。[⑤] 在前人研究的基础上，出生于 1578 年的英国医生哈维解决了这个问题。

二 哈维"血液循环论"对身体认知的重塑

哈维成年后就读于剑桥大学，攻读医学专业，此后又慕名前往帕多瓦大学学习。在这所解剖学声誉极佳的大学，哈维极为认真刻苦地研究解剖学，并受自己老师法布里修的影响，对静脉瓣的构造研究很感兴趣。他借鉴了老师专注于比较解剖，不断实验，小心求证，避免快做结论的先进思想，对血液的肺循环及静脉管道都有了一些了解。[⑥]

哈维依托于前辈科学家的研究成果，尤其是在亚里士多德认为心脏是

---

① 〔意大利〕阿尔图罗·卡斯蒂廖尼：《医学史》，程之苑、甄橙主译，译林出版社，2013，第 426 页。

② 〔意大利〕阿尔图罗·卡斯蒂廖尼：《医学史》，程之苑、甄橙主译，译林出版社，2013，第 429 页。

③ 〔意大利〕阿尔图罗·卡斯蒂廖尼：《医学史》，程之苑、甄橙主译，译林出版社，2013，第 436 页。

④ 张大庆主编《医学史》，北京大学医学出版社，2003，第 68～69 页。

⑤ 〔意大利〕阿尔图罗·卡斯蒂廖尼：《医学史》，程之苑、甄橙主译，译林出版社，2013，第 439 页。

⑥ Gweneth Whitteridge, "Growth of Harvey's Ideas on The Circulation of The Blood," *The British Medical Journal*, vol. 2, no. 5504, Jul. 2, 1966, p. 8.

万物起始及血液源头的理念指引下，① 首先确定了心脏是血液循环的原动力，并细心地计算了心脏的容量，称量了从心脏流出的离心血量和回心血量，同时也计算出血液流动时间。他假定，左右心室分别容纳血液 2 英两，脉搏每分钟跳动 72 次，这样一个小时脉搏跳动就是 4320 次。在一个小时内，从左心室流入主动脉的血量和右心室流入肺动脉的血量就分别是 8640 英两，约等于 540 磅。如此大量的血液远远超出饮食所能提供的最大限度，同时也远远超出人体本身的体重。②

传统的盖伦体系认为，血液是不停地在肝脏合成的，就犹如潮在血管内涨落似的消耗或吸收一样。③ 但是，哈维根据自己的计算数据，推断出人体根本不可能在消化吸收的同时又能制造出如此之多的血液，血液只能在循环流动中才能生生不息。由此，哈维断定：自左心室喷入动脉的血，必定是自静脉回归右心室的血。通过这样的设想，哈维发现了人体血液循环的秘密，找到了身体科学运转的规律性模式。

为证明自己的假设，哈维进行了无数次解剖，并计算解剖得来的各种实验数据。他把许多动物的身体解剖开之后，找出还在跳动的动脉血管，然后用镊子把它们夹住，观察血管的变化，发现血管通往心脏的一头很快膨胀，而另一端很快下沉，发现血是从心脏里向外流出。然后，他用同样的方法，找出静脉血管，用镊子夹住，其结果正好与动脉血管相反，靠近心脏的血管下沉，而远离心脏的另一端鼓胀，静脉血管中的血流向心脏。

为检验和证明循环理论的可靠性，哈维由表及里、深入浅出地描述了人体的皮肤、脂肪、表层肌肉和腹脏器官。经过大量器官解剖实验后，哈维准确认识到心脏是血液循环、身体运转最为重要的器官。了解到人体血液首先由心脏这个"泵"压出来，然后才能从动脉血管流出来，流向身体各处，再从静脉血管中流回去，回到心脏，完成身体的营养供给与代谢循环。为了进一步完善循环理论，提高其科学性，哈维对人体的心脏结构进行了细致研究，用很大的篇幅论述了心脏的结构、运动及心脏和静脉中瓣膜的作用，明确了血液的动力乃是源于心肌的收缩压，指出："心脏的构造证实了血液是经过肺，源源不断地输入主动脉内，好像吸水箱的两个瓣阀。

① Walter Pagel，"William Harvey and the Purpose of Circulation," *Isis*，vol. 42，no. 1，1951，p. 28.
② 张大庆主编《医学史》，北京大学医学出版社，2003，第 70 页。
③ 〔美〕洛伊斯·N. 玛格纳：《医学史》第二版，刘学礼主译，上海人民出版社，2009，第 107 页。

通过结扎法可以证明血液能够由动脉进入静脉，由此证明血液能在一个环内不断地运行是由于心脏的搏动。"①

1616 年，哈维在向公众发表关于血液循环学说的演讲时，为让听众理解他的思路和概念，他将人体心脏比作水泵，指出它是血液运动的原动力，从而在根本上推翻了盖伦关于身体"元气"（灵气）是血液运行动力的谬论。② 通过这个假说，哈维也向公众证明了心脏只不过是一个肌性器官，其重要的运动是收缩，而不是舒张，心脏的搏动是产生血液循环的原动力，从科学角度确切阐明了人体心脏的结构和功能，针对人体最重要的营养代谢过程构建了科学化、可观测的模型。

在历经 20 余年的解剖尤其是心脏解剖的实验后，1628 年，哈维发表了他的代表作《论动物心脏与血液运动的解剖学研究》（*Demotucordis et sanguinis anima libus*），③ 首次向世人全面阐述了心脏和血液循环系统的结构和功能。在该书的第 17 章中，他简要说明了多年的实验成果，确立了血液循环理论："他证明心脏收缩时，血由右心经肺动脉至肺，而由左心入于周身血循环内；在心脏舒张时，血由大静脉输入心房，然后流入心室。"④ 他认为心脏肌内的收缩，是输送血液的动力；而脉搏的产生，是由于血管充血而扩张；两心室间没有什么看不见的通道。具体到血液循环中，右心室排出的血液，经肺动脉、肺脏和肺静脉进入左心室，再由左心室进入主动脉，再送达肢体各部。然后，又从体静脉回到右心室，进行下一次循环。

哈维的理论否定了心脏的心室之间可以流通血液，强调右心室的血液是通过肺循环流到左心室的，并通过定量计算和逻辑分析，证明了人体血液是有限的，只能以循环的方式在体内流动。他证明了动脉是将血液从心脏输出的血管，静脉是将血液输回心脏的血管，且强调这两个血管系统并不是截然分开而是互相联系的，当剖开静脉时，不仅静脉中的血液，而且动脉中的血液也都会流空，反之亦然。

---

① 〔意大利〕阿尔图罗·卡斯蒂廖尼：《医学史》，程之苑、甄橙主译，译林出版社，2013，第 525 页。

② 郭照江：《哈维启示录——纪念哈维发现血液循环 390 周年》，《医学与哲学》2006 年第 8 期。

③ 张大庆主编《医学史》，北京大学医学出版社，2003，第 71 页。

④ 〔意大利〕阿尔图罗·卡斯蒂廖尼：《医学史》，程之苑、甄橙主译，译林出版社，2013，第 525 页。

对于循环的概念，哈维指出："现在让我简单地说明我的血液循环的观点，建议大家予以接受。因为一切，包括辩论和眼见的证据，都表明血由心房与心室的动作流入肺与心，然后输出而分布于全身各部，从而进入静脉和肌肉的孔隙，然后沿着静脉由身体各部趋向中央，由小静脉至大静脉，最后进入腔静脉与右心房，其数量之大，有如涨潮和退潮之由动脉而去，由静脉而返。它不可能为食入之物所供给，且其数量远大于为营养所需要者，因之绝对需要做出这样的结论：动物体内的血是由一个循环圈内被推进流动，且呈川流不息的状态；这是心脏通过搏动而执行其作用或者功能，并且这是心脏运动与收缩的唯一的目的。"①

通过血液循环的理论，哈维对一直以来身体中被视为神秘灵气象征的动脉血液做出了科学解读，并且详细描绘了人体血液循环的基本路径是"静脉 - 右心室 - 肺循环 - 左心室 - 动脉 - 全身 - 静脉"，以此循环往复。这套理论体系的建立，使人正确认识到不仅身体及其部分是运动的，生命本身也是一系列运动循环的集合。而且，在构建理论体系的过程中，哈维也明确指出了心脏与血液之间的关系，破除了亚里士多德以来西方社会盛行的神秘主义心脏崇拜论，将其作为血液科学运行的科学物质主导者进行了理性探析，对人的身体进行了充分详细的科学解析。经过两位著名医生对人类医学发展史重要事件的考察，哈维的血液循环理论被认为是"医学发展史上十大最伟大的科学发现"之首。②

与此同时，哈维提出的理论的实验和验证方式也对后世影响深刻，在哈维那个时代，医生更喜欢观察，而不是测量和计算。因此，哈维提出的来自实验和生理学数据上的争论相当引人注目。这项工作被认为是科学史上的一次革命，可以和牛顿相媲美。为确保血液循环理论的可靠，哈维也使用了物理学领域中的力学归纳等方法进行了许多实验，称量出每次脉搏跳动时的血液重量，这种将数学的证据和精确的计算用之于生物学的研究范式，在医学史上具有极高地位。他的追随者在他的思想和方法的启示下，"建立起了一个全新的实验生理学，促使一批'牛津生理学家'如罗伯特·波义耳、罗伯特·胡克、理查德·洛厄、约翰·梅洛、克里斯托弗·雷恩

① 〔意大利〕阿尔图罗·卡斯蒂廖尼：《医学史》，程之苑、甄橙主译，译林出版社，2013，第527页。

② Meyer Friedman & Gerald W. Friedland, *Medicine's 10 Greatest Discoveries*, New Haven: Yale University Press, 2000, pp. 228 – 229.

等人从事这项新的研究项目，获得了对人体功能更好的理解"。①

三 哈维理论的身体认知学意义

哈维提出的血液循环论奠定了生理学发展的基础，也为生命科学的发展指明了方向。更重要的是，这种理论使得人们准确认识到自己的身体不再具有神秘性，了解到身体的生长代谢和器官功能都是科学化并可被某种规律支配的，从而引起了一场身体认知学层面上的思想革命。具体来看，这种思想革命的意义和影响主要体现在以下几个方面。

一是破除了人们针对身体认知的神秘感和迷信，尤其是身体灵力的迷信。

总体而言，哈维血液循环论对人类社会最重要的贡献就是成功地对盖伦构造并维持千余年的身体灵气论学说进行了颠覆性改造。正如医疗史学者玛格纳所总结的，哈维提出血液循环论的前提是他对盖伦理论的质疑，具体疑问包括两个主要方面："为什么结构相似的左右心室一个管血液，一个管生命灵气，有着不同的功能？……如果说存在两种不同的血液——经静脉从肝脏来的营养血液和经动脉来的管灵气分配的血液——那么为什么这两种血液如此相似呢？"② 此后，尽管动脉血也被认为比静脉血更有"精神气"，也比后者具有更为强大的力量，但它无论如何也不会转变为"空气"或者"灵性"的话语体系了。③

二是推动了人们对于身体认知的升华，抨击了西方社会长久以来的封建专制理论。

在西方文化中，心脏是君权的观念由来已久，这使得人们受到封建君主专制和等级制的约束，让科学界难以突破以心脏为绝对主导的身体神秘主义观念，探寻到促进身体运转代谢的真正源头。在这方面，哈维接受了古典时代亚里士多德的传统观点，在一定程度上承认了心脏在身体中的主

---

① 〔美〕洛伊斯·N. 玛格纳：《医学史》第二版，刘学礼主译，上海人民出版社，2009，第 216~218 页。

② 〔美〕洛伊斯·N. 玛格纳：《医学史》第二版，刘学礼主译，上海人民出版社，2009，第 214~215 页。

③ Walter Pagel, "William Harvey and the Purpose of Circulation," *Isis*, vol. 42, no. 1, 1951, p. 23.

导地位。亚里士多德强调心脏的精神属性："心脏是身体结构逻辑运转的最高形式，围绕心脏的物质流动是一切运动形式的最高等级，万物起始的总体根源。"① 对此，哈维通过科学可观测的血液循环予以了驳斥，使人们认识到血液是可以自我运动的，心脏不过是循环的一个环节而已，破除了人们对身体的心脏崇拜。② 依此类推，哈维的观点也使得与血液相比拟的行星等事物的自我运动成为社会共识，抨击了基督教倡导的某种精神或天使、灵气推动身体和世界发展的观念体系，这是一场伟大的思想革命。从此，人们不再对心脏和动脉等难以细致观测和自由操控的器官产生神秘主义的认识与感情，不再认为灵气是身体运转代谢的基本要素。

在这种观点引领下，欧洲君权神授的专制王权和封建等级秩序遭受到沉重打击。英国最为典型，血液循环论提出不久，就爆发了要求废除专制王权的资产阶级革命。英国之外，欧洲大陆诸如法国等其他专制王权强大的国家和一般君主制的国家都产生了恐慌，刺激了西方国家资产阶级革命时代的到来。从此，那些王公贵族妄图以"灵性"至上的原则去支配人们身体的理论体系受到冲击，人们可以自由地主宰自己的身体，不再受到王权、神权等神秘力量的约束。

三是使得血液在身体中的重要性得到增强。

血液循环论提出后，血液一定程度上取代了心脏，成为身体代谢运转最重要的组成部分。由于血液的可视化以及循环路径的可解读性，这种以经验为基础的关于身体科学运转的结论使得模糊抽象的宗教伦理开始褪去它绝对主导的社会地位，为身体科学化认知的各种观点和理论的提出提供了土壤。欧洲医学界陆续出现了以科学方式解读人体的"物理派"和"化学派"两大派系，这两大派系连同之前一直根深蒂固的身体"灵气说"（也被称为"活力派""生机派"，认为人体内有天然的活动因子可以构筑和消灭疾病）共同构成了西方医学界延续至今的学术传承体系，极大地推动了

---

① Walter Pagel, "William Harvey and the Purpose of Circulation," *Isis*, vol. 42, no. 1, 1951, p. 28.

② 代表性观点主要有：George Basalla, "William Harvey and the Heart as a Pump," *Bulletin of the History of Medicine*, vol. 36, no. 5, 1962, pp. 467 - 470; Charles Webster, "Harvey's Conception of the Heart as a Pump," *Bulletin of the History of Medicine*, vol. 39, no. 6, 1965, pp. 508 - 517.

医疗科学的发展。

此外，有关血液关系和人类灵魂的解读也在欧洲宗教界引起巨大震荡，中世纪的基督教神学认同个体的灵魂不朽，并通过这种不朽的灵魂观点推导出基督教末日救赎的可能性，人体动脉的模糊性解读使得这种不朽有了切实的基础。血液循环论提出后，动脉得到科学解读，可视化的血液也取代了神圣的心脏，身体不再神秘，每一个代谢过程都能得到经验科学的检测，神学上所推崇的身体灵魂不朽的论调越来越站不住脚。后人在推测所谓"精神"时，更多地认为它是建立在物质基础上的，是"简单"的，身体运动和代谢甚至能同植物种子的生长类比相联系。① 这就彻底破除了身体神秘性建构的理论基础。

以血液为基础的身体物质主义联想在英国表现得尤为明显，"血液循环理论奠定了血液在人体中的基础性地位，逐渐地人们开始将灵魂的功能也赋予血液"。1651 年，哈维的好友霍布斯将英文版的圣经《申命记》中的一段话翻译为"'不要吃血，因为血就是灵魂，也就是生命'，且以此来证明灵魂不可能是无形的实体"。与此同时，霍布斯还将人体血液循环系统的科学性予以解读，将它与国家金钱循环系统进行类比，认为血液借助身体各部分得以循环和滋养，因此货币流通也是政治机体的灵魂。②

四是促使人们认识到身体机能和器官结构彼此紧密的联系，阐明了身体的整体合一性。

通过对血液循环的解读，哈维认为"如果什么东西（自然）在某个部分上显示出较多或隐晦的特性，那么它也能够解释另一部分的更多更全面清晰的特征"。③ 这种认识合理地解释了当时医生们诊断到的人体局部中毒、蛇伤和感染何以扩散至全身的问题，也使得静脉注射药物成为全身性疾病的治疗手段，为以后输血理论的提出和发展奠定基础。对此，系统整理、编纂哈维各类著作与重要评论性文字的学者在总结审阅哈维 700 余页的原创作品后，于导言中指出，"哈维在历史上的伟大之处毫无疑问地在于他发现

---

① Walter Pagel, "William Harvey and the Purpose of Circulation," *Isis*, vol. 42, no. 1, 1951, p. 32.

② 李勇：《论血液循环理论的社会意义》，《华中科技大学学报》（社会科学版）2016 年第 6 期。

③ Michael H. Shank, "From Galen's Ureters to Harvey's Veins," *Journal of the History of Biology*, vol. 18, no. 3, 1985, p. 331.

了血液循环的奥秘。但是，同样重要的是，他对身体、生命演进与发展规律也做了阐明"。①

五是推动促成了欧陆理性主义和英美经验主义哲学分界线的最终确立。

哈维的经验主义和笛卡尔的身心二元论一直被视为以理性实验、经验主义导向为首要机理的英美分析哲学和以非理性思辨、意志主义为导向的欧陆思辨哲学的分界线，这在哈维与笛卡尔有关血液循环中大脑与心脏的作用和定位的理论中可以见到雏形。哈维提出的血液循环论将大脑、心脏等机体的运动完全基于科学的归纳，将意志、灵性和精神归属于血液科学有序循环的概念体系中，认为无论人的肉体还是精神，都是源于物质构成，都是可以探测观察的，都能用理性方法进行科学分析和解读。而笛卡尔则强调心脏与大脑运动的自觉性与灵性化，认为一种有意识的精神力量引导着心脏与大脑的运动，进而倡导肉体从属于精神，构建出身心二元论体系。②

一般认为，比较典型的凭借经验作为知识来源和标准的经验主义哲学发端于英国，其代表人物是培根、霍布斯、洛克、贝克莱和休谟等人，他们都被称为经验主义者；而将抽象的理性作为知识来源和标准的哲学思想被称为唯理论。两者形成了近代哲学的主要精神思潮。③ 这两种哲学精神也使得西方文化呈现出不同风格的面貌，催生了经验主义写实的创作模式与唯理论魔幻意志主义写作理念。其中，哈维对经验主义哲学思潮的产生起到了很大的促进作用，被视为经验主义哲学思想奠基人的培根就借用了哈维重视实验、归纳观测数据等思想理念，两人也是很好的朋友。和英国不同，在欧洲大陆尤其是法国，传统基督教观念的影响比英国更为强大，教会不愿意让人们完全用经验的方式思考世界，因此保留超越肉体的"理性"天赋，将肉体和精神分开看待，并通过笛卡尔的身心二元论凸显了理性的崇高地位。后来，经过莱布尼茨、沃尔夫、叔本华和尼采等哲学家的深入阐述，这种唯理论的哲学思辨逐渐上升为意志主义的高度，它完全脱离了

---

① William Harvey（作者），Arthur C. Guyton（导言），Robert Willis（译者），*The Works of William Harvey*，Pennsylvania：University of Pennsylvania Press，1989，p. 4.

② See Geoffrey Gorham，"Mind-Body Dualism and the Harvey-Descartes Controversy，"*Journal of the History of Ideas*，vol. 55，no. 2，1994，pp. 211－234.

③ 〔美〕弗兰克·梯利：《西方哲学史》（增补修订版），贾辰阳、解本远译，光明日报出版社，2014，第258～260页。

可用实验方式观测探究的现实主义表象世界，而去盲目追求一种超越肉体的抽象化意志世界。这种罔顾现实世界实体生命运行的客观规律，盲目追求抽象的精神感悟的现象可以追溯到哈维时代，它源于人们对于身体灵性的神秘性想象。

六是从宗教文化学的角度来看，哈维理论也映射并促进了基督教文化与科学发展的互动。自中世纪罗马帝国崩溃以来，基督教是欧洲维护社会秩序和民心稳定的根本性思想体系，宗教思想对知识分子和科学家的影响巨大，而在哈维那个年代，发端于德国并波及英国的宗教改革已经基本结束，欧洲各国都确立了适合本民族发展需要的宗教信仰，教会对人们的思想束缚大大减小，个人可以独立于教会，自由地使用理性和智慧，探讨万事万物的运行规则。

在此社会背景下，哈维虽然通过实验方式提出了经验主义科学化的身体认识构想，但他并未放弃基督教信仰，思想观念也未脱离基督教理论体系，反而是将他的科学认知完美地融入原有的基督教信仰中。有学者在仔细研究了哈维思想中的神秘主义色彩后，强调哈维一直对基督教的天堂哲学怀有浓厚兴趣，而亚里士多德的星相学理念的影响也在一定程度上促成了哈维对俗世科学规律与上帝天堂哲学的融合性解读，"在人间俗世领域的任何改变，都能够追溯到抽象的天国领域中去，找到确切的证据痕迹"。[1]哈维的做法启示了包括牛顿在内的后世许多科学家，使得他们都在不违背基督教基本信仰原则的情况下实现了各自领域里的"科学革命"。值得注意的是，基督教在这种科学革命的进程中也扮演了重要角色。宗教改革后，欧洲基督教开始重视人的理性潜能，承认理性推理可以作为知识来源，这对于科学发展意义重大。在哈维及之后的牛顿时代，基督教的理性主义文化特征有效保障了西方科学的持续进步。对此，有学者指出，基督教是西方近现代科学持续进步与发展的重要源头，因为基督教内在的诸如创世观念、自然法原则等理念不仅为科学活动提供了关键契机，也为自然科学的发展赋予了社会正当性。[2]

因此，哈维理论的提出不仅具有深刻的生理学意义，也预示着一场思想革命的到来。它蕴含着深刻的政治、经济、观念、社会、宗教与文化学

---

① Andrew Gregory, "William Harvey, Aristotle and Astrology," *British Journal for the History of Science*, vol. 47, no. 2, 2014, p. 203.

② 参见〔澳〕彼得·哈里森《科学与宗教的领地》，张卜天译，商务印书馆，2016。

意义，也显示出 16 世纪宗教改革后欧洲基督教理性主义和世俗科学发展的关联与互动性。研究和探讨哈维的血液循环论思想，也应关注其思想产生的特定社会文化背景。唯有如此，方能真正理解哈维理论的文化内涵。

结　语

从很早开始，血液就被认为是生命之源，可能是四种体液中最重要的一种。人们认识到血液能滋养人体，当它产生紊乱时会引起炎症和发热。① 但之后，人们对于心脏和动脉灵力的崇拜使得身体认知被神秘主义的话语所缠绕，血液的重要性也被心脏取代。哈维提出的血液循环论思想则让民众重新树立起血液对身体存在的主导性意义，使人们理解了血液的循环流动是生命运动的前提，阐明了人的身体运动代谢是各个器官在血液循环流动过程中，遵守可探测的科学准则，按照某种特定规律进行机械式运转的结果。

哈维的理论阐述不仅具有巨大的科学价值，标志着生命科学发展的新纪元，同时也对人的身体认知发展做出了卓越贡献，尤其对于人类破除宗教迷信与封建专制的等级制度贡献甚大，也给后来科学家们正确认识身体结构，探索身体的科学运行奠定了理论基础。从历史与社会文化发展的角度看，哈维的理论也彻底摧毁了盖伦所建构的影响医学发展千余年的身体灵性化理论，指引民众遵照理性推理构建出合理准确的身体运行模式，也促使推崇理性的基督教文化界与重视实验的世俗科学界都建立起符合自然规律的身体认知体系。

哈维之后，西方医学的发展虽然也有"生机论""磁力论""活力论"等身体神秘主义思想，但最终都归为以血液为研究导向的身体科学探查中。尤其是 19 世纪显微镜得到大幅改进以后，人体血液的细胞等微观物质能够被精准观测，人们对身体结构的认知更为深入，使得细胞、染色体、蛋白质、DNA、分子、基因等身体认知话语体系日渐成型，开启了人类利用血液等各种微观身体要素征服疾病的伟大征程。1901 年，贝林通过离析血液进而开创的血清疗法因为"开辟了针对疾病和死亡的有效武器"而荣获了首

---

① 〔英〕罗伊·波特：《剑桥插图医学史》，张大庆主译，山东画报出版社，2007，第 99 页。

届诺贝尔医学奖。[①] 在现代医学界，科学家们更是深入研究了身体内的血液及细胞、蛋白质、基因等各种微观物质，他们利用哈维的实验方法，不断总结出能反映出微观物质如何在身体内科学运转的客观规律，以此来控制疾病，救治病人，保障卫生。随着时代的发展，人们的身体认知还将在哈维提供的理论体系和实验方法导向下，继续发展与完善。

需要注意的是，虽然有关身体的科学话语体系在西方医学界得以确立，但从文学、艺术、思想等角度看，身体尤其是血液的神秘性仍然得到西方文化的尊崇。比如，在 19 世纪末以及 20 世纪初，西方文化中频频使用吸血鬼等与血液相关的隐喻，来构建信仰、文化、伦理与科学、政治、文明的冲突联系。[②] 因此，在西方文化中，有关身体认知的话语在思想、艺术与文化学领域还是存有一定的神秘主义色彩的。但是，在西方科学尤其是医学界，由于哈维理论的提出，人们已经完全突破了盖伦及基督教思想理论体系的束缚，科学、艺术与文学不再像文艺复兴时期那样掺杂、融合，而是有了极为细致的区分，实现了科学与艺术的划界，让人们对身体的认知脱离了文学、哲学的迷思玄妙，步入实践可控的科学化道路，这是西方文化与思想的一大进步。

---

① 〔美〕洛伊斯·N. 玛格纳：《医学史》第二版，刘学礼主译，上海人民出版社，2009，第 485～487 页。

② See Sara Libby Robinson, *Blood Will Tell: Blood and Vampires as Metaphors in the Political and Popular Cultures of Great Britain, France, Germany, and the United States, 1870 – 1914*, PH. D. Dissertation, Brandeis University, May 2008.

被医学分割的身体："躯体化"概念的问题和启示

陈子晨[*]

摘要 精神障碍的"躯体化"是指心理冲突受到压抑，转化为身体痛苦表达出来的一种现象。在身心二元医学观下，很多医学无法解释的身体病痛被诊断为躯体化，而患者的痛苦也被认为只是一种心理上的想象。"躯体化"这一概念的产生和发展反映了现代实验医学观念对身体的规训。其中，那些无法被分类到现有诊断标准中的身体感受遭到医学的否定，失去了作为躯体疾病主诉的合法性，转而被抛入"精神障碍"的范畴中。

关键词 躯体化 精神障碍 医学文化

Abstract The somatization of mental disorders refers to the phenomenon that repressed psychological conflicts transformed into physical pain. In the body-mind dualism of medicine, many medical unexplained physical illnesses are diagnosed as somatization, while the patients'sufferings are considered as just psychological imaginations. The birth and development of somatization reflects the discipline of modern experimental medicine on the body. The body feelings that cannot be classified into existing diagnostic standards are denied by medicine, lost the legitimacy of being physical complaints, instead of being thrown into the category of mental disorders.

Key words somatization psychiatry mental disorder medical culture

---

* 陈子晨，博士，南开大学周恩来政府管理学院社会心理学系讲师，主要研究社会心理学、文化心理学与精神医学史。

一　精神医学中的"躯体化"

躯体化（somatization），或"心理问题的躯体化"，在精神医学中指一种特殊的精神问题反应倾向，即当个体经历严重的个人或社会问题时，以身体的痛苦体验代替心理痛苦来进行表达和求医。在现实中，躯体化症状广泛出现在多种精神障碍中，比如，"神经衰弱"就是一种以躯体化为核心症状的典型精神障碍，而某些抑郁症、焦虑症个案中出现的头痛、胸闷等生理病诉也属于躯体化症状。在临床实践中，躯体化不仅给患者带来病痛，其诊断本身也引发了各种问题，比如医疗应对上的困境。患者就诊时往往以头痛、耳鸣、失眠、心慌、胸闷、慢性疼痛等躯体痛苦为主诉，但在对应科室的检查中却无法发现器质性问题，因此这种症状也被称为"医学无法解释症状"（medical unexplained symptoms，以下简称 MUS）。患者通常坚持自己具有躯体疾病，认为只是医生还没有检查出来。他们为了得到明确的"说法"和医学的承认，而不断转科室进行各种检查，遭受了不必要的经济损失，同时也给医疗系统造成了巨大的资源浪费。"躯体化"由此成为精神医学界的一大难题。

（一）"躯体化"概念的含义

躯体化概念是随西方实验医学的临床实践发展起来的。最早将属于躯体化障碍的这一组症状视为一种综合征的是奥地利精神治疗师斯泰克尔（Wilhelm Stekel）。1924 年，他用一个自创的德文词 organsprache 来命名一种"情感状态转换为躯体症状的现象"①。而英文译者采用了 somatization 这个英文词来称呼这种以躯体性症状表达精神状态的倾向。其后很长一段时间中，躯体化主要被当作一种心理障碍的附属症状。1980 年，美国精神病学会修订《精神疾病诊断统计手册》（第三版）（*Diagnostic and Statistical Manual of Mental Disorders*, *Third Edition*，以下简称 DSM - Ⅲ）时，将这一类症状归入精神疾病目录中，正式统一称其为躯体化障碍，并加入以躯体痛苦为主的精神障碍合并为一个大类，即躯体形式障碍（somatoform disor-

---

① Wilhelm Stekel, *Peculiarities of Behaviour* (Vols. 1 - 2), London：Williams and Norgate, 1924, p. 341.

ders）①。此后，DSM－Ⅲ这一诊断分类也开始被各类其他疾病诊断手册所采用。现在，"躯体化"一词有时是指心理冲突转化为躯体痛苦的特殊反应倾向；有时是泛指各类精神障碍中伴发的躯体痛苦；有时又可以指一种独立的精神障碍类别，即以医学无法解释的躯体症状为核心的"躯体化障碍"。病理和病因的不明确导致这个概念自诞生起就面对较大的争议，综合各个角度的解释，躯体化现象的核心特征基本可以总结为两点：第一，原因不明、"无法解释"的慢性躯体病痛；第二，其病因中往往包括心理困扰和社会因素。在各种不同的文化群体、社会和时代背景下，这种现象的具体症状表征可能不同，却是普遍存在的。也就是说，各个时代、不同医学体系中的医生可能都会在临床实践中遇到具有和心理社会因素相关的复杂躯体症状主诉的病人。

（二）医学文化视角下的躯体化研究

在医学文化的视角下，躯体化具有更复杂的意义。躯体化现象虽然普遍存在，但在不同文化、族群之间存在差异，且主要体现为非西方社会的躯体化报告率高于西方社会②。以往研究发现，躯体化倾向的文化性一部分源于心理应激和情绪表达上的差异。在多个非西方文化中，情绪表达具有明显的躯体性③。对中国人进行的直观观察和实验研究也显示，中国人似乎很少直接表达情感，在汉语言中很多时候不对情感或身体反应做出明确的划分④。另外，针对症状和诊断结构的文化对比研究也指出，不同文化在心理应激和表达情绪苦痛的机制上可能存在差异⑤。

对此，研究者提出了不同的解释。第一，按照精神分析学派的理论路线，认为"躯体化"是一种特殊的防御机制，非西方民族的躯体化倾向被

---

① American Psychiatric Association, *Diagnostic and Statistical Manual of Mental Disorders*, *Third Edition*, Washington, DC: American Psychiatric Association, 1980, pp. 241－244.

② 参见汪新建、吕小康《躯体与心理疾病：躯体化问题的跨文化视角》，《南京师范大学学报》（社会科学版）2010 年第 6 期。

③ Uriel Halbreich, et al., "Culturally-Sensitive Complaints of Depressions and Anxieties in Women," *Journal of Affective Disorders*, Vol. 102, No. 1, 2007, pp. 159－176.

④ 皇甫杰：《情感性精神障碍的躯体化——东西方文化的比较研究》，博士学位论文，天津医科大学，2006。

⑤ Weining C. Chang, "A Cross-Cultural Study of Depressive Symptomology," *Culture*, *Medicine and Psychiatry*, Vol. 9, No. 3, 1985, pp. 295－317.

认为是整体心理发展不够"现代化"①。第二，基尔迈尔（Laurence J. Kirmayer）的躯体化－心理化模型提出的疾病归因模型认为躯体化和心理化是两种不同类型的心理疾病归因方式或风格，不同文化的患者对自身症状的注意程度不同，由此甚至可能产生根本不同的病痛体验②。第三，凯博文（Arthur Kleinman）的医学人类学理论则用"疾病习语"来解释躯体化的文化差异，认为躯体化文化差异的关键不只在于个体的反应，还和社会文化具有重大关系③。凯博文于 1980 年对湖南医学院第二附属医院精神科就诊的 100 个被诊断为神经衰弱的病人进行了访谈，发现根据 DSM－Ⅲ的标准，其中有 87 人完全可以被诊断为具有躯体化症状的抑郁症。但是在当时中国的医疗环境中，很少有人以精神症状为主报告自己的病症，相反更多地报告身体症状④。多数非西方的传统社会不像经历了现代化进程的西方人那样习惯于"心理化"的表达方式。在中国社会，精神障碍曾被污名化，人们"选择性地表达精神－生理症状中的生理部分，同时否认和压制精神性症状"⑤。受此影响，很多本土学者也力图重新审视躯体化概念，将其视为一种经文化形成、受文化影响、具有文化含义的现象，寻求各自的本土文化中对这一表达方式的合理化解释⑥。

（三）躯体化概念在医疗实践中面临的问题

躯体化概念的种种问题已经造成了医疗诊断和治疗实践上的许多困境。从患者个体的角度来说，"躯体化"只是意味着一些患者求医之后不能被一般医学原因所解释的躯体痛苦体验。很多患者在临床实践中被贴上了"问题病人"的标签，因为他们不断求医，病痛却不见好转。其身体主诉无法得到医生的认可，而是被认定为是心理问题造成的"不真实"的病痛。一

---

① Gregory E. Simon, et al., "An International Study of the Relation between Somatic Symptoms and Depression," *New England Journal of Medicine*, Vol. 341, No. 18, 1999, pp. 1329 – 1335.

② Laurence J. Kirmayer & Norman Sartorius, "Cultural Models and Somatic Syndromes," *Psychosomatic Medicine*, Vol. 69, No. 9, 2007, pp. 832 – 840.

③ 〔美〕凯博文：《苦痛和疾病的社会根源——现代中国的抑郁、神经衰弱和病痛》，郭金华译，上海三联书店，2008，第 93 页。

④ 〔美〕凯博文：《苦痛和疾病的社会根源——现代中国的抑郁、神经衰弱和病痛》，郭金华译，上海三联书店，2008，第 84～85 页。

⑤ 〔美〕凯博文：《苦痛和疾病的社会根源——现代中国的抑郁、神经衰弱和病痛》，郭金华译，上海三联书店，2008，第 152 页。

⑥ 缪绍疆、赵旭东：《疼痛表达与中国人表达的躯体化》，《医学社会学》2008 年第 3 期。

项针对综合医院心理咨询门诊 853 名患者的调查研究显示，这些人都曾在普通医学内科求诊，平均次数为 2.5 次。由于普通内科不能解释他们的问题，患者才被迫转向心理门诊，但他们实际上并不认同自己的病症是纯粹的"心理问题"①。

实际上，不只是中国的躯体化患者面临这样的问题，"英国和美国的医疗系统也是这么看待他们的慢性疼痛患者的"②。他们在各个器质性疾病的专科寻求有针对性的治疗，但效果不佳，最终被"打发"到自己不愿接受的精神科。即便是在欧美国家中，真正能够"正确归因"的所谓"心理化"患者也比较罕见，而躯体化表达却更为流行。基尔迈尔在西雅图两家普通医院的一项研究发现，所调查的患者中只有 7% 的人可以归为"心理化患者"，而 53% 的患者在反应倾向上更偏向"躯体化"③。一个大型的美国社区流行病学调查则发现，4%～20% 的受访者在一个时期内至少遭受四种躯体性症状的困扰④。而这些躯体症状大多没有得到合适的诊断和干预。

为什么躯体化患者的痛苦和病诉显得如此"无处安置"？表面看起来，中国患者难以接受自己具有"心理障碍"或得了"精神疾病"是因为中西方社会和文化的差异。但仔细考察"躯体化"的解释模式就会发现，躯体化问题的根源不仅在于社会文化差异，还关系到"躯体化"概念本身在西方实验医学解释体系中的内在矛盾。在"躯体化"概念背后，隐含着一条影响更加深远的脉络，即身心二元医学观对身体体验的规训。

二　"躯体化"解释模式的问题

躯体化概念的吊诡之处在于，它所指称的明明是一些身体的感受和体验，但其隐含的意义却将这些经验归类为精神的问题。这种矛盾正是来自躯体化解释模式的医学方法论背景。虽然躯体化属于精神病学和心理学领

---

① 陈建华、周淑荣：《综合医院心理咨询门诊中精神障碍患者的躯体主诉》，《中国心理卫生杂志》1995 年第 3 期。

② 〔美〕凯博文：《苦痛和疾病的社会根源——现代中国的抑郁、神经衰弱和病痛》，郭金华译，上海三联书店，2008，第 101 页。

③ Laurence J. Kirmayer, et al. , "Somatization and The Recognition of Depression and Anxiety in Primary Care," *American Journal of Psychiatry*, Vol. 150, No. 5, 1993, pp. 734 – 741.

④ Javier I. Escobar, et al. , "Somatisation Disorder in Primary Care," *British Journal of Psychiatry*, Vol. 173, No. 3, 1998, pp. 262 – 266.

域，但其定义和解释的过程都无法离开实验医学的基本观念。在被认定为"躯体化"的个案中，患者最初其实是以"身体的病痛"为主诉进入医学专业的视野，医生应该首先以普通医学而非精神医学的方式来进行诊断。那么在什么情况下，医生最终反而断言患者的症状是"躯体化"？换句话说，即认定患者身体上不存在疾病，他所感受到的病痛"都在脑子里"。要理解这个过程，首先必须了解医学诊断通常用哪些方式做出，其后则要分析"躯体化"的诊断属于其中的哪一种。

（一）医学诊断的两种模式

医学诊断实际上就是医生对病痛体验的解释，从这个角度说，诊断可以分为两种不同的解释模式：一种是临床（综合征）诊断，另一种是病因学诊断。临床诊断，或称"综合征诊断"，是古今中外的医学一贯使用的方法，其主要过程是询问患者的病史和症状，做身体检查，然后判断得出的临床结果属于哪种已知的模式。这些已知的模式就是所谓"临床综合征"。在精神病学领域，大部分诊断都是临床综合征诊断。当 APA 修订 DSM - Ⅲ及其后的诊断标准时，也采取了这种思路，在描述中回避对障碍原因的思考，而更着重对患者的症状和临床表现做出清晰的描述①。不只是名称中带有综合征的疾病诊断属于此类诊断，所有主要凭症状和体征的组合来确定患者病痛分类的诊断方法都可以归于临床综合征类型的诊断。当医生做出临床综合征的诊断时，实际上是在表达如下意义：由患者报告的病痛体验或症状，以及由医生观察到的临床表征组成了一种具有特异性的疾病表现，而这种组合符合某种已知的非随机模式。不过，临床综合征的识别不一定意味着相应的病因学解释。例如，天花很早就存在于人类社会，被不少古代文明认知为一种"综合征"；作为预防手段的人痘接种在明朝时就已经存在，1796 年牛痘接种方法也被开发出来。而这些都远早于疾病微生物学的出现，当然更早于痘科病毒的发现。

另一种实验医学所依赖的诊断方式则是病因学诊断：如果通过医学检验发现在患者身上具有某种已知可导致其症状的病因，就可以直接确定其病痛的来源和机制，由此给出相应的诊断。虽然病因学诊断在很多医学分

---

① 参见 Rick Mayes & Allen V. Horwitz, "DSM - Ⅲ and the Revolution in the Classification of Mental Illness," *Journal of the History of the Behavioral Sciences*, Vol. 41, No. 3, 2005, pp. 249 - 267.

支中都是非常重要的，但比临床综合征诊断更难做到，因为通常来说证明作为本质的原因比识别作为表象的特定模式更加困难。在还没有发现相应的病因之前，很多现在以病因学诊断的疾病都是以临床综合征的模式存在的。因为要确立一种临床综合征，需要的只是其所包含的症状和临床表现不随机地同时出现，而且诊断概念具有一定的科学或临床效用。病因学诊断合法化的条件比临床综合征要严格得多，必须有足够可信的科学证据来建立足够可信的因果联系才行。例如，1866 年英国医生唐（John Langdon Down）首次对一种特殊的儿童"精神残疾"的典型症状进行了完整的描述，比如患儿相似的面部特征、智力发育迟滞等。而直到 1959 年遗传学的发展才最终证实以其名字命名的"唐氏综合征"是由 21 号染色体异常而导致，因此现在也称为"21 - 三体综合征"。病因学诊断的延伸则是实验室诊断，它是由 19 世纪后期显微技术的发展所带来的一种新诊断方法，通过实验室发现的病理学证据来确定病因学诊断所需要的因果关系。比如，分析化学让医生有可能确认身体中化学物质的排布，而医学影像技术则让医生能够直接观测活体结构的活动。实验室检测技术的发展推进了医学对疾病机制的理解，用更具确定性的方法提供因果证据。

（二）躯体化的诊断问题

在上述两种医学诊断模式中，"躯体化"的诊断属于哪种呢？如果按照现行诊断标准的描述方式看，躯体化和精神病学领域的大部分障碍一样，都属于临床综合征模式。但问题在于，各个版本的"躯体化"诊断实际上都没有列出非随机的特异性症状组合，相反几乎可以包括任何"医学无法解释"的神经学或普通医学状况。例如，DSM - Ⅲ 首次正式提出的躯体化诊断标准中共列出了 37 种症状，从吞咽困难、失声到背痛、关节痛，几乎涵盖了所有生理系统的痛苦。而要达到躯体化的诊断标准，要求患者具有这 37 种症状中的任意 14 种（女性）或 12 种（男性）[①]。结果被诊断为躯体化的患者实际上具有千差万别的症状组合。某个患者可能长期受不明原因的慢性消化道痛苦折磨，另一个患者可能以医学无法解释的偏头痛顽疾为主诉，但只要他们在起病时间和病程上符合一定的要求，也许都可以被诊

---

① American Psychiatric Association, *Diagnostic and Statistical Manual of Mental Disorders*, *Third Edition*, Washington, DC: American Psychiatric Association, 1980, pp. 243 – 244.

断为"躯体化"。正因为症状和临床表现不能对应某个特定的非随机临床综合征模式，"躯体化"也就称不上是严格的综合征诊断。

那么，躯体化是否属于病因学诊断？从表面上看，"躯体化"一词指的是被压抑的心理冲突传化为躯体痛苦，是对于症状原因和患病机制的描述，所以用这个名字来定义的诊断似乎应该属于"病因学诊断"。但它与典型的病因学诊断也有不同之处。首先，病因学诊断并不是无法做出临床诊断时的一种后备选择。由于需要证据支持的因果联系，病因学诊断在科学合法性的阶梯上可能还要高于临床综合征诊断。而躯体化所默认的病因机制，即心理能量的转化实际上只是精神动力学派的一种假说，并没有得到实证证据的支持。其次，如果一个医生做出躯体化的诊断，并认为其属于病因学判断，随之就要确定是否能够通过已知的干预手段激发或消除症状。问题恰恰在于，躯体化的定义中没有要求严格的因果证据，也就是说躯体化现象几乎能够和患者的任何过往经历或社会心理背景建立联系。最后，如果想要使用病因学方法，医生或研究人员就必须为假设的病因和相关症状提供清晰的操作性定义，否则无法进行科学的验证。但是，心理能量的转换理论或躯体化概念从诞生之初，就几乎没有任何严格的操作性定义，这就导致无法实行能够证明因果联系的研究。

躯体化既达不到临床诊断的标准，也不具备病因学诊断的条件，它仅有的一个具有诊断意义的标准就是"医学无法解释症状"（MUS）。躯体化诊断最常见的依据实际上就是这种"排除诊断"，即没有其他医学原因可以解释患者的症状，因此它只能是"躯体化"。而使用 MUS 作为唯一核心的诊断标准，恰恰是躯体化概念引发医学实践问题的一个直接因素。首先，将患者的身体主诉明确划分为 MUS 即使对专家来说也相当困难。已有研究发现，很多医生对症状是否可进行医学解释的判断经常随时间发展反复变化[1]。其次，证据显示躯体形式障碍的患者会表现出一定的记忆偏差，在疾病主诉中可能会报告更多的躯体症状[2]。最后，MUS 和普通医学病痛在导致损伤或失能程度上似乎不存在特别明显的区别，甚至可能比医学可解释的

①　Alexander C. Mcfarlane, et al., "The Conundrum of Medically Unexplained Symptoms: Questions to Consider," Psychosomatics, Vol. 49, No. 5, 2008, pp. 369 – 377.

②　Alexandra Martin, et al., "Memory Bias for Health-Related Information in Somatoform Disorders," Journal of Psychosomatic Research, Vol. 63, No. 6, 2007, pp. 663 – 671.

同类症状更严重①。可是一旦被划分为 MUS，患者将被归入精神障碍人群，其躯体主诉可能得不到有效的处置。躯体化的诊断模式由此就妨碍了对部分患者躯体主诉的诊断和治疗。

在目前的临床医学系统中，大多数主诉是 MUS 的躯体化患者其实完全可以得到普通医学的解释：比如纤维肌痛、肠易激综合征、神经性胃炎……这些诊断能够被患者接受，医生也能对症状进行处理。而主诉躯体症状的精神障碍，比如"躯体化"等概念，对于非精神科医生来说，适应性和合法性可能还不如上述各类功能综合征。因此，除非躯体化中的心理因素能够得到确实的科学证明，医生完全可以避免将这些"医学无法解释症状"归于心理原因。例如，某个患者可能符合某种医学诊断的标准，但同时也能够符合精神科躯体化类型诊断的标准。在这种情况下，如何决定他到底属于"心理问题"还是"身体问题"？由此可见，不通过医学的方法来决定躯体化的存在可能会导致诊断分类丧失区分意义。而离开这条标准，仅仅靠具有心身特征的躯体症状根本不足以支持一种精神障碍的诊断。

"躯体化"的解释模式是西方实验医学和精神医学的产物，但它作为一种诊断的地位却颇为尴尬，夹在普通医学和精神医学之间，既缺乏实用性，又缺乏科学上的合法性。"躯体化"现象的心理解释模式本身具有难以化解的缺陷：它和确立它合法性的科学土壤实际上是不相容的。"躯体化"概念在精神医学和普通医学之间摇摆不定的位置恰恰是其合法性危机的根源。但这种划分为何会在躯体化概念上产生如此明显的问题？其原因关系到实验医学的一个基本观念——身心二元主义。而在这种观念背后还隐含着一条更深层的脉络，即科学主义的实验医学范式对身体感受的规训。

三　实验医学对身体空间的划分

在身心二元医学观下，很多医学无法解释的身体病痛被诊断为躯体化，而患者的痛苦也被认为只是一种心理上的想象。那些无法被分类到现有诊断标准中的身体感受遭到医学的否定，失去了作为躯体疾病主诉的合法性，转而被抛入"躯体化"这个精神障碍的范畴中。对于患者来说，他们身体

---

① Ashley M. Harris, et al., "Somatization Increases Disability Independent of Comorbidity," *Journal of General Internal Medicine*, Vol. 24, No. 2, 2009, pp. 155 – 161.

上的疼痛感受是真实的；但对于医生来说，心理原因和不存在的器质性证据却在暗示这些患者的疼痛只是一种"错觉"。症状性质认识上的不一致在医患之间产生了一种张力，同时，"虚假症状"的暗示对患者似乎也形成了一种潜在的指责，这让"躯体化"一词给患者带来了更深的焦虑。

（一）躯体化的核心矛盾：身心二元主义医学观

躯体化问题的根源实际上在于西方实验医学的基本认识之一，即机械的身心二元论，以及与其相关的普通医学和精神医学的二元分裂。与传统医学不同，实验医学体现出了更明显的对个人身体体验的分割。个体身心被实验思维所对象化，身体与心灵不再像传统医学中那样只是功能上的区别，而是在本质上属于两个系统。被客体化的身体获得了机器的隐喻，而疾病就是"机器抛锚、燃料缺乏或者摩擦过多引起的机械故障"[1]。身体作为剥除心灵的"机器"成为专属于医学的领域。

脱胎于普通医学的精神医学在人类心灵的问题上也在追求一样的科学化，即希望将心灵也客体化为一种类似生理系统，可以被分类和解析的"机器"。当"心灵"逐渐变为"心理"后，它就丧失了原本具有的文化、道德和伦理意蕴，而变成一种客观存在的疾病。与此同时，精神医学又不愿像长久以来的存在一样，只作为普通医学的一章，因此它强调心理或精神疾病是独立的实体，而不是生理疾病（比如脑病或神经疾病）的"附带症状"。这样的两重追求就为 18 世纪建立的精神医学赋予了独特的视域：一方面，它利用了实验医学的思维模式，将曾作为一种文化现象的"疯狂"纳入医学性质的专业知识体系，"使得非理性的力量消失无踪"[2]，转变为各类需要被解救的"心智疾病"，也在普通医学的领域之外为自己找到了一大块领地；另一方面，为了这块领域的独立性，它在临床实践方法上却又不愿意用实验医学的生物性路径解释精神疾病，而是依赖于各种未经实证验证的心理理论（比如躯体化所基于的传化理论），这使它"在实务手法上具有浓厚的神秘性"[3]。

在大部分精神障碍中，二元划分的精神医学和普通医学并没有造成太

---

[1] 〔美〕罗伊·波特主编《剑桥插图医学史》，张大庆等译，山东画报出版社，2007，第 59 页。

[2] 〔法〕米歇尔·福柯：《古典时代疯狂史》，林志明译，三联书店，2005，第 704 页。

[3] 〔法〕米歇尔·福柯：《古典时代疯狂史》，林志明译，三联书店，2005，第 705 页。

多的问题，但在躯体化问题上两者却产生了"龃龉"。这是因为躯体化概念具有内在的矛盾，它在科学体系内的合法性要依赖二元主义的分野，但本质上却在跨越身心二元的界限，使用心理化的解释模式去定义不完全属于心理和精神领域的现象。精神医学界在越来越积极地应用躯体化的解释模式时，不知不觉地侵入了普通医学的领域，试图用心理原因来解释属于普通医学的"肠胃功能障碍""头痛综合征"等不同的功能性综合征。

问题在于，虽然"躯体化"的概念试图跨越身心二元界限，实际上却没有"能力"做到这一点。因为医学"暂时"无法对某些身体状况进行完全的解释，所以才让心理解释找到了空间。在心理动力学说兴盛之时，躯体化是一种时髦的理论，可以用来解释某些普通医学感到棘手的躯体痛苦。随着实践的发展，躯体化的概念如同一种万灵药，一旦身体的痛苦找不到原因，就能用它一言蔽之。但自始至终，其假设的病理都没有获得足够的证据支持。躯体化最终能够被医学领域接受的标准只剩下用来排除的"医学无法解释"。为了挽救这种不受欢迎的精神疾病分类，2013 年，DSM 第五版对躯体化类障碍的诊断标准进行了进一步修改。新的分类标准试图去除躯体症状必须"医学无法解释"的要求，但这实际上进一步扩大了精神障碍的范围，使其占据了普通医学的领域，被批评可能导致"将相当大一部分人误诊为精神疾患"[1]。因此，正是躯体化概念自身的矛盾决定了它在诊疗实践中遭遇的困难。但这又引出了一个更深层的问题：为何在实验医学系统中，一定要对症状属于精神医学还是普通医学进行如此明确的划分？

（二）实验医学观念和被分割的身体

所有医学观念的基础首先都涉及人类如何认识生命和自己的身体。对人类来说，自己的身体是在认知发展过程中最先接触和认识的事物之一，也是最直接的可以用来定义自我存在的事物，因此对人类自我意识的形成起着重要作用。身体的健康和活性意味着自我的存在，而身体的生病和死亡则意味着自我的消亡。身体也是人类自身与外部世界联系的桥梁，在人类的认识过程中扮演重要角色。早期人类对外部世界的探索几乎全部依赖于自己身体直接的接触和感受。因此，身体观可以说是其他很多文化观念

---

① Allen Frances, "The New Somatic Symptom Disorder in DSM – 5 Risks Mislabeling Many People as Mentally Ⅲ," *BMJ: British Medical Journal*, Vol. 346, 2013, p. f1580.

的一种"基底"和背景性的存在，其中也包括医学的观念。医学的产生来自对身体特殊状态的认识。当身体上产生了非正常的，一般是痛苦的体验时，也就是说出现了所谓"躯体症状"时，就产生了对"什么是疾病"的认识问题。在出现病痛体验之后，人们又一定会想办法祛除痛苦，由此也就促成了医疗活动和医药等概念的出现。在这个意义上，医学视野下的身体是一个处于未定状态、有待解释的认识对象。病痛的解释模式则是医学对身体进行认识的主要表现形式。当个体感受到了身体的不适和痛苦后，首先会对自身的状况进行自我认知和归因，将其解释为"我生病了"。当个体认为自己无法确定病因，或不能通过自我处置解决自身的病痛时，他就会向专业人士（一般就是医疗机构及医生）求助。此时，病痛体验的解释就开始进入下一个阶段，脱离个人的场域，成为被社会、法律认可的"合法化"疾病。因此"合法"或"正式"的疾病是属于社会的现象，而不完全是属于个人的。

在实验医学时代的科学主义观念下，疾病的定义和分类开始具有结构上的重要性。"疾病"这个术语已经不只是指代不适的体验，而是指自然界中人类和病原体互相争夺生存空间的一种生物现象。在这种解释中，疾病是客观存在的实体。有些疾病不一定在一开始就让患者产生不适的体验，但是它仍然是存在的，可以通过病因学和实验室诊断得到确认。即使患者自己未曾感到身体有什么异样，在化学分析和显微镜下显现出来的疾病也已经得到了医学的确认。在这个状态下，个体已经不能再通过体验直接合法化自己的身体感受，身体成为医学科学的客体。福柯在《临床医学的诞生》中描述了这个医学向着科学主义和实证性的新结构转变的过程，用一个鲜明的例子表达了其特征："这个新结构体现在一个细小但决定性的变化上（当然这种变化并不能完全代表它）：十八世纪医生总是以这样一个问题开始与病人的对话：'你怎么不舒服？'（这种对话有自己的语法和风格），但是这种问法被另一种问法所取代：'你哪儿不舒服？'"① 其中，身体经验的主体性被身体空间的客体性所替代，作为医疗活动客体的身体空间在临床医学的新话语中受到了重新的规训和分割。这同样也是疾病分类如此重要的原因。

但在现实生活中，病痛的社会解释模式有时并不依靠这种医学科学的

---

① 〔法〕米歇尔·福柯：《临床医学的诞生》，刘北成译，译林出版社，2001，第 12 页。

判断。实验医学的分类和定义掩盖了很多患者用于认知自身躯体病痛的朴素医学文化观念。在传统医学的时代，疾病的"合法性"其实并不完全依赖医学专业的认可。躯体痛苦甚至可能和情感、道德相联系，并通过社会意义系统（如宗教仪式、道德训诫等）得到解决。在特定时代，这些模式和医学模式在总体上看并没有高下之分，其合法性甚至超过医学模式。医生的作用主要是解除痛苦，确定疾病也完全是为了这个目的。对病痛进行定义和分类更多的是具有功能性的意义，其本身并不一定特别重要。医学观念的影响更多地体现在日常潜移默化的渗透中。在不明原因的慢性躯体痛苦的领域中，传统医学用基于整体性身体观的"形神合一"概念来探讨身心疾病，通过对身心整体进行调节恢复健康。医家们再用符合本土文化传统的意象化语言来对这些治疗经验进行诠释和加工，形成中医独特的解释体系。虽然传统模式并不能得到医学科学的承认，但在我国民众对躯体症状的感知和理解中，处处隐藏着来自传统文化的身体观，比如"病由心生""气坏了身子"等日常用语，或者是"怒伤肝"等中医知识①。

从这个角度来看，"躯体化"在本质上其实并非精神医学的问题，而是体现了实验医学身心观和日常朴素身体观的矛盾。普通医学在临床中遇到某些病痛现象"无法解释""无法分类"的困境，为了填补疾病分类体系在这些病痛上的缝隙，才交给精神医学和心理学建构起"躯体化"这一概念，并赋予其合法性。以此目的而生的躯体化本来也应该体现科学知识对身体感受的客体化、对象化和规训作用。但在现实中，对这类现象理解的局限性导致其定义的不完善。躯体化者的身体进入了医学系统，被实验医学所"分割"，结果却是一种失败，并随之被推回"无法解释"的"废纸篓"诊断中。这种处理结果和患者自身的文化观念与体验相抵触，导致患者不理解和不接受。当实验医学知识无法解释身体感受时，失去掌控的焦虑就随之产生，蔓延为医生和患者双方的紧张和不安。这种无处安置的焦虑正是躯体化概念在现实中不断产生困境的深层根源。

解决这个问题的前景或许在于医学科学观念和大众医学文化观的融合。实验医学的身心二元观和源自传统医学的整体性身体观并不一定互相排斥，每种解释体系都有"擅长"的问题。目前被认识为"躯体化"的躯体病痛

---

① 吕小康、汪新建：《意象思维与躯体化症状：疾病表达的文化心理学途径》，《心理学报》2012 年第 2 期。

体验可能是一种身心疾病的中间状态。这也是为什么它既和心理障碍中的焦虑、抑郁等有重叠，又具有"躯体症状"这个表现特点。近年来，实验医学本身也在致力于弥合生理和心理的分裂，在诊疗实践中推动更加个体化和精准化的精神障碍分类和诊断模式，把握住疾病治疗和症状缓解这个医学的核心目的①。当实验医学解释不了某种躯体病痛时，遵循原有逻辑生硬地进行分类、诊断和治疗就可能发生文化不适的问题。而在精神疾病的社会文化视域，传统医学观念仍能在实践中发挥作用：比如在医患的交流和理解中，可以更多地应用本土文化的解释模式，由此让患者的身心病痛都得到恰当的安置。

---

① Thomas R. Insel, et al., "Research Domain Criteria（RDoC）：Toward a New Classification Framework for Research on Mental Disorders," *American Journal of Psychiatry*, Vol. 167, No. 7, 2010, pp. 748 - 751.

近视为疾？

——20 世纪有关近视的中西医认知与国家话语

陈 勇*

摘要 在 20 世纪中国的特殊历史情境中，近视这一人体视觉器官的生理变化不但被置于中西医的双重话语体系中，而且被打上了国家政治的烙印。20 世纪上半期，西医认为近视的发生与多种因素有关，配戴眼镜是唯一的矫正办法，因此预防具有优先性，而着力点则是帮助中小学生养成良好的个人卫生习惯。到了 20 世纪下半期，中医在近视治疗中的优势开始被关注，特别是政府鼓励对以穴位按摩为基础的"眼保健操"的研究和推广，使得对近视的防治进一步上升到集体主义的身体操演和爱国主义的革命教育。在近视影响国民身体形态和日常生活的场域里，无论是西医被用于"预防近视眼"，还是中医被用于"为革命保护视力"，其背后都关涉国家对于国民身体的控制、塑造和争夺。

关键词 近视 中医 西医 眼保健操

Abstract In the special historical context of China in the 20th century, the physiological changes of myopia, the visual organ of human beings, were not only placed in the dual discourse system of Chinese and Western medicine, but also been imprinted with the national politics. In the first half of the 20th century, Western medicine considered that the occurrence of myopia

---

* 陈勇，南京大学历史学院博士生，南京大学人文社会科学高级研究院助理研究员，主要研究中国近现代社会医疗、中西医关系。

was related to various factors, and glasses were the only remedy measure. With these understanding, the prevention was placed in the prior position, especially on helping primary and secondary students to develop their good personal hygiene habits. By the second half of the 20th century, the advantages of Chinese medicine in treating myopia began to be valued. The government encouraged the research and promotion of "Eye Exercises", which based on acupressure, to further increase the prevention and treatment of myopia. This upgraded the personal habits forming into collectivism body training and patriotic revolutionary education. In the field where myopia affected modern citizens' body shape and daily life, whether it was Western medicine to be used to prevent myopia, or it was Chinese medicine to be used to protect eyesight for the revolution, the controlling, shaping and competing power upon the bodies from national state could be traced all the time.

Key words　myopia　Chinese medicine　Western medicine　eye exercise

近视是人体的眼球在生长过程中因为光线经过屈光系统折射后焦点落于视网膜之前而导致视物不清的生理症状。目前关于近视的成因并无定论，[①] 但这并不影响它成为一种社会关注的疾病。有消息称，"2012 年我国近视的总患病人数在 4.5 亿左右"。[②] 而其中"青少年的近视发病率已经高居世界第一位，预计到 2020 年，中国的近视患病人口将接近 7.04 亿至 7.11

[①]　常见的说法是用眼过度和不良习惯会导致近视，如袁越的《近视的原因》（《三联生活周刊》2017 年第 11 期）；有人认为与遗传因素有关，如方舟子的《当眼保健操成为传统》（《中国青年报》2007 年 4 月 25 日，第 11 版）；有人认为与众多诱发因素有关，如李天妍的《学生近视诱发因素的灰色关联分析》（《中国热带医学》2008 年第 12 期）。目前，关于近视成因的最新研究来自美国西北大学教授 Adam Mani 和 Gregory W. Schwartz 及其研究团队于 2017 年 2 月发表在生物学杂志 Current Biology 上的论文，他们认为，近视的发生主要是由于眼球的生长与视网膜晶状体的生长不同步导致，而控制眼球生长的感光细胞则更容易在光线红/绿较高的室内受到刺激。参见 Adam Mani & Gregory W. Schwartz, "Circuit Mechanisms of a Retinal Ganglion Cell with Stimulus-Dependent Response Latency and Activation Beyond its Dendrites," *Current Biology*, No. 27, February 20, 2017, pp. 471 – 482.

[②]　喻京英：《构建"整体视觉健康"迫在眉睫》，《人民日报》（海外版）2016 年 6 月 17 日，第 11 版。

亿"。① 因此，近视问题将成为今后我国医疗卫生领域的重大关切。事实上，自近代以来，近视问题就一直被置于国家和社会关注的目光之下，而不仅局限于患者的个人体验。透过由患者、卫生专家、学校和国家所共同营造起来的"近视疾病"场域，我们可以进一步观察国家权力和医学手段在对民众身体的干预、控制和争夺过程中表现出的互动关系。

一　近视的成因：中医与西医的身体认知

传统中医对近视问题早有认识，只不过早先并未冠以"近视"之名。隋代巢元方的《诸病源候论》中称其为"目不能远视"，明代傅仁宇的《审视瑶函》一书中称其为"能近怯远症"，清初陈士铎的《辨证录》中已经有了"近视"的说法，清中期黄庭镜的《目经大成》一书中亦称其为"近视"或"近觑"。仅从命名中，我们就可以看出传统中医对于近视的症状已经有了准确的描述。

古人对近视的诊断首先基于对眼睛的认知。中国最早的眼病专书《龙木论》称，"夫眼者，五脏之精明，一生之至宝，如天之有日月，其可不保护之"。② 傅仁宇也称眼为"金珠玉液之称，幽户神门之号"。在中医看来，眼睛不但是人体的主要视觉器官，可以视物识人，而且是五脏六腑、经络气血的外在关窍和运行通道，能够反映人体内部脏腑的状况。"眼乃五脏六腑之精华，上注于目而为明，如屋之有天窗也，皆从肝胆发源。"③ 在古代中医的五官科中，眼科一直被认为具有特殊性，"理通太元者莫如医，而医责十全者尤在目"，④ 眼科对医生技艺的要求很高。

因此，中医内科学，特别是阴阳五行、五脏六腑、经络气血等理论奠定了眼科诊疗的基础。在传统中医看来，近视的发生往往与脏腑、经络、气血的亏损有关。比如《诸病源候论》提出，近视是"劳伤脏腑，肝气不足，兼受风邪，使精华之气衰弱"导致。⑤《审视瑶函》认为，近视的病因

---

① 蔡梦吟：《谁来抵抗青少年的"恶视力"》，《中国青年报》2015 年 10 月 22 日，第 1 版。
② 李熊飞校注《秘传眼科龙木论校注》，人民卫生出版社，1998，第 5 页。
③ （明）傅仁宇：《审视瑶函》"卷一"，上海卫生出版社，1958，第 22、24、38 页。
④ （清）黄庭镜：《目经大成》"自序"，卢丙辰、张邓民点校，中医古籍出版社，1987，第 10 页。
⑤ （隋）巢元方：《诸病源候论》"卷二十八·目不能远视候"，鲁兆麟、黄作阵点校，辽宁科学技术出版社，1997，第 133 页。

在于"阳不足，阴有余，病于火少者也"。在治疗上主张"治在胆肾"。①
《辨证录》中不但进一步肯定了治疗近视的关键在于"补肾火"，而且提出
了先天因素的问题，这一点在稍后成书的《目经大成》中得到进一步的强
化。② 与此同时，医生们注意到后天不良的生活习惯"纵恣嗜欲，丧其元
阳"的影响。基于以上认识，中医治疗近视的方法以"补心、补血、益气、
滋肝补肾"的药物治疗为主，辅之以针对眼部及其他相关穴位而施行的针
灸和推拿。与此同时，为了避免"五味四气，六欲七情"所导致的对于身
体和精神的过度耗损，强调清心寡欲、作息有度的内省和生活，这也有助
于达到"以德养身"的境界。

与中医不同，近代西医对于近视问题则提供了另外一套认知体系，③ 他
们的解释立足生理学和光学等现代科学知识。1903 年的《生理学教科书》
中已经有关于近视的介绍，"明罩脑衣之间，相距太远则物影每不及于脑
衣，人有此病者，谓之为近视眼"。④ 1923 年的《新医人》杂志刊文说，
"近视之原因，为眼球内屈折力过大或眼轴过长，射入眼内之光线，集合于
网膜之前，而结像不达于网膜面"。⑤ 1934 年的《高中物理学》教科书认为
"眼底太深，或水晶体的曲度太甚，那么远处物体的像，生在网膜的前面，
称为近视眼"。⑥ 1936 年，日本学者本庄俊笃写于 1829 年的《眼科锦囊》
一书翻译出版，其中认为"近视远视二证，因眼珠及水晶液之隆高与扁平，
而所发起也"。⑦ 由此看来，20 世纪前期，西医对于近视的症状和发病原理

---

① （明）傅仁宇：《审视瑶函》"卷五·内障·能近怯远症"，上海卫生出版社，1958，第
201 页。

② 后者认为"双睛近觑是生来，真火不明真气弱。盖阳衰过阴，病于火者"。见（清）黄庭
镜《目经大成》"卷之二下·近视五十二"，卢丙辰、张邓民点校，中医古籍出版社，
1987，第 143 页。

③ 西医眼科进入中国最早始于 1820 年外国医生在澳门开设的内外科诊所，到 19 世纪末出现了
中国人自己开设的眼科学校，其长足发展是在 20 世纪前期，特别是得益于 1915 年以后美国
洛克菲勒基金会的大力支持。他们不但帮助改建了北平协和医学校，还创办了中国最早的眼
科研究所，同时邀请世界知名学者来校上课，开设讲习班，并鼓励学术出版。——毕华德：
《我国西医眼科之起源及现状》，《中华医学杂志》1930 年第 16 卷第 5 期，第 341～350 页。

④ 李田严、廖世襄：《生理学教科书》，商务印书馆，1903，第 59 页。

⑤ 章守成：《学生近视眼与沙眼之原因及预防》，《新医人》1923 年第 1 卷第 4 期，第 11～
12 页。

⑥ 仲光然：《高中物理学》，中华书局，1934，第 97 页。

⑦ 〔日〕本庄俊笃：《眼科锦囊》，世界书局，1936，第 4～8、64 页。

已有较为全面的认知，眼球的生理变化和光线折射的原理是其诊断的基础。

　　对于近视的发生，西医认为与用眼习惯、职业差异甚至遗传等众多因素有关。比如 1904 年的《大陆报》载，"德国博士拉亚森，尝谓近视眼，皆因滥用目力之所致。不知保卫，其眼必病"。① 1916 年《妇女杂志》认为学生之习惯近视，"多起于过用目力之人，如勉强在光线不充分之处观书写字，及为其他细小之事。或眼已疲劳，仍勉强使用之"。② 1920 年的《卫生丛书》认为，"大凡近视者，以读书人为最多，而农夫樵子则最少，以眼之劳逸不同也"。③ 1927 年的《科学》杂志指出："关于近视之原因，医学家之意见纷歧，推源穷理，遗传上亦必居其因子之一。近视之递渐加重者，则以其长做颇费目力之事也。"④ 正因为发生原因复杂，西医对于近视并没有特别有效的治疗方法，主要对策是"用眼镜来补救"，⑤ "凡患近视眼之人，观物时唯有戴眼镜之一法"。⑥ 有人感叹，"近世医术进步，凡内外科病症，昔日视为无法施救者，至今日皆得以机械或手术治疗之。惟近视远视，则舍利用眼镜外，无疗救之方法"。⑦ 也有人提到过近视手术，但最终认为"此种手术使用之范围，极属狭小也"而不推荐广泛使用。⑧

　　中国人使用眼镜的历史非常悠久。周朝就有"火齐珠"出产，汉代就开始使用"金目"眼镜或者放大镜，宋代人开始配戴老人镜，元明以后眼镜的使用更加普及。⑨ 西医进入中国后，眼镜更是成为解决近视问题的重要工具。有人指出，"眼患近视者，其接触外物，瞻望迷离，非籍近视眼镜之力，不能辨其究竟。甚有操作行旅，得眼镜之助则举，不得则废"。⑩ 但西医更加强调配戴眼镜的"科学性"。1927 年，眼科专家石增荣指出，"用辅正眼镜，即由慎重之他觉及自觉的检查，所规定之近视度数，制以适当的

---

①　《卫生琐语：保眼要义》，《大陆报》1904 年第 7 期，第 42 页。

②　西神：《近视眼之治疗法》，《妇女杂志》1916 年第 12 期，第 15～17 页。

③　余云岫：《卫生丛书》，商务印书馆，1920，第 141 页。

④　《肾上腺之分泌物可医近视》，《科学》1927 年第 12 卷第 10 期，第 1444 页。

⑤　仲光然：《高中物理学》，中华书局，1934，第 97 页。

⑥　西神：《近视眼之治疗法》，《妇女杂志》1916 年第 12 期，第 15 页。

⑦　罗罗：《近视远视治疗之新发明》，《东方杂志》1918 年第 15 卷第 6 期，第 103 页。

⑧　石增荣：《近视成立之学说及其处置与预防问题》，《民国医学杂志》1927 年第 5 卷第 3 期，第 97 页。

⑨　毕华德：《中国眼镜史》，《中华医学杂志》1933 年第 19 期，第 117～122 页。

⑩　任致远：《近视眼之预防研究》，《环球》1916 年第 1 卷第 3 期，第 3 页。

完全辅正眼镜，而于视远近均宜使用之也"。① 而传统中国人虽也使用眼镜，"然华医素不讲求此道"，② 他们既不明白近视的原理，也就不知道需要定期检查视力和更换眼镜。

但在眼镜和近视的问题上，近代中西医之间呈现出更为复杂的关系。一方面，西医对于中医有关近视的科学知识的严重缺乏表现出了某种轻慢，但同时他们又对中国人发明和使用眼镜的悠久历史大为惊叹。早在 1836 年由 John Francis Davis 撰写的《中国地势与民情概要》一书中就专门谈到关于眼镜和中国人的发明能力，"中国人对于光学和镜片的形式和作用毫无所知，而居然也能用凹凸之镜或水晶来辅助目力。他们所有的眼镜是很粗陋的，但用水晶做原料，又用钢玉磨成，亦能供应全国之需"。③ 另一方面，随着现代科学知识的普及，西医对于近视的科学解释基本上完全压制了传统中医的经络气血理论，使得后者在临床上几乎找不到拥趸。1920 年，有位 24 岁的患者求治近视，有中医回应说，"贵患系先天不足，心肝肾三者均亏，即有心肾不交之患。鄙意内治法，需服补火丸，每日十粒，淡盐汤下"。④ 更有甚者，建议这位患者"同善社的静坐法是超凡入圣的工具，有内观透视的效能，如果起信秉虔，精持猛进，真气所到，盲者复明，也是容易的事，何况求近视不进行呢？"⑤ 这种仍然坚持用中医方法甚至静坐修炼来治疗近视的情况并不多见。1934 年，广西桂林的一位年轻女士求教"用磁石磨水洗眼，并多食脑类"以治疗近视是否可行，有人回应说，"近视系眼器官质之疾病，非药力所可见效。该报所说（磁石治疗），颇觉尽理，似可一试"。⑥ 事实上，早在 1904 年就有关于外国医生提出以磁体治疗水晶体以缓解近视的报道。⑦ 换言之，即便是这种看起来荒谬的治疗法，也

① 石增荣：《近视成立之学说及其处置与预防问题》，《民国医学杂志》1927 年第 5 卷第 3 期，第 97 页。

② 《答问第五十三》，《格致新报》1898 年第 7 期，第 19 页。

③ 来生（C. P. Pakusen）、梅晋良：《中国眼镜的历史》，《中华医学杂志》1936 年第 22 卷第 11 期，第 1106 页。

④ 朱振华：《答应昇君问近视眼》，《绍兴医药学报星期增刊》1920 年第 23 期，第 6 页。

⑤ 朱振华：《答应昇君问近视眼》，《绍兴医药学报星期增刊》1921 年第 54 期，第 7 页。

⑥ 《答桂林罗佩云女士月经及近视问题》，《广西卫生旬刊》1934 年第 1 卷第 31 期，第 15 ~ 16 页。

⑦ 该文说，"德国医学家言，人类之眼，其水晶体，皆有磁体之性。盖可依强力磁气之两极而反冲者也。故施以磁气治疗法，则可平其水晶体，而近视之度，可以减少，或者全治疗"。——《卫生琐语：治愈近视之法》，《大陆报》1904 年第 7 期，第 42 页。

必须借助"外国专家"的权威，披上"科学"的外衣，才能获得一定的可信度。这反映出在关于近视的医学竞技场上，以"科学"为凭借的西医暂时取得了对于传统中医的胜利。

二 近视的社会认知：由治疗转向预防

近代国人对于西医"科学"认知的接纳有着更为宏大的时代背景。首先，社会上对于个人卫生和公共卫生概念已经有了初步认识，这得益于相关知识的宣传普及。1929 年，公共卫生专家胡鸿基指出，"个人卫生在养成个人合于生理的正常习惯，以获一己之天然健康与发育。公共卫生之事业，又可分为治疗医学与预防医学两大类"。① 其次，民众的疾病预防观念开始形成。在晚清时期，民众对于疫病的认识已经开始"由消极内敛的个人行为转变成为积极主动的国家行政介入的公共行为"。② 而到了民国时期，随着"人们对疫病的传染源、传播途径和易感人群有了全新的科学认识"，以防疫为目的的清洁卫生运动也广泛展开。③ 除此以外，自民国以来，历任政府分别设立了从中央到地方的卫生行政机关，并先后颁布了一系列卫生法令，这些都为以"科学"为基础的现代卫生制度的确定提供了条件。

在 20 世纪前期，人们很快发现近视的治疗举步维艰，但近视的预防却仍大有可为，这种重心的转变依赖于社会上对于近视形成的几种"疾病"认知。首先，近视被认为是一种文明病，与社会的发展程度及教育程度有密切关系。1918 年《东方杂志》的文章认为，"目力不良，已成为今日文明人民之通病，文明愈发达，生活愈进化，人民视力，亦愈退步……大凡近视远视诸患，在文明人为最多，野蛮人种则无之"。④ 1919 年译介的一篇日本学者的文章也说，"近视眼完全为文明病，随文明进步而增加之疾病。故都会多于村落，知识阶层多于劳动者"。⑤ 即使在一国之内，近视的发病情况也是不同的。1934 年，有人指出，"近视眼可说是学校眼病中的特产品，

---

① 胡鸿基：《公共卫生概论》，商务印书馆，1929，第 4 页。

② 余新忠：《从避疫到防疫：晚清因应疫病观念的改变》，《华中师范大学学报》（人文社会科学版）2008 年第 2 期，第 51 页。

③ 龚莲英：《民国时期疫灾影响下的公共卫生意识变迁研究》，硕士学位论文，华中师范大学，2012，第 45 页。

④ 罗罗：《近视远视治疗之新发明》，《东方杂志》1918 年第 15 卷第 6 期，第 103 ~ 105 页。

⑤ 雪村：《近视眼之由来及其注意》，《妇女杂志》1919 年第 5 卷第 5 期，第 2 页。

大抵学校的程度越高，则近视眼的人数愈多，所以近视与文化成正比例"。[1]
传播文化知识的学校被认为是造成近视的主要场所。有人发现，"学生中患
近视眼者，居全体二分之一"。[2] 中医顾子静也强调，"盖学校教育，于发生
近视，有极大关系"。[3] 所以，医师黄慰民提出"近视原因，尤以学校教育
之不善，而诱发者为最多，故讲求学校时代之预防法，实为今日之急务"。[4]
这种讨论在一定程度上反映出应对近视问题的两难，一方面，文化教育会
引发近视，另一方面，近视的矫治最终要依赖于科学文化的发达。近视可
以被看成文明进步施加给个人身体的一种副产品，它最终仍要靠文明的发
达来解决。

其次，近视被认为是一种个人病，与个人不良的生活习惯有关。1920
年，南京医师陈闻达指出，"中国人民于操作或阅读时，大都对于光线与目
力之一问题不知注意，此所以近视之患者日渐其多也"。随后，他又进一步
把问题指向传统的家庭教育，"按我国人民，幼时因于家庭教育上种种有缺
陷，长时因于学校或商店中诸种设备之不合卫生，与乎社会上种种之恶习
惯，并自己不知一切珍护目力之原理，而引起近视者，不知凡几"。[5] 前文
那位求治近视的患者也是"生平好读书，终日手不释卷，虽在夜间，至十
点钟始睡，自幼年已然"。[6] 在这里，近视被认为是传统家庭教育所带来的
错误学习习惯所造成的恶果，这象征着传统文化所带来的不良影响的积重
难返。1934 年，张颐昌指出国人的十八种不卫生的恶习，并希望加以改正，
这里面就有许多是与传统文化有关的生活习惯，而它们同时也会成为现代
社会里传播疾病的温床。比如"共食"的习惯便会导致肺结核的传播，"往
往一人患痨，合家衰弱"。[7] 因此，在新社会里，预防疾病便常常意味着要

---

① 盛卿：《近视眼的成因及其保护法》，《医药学生》1934 年第 1 期，第 16～19 页。

② 西神：《近视眼之治疗法》，《妇女杂志》1916 年第 12 期，第 15 页。

③ 顾子静：《学校预防学生习成近视眼之方法》，《无锡教育周刊》1927 年第 7 期，第 14～
15 页。

④ 黄慰民：《学校之近视预防法》，《通俗医事月刊》1920 年第 4 期，第 31 页。

⑤ 陈闻达：《近视眼之疗法》，《广济医报》1920 年第 5 卷第 6 期，第 21～25 页。

⑥ 应昇：《问近视眼治法》，《绍兴医药学报星期增刊》1920 年第 15 期，第 7 页。

⑦ 包括：(1) 共食；(2) 公用茶杯；(3) 吸烟；(4) 吐痰；(5) 泻鼻涕；(6) 剔牙垢；
(7) 扒脚叉；(8) 终年不沐浴；(9) 不刷牙；(10) 不洗生殖器；(11) 掐鼻孔；(12) 打
喷嚏；(13) 刮耳朵；(14) 用公共的手巾；(15) 蓄长指甲；(16) 迟眠晏起；(17) 经月
不换衣；(18) 不运动。——张颐昌：《国人不卫生的恶习》，《新医与社会会刊》1934 年
第 2 期，第 156～158 页。

对传统的生活方式做出改变，与传统家庭教育的遗毒进行切割。

　　最后，近视还被认为是一种既影响日常生活，也妨害国家大业的疾病。在眼科临床上，近视并非为害最烈的眼病。根据陈闻达1920年的统计，"当考中国人民因失明而残废者，统计其总数约在二兆以上。其中最著之原因，第一为颗粒性结膜炎，其次为淋毒性脓漏眼，再次为梅毒。而近视占第四焉"。① 这反映出对于失明的恐惧才是国人最大的担忧。但在时人看来，近视的危害在于它会不断减弱视力，而且难以治愈，"增恶其缓，初不自觉，但一经罹病，不易治愈"。② 还有人认为近视不但会导致失明，而且会遗传给后代，"有致失明成盲者，其为累又不仅其一身已也，且遗传及于子孙，可不畏哉"。③ 另一篇文章也强调"厉害的近视眼，往往遗传子女"。④ 正如后来有人说的那样，近视问题"小则个人深感痛苦，影响一切，大则有关整个国家与社会"。⑤ 近视往往会给患者本人造成难以言表的痛苦。有人这样形容自己的感受，"近视使我的发展，备受痛苦；近视使我的人生，变成狭窄。近视解脱的一天，是我得着自由的一天；近视解脱的一天，是我达到理想的一天"。⑥ 更重要的是，个人的近视问题也会给国家和社会带来损失。1940年时有人直言，"当此战争之际，视力尤成问题。以今日近视之多，顾到吾国吾民之体格，此亦可为忧虑之一"。⑦ 在此我们可以看到，在现代民族国家的框架下，个人的身体问题与民族国家的命运勾连在一起。

　　尽管如此，由于近视的发展是一个缓慢的过程，而且并不像其他眼病那样具有传染性，以至于像石增荣（日本京都帝国大学医学院眼科医学博士）这样的专业人士都不禁去质疑它是不是一种"疾病"。1927年，他在《民国医学杂志》发文说，"盖所谓病的一语，乃生物学上之用语，病的与正常的二者，乃就器官之机能而言"，而近视问题通过眼镜的校正，已经可以做到与正常无异。所以他认为近视和远视、乱视等都"不足以机能缺陷，即病的视之也"。更重要的是，人的眼睛一直处于生长发育的过程中，且各人"有种种不同之屈光状态"，因此对于近视，"原因尚在不明之故，苦无

---

① 陈闻达：《近视眼之疗法》，《广济医报》1920年第5卷第6期，第21页。
② 顾子静：《学校预防学生习成近视眼之方法》，《无锡教育周刊》1927年第7期，第15页。
③ 任致远：《近视眼之预防研究》，《环球》1916年第1卷第3期，第3页。
④ 百新：《女子近视眼的预防法和治疗》，《女子月刊》1933年第1卷第2期，第124页。
⑤ 鼎：《近视眼的预防法》，《卫生月刊》1940年第11期，第16页。
⑥ 张澍：《患近视者的几个贡献》，《复旦实中季刊》1927年第1卷第1期，第119～121页。
⑦ 冠卿：《积极的预防近视法》，《科学画报》1940年第7卷第1～4期，第21页。

的确之预防法可言也"。① 不过他从专业角度提出的质疑也只是个别的声音，社会大众仍普遍认为近视是一种疾病。1936 年，英国利物浦大学医学博士高文瀚就提出不同意见，他介绍了近视的多种病理假说，并进一步提出了关于读书的身体要求，包括眼睛的运动、注视的位置、停留的时间等，他还对比了中西两种文字及其排列方式对于阅读的影响。特别是他所提到的有关图书字号的要求，在一定程度上呼应了政府对于学校教科书印刷的规定。②

林富士曾指出，"我们不仅随时随地在感知，也在制造疾病；不仅在界定，也在建构疾病"。③ 就近视成为一种"疾病"的过程来看，其正是多种力量制造、界定、建构的结果。参与这一过程的，不但有提供不同话语解释的中医和西医，还有形成共生关系的医生和患者，社会舆论的宣传引导也发挥了不可忽视的作用。无论是在西医"科学"话语的讨论中，还是近视患者个人的痛苦倾诉里，近视越来越远离传统认知中的一项个人生理缺陷，而成为一种需要引起社会和国家警惕的公共卫生隐患。

三　近视的预防：国家塑造个人身体的实践

近代国人的近视预防观念经历了从个人养生、社会关注到国家行政的演变过程，这既是一个中医观念逐渐让步于西医科学的过程，也是一个从文化观念到身体实践的内化过程。早在 1909 年，《东方杂志》上就介绍了日本井上眼科医院的"近视摄生法"，其中包括读书写字时眼睛与书本保持一定的距离、阅读时要定时休息、桌椅以斜面为宜、"体位宜正直，项背亦伸直"等规定。④ 同年的《广益丛报》也刊登了相似的内容，不过在其中又增加了"避头部充血之倾向：勿用项围等，大便使其一日一回"的内容。⑤ "摄生"也就是我们通常说的"养生"，即"通过各种医事活动来颐养生命，增强体质、预防疾病，从而防止早衰，达到延年益寿的目的"。⑥ 这是传统

---

① 石增荣：《近视成立之学说及其处置与预防问题》，《民国医学杂志》1927 年第 5 卷第 3 期，第 93～94 页。
② 高文瀚：《关于近视眼的原因与光线问题》，《健康生活》1936 年第 2 期，第 40～44 页。
③ 林富士：《疾病的历史》，台湾联经出版事业股份有限公司，2012，第 1 页。
④ 胡豫：《近视摄生法》，《东方杂志》1909 年第 6 卷第 2 期，第 11 页。
⑤ 《近视摄生法》，《广益丛报》1909 年第 193 期，第 2 页。
⑥ 刘树新：《略论中医的摄生观》，《中医函授通讯》1987 年第 5 期，第 22 页。

中医的重要观念，同时也是中国人日常社会生活的重要内容。将近视的预防纳入日常养生的范畴，这反映出传统中医对于近视问题的认知也涉及了预先防范的层面。而1916年医师任致远则在解释"假性近视""真性近视""急性近视"等科学概念的同时，又提出"血充于脑有淤血状态时戒用眼力""头部充血时，读书有损""脑血涌积易致疲劳"等中医论断，① 从而表现出了一定程度的中西医并举。

1914年的"近视预防法"中除了对于距离、休息、光线、文字、姿势的要求外，还特别提到"眼力健者不可架近视镜或远视镜"，② 这表明在纠正旧错误的同时需要警惕新错误的养成。1919年的一篇译文在介绍"近视能防不能治"的同时，又强调"此外之注意，则遵守普通一般之卫生，亦至要也"。③ 这反映出对于近视预防的认知开始从摄生范畴到更加偏向现代卫生准则。1923年，苏州华岩医院主任章守成指出，近视的形成除了遗传和体格等个人因素外，还有很多诱因，"预防之法，以避去各种诱因为最"。④ 这里说的诱因，即各种错误的阅读习惯。在1927年的《无锡教育周刊》上，中医顾子静认为学校里引起近视的几个因素有："读书写字、桌椅高低不合、久阅细字书籍、光线不足时强用视力、以上之外不摄生的诱因。"⑤ 在这里，他虽然还提到有关"摄生"的问题，但明显已将其列于科学要求之后。与此同时，连这位中医师都意识到学校对于近视的发生和防治的作用，这表明近视的预防已经开始逐渐从个人养生和社会关注的层面转向与现代国家密切相关的学校。

在现代国家职能中，学校一直被视为贯彻国家意志的重要场域，同时它也是一个规训和纪律的空间。米歇尔·福柯曾这样描绘教室："每个学生都有为他指定的座位，除非得到命令或经学校督导员的同意，任何学生不得离开或改变座位。"对学生行为方式的训练同样要求规范性，比如写字。⑥ 学校的规范性不但体现在一系列相关的行为要求和习惯塑造上，也体现在其本身的建筑空间上。在北洋政府时期，教育部就对各级学校的校址选择、

---

① 任致远：《近视眼之预防研究》，《环球》1916年第1卷第3期，第2~5页。

② 《近视预防法》，《进步》1914年第7卷第1期，第8页。

③ 雪村：《近视眼之由来及其注意》，《妇女杂志》1919年第5卷第5期，第1~4页。

④ 章守成：《学生近视眼与沙眼之原因及预防》，《新医人》1923年第1卷第4期，第12页。

⑤ 顾子静：《学校预防学生习成近视眼之方法》，《无锡教育周刊》1927年第7期，第14~15页。

⑥ 〔法〕福柯：《规训与惩罚：监狱的诞生》，刘北成、杨远婴译，三联书店，2003，第167、172页。

校舍位置、教室面积、内饰颜色、门窗尺寸、桌椅规格等提出了明确的要求。① 到 1938 年，国民政府拟定了更为详细的中小学校建设标准，并对采光照明等事宜做了严格规定。② 更重要的，是要贯彻执行一系列保证身体健康的法令条例，以及帮助学生养成一套现代卫生要求下的个人习惯。在北洋政府时期，教育部就在中小学推行定期的学生身体检查，内容包括身高、体重、胸围、脊柱、视力、听力、牙齿等多个方面，对于视力问题还强调"两眼分别检查"。③ 这一制度到 30 年代更加完善，而且更加系统化。在 1938 年的"卫生教育实施方案"中，不但校内体检成为每学期进行一次的规定内容，并且其目的就是"教导儿童、青年及民众保持并增进其自身及民族之健康"。④ 在此基础上，还有对于公共空间的更高的卫生要求，比如"教学用具、教室家具等需每日或每周进行清洁；教室走廊室舍等应放置适当数量之纸屑箱及痰盂；痰盂须倒入粪池内，粪池须时时清除；每学期至少举行大扫除二次"等。⑤ 在阅读方面，则强调"过强过暗或光线直射桌

---

① 《中等学校设备准则规程》，《北洋政府档案·教育部》第五册，第二历史档案馆，档案号：11－93，第 221～227 页。

② 比如学校地址宜以清净、向阳，合于排水，交通便利，有风景，少尘灰，无臭气，无安全妨碍等为原则，校地面积每生应占 18 公尺半，小学至少 200 公亩，初中 400 公亩至 500 公亩，高中 800 公亩，专科以上学校视性质而定。教室应注意下列各点。（1）容积：平均以 40 学生为准，阔约 6 公尺半长 9 公尺高 3 公尺半公分，每生占地面积一公尺半，约占空气容积 60 立方公尺。（2）墙壁及天花板：最佳用油漆，不得已时用石灰粉。略带粗糙，不宜光滑以免及光伤目。颜色宜避刺激性，天花板用白与黄混合成之蛋壳色，墙壁以淡绿、淡黄或淡蓝混以白色为原则。（3）地板：用硬木如橡树、硬枫树之类，缝条尤小尤佳。（4）桌椅：宜以适合学生高度，身体垂直做缮写姿势时桌面应与前臂相等，两足弛放于地面膝间不觉压力为准，若无升降调整之桌椅时，可代以大小不同者。桌面可活动能平能斜至 15 度。（5）黑板：材料最佳用石板，若以木质须无反光，应装有粉笔槽。切忌放置窗间，免伤目力，学生用之黑板大约小学低年级 60 公分高，中年级 66 公分，高年级 70 公分，初中 80 公分，高中以上 90 公分，教员用之黑板须离地 90 公分。采光应照下列标准：（1）窗之玻璃面积占地板面积 1/5 至 1/4；（2）光之方向来自左面；（3）窗向东北或西北或东或西；（4）窗高度近天花板 15 公分，离地自 90 公分至 1 公尺 6 公分；（5）学生工作时具有 5 个标准灯光；（6）窗帘宜分成一节或三节，面积须大，色白或淡绿或淡茶；（7）人工采光用半间接法，每室至少设 4 盏灯。——《卫生教育实施方案（草案）》，南京国民政府教育部，第二历史档案馆，档案号：五（2）－294，第 35～36 页。

③ 《学生检查身体规程》，《北洋政府档案·教育部》第五册，第二历史档案馆，档案号：11－93，第 252～254 页。

④ 《卫生教育实施方案（草案）》，南京国民政府教育部，第二历史档案馆，档案号：五（2）－294，第 4～5 页。

⑤ 《卫生教育实施方案（草案）》，南京国民政府教育部，第二历史档案馆，档案号：五（2）－294，第 29～30 页。

上，均可引起不良习惯"。① 在这里，对于"不良习惯"的格外警惕既是维护公共卫生的基本要求，同时也是保持个人清洁的重要方面。1944 年，教育部公布的"小学课程标准"中特别强调保持个人清洁以及养成清洁习惯的重要性。比如对于一、二年级小学生，要求"逐日举行清洁检查"。② 从提倡使用个人的手帕、脸布、浴巾、杯碟碗筷，到不做不卫生的举止，再到保持个人物品的干净整洁，再到帮助家里保持清洁，最后到关心公共地方的清洁。③

　　显然，这是一个以个人为中心的卫生习惯的养成过程，也是一个由小到大、由己及人、由家庭到社会、由行为到观念的循序渐进的身体规训过程，虽然它的立足点是每一个小学生个人，其手段也仅是一些极琐碎的日常行为的改变，但其着眼点却是整个国家和民族。汪民安指出，"国家身体需要借助个人之力才能强化自己，它是个人之力的聚集、表达和再现，只有个人身体得到强化，国家身体才能强化"。④ 近代中国的民族复兴，亟须作为其细胞的个人的重新振奋。这种以"个人卫生"为载体的民族国家振兴也是对西方人种族主义歧视的有力回击——后者正是通过认为中国人无法控制自己的身体，进而认为他们也同样无法治理自己的国家。因此，雷祥麟认为，"当时中国朝野对这种'个人卫生'的重视，正是对这种东方主义式的 John Chinaman 形象的集体抵抗，个人卫生从而成为二十世纪铸造

---

① 《卫生教育实施方案（草案）》，南京国民政府教育部，第二历史档案馆，档案号：五（2）－294，第 33 页。
② 《小学课程标准》，《教育部公布小学课程标准及有关文书》，第二历史档案馆，档案号：五（2）－838，第 65 页。
③ 在"整洁"一项中要求一、二学年的儿童：（1）我用手帕擤鼻涕、擦眼泪、遮掩喷嚏、咳嗽；（2）我用自己的脸布洗脸，自己的浴布洗澡；（3）我的手帕、脸布、浴布常常洗得很干净；（4）我饭前、饭后、大小便以及拿过脏东西后，一定洗手；（5）我不咬指甲，不舔手指；（6）我不用手摸弄不洁的东西；（7）我不涂抹墙壁；（8）我常剪指甲和趾甲；（9）我不随地抛弃纸屑、果壳；（10）我不随地吐痰；（11）我不随地大便小便。要求三、四年级的小学生：（1）我用自己的杯碟碗筷汤匙，并且洗得很干净；（2）我的衣服、图书、用品等，都收拾得整齐清洁；（3）我天天在晚上洗脚，常常洗澡；（4）我扫地的时候先洒水；（5）我在指定的地点倾倒垃圾；（6）我在厕所里大便、小便，保持厕所和用具的清洁。要求他们到五、六年级时：（1）我的衣服、被褥常洗常晒；（2）我在家里遇到不清洁的东西和地方，立刻扫抹干净；（3）我在学校里帮助老师同学或工友，整洁学校环境；（4）我留心公共地方的清洁。——《小学课程标准》，《教育部公布小学课程标准及有关文书》，第二历史档案馆，档案号：五（2）－838，第 68 页。
④ 汪民安：《身体、空间与后现代性》，江苏人民出版社，2006，第 35 页。

'新民'、'新生活'的重要成份之一"。①

在这样的背景之下，有关预防近视的个人习惯塑造，正是国家借助学校来灌输给学生的众多卫生习惯之一，同时也成为对于小学生进行科学教育和身体训练的有机组成部分。民国时期的小学课本中就不乏有关近视的内容，它们经常出现在"修身"、"国语"或者"卫生"课本中，而且多以故事、歌谣等方式进行传授。比如 1923 年的小学《国语读本》中讲述了一个叫邓鹤峰的孩子因为酷爱看书而患上近视并惹出一系列笑话的故事。课文在结束时提问说，"小朋友们，你们知道邓鹤峰的眼睛是怎么成的近视呢？"② 在另一本《初小修身教科书》中讲到了一对母女的问答，女儿问母亲为何哥哥会变成近视？母亲告诉她说，"因为哥哥小时候很用功，但不注意眼睛的卫生"。③ 课文以家庭日常对话的方式教育小学生注意用眼卫生，注意看书的光线和场合，目的在于促成良好的阅读习惯。在 1933 年的《小学卫生课本》中，有一首歌谣说："远处东西看不见，走路做事都不便；小朋友，用眼要当心，不当心，将来会变近视眼。"④ 看起来这仅仅是对小学生近视眼危害的简单提醒，但关于这节 90 分钟课程需要准备的教学内容和素材有 20 多项，此外还有 14 个需要讨论的问题。⑤ 因此，这实际上既是一堂围绕近视的眼部生理课，也是关于凸透镜和凹透镜成像原理的光学物理课，同时还是有关近视的危害和补救办法的社会医学课。

雷祥麟曾提到过疾病是一个"意义框架"的概念，即疾病往往是众多问题的集中体现，当你要处理某一疾病的时候，往往不只是要解决这个疾病的病理层面本身，还要应对与之相关（或受其牵连）的一系列其他问

---

① 雷祥麟：《卫生为何不是保卫生命？——民国时期另类的卫生、自我和疾病》，《台湾社会研究季刊》2004 年第 54 期。

② 《二十一、你愿意成近视眼吗?》，《新小学教科书国语读本·初级第六册》，中华书局，1923，第 66 页。

③ 《二、勿使眼睛变成近视》，《初小修身教科书第六册》，出版信息未知，第 2 页。

④ 《九、近视眼》，《小学卫生课本·初级第四册》，中华书局，1933，第 14～15 页。

⑤ 需要讲授的教学内容包括：眼球的构造、近视眼和远视眼的水晶体、视网膜的原理、凸透镜与凹透镜的性质；需要准备的教学用具有：近视眼镜、远视眼镜、凸透镜、凹透镜、白色厚纸，凸透镜和凹透镜光线通过示意图、近视眼远视眼的折光图、近视眼远视眼配上眼镜后的折光图、测视力图、眼球解剖图、眼球解剖模型、照相机等十几项。——《八、近视远视的研究和补救法》，《小学卫生课本教学法》，中华书局，1933，第 85～99 页。

题。[1] 落实在近视的问题上，无论是个人还是社会与国家，要想解决防治青少年近视的问题，就必须同时处理好基础设施建设（空间、采光）、科学文化普及（眼球生理、光线的原理）、教育体系完善（覆盖到中小学生）、卫生设施完备（有相关卫生设备和检验手段）、规章制度健全（卫生法规和学校制度）以及民众素质提升（养成良好的卫生习惯）等一系列问题。事实上，如果把这些问题串联在一起，我们会发现，这不正是中国社会达成现代化所需要实现的目标吗？因此，近视问题所折射的，实际上正是近代中国由传统社会向现代社会转型的母题。

四 为革命保护视力：集体主义下的身体操演

到 20 世纪 50 年代以后，中华人民共和国政府对于传统中医和科学西医采取了更加积极的态度。1950 年 8 月第一届全国卫生工作会议提出的"预防为主"的原则，成为卫生工作的重要指针；会议同时确立了"中医科学化"和"西医中国化"并举的发展策略，中医由此重新获得了发展的空间。针灸学的发展就是一个例子。在 1951 年出版的《新针灸学》一书中，朱琏不但以"针灸点"代替了传统的人体穴位，而且还引入了苏联生理学家巴甫洛夫的高级神经活动理论，[2] 这使新针灸学得以在短时间内四处传播。同时，这也表明传统中医在临床应用方面的巨大潜力仍有待开发。

在 50 年代中后期，社会上出现了许多有关针灸和中医按摩学的书籍，这些都被当成传统医学重新用来认识和解决近视问题的资源。1955 年的《针灸述要》一书中已经提到"攒竹、四白、丝竹空、临泣、承光、风池、睛明"等头面部与眼睛有关的要穴。[3] 另一本著作则考订了它们的具体位置并提出施针要求，比如"承泣：目下七分，直对瞳孔。禁针禁灸。四白：承泣下三分。针三分，禁灸"等。[4] 这些穴位在临床取穴时也得到一些简

---

① 比如对于性病的治疗，除了医学上的临床治疗之外，还要解决性病传播渠道、非法性交易、社会治安、民众性观念、婚姻和家庭等一系列问题；对于肺结核的治疗也是如此，除了对于结核杆菌的杀灭，还要考虑传播途径、民众生活方式、观念认识、法律规章的制定以及物质条件的改善等。参见雷祥麟在华东师范大学思勉人文系列讲座的报告《习惯成个人：民国时期肺结核的防治与其物质文化》。

② 朱琏：《针灸疗法的重要性及其原理》，《人民日报》1951 年 2 月 17 日，第 3 版。

③ 叶劲秋：《针灸述要》，中华书局，1955，第 38~39 页。

④ 王野枫：《针灸十四经穴位考订》，千顷堂书局，1955，第 4、12、23 页。

化，比如"风池：头骨下之陷凹处，当项肌之外侧陷凹中取之；攒竹：从眉内端取之"。① 1959 年出版的《眼科针灸疗法》一书则更全面、准确地介绍了眼部穴位和针灸疗法，在其所能治疗的 37 种眼病中也包括近视，"针灸取穴：睛明、翳明、风池、百会、上星、脑产、合谷、曲池、足三里"。但它同时认为"收效多不能持久"。② 与针灸学同样具有悠久历史的中医推拿学在 50 年代末也开始复兴。在 1959 年出版的《中医推拿学》一书中已有关于运用推拿的手法治疗"眼丹（眼部灼热肿痛）"的介绍。③ 推拿疗法同针灸一样，也以经络穴位理论为基础，曾有人尝试运用巴甫洛夫生理学说来解释推拿按摩的"科学"原理，④ 并在相关教材中加入了"眼保健推拿"的内容，其中包括"揉上眶角、挤按鼻根、按揉面颊、刮眼眶"几个步骤。⑤ 这种方法被认为是自我推拿的一种，既可以"预防疾病和强身健体"，又可以"治疗疾病和巩固疗效"，只是尚未直接用于近视眼。1961 年出版的《中医推拿学讲义》中已经出现推拿手法治疗近视眼的介绍，具体的做法就是依次揉按相应穴位。⑥

---

① 张崇一：《针灸易学新法》，河北人民出版社，1956，第 13～16、89～90 页。
② 夏贤闽：《眼科针灸疗法》，人民卫生出版社，1959，第 48、79 页。
③ 具体为"取穴：印堂、神庭、头维、风池、四白、睛明、攒竹、瞳子髎、肩井。手法：推、拿。用推法先在印堂开窍，运行至神庭、头维。如头痛者，推至百会两旁通天、风池等穴，然后再往下沿颈用指头及罗纹、第一节推之，推时必须轻柔和，再慢慢向上移动至迎香、四白、睛明、攒竹、瞳子髎等，最后推至患部周围。手术结束时，提肩井并疏散风热"。——上海中医学院附属医士学校编《中医推拿学》，科技卫生出版社，1959，第 114～115 页。
④ 比如安徽医学院提出，"按摩刺激了局部皮肤的外感受器或肌肉的本体感受器，通过神经的传导，传向中枢神经系统（脊髓、皮层下中枢和大脑皮层），然后肌体中就发生各种各样的应答性反应"。他们以临床实验为依据，证明按摩对于神经系统、皮肤、肌肉、肌腱、关节、血液循环和淋巴系统，以及呼吸、消化和代谢系统都产生了直接的生理作用。——安徽医学院附属医院编《中医按摩学简编》，人民卫生出版社，1960，第 9～20 页。
⑤ 安徽医学院附属医院编《推拿疗法》，人民卫生出版社，1960，第 151～152 页。
⑥ 具体为："1. 取穴：主穴：天应穴（多在攒竹下三分，目眶内骨膜间）及攒竹。配穴：睛明、鱼腰、丝竹空、瞳子髎、四白。2. 手法：按。3. 操作：病人取仰卧势，双眼闭拢。医者用食指末端正面先按主穴，再循序按配穴，按压力要由轻至重，由重转轻，食指不可屈曲摆动，做到内动外不动，即运用手臂振动力量，通过食指刺激治疗穴位，用力必须均匀。单眼患者每次治疗时间约 10～15 分钟，双眼加倍。主穴治疗时间要长，约占 1/2，其余时间分别用于配穴。在每次治疗后要叫病人闭目静卧 10 分钟左右，能提高疗效。"参见上海中医学院编《中医推拿学讲义》，人民卫生出版社，1961，第 100 页。这里似乎是首次提到"天应穴"，而在之前的眼部穴位中都未见，以至于作者需要专门指出这个穴位的位置。关于"天应穴"与传统中医眼部穴位的关系，可以进一步讨论。即便这是一个新创造的穴位，这种做法也并不稀奇。朱琏在《新针灸学》中也曾创造过"新建"和"新设"两个穴位。另外，关于本书的近视按摩法与后来的眼保健操的按摩取穴及顺序有相近之处，二者之间有无关联，也可进一步探讨。

对传统中医针灸和推拿疗法的重新认识和利用，打开了解决近视问题的新局面。在近代以来一直被西医认为无法治疗、只能预防的近视问题，在 20 世纪五六十年代找到了新的解决方案。在此后的有关近视问题的讨论中，对于"防治并举""矫治"的提倡使得应对近视不再只寄希望于"预防"一端。比如 1965 年哈尔滨医科大学附属第一医院就提出，"为了做好学生近视的预防和视力保护工作，必须防治并施，治疗本身也就是预防近视的一种手段"。① 而其提供的治疗方法中就包括眼保健操。另外，以传统中医的针灸穴位理论和推拿手法为基础的眼部保健按摩法的重新出现，也标志着在民国时期长期受到压制和忽视的中医阵营可以在近视防治的问题上部分地夺回被西医霸占的话语权，从而可能形成一种"西医预防、中医治疗"的新格局。

对于青少年预防近视的科普教育工作，50 年代以后也一直在继续进行。1958 年的科普读物《近视眼讲话》中就详细介绍了眼睛的构造与屈光原理、近视的成因、近视的害处、近视的矫治和预防等问题，该书还特别指出"国家卫生部门和学校都应经常进行有关保护眼睛的宣教工作，养成爱护眼睛的优良习惯"。② 在 1959 年的小学四年级"常识"课本中，则要求小学生能够区分两种常见的眼病——沙眼和近视眼，并明确"近视眼不是传染而得的"。课文强调，"高度近视眼，容易引起其他的眼病而致失明，所以应当早为矫治"。③ 这一时期的近视眼预防教育，除了指出其对于个人的不便外，更加注意宣传对于集体乃至国家的危害。比如《近视眼讲话》中说，"屈光不正的人，由于视力不佳，无疑地将会直接影响他们积极工作和紧张学习，这当然会给国家造成一定的损失"。④《怎样预防近视眼》一书指出，近视"不仅影响着学生的学习与健康，而且也影响了国家广泛地选拔各种建设人材"。⑤ 1966 年的一本科普读物也强调，"保护视力，预防近视，确实关系到青少年一代的成长，关系到国家培养经济建设、国防建设人才的重要工作"。⑥

---

① 徐宝萃：《学校近视问题及学生近视患病率的调查分析》，《哈尔滨医科大学学报》1965 年第 1 期。

② 赵文清：《近视眼讲话》，科技卫生出版社，1958，第 23～31 页。

③ 《14、预防近视眼》，《常识教学参考资料》，北京出版社，1959，第 41～44 页。

④ 赵文清：《近视眼讲话》，科技卫生出版社，1958，第 10～11 页。

⑤ 王道钦：《怎样预防近视眼》，河南人民出版社，1964，第 1 页。

⑥ 姚芳蔚、施人瑞编著《保护视力，预防近视》，上海科学技术出版社，1966，第 1 页。

　　这种在近视防治中对于国家利益和社会主义建设事业的强调，显然与民国时期对于个人的重视与习惯培养有所不同，如果说后者是一种个体主义的身体塑造，那么前者就是一种集体主义的身体实践。相比之下，最宏大的"集体"行动莫过于社会主义"革命"事业。1965 年，徐州六中在一篇报告中说，"保护学生视力是关系到青年一代健康成长和社会主义革命、社会主义建设的国家长远利益的重大问题"。[①] 1967 年的一本小册子提出"我们应该为革命爱护眼睛，保护视力"。[②] 天津市 1972 年的卫生教材说，"首先要树立为革命保护视力的正确思想，和坚强的革命意志"。[③] 1974 年的《卫生常识》一书也提出"长大当个工农兵，接好无产阶级革命班。学校很重视保护学生视力，保健操列入生活制度了，同学们必须坚持每天认真做好眼保健操并注意用眼卫生"。[④] 在这里，做好眼保健操直接成为"为革命保护视力"的具体落实方式。而 1977 年福建的一本常识读物则在强调"为革命做好眼保健操"的同时，进一步提出了对老师和学校的要求："在操练开始时，学校教师要检查学生是否闭目操练，要把闭目的要求与操练的作用同等看待；一般在学校中，可在上下午各安排操练一次。要坚持经常操练。"[⑤] 以上情况表明，在 20 世纪六七十年代，"为革命保护视力"已经成为社会上流行的说法，更重要的是，这一行动被落实于学校，其手段之一就是被反复提及的眼保健操。

　　以按摩的方式治疗眼部疾病的方法早在隋代医书《诸病源候论》中就有记载。现代的眼保健操究竟发明于何时何地，现在说法不一，但其理论与实践来源明显与中医针灸的穴位理论和推拿手法有关。1976 年唐山市的卫生材料中说，"眼保健操，是从我们祖国医学中总结出的预防近视的方法。通过按摩一些穴位，使与眼睛有关的神经、血管更好地发挥其生理作用，保护视力，预防近视的发生和发展"。[⑥] 这是一种以中医理论为基础的保护视力、预防近视的新方法，适宜在学生中推广，并被认为具有显著的效果。1964 年的《眼睛的卫生》一书中指出，"在中小学推行眼保健操，也

---

① 《高举毛泽东思想红旗，做好视力保护工作》，《人民教育》1965 年第 9 期。
② 卢林周、楼苏生：《农村常见眼病的防治》，上海科学技术出版社，1967，第 21 页。
③ 柳奎吉：《眼的卫生》，人民卫生出版社，1972，第 50 页。
④ 《为革命认真做好眼保健操》，《卫生常识》，南宁市卫生防疫站，1974，第 23 页。
⑤ 《为革命做好眼保健操》，《医学卫生简讯》编辑组编《生活卫生小常识·2》，福建省晋江县医学科学研究所，1977，第 91～92 页。
⑥ 唐山市卫生防疫站：《卫生月历》，人民卫生出版社，1976，第 42 页。

是颇有意义的预防办法，并能治疗某些早期近视"，它同时强调疗效要"局部有酸胀感为宜"。① 1965 年的科教电影《预防近视》中说，"每天坚持做眼保健操，也是保护视力的好办法"。② 同年的"预防近视歌"中唱道："预防近视真重要，记住要领有四条……课前课后晚自习，建议多做保健操。"③ 1967 年的农村卫生手册中认为，"眼保健操能预防近视眼，并可使假性近视减轻或复到正视"。④ 1972 年天津的眼科教材也说，"眼保健操，是预防近视的一项措施，它根据祖国医学的气功、推拿、针灸、穴位按摩，结合医疗体育编成的"。⑤ 一直到 1978 年，还有基层卫生工作者编写诗歌："提倡做眼保健操，经常锻炼与活动。都来保护好眼睛，心红眼亮干革命。"⑥

以上这些情况反映出，虽然在不同时期、不同地区对于眼保健操的实践方法有所不同，但是人们对于它在防治近视方面的功效的认识是比较一致的。而其着力点都毫无例外地聚焦于学校的防治工作，尤其是青少年生活和学习的中小学，比如对于时间、力度和效果、老师职责等方面的要求，让人很容易联想起它是民国时期小学生卫生教育和习惯养成的改进与提升，其本质仍是现代国民教育的重要组成部分。更重要的，它是以一种尊重传统文化，并与科学及西医"和解"的方式在进行。眼保健操的制度化表明，它是一种在特定时间、特定空间里，按照特定顺序和节奏所进行的集体性身体操演，其目的是事先明确的，其过程是受到观察和监督的，其结果也是可以预期的。随着这种身体操演成为青少年学生日常生活的一部分，国家权力借助医疗手段与作为国民的个人身体之间的关联和互动也就此发生并不断强化。所不同者在于，20 世纪六七十年代的近视预防运动背后的国家话语是集体主义下的"革命"，这一点完全不同于 20 世纪上半期的个人主义下的"科学"话语。而由此所引发的一个连锁反应就是中西两种医学

---

① 施殿雄：《眼睛的卫生》，上海科学技术出版社，1964，第 67～69 页。
② 羽超：《两部科学教育电影介绍》，《人民教育》1965 年第 7 期。
③ 《预防近视歌》，《预防近视和眼的保健操》，人民卫生出版社，1965，第 14 页。
④ 包括"按揉天应穴；按揉睛明穴；按揉四白穴；按揉太阳穴，并抢刮眼眶周围；按摩风池穴"。——卢林周、楼苏生：《农村常见眼病的防治》，上海科学技术出版社，1967，第 93～94 页。
⑤ 柳奎吉：《眼的卫生》，人民卫生出版社，1972，第 50 页。
⑥ 孟庆荣：《保护眼睛，预防近视》，《河南赤脚医生》1978 年第 2 期。

体系之间的关系衍生出两种截然不同的结果：在"科学"的国家话语之下，中医几乎被完全逐出了中小学近视预防的空间；而在"革命"的国家话语之下，中西医却在眼保健操中实现了互助和共生。

结　论

近视作为一种人体视觉器官的特殊器质性改变，其成因和矫治方法至今仍有待不断探索。无论是崇尚科学的西医，还是历史悠久的中医，目前都还未找到能够彻底解决近视发生问题的行之有效的办法，这反映出人类与疾病的斗争是一个漫长的过程。而近视在近现代中国之所以能够成为一种疾病，不但基于其本身所引起的人体的生理变化，同时也是社会、国家、个人，还有以医学为代表的科学技术对之不断附加解释、规范、体验和意义的产物。近视为疾，是社会力量共同建构的结果。

在 20 世纪中国社会建构近视疾病的过程中，中西医都做出了自己独特的贡献，同时也表现出二者之间以及医学与国家之间的复杂关系。在 20 世纪上半期，中医的发展得不到国家的支持，有关近视治疗的中医理论被否定，一些行之有效的中医疗法逐渐淡出公众视野，仅有的关于预防近视的"摄生"观念，也不断被西医所倡导的养成个人卫生习惯的要求所挤压。但事实上，中医关于近视预防的一些行为要求与西医并不冲突，而这一点却被有意无意地忽视了。到了 20 世纪下半期，在政府提倡西医对中医进行科学研究的号召下，中医自身有关近视的治疗经验才得到进一步的挖掘，从而进一步拓宽了近视防治的思路，同时也实现了中西两种医学在这个领域的共同发展。

无论是 20 世纪上半期对于近视的预防，还是 20 世纪下半期对于近视的治疗，都反映出现代国家和作为国民的个人之间的互动关系，而其焦点就是身体。对于前者，在"科学"的国家话语下，对青少年个人卫生习惯的塑造承载着个人主义的期许，这是对于此前传统社会规范的断离和改造；而对于后者，在"革命"的国家话语下，对学校里推行眼保健操的要求则蕴含着集体主义的规范，这又是在另一层的意义上对于传统文化的弘扬和回归。两个阶段之间的回转和呼应，反映出 20 世纪中国现代化进程中传统文化和现代科学之间的微妙联系与二者关系的复杂面相。在这种关联中，身体之所以具有意义，就是因为它是疾病发生的场域，成为传统与现代、国家与个人、中医与西医往复折冲的载体。也正是在这个意义上，我们说，无论是西医被用于"预防近视眼"，还是中医被用于"为革命保护视力"，其背后都关涉到国家对于国民身体的控制、塑造和争夺；而在此过程中，医学发挥了工具的作用。

专题四

城市空间的再生产

——文化重塑

主持人语

钟雅琴

　　随着中国城镇化的迅疾发展，城市空间的生产及其理解日益多元化。在享受城市发展所带来的丰富、便捷的同时，人们不得不面对如何重构城市空间的现实问题。这也成为文化研究的一个重要问题。城市是大家的，对城市的思考自然也就纳入了文化的观察。尤其是近年来中国城市化的独特进程使得城市空间生产的中国经验和中国模式彰显出来，在城市空间再生产过程中各类文化空间迅速生长。包括创意园区、艺术村落、美术馆等在内的各类文化空间以不同的方式存在和生长，以文化要素重塑城市形态。但是，文化空间的多样性和复杂性至今尚未被各界所充分了解。借此，本专题以个案研究聚焦中国城市文化空间发展。

　　《创意城市建设背景下的工业遗产与文化空间》一文认为，创意城市在当下中国城市空间的再生产中发挥了系统性引导功能。工业遗产与新兴创意结合在城市中营造出新的文化空间。然而，中国工业遗产改造为文化空间的发展呈现出政府强势主导、资本过度介入、艺术家群体弱势和民众参与性弱的特征。未来工业遗产改造所形成的城市空间不仅是政府的文化资本或企业的文化品牌，更应是凝聚文化活动的文化空间，是构建文化认同、重塑文化生态的重要场域。《城市更新的"文化转向"》聚焦深圳工业遗产空间改造的经验，探讨城市更新中以工业遗产为代表的文化转向，展现深圳作为新兴城市在编织"深圳文化"形象时所做的探索和努力。《都市生活中的当代艺术与社会介入》一文考察广东时代美术馆的文化空间，揭示民营美术馆作为一种新兴文化空间，虽然极大地更新了城市的景观与生活方式，但由于在地性的不足、知识生产模式的局限，以及圈层化、精英化的艺术趣味和价值取向，使得它与普通民众产生文化区隔，难以形成有效的艺术交流机制和文化认同。

创意城市建设背景下的工业遗产
与文化空间[*]

钟雅琴^{**}

摘要 建设创意城市正在成为新一轮城市竞争的核心命题。产业结构升级所带来的城市更新为创意城市的发展提供了空间。在创意城市背景下，工业企业外迁所留下的大批工业遗产天然地成为以创意为核心的创意产业的肥沃土壤。作为城市公共空间的重要组成部分，工业遗产的活化利用不断改造传统城市空间的格局。工业遗产是连接城市记忆与新生创意的交汇领域，是城市物理空间和文化空间的结合点。工业遗产改造所形成的新的城市空间不仅是文化旅游的目的地，更是凝聚艺术活动的文化空间，是构建文化认同、重塑文化生态的重要场域。

关键词 创意城市 工业遗产 文化空间

Abstract Building a creative city is becoming a core proposition in a new round of urban competition. The urban renewal brought by the upgrading of industrial structure has provided growing space for the development of creative city. In the context of creative city, the large number of industrial heritage left behind by the relocation of industrial enterprises has naturally become a fertile ground for creative industry. As an important part of urban public

* 本文为广东省哲学社科"十二五"规划项目（项目号：GD15XYS25）和广东省普通高校省级重大科研平台项目（项目号：2016WTSCX103）的阶段性成果。

** 钟雅琴，文学博士，深圳大学文化产业研究院特聘副研究员、硕士生导师，主要研究城市文化、文化产业、文艺理论与批评。

space, the activation and utilization of industrial heritage constantly transform the pattern of traditional urban space. Industrial heritage is the intersection of urban memory and creative, is the combination of urban physical space and cultural space. The new urban space formed by industrial heritage reformation is not only the destination of cultural tourism, but also the cultural space for gathering art activities. It is also an important area for building cultural identity and reshaping cultural ecology.

Key words　creative city　industrial heritage　cultural space

自 2004 年联合国教科文组织（UNESCO）推出"全球创意城市网络"项目①，十余年间，"创意城市"概念风靡全球，迅速成为当今城市发展的一种新模式。中国鉴于产业转型、城市更新和文化政策的多方驱动，在此轮创意城市建设中表现尤为突出。创意城市建设所带来的直接影响之一是，城市中的大量工业遗产在"创意"概念的引导下被改造为以艺术区、文化产业园区等为主要形态的文化空间。传统工业遗产与新兴创意园区结合所营造的文化空间在改变城市外在景观的同时，也可能引发城市文化生态的多样变化。

然而，随着创意城市建设和工业遗产改造的不断推进，文化空间营造的种种问题亦日渐暴露。空间高度同质化、内部活力不足、产业链不完整、受政策影响大等问题日益显著，部分空间正在加速衰落沦为"空巢园区"，或加速扩张为商业地产，园区内创意、艺术及文化渐行渐远。上述现象提示我们，有必要重新审视此轮创意城市建设中，在政府、资本、艺术、公众多方角力下，工业遗产改造为文化空间的路径和特征，并进而思考工业遗产改造为文化空间的未来发展方向。

一　创意城市发展中的工业遗产与城市空间

"创意"概念近年来迅速崛起，引发与之相关的创意产业、创意阶层、

---

①　"全球创意城市网络"项目，旨在把以创意和文化作为经济发展最主要元素的各个城市联结起来形成一个网络。进入这个网络的成员城市相互交流、互相支持，以助力各城市多元文化产品及城市文化品牌的推广，进一步促进世界文化的多样性和丰富性。2017 年 10 月，联合国教科文组织发布公告，将包括长沙、澳门、青岛、武汉 4 座中国城市在内的全球 64 座城市列入"全球创意城市网络"。目前，已有来自 72 个国家和地区的 180 座城市入选。

创意城市等在全球经济与社会发展中成为热议话题。查尔斯·兰德利（Charles Landry）在《创意城市》一书中对城市中的创意项目以及文化对城市的创意发展所起的作用做了综合阐述。事实上，"创意"作为一个广泛而开放的概念，对于创意城市范式的快速传播有积极影响。通常意义上，"创意"被视为一个积极的概念，任何一种旨在解决问题或改善状况的行动都可以被诠释为一种创意行为。而城市发展中显然存在无数的问题需要解决。就这个意义而言，创意与城市的联姻具有某种必然性。

在全球化冲击下，国家的边界作用和地位正在逐步减弱，而区域或城市在各方面发挥着日益重要的作用。城市，愈来愈作为竞争主体而出现。全球城市为了获得更多的投资和资源而积极推进城市行销。与此同时，当代城市发展普遍面临传统产业衰退、生活配置恶化，缺乏集体归属感等严峻的结构型问题。在此背景下，城市要实现复兴、增强竞争力，唯有通过城市的整体创新，彰显城市个性。而城市的创意基础和文化环境又是其中的关键因素。创意城市强调以特色文化和文化空间的保护作为在城市创新与转型发展过程中胜出的一个法宝，强调文化对城市的改造、城市的复兴和提高城市品质的作用，为解决当前世界城市的普遍性问题提供了可能。

创意城市建设全球风行的另一个深层原因在于经济增长方式的转变，城市发展所依赖的物质、资源等硬要素的作用正逐渐弱化，而创意、文化等软要素的作用则日益增强。产业结构的升级是当代城市更新的最大推动力之一。以往被忽略的文化因素在城市发展中的价值地位逐渐为人们认识，文化资源的利用和相关产业的布局成为城市整体竞争力的一个重要指标。随着城市中心区的价值成本升高，许多工业企业从市区迁往郊区，由此在城市中心区留下大批工业建筑。这些工业建筑在传统企业外迁后仍能保持较好的结构形态，快速转化为以创意为核心的文化创意产业的沃土。产业转移带来的城市更新为创意产业发展提供了成长的空间，不仅过去工业时代制造业主体的空间会获得新生，而且整个城市的空间结构都可能会被打破。

工业遗产作为城市化进程中的一类新型文化遗产，正成为发展构建创意城市的重要途径。在联合国教科文组织国际工业遗产保护协会（The International Committee For The Conservation of The Industrial Heritage）的定义里，"工业遗产"包括"具有历史、技术、社会、建筑或科学价值的工业文化遗存。这些遗存包括建筑物和机械、车间、作坊、工厂、矿场、提炼加工场、仓库、能源产生转化利用地、运输和所有它的基础设施以及与工业有关的社会活动场所如住房、宗教场所、教育场所等"。[①] 中国独特的高速工业化进程形成了大量独特的工业遗产,工业遗产在物理意义上直观反映了城市的发展过程。作为城市社会在某一历史阶段发展的物质载体,是城市发展和城市生活的记忆保存体,具有历史的、社会的、经济的和审美的价值。

作为蕴含独特价值的新型文化遗产,工业遗产在创意城市理念下成为构建城市文化多样性的重要元素。而创意产业的发展则为工业遗产的价值激发提供了重要契机。创意产业与城市空间更新的互动、互融、互促,成为当今城市转型发展的一个较为显性的特征。[②] 创意产业概念的提出,"就是由城市空间更新、城市功能复兴的转型升级行动所衍生的,是与城市突破资源环境的约束、实现可持续发展的理念直接对应的"[③]。创意产业以对工业遗产进行盘活发展,使工业遗产成为新生产力的载体,以空间响应方式改变城市文化空间结构。

二　中国工业遗产改造为文化空间的典型案例与主要特征

(一) 作为政府文化资本的北京 798 艺术区

北京 798 艺术区是我国最知名的艺术区,亦是早期工业遗产改造为文化空间的典型代表。从交通不便的废旧老厂房到世界知名的艺术区,北京 798 艺术区集中反映了我国第一代由工业遗产改造为文化空间的发展变迁。从总体上看,自 1995 年中央美术学院时任雕塑系副主任隋建国租用 3000 平方米的 798 厂厂房作为雕塑车间伊始,北京 798 艺术区在 20 余年的发展过程中经历了形成、成长、成熟及停滞的不同发展阶段。

北京 798 艺术区位于北京朝阳区酒仙桥街道大山子地区,故又称大山子艺术区,原为北京华北无线电联合器材厂,即 718 联合厂的老厂区所在地。

---

① 2003 年 6 月,国际工业遗产保护委员会(TICCIH)在俄罗斯为工业遗产制定了《下塔吉尔宪章》,该宪章由 TICCIH 起草,提交 ICOMOS 批示,并最终由 UNESCO 正式批准。
② 周蜀秦、李程骅:《文化创意产业驱动城市转型的作用机制》,《社会科学》2014 年第 2 期。
③ 周蜀秦、李程骅:《文化创意产业驱动城市转型的作用机制》,《社会科学》2014 年第 2 期。

718 联合厂是国家"一五"期间重点项目，厂房于 20 世纪 50 年代由时任东德副总理厄斯纳亲自挂帅，利用全东德的技术、专家和设备生产线完成建设。由于受到包豪斯建筑精神的影响，718 联合厂区建筑呈现了实用与简洁的完美结合，其巨大的现浇架构和明亮的天窗为其他建筑所少见。独特的建筑风格、完整的建筑风貌是 798 实现空间转换的核心要素。自 1994 年国有企业下岗分流开始，798 厂厂区日渐衰退，同时，随着北京都市化进程和城市面积的扩张，原来属于城郊的大山子地区亦成为城区的一部分。2001 年，工厂正式停产。

1995 年至 2002 年是北京 798 艺术区的形成期。由于厂区空间大、环境安静、租金低廉，大量中央美术学院教师租用 798 厂房作为工作室，成为进驻 798 艺术区的第一批艺术家。这一时期的北京 798 艺术区还只是艺术家的文化集聚区，尚未成为大众所熟知的文化地标。2002 年 10 月，东京艺术工程首展"北京浮世绘"在北京 798 艺术区揭幕并取得了巨大成功，极大地提升了北京 798 艺术区的艺术影响力。798 艺术区开始逐渐进入公众视野。

2003 年，美国《时代周刊》评选全球 22 个最具文化标志性的城市中心，北京 798 艺术区位列其中。北京 798 艺术区由此声名鹊起，进入快速成长期。除艺术家入驻外，包括设计、出版、展示、演出等在内的艺术机构和以精品家居、时装、酒吧、餐饮等为主体的非艺术机构纷纷进驻 798 艺术区。这一时期的入驻机构在对原有的历史文化遗留进行保护的前提下，将原有的工业厂房进行了重新定义、设计和改造，带来对建筑和生活方式的创造性理解。空置厂房经各类机构改造，成为新的建筑作品，在历史文脉与发展范式之间，在实用与审美之间，与厂区的旧有建筑展开了生动的对话，成为北京都市文化的新地标。2004 年，第一届大山子国际艺术节开幕，并成为此后北京 798 艺术区最重要的艺术展示活动。[1] 大山子国际艺术节的成功举办使 798 艺术区由一个艺术圈集聚区拓展为一个更具社会性的艺术区。更为重要的是，2006 年，北京 798 艺术区被北京市文化创意产业领导小组办公室正式认定为"北京市第一批文化创意产业集聚区"。这是北京 798 艺术区由自发发展转入政府规划发展的重要标志。

政府的介入成为北京 798 艺术区发展和转型的关键力量。此后的两年间，北京 798 艺术区快速发展成熟。经由当代艺术、建筑空间、文化产业与

---

[1]　周岚：《798 艺术区的社会变迁》，中国轻工业出版社，2012，第 134 页。

历史文脉及城市生活环境的结合，"798" 衍化为一个文化概念，对各类专业人士及普通大众产生了强烈的吸引力。据 2007 年美国 CNN 调查，北京 798 艺术区成为仅次于长城的外国人赴京旅游目的地。① 2008 年，北京 798 艺术区被纳入北京奥运会重点旅游接待单位，数十位国家元首和许多国外的运动员到艺术区参观，让北京 798 艺术区名扬海外。② 与此同时，政府对 798 艺术区的介入亦日渐强化。自 2007 年，政府部门开始参与 798 艺术节，并推动北京 798 艺术区由最初的艺术家聚集区转向艺术展览展示中心，承担当代文化交流功能。此外，随着知名度的提升，798 艺术区内房租直线上升。包括艺术区早期入驻者在内的一批优秀艺术家开始搬离艺术区，北京 798 艺术区的生态变化初现端倪。

2008 年全球金融危机的爆发成为北京 798 艺术区停滞发展的导火索。金融危机极大地影响了国际艺术品市场。2009 年开始，北京 798 艺术区内画廊倒闭，展示空间门可罗雀，北京 798 艺术区进入发展停滞期。事实上，北京 798 艺术区的成名与北京奥运会密不可分。北京奥运会之后，作为国家文化资本的一部分，北京 798 艺术区成为中国当代艺术的展示中心，其中原创艺术家工作室逐年减少，非艺术机构的数量则快速上升。发展目标的转移、艺术产业结构的变化和租金的大幅上涨使北京 798 艺术区作为艺术家集聚区的文化生态发生根本性变化，艺术生命日渐萎缩，北京 798 艺术区逐渐成为以时尚购物、时尚餐饮为主体的文化消费区。

（二）作为企业文化品牌的深圳华侨城创意文化园

深圳华侨城创意文化园（OCT - LOFT）位于深圳华侨城原东部工业区内。东部工业区占地面积约 15 万平方米，建筑面积约 20 万平方米，分为南北两区，原入驻企业多为 20 世纪 80 年代引进的"三来一补"工业企业。自 2004 年开始，华侨城集团根据工业区内厂房的建筑特点开始 LOFT 创意产业园区的改造。通过将旧厂房改造为创意产业的工作室，引进如设计、摄影、动漫创作、教育培训、艺术等各类创意产业及概念餐厅、酒廊、零售、咖啡等创意相关产业。经过改造，旧厂房的建筑形态和历史痕迹得以保留，同时又衍生出更有朝气更有生命力的产业经济。2006 年 5 月，华侨

---

① 李伟东：《从 798 艺术区看城市文化空间的成长与功能》，《绥化学院学报》2010 年第 6 期。
② 杨剑飞：《文化产业园区生命周期研究》，社会科学文献出版社，2016，第 56 页。

城创意文化园正式挂牌。2007 年起，华侨城启动北区项目改造升级计划，北区定位为以创意设计为主的潮流前沿地带，以及艺术创作的交易、展示平台。2011 年，华侨城创意文化园实现整体开园。

与北京 798 艺术区从自发生长到政府介入的发展模式不同，华侨城创意文化园是在第一代空间改造基础上演进，由企业出资对工业遗产进行集中改造并引入艺术机构进行营造的文化空间。华侨城创意文化园由华侨城集团公司旗下子公司全资运营管理。华侨城集团作为中国最成功的文化旅游企业之一，在华侨城创意文化园的改造运营中充分发掘集团"文化＋旅游"的产业优势，并将华侨城创意文化园塑造为华侨城企业文化品牌构建和展示的重要场域。为此，在创意文化园改造的过程中，华侨城提出"生长"及"互动"的规划理念，从整体规划到单体设计采用分区改造、分栋设定的改造方式，尽量保持原工业区的持续成长性和建设过程中的互动性。

华侨城创意文化园的发展既得益于华侨城集团强大的平台优势，又以空间的系统运作构建"华侨城"的文化品牌。华侨城创意文化园秉承"当代艺术、创意设计、先锋音乐"三大运营方向，营造一个呈现鲜明后工业时代特色的工作、生活空间，以充分展示华侨城集团"优质生活的创想家"的企业文化。当代艺术主要依托华侨城当代艺术馆总馆及 OCAT 当代艺术中心以学术研讨、展览交流、艺术品收藏和拍卖等方式推动。OCAT 活动以当代视觉艺术为主体，辐射实验表演、音乐、影视和多媒体等跨界领域。创意设计则以百余家设计企业或机构、辅助性行业文化传播及媒体公司为主体，汇集书店、花店、餐饮、精品家居等形成创意设计集群。先锋音乐则以国际爵士音乐节、明天音乐节等年度节庆为主体，以举办音乐交流论坛及主题活动等方式营造先锋音乐氛围。

从企业文化品牌构建的角度看，华侨城创意文化园获得了较大成功，已然成为南中国最具影响力的文化空间之一。然而，从可持续发展的角度看，华侨城创意文化园同样面临诸多问题。基于品牌策略而进行营造的文化空间中的文化活动，其活动主题、形态都以服务品牌价值为最高原则，并未真正形成丰富、多元的文化生态。同时，空间运营依靠的依然是以办公和商业空间出租为主的单一盈利模式，难以破解由租金上涨或空间结构局限所带来的对艺术、文化的挤压。

（三）早期工业遗产改造为文化空间的主要特征

上述案例在总体上沿袭了美国纽约曼哈顿 SoHo 艺术区的发展模式，较为集中地反映了第一代、第二代工业遗产改造为文化空间的主要特征。首先，空间改造的发生均由产业结构的调整所诱发。无论是废旧电子厂还是加工厂，原有产业形态都难以为继，迫使空间功能发生转换。其次，空间改造的过程均相对完整地保持了原空间的建筑形态，并在其建筑风格上进行二次开发。最后，空间在改造为文化空间后，原有的工业遗产都被营造为相对愉悦的创意环境。对各工业遗产的改造过程均呈现为构建充满活力的复合性生态圈的努力。这些空间均软化了相邻区域的"硬度"，反映了创意产业对于城市空间响应的努力，为"后福特主义"时代的城市注入了更多创意元素。应该说它对于城市文化空间的营造产生了很多积极的影响。

与此同时，中国在独特的城市化进程和创意城市建设的强大驱动下，在工业遗产改造与文化空间发展中亦呈现出政府强势主导、资本过度介入、艺术家群体弱势和民众参与性弱的特性。在政府、资本的双重合力下，中国工业遗产转变为文化空间的改造和发展缺乏艺术和文化的内在融合力。依据行政指令形成或发展的集群在政府注意力转移或优惠政策、资金耗尽时，就会快速失去生命力。而资本的强力推进则使"艺术 + 消费""艺术 + 旅游"等空间运作形态不断扩张，空间成为昂贵的地产商业区或消费旅游区。这也引发越来越多对工业遗产改造为文化空间的高度同质化的质疑。

三　深圳工业遗产改造的最新实践与文化空间发展的未来方向

文化作为构建空间的手段，理应为各具特色的文化群体提供接入公共空间的机会，形成城市文化空间的多重场域。城市空间由行动者在不同场域中进行的实践，行动者的"生存心态"，以及行动者在权力斗争和较量中所产生的结果共同构建。同时城市空间又能动地、全面地反映着资本、权力、财富、社会地位、利益等社会关系。城市空间反映了政府、阶层、利益群体之间的博弈和角逐，而不是片断式的社会图景再现，是一个在政治、经济、文化等社会过程推动下的动态发展过程。创意城市建设中包括工业遗产在内的各类文化空间的演进不仅是以创意推动城市空间外观形态的转变，更应成为各种文化活动及艺术表现的独特场域。近年来，深圳价值工厂正在展现第三代工业遗产改造为文化空间的新实践。

深圳价值工厂位于深圳南山蛇口湾畔，毗邻蛇口港口码头片区，南侧为蛇口三突堤码头，西侧为左炮台山，北侧为赤湾山，是深圳 2015 年 12 月新开园的文化空间。价值工厂前身为原广东浮法玻璃厂，隶属招商蛇口。该厂为中、美、泰三国合资项目，总投资近一亿美元，1987 年 7 月建成投产。该厂引进美国 PPO 公司的宽流槽浮法（LB）工艺，是当时国内兴建的最大的现代化浮法玻璃厂。玻璃厂于 1985 年 8 月动工兴建，占地面积约 12.2 万平方米，建筑面积 4.3 万平方米，获 1988 年度中国建筑工程鲁班奖。

价值工厂的发展转变与其所处的招商局蛇口工业区的变迁有非常密切的关联。深圳蛇口是中国改革开放最早进行实践的区域，招商局蛇口工业区聚集了一批工业厂房，处于原经济特区相对边缘的位置。随着深圳产业的整体发展，90 年代末开始，招商局蛇口工业区一度被边缘化。2009 年浮法玻璃生产线停产。2010 年，招商局蛇口工业区提出"再造新蛇口"的计划，宣布投入 600 亿元巨资，在 5～8 年内，完成新蛇口再造，实现蛇口"新四化"，即产业结构高端化、硬件设施智慧化、城区环境低碳化、生活休闲国际化。发展至 2015 年，蛇口被纳入广东自由贸易区，使蛇口再度进入大众视野。在此背景下，价值工厂展现出蛇口探索工业遗产改造文化空间的新尝试。

浮法玻璃厂停产后，虽然主要设备被拆除，但围绕着特定生产定制的厂房留存下来，其建筑构件、建筑细部仍保留了蛇口当年工业文明和场地的印记。厂房内高大宽阔的空间，屋顶凸起的天窗，气势恢宏的熔窑柱头等独特的建筑面貌，使其 2009 年停产后就受到深圳当地建筑和文化人士的持续关注。价值工厂转换空间营造模式的关键要素恰恰在于厂区独特的建筑风貌。由于原工厂建筑形态的特点，价值工厂没有大部分工业遗产区中大面积的完整空旷厂房，绝大部分空间都无法改造为一般意义上的工作室。玻璃厂主厂房的柱阵结构直接导致价值工厂的空间无法进行切割租赁，可供使用的传统租赁空间极其有限，这迫使空间在改造时必须摒弃过去早期空间运营中所采取的"二房东"模式，改而以各类艺术文化活动的引入推进空间的文化转向。

2013 年，深港城市/建筑双城双年展在浮法玻璃厂厂区举行。鉴于深港城市/建筑双城双年展作为全球目前唯一关于城市固定主题的双年展，对城市与城市化主题有着强烈关注，展示了深港、中国乃至全球城市化进程和人居状态的各个面相，其研究、主张与讨论富有探索性与启示性。招商蛇口试图以双年展作为城市的催化剂，让处于边缘和转型中的蛇口工业区产生新的价值。同时试图把曾经走在全国工业化前沿、生产玻璃的工厂，打造为全新的"蛇口价值工厂"，为深圳生产创意与文化，使用一些新的东西让旧的东西生长出来。双年展的布展主要考虑给建筑赋予额外的公共性功能，与城市、人以及人的多元需求发生关系，在设计上考虑了更多共享的部分。这也开启了价值工厂在艺术形塑和文化生态上的探索。

2014 年，厂区又举办了新媒体艺术节，以深圳的高新科技发展和文化创意产业为依托，面向全球搭建广泛的艺术资源合作平台，将艺术与技术、文化与产业深度结合，探索新媒体艺术在未来发展的新机遇。在工业时代的记忆和历史遗址基础之上，以互联网新媒体的方式，为这里注入新的活力，代表了深圳这一新兴城市中的青年人对技术与艺术的感受及对未来发展趋势的理解。

2015 年底，价值工厂作为一个文化空间对公众开园。摒弃了传统园区运营中最重要的二房东租赁模式，价值工厂将自身定位为城市文化活动空间。开园后的价值工厂既是众多影视摄制团队所青睐的取景基地，也是深圳设计周的主展场，既有来自全球艺术家的创意、时尚、科技展览，也有来自普通市民的电音节、照片展、风车会。阶段性开放活动的介入使价值工厂的空间改造一直处于一个动态过程。价值工厂对进入空间的项目做全面评估，并允许项目依据自身需要对空间进行改造，而这种改造可能会被长期保存下来，也可能被迅速拆除。由此，人们无法确定下一个改造价值工厂的项目是什么，会改造价值工厂的哪个区域，如何进行改造。项目改造完成后，我们也不知道这个改造后的形态会维持多长时间。

由此，价值工厂形成了一个"前沿、开放、印记、连接"的新空间。最前沿的技术、资讯和想象，合作、整合和碰撞带来的丰满体验，具有强烈场所精神的公共空间，历史与未来、旧与新、静与动、建筑与活动的全新连接，每一个参与其中的人，都将留下自己的印记，构成价值工厂新的肌理。价值工厂所展现的文化空间既是一个产业的空间，又是一个商业的空间，同时更是一个艺术文化的空间。

通过列斐伏尔关于空间的一系列论述，我们早已清楚地了解到对空间的不断生产是资本得以流动、资本逻辑在当代社会得以维系的动力来源。人们赖以生存并承载着集体记忆的物质空间的高速扭转，导致了整个社会范围内生命体验的全面断裂。个体的生存经验接受着剧烈变动的持续挑战，"我们时代的焦虑与空间有着根本的关系，比之时间的关系更甚"①。米歇尔·福柯（Michel Foucault）以此种方式强调了空间的重要性。我们可以发现城市空间是社会的产物。城市空间虽然是由建筑、道路、医院、住宅、学校、公园、办公楼、商店等物质设施组成的具有一定地域界限的实体空间，但是城市区域的形成、物质设施的建设，归根到底都是人们实践活动和社会过程的产物，具有深刻的社会含义。"空间在其本身也许是原始赐予的，但空间的组织和意义却是社会变化、社会转型和社会经验的产物。"②

价值工厂的实践给我们提供了工业遗产改造为文化空间可能的发展方向。未来的空间将成为互动式的动态空间，即工作、生活、消费休闲的空间，也要为艺术文化的整体创意生态的形成提供系统性功能服务。与此同时，新的文化空间应该表达创意性的生活方式，由多元的文化、活跃的艺术家群体、频繁的艺术文化活动和广泛参与的普通民众，共同构成文化空间的主体单元。创意成为区域内一种普及性的、开放式的大众普遍参与的活动。如卡特琳·格鲁在《艺术介入空间》中所言，通过文化艺术活动将人们聚合在一起，产生身体、情绪上的共鸣，"这种参与将对个体生活体验、经历、精神状态和记忆进行塑造，并由此产生归属感、认同感和安全感"③。

结　语

事实上，文化空间的一个重要价值在于协助人们处理在城市当中所遭遇的非常迫切而焦灼的认同危机。中国在极短的时间内，在社会发展基础薄弱及独特的城乡二元结构下经历了迅速的城市化发展过程。城市化、工业化、现代化等被高度压缩在同一时空，它所带来的中国社会的急剧变动

① 〔法〕米歇尔·福柯：《不同空间的正文与上下文》，包亚明编译《后现代性与地理学的政治》，上海教育出版社，2001，第 18 页。
② 苏贾：《后现代地理学》，商务印书馆，2004，第 121 页。
③ 刘合林：《城市文化空间解读与利用——构建文化城市的新路径》，东南大学出版社，2010，第 61 页。

远远超出人们的想象，人们赖以生存的物质空间高速运转，城市中的文化空间迅速生长。现已存在和正在生长的文化空间不仅是文化消费区或观光点，是文化生产与消费的混合区，更应是文化艺术的集聚区与生长区。

与此同时，文化空间的良性发展有可能成为多维城市形象建构的生长点。文化空间的发展一方面反映了市民对城市形象业已存在的认知，同时也不断协助他们对城市形象形成新的想象。文化空间的发展一旦与城市的整体发展有效结合，将使文化空间成为城市形象再造的良好契机。在创意城市背景下，工业遗产是连接城市记忆与新生创意的交汇领域，是城市物理空间和文化空间的结合点。工业遗产改造所形成的新的城市空间不仅是文化旅游的目的地，更是凝聚文化活动的文化空间，是构建文化认同、重塑文化生态的重要场域。

城市更新的"文化转向"

——以深圳工业遗产的空间改造为例*

李丹舟　王　青**

摘要　工业遗产的保护、开发与再利用出现了一个文化转向，它不仅意味着文史资源的深耕，更作为经济振兴和制度设计的内生要素而嵌入强调社会可持续发展的"城市再生"政策框架，以及创意经济时代城市整体形象和文化品牌的形塑之中。本文以深圳为城市样本来分析政府顶层设计和具体行业行为是如何合力作用于空间改造实践之上。有别于单一的文化空间改造，深圳现已通过城市景观的大规模兴建而积极构建新兴城市的形象辨识度。以创意文化园区结合当代艺术之社会参与的华侨城集团，以创意产业集群、文化艺术活动融汇"邮轮旅游＋文化"的招商蛇口集团，说明公众参与的市民精神和新兴中产阶级的美学品味正编织为"深圳文化"所不可或缺的有机构成。

关键词　工业遗产　城市更新　深圳

Abstract　Preservation, redevelopment and revitalization of the industrial heritage have become a hot issue in the post-industrial era. The turn to

＊　本文为广东省哲学社会科学规划办学科共建项目《城市再生的文化嵌入机制与路径研究——以深圳市为例》（项目号：GD16XYS09）、广东省教育厅人文社科青年创新人才类项目《基于深圳市旧城改造的文化逻辑与内在机理研究》（项目号：2016WQNCX128）、深圳市哲学社会科学"十三五"规划课题《深圳市城市更新的文化治理机制与路径研究》（项目号：135C004）、深圳大学人文社会科学青年教师扶持项目《视觉文化研究的人类学转向》（项目号：16QNFC13）的阶段性成果。

＊＊　李丹舟，香港中文大学哲学博士，深圳大学城市治理研究院副研究员；王青，深圳大学文化产业研究院硕士研究生。

"culture" refers to a thorough investigation on the historic and cultural values of industrial heritage, as well as a structural element for economic resurgence and policy-making under the framework of "urban regeneration". Based on the in-depth fieldworks during Shenzhen International Cultural Industry Fair (2017), this paper probes into the existing literature review on industrial heritage studies and diverse modes of cultural intervention, analyzing the way that governmental policy and the behaviors of property developers act on specific cases of spatial revitalization of industrial heritage in Shenzhen. We argue that Shenzhen is establishing its own cultural identification as a booming mega-city in South China via a large-scale construction of urban landscape. The OCAT case and China Merchant Shekou Holdings case demonstrate that civic participation and aesthetic taste of the rising middle class are formulating a concept called "Shenzhen culture".

Key words industrial heritage   urban renewal   Shenzhen

一　问题的提出

近年来，无论是闲逛于北京 798 艺术区，还是徜徉于广州红砖厂，原有的旧厂房、车间、烟囱、轨道等一一化身为当代艺术工作室、画廊、时尚商铺、特色咖啡厅，越来越多生活在中国城市的年轻人开始发现并走进这些工业遗产旧址改建而成的文化创意园区。

作为一种新式的城市空间类型，工业遗产的理论内涵和兴起背景是什么？针对工业遗产的国内外研究有哪些进展？工业遗产改造为何要转向"文化"？当前中国城市出现了哪些工业遗产的文化介入模式？这其中，深圳又有哪些独特的制度经验和实践案例？本文立足国内外关于工业遗产的概念界定和已有研究，探讨工业遗产与文化之间的内在理论关联和多样化介入模式，最后以深圳为城市样本分析华侨城集团和招商蛇口集团的工业旧址改造个案，传达城市文化顶层设计和具体空间实践的"深圳表述"。

工业遗产在社会经济转型过程中暴露出来的突出矛盾主要表现在两个方面：一是从物质层面上看，闲置土地的合理利用与有效开发，以及受污染土地的环境治理迫在眉睫；二是从历史文化层面上看，深入发掘工业遗产的历史记忆和文化价值涉及社会民生问题的处理及城市整体品位的提升。由此，国外针对工业遗产的既有研究，重点集中在棕地治理（brownfield）和工业考古（industrial archaeology）这两个领域。"工业遗产"进入中国学界理论视野的主要原因是 20 世纪 90 年代以来在中国众多城市掀起的旧城改造和城市更新运动，城市码头工业区逐渐失去旧有使用价值，而其作为工业文化象征之一的历史景观价值逐渐引起关注。当前我国工业遗产保护主要通过文物保护的方式进行普查、认定和展示，并作为文化遗产保护的一大新领域而纳入文化事业的范畴。在推广工业遗产理念和开展保护工作时，《中华人民共和国文物保护法》针对文物保护所制定的十六字方针——"保护为主、抢救第一、合理利用、加强管理"，同样适用于工业遗产保护。

作为一种新型的文化遗产，工业遗产的文化价值在保护和开发的过程中逐渐得到多方认可，其中，转向"文化"可谓"二战"后西欧和北美国家的应对之道。尽管"城市再生"的政策框架涵盖经济振兴、社会包容、教育福利、环境保护等一系列议题在内，但以"社会的可持续发展"作为理论核心使其越来越倾向于城市形象、城市品牌、城市竞争力等文化内涵的培育，并拓展出以社区参与、公私伙伴关系和企业主义为要素的多元伙伴治理结构①。

具体落实到老旧空间的改造，以第三产业为驱动来推进都市休闲经济的发展和消费空间的转型升级可谓精准地把握到"文化"作为经济发展之内生要素的强大动力，这也是国内外工业遗产改造案例中比较常见的再利用模式。古依根主张文化的工具主义和商品属性居于优先地位进行考量，审美主义和美学属性则相对次之，重点考察以"文化"为主题的都市景观、文化创意园区、文化产业集群、文化遗产、文化盛事等空间形态在振兴本土经济和塑造城市品牌中所发挥的积极作用。当前我国工业遗产的文化实践主要体现在以多样化的方式为旧有工业空间注入创意文化元素，大力开发以休闲、游憩、娱乐等为方向的体验式旅游产业，具体包括以下四种模式②。一是"工业博

---

① 李丹舟、李凤亮：《英国城市再生的文化经验及对中国的启示》，《学习与实践》2017 年第 7 期。

② 参见韦峰主编《在历史中重构：工业建筑遗产保护更新理论与实践》，化学工业出版社，2015；王晶：《工业遗产保护更新研究：新型文化遗产资源的整体创造》，文物出版社，2014，第 137~139 页；张京成等：《工业遗产的保护与利用——"创意经济时代"的视角》，北京大学出版社，2013，第 29~33 页。

物馆保护模式"或称"博物展示"模式，主张维护和修缮原有建筑形态，集中展示过去的工业生产设备、相关设施和工人生活等。二是"景观公园改造模式"或称"公园绿地"模式，针对工业时代污染大、生态破坏严重的棕地进行整体修复，使之成为社会公众开展娱乐休闲活动的公共空间。三是"综合物业开发模式"或称"城市功能渗透模式"，强调工业遗产与周边街区风貌的整体融合，做法既有将工业建筑的旧有元素重新改造为新的城市空间功能（如大学校园、办公楼等），也有在工业遗产周边建设博物馆、艺术馆、公寓、购物中心等建筑以实现综合开发。四是"创意园区利用模式"、"文化事件策动模式"或称"艺术园区"模式，此种模式目前是最为常见的工业遗产空间改造方式，着力于利用文化设施、文化产业、文化活动、文化旅游等来提升城市品位。

二　深圳经验一：华侨城模式

作为中国改革开放的前沿城市，深圳在文化自觉培育、理论体系构建和发展阶段性革新三个层面业已呈现出极具特色的"深圳气派"，这不仅为工业遗产改造的特定案例提供了以创新型、智慧型、包容型与力量型为特点的城市文化精神，同时特定区域的旧工业区改造也有机地纳入这座以科技创新转化能力为标榜的年轻城市，以其富有特色的文化实践积极构建创新型城市的空间版图。

华侨城创意文化园位于深圳华侨城原东部工业园区内部，东邻侨城东路，北靠侨香东路，这一片区以东是深圳商务活动和 CBD 的聚集区，以西则是深圳高新技术集群，华侨城片区主要是以旅游业和高品质居住区为显著特点。关于华侨城创意文化园（又称 OCT – LOFT）的工业遗产转变之路可追溯至 2004 年，为响应深圳市政府"文化立市"的城市发展策略，华侨城集团着手将 20 世纪 80 年代园区入驻的"三来一补"工业企业相继撤离东部工业区①，同时将大量闲置厂房改造为 LOFT 创意园区，积极引入以设计、摄影、动漫创作、教育培训、艺术等为代表的创意产业，以及概念餐

①　原工业区占地面积约为华侨城整体面积的四分之一，鼎盛时期进入的大大小小的工业企业估计有数百家，但 1998 年华侨城内部出台的第二次城区规划纲要已谈及"控制工业发展的规模，扩大人文旅游产业的比重"。参见深圳华侨城创意园文化发展有限公司《创意生态：华侨城创意文化园的实践》，金城出版社，2014，第 12 页。

厅、酒廊、零售、咖啡厅等为特色的文化创意空间①。根据华侨城集团产品策划中心高级经理在某次讲座上的介绍，华侨城的工业遗产转变之路总体上可概括为以"创意设计、当代艺术、先锋音乐"为明确定位，致力于将其打造为南中国最具特色的创意文化园区②。由此，随着 2005 年 1 月 OCT 当代艺术中心开馆、2005 年底首届深圳城市/建筑双年展在创意文化园区举办、2006 年 5 月华侨城创意文化园正式挂牌成立、2007 年华侨城创意文化园开园庆典暨 OCT 当代艺术中心两周年庆、2011 年深圳华侨城创意园文化发展有限公司正式成立以及整体开园，这一片区逐渐完成全园硬件设施的整体改造，文化创意产业园区和特色文化创意街区建设渐渐成型③。

华侨城创意园改造计划的最大特点是较大程度地保留了老工业厂房和工业建筑遗产，并积极探索以创意产业为载体的后工业时代空间升级——这恰恰体现出全球旧厂房改造模式在深圳的鲜活实践。事实上，华侨城创意文化园与 20 世纪 50 年代在纽约曼哈顿 SOHO 艺术区兴起的 LOFT 模式有一定相似之处，均是在保留老旧建筑形态的基础上发展为以艺术画廊、时尚店铺为构成要素的城市文化中心。与 SOHO 艺术区 500 多栋由高楼层钢筋混凝土框架结构的建筑物相似，华侨城园区内不少工业建筑也采用挑高立面，此种混合工作室和居住功能的高层宽大空间非常适合艺术家进行创作。更重要的是，与北京宋庄等单一艺术村落不同，华侨城创意园的壮大受益于深圳创意产业上下游产业链的初具规模。深圳的制造业转型升级始于 20 世纪 90 年代，类似华侨城原工厂代表康佳的自主品牌化，特区初创之际大力发展的加工制造业逐渐搬离深圳而转移到邻近的东莞、惠州、佛山等珠三角城市或更远的中西部地区，城市的经济结构调整为以高科技研发、金融资本和文化创意为主体的产业布局，越趋重视品牌、质量、技术含量等核心竞争力。然而，与深圳其他工业区走向商品住宅开发的改造道路不同④，华侨城并未以清拆或重建的方式完全推倒重来，而是将濒临废弃的旧厂房转化为以居住和旅游为标签的混合型社区。这一举措旨在通过创意机

---

① 高鸣编《电梯轿厢艺术项目》，新星出版社，2014，第 194 页。
② 根据 2017 年 3 月 23 日广州文创园运营创新研讨会笔记而整理。
③ 董冰峰等编《影舞之眼·视域之外：第二届深圳独立动画双年展》，德国古桥出版社，2014，第 345 页。
④ 基于深圳制造业撤离和转型升级的大环境，大量工业区在 21 世纪初期纷纷展开空间改造。其中，八卦岭工业区、上步工业区、南油工业区多改造为商业住宅、城市综合体或商业街区，水贝工业区继续保留珠宝产业的布局，华强电子工业区也继续保持电子工业的特色。

构、创意工作室和创意从业者的植入，以新经济的培育来取代低端制造业为主体构成的城市形象。此外，位于城市中心地段的有利位置——地铁 1 号线直达、迅速连接粤港澳大湾区的便捷交通，加之居民的混合居住形态，均有助于形成创意园区的有机整体氛围。

随着 1997 年何香凝美术馆在深圳建成，华侨城集团自 1998 年起通过合办"深圳雕塑双年展"而逐渐介入当代艺术、空间改造和城市发展之中。除了空间规划设计具备得天独厚的优势之外，华侨城创意文化园区的空间升级独具匠心地与中国当代艺术的空间介入，乃至深圳当代艺术的空间表述紧密结合为一体。关于中国当代艺术的界定，主要指的是 20 世纪 80 年代新潮艺术重新开启的现代主义实践①。尽管对当代艺术史的书写模式众多，既有围绕着中国当代艺术史话语权的书写生态而将其视为西方视野下以前卫主义为语言和以个人主义为表达的判定标准，或者由官方、商业主义所认可的当地艺术及艺术家群体②，但更多现有研究仍然以改革开放为历史分期来说明视觉方式的变革所涉及的社会文化变迁。具体而言，如果说以"85 新潮"为主体的现代艺术已不仅限于艺术形式的创造性表述，而是以"人的解放"为基础来"对艺术与社会、艺术与宗教、艺术与哲学的全方位的重新审视"③；那么，进入 90 年代后，从"现代"向"当代"的概念嬗变则使其通过与国际社会接轨，并在全球资本市场流通中获得合法性④。因此，倘若将所谓"去中心的、由艺术家个人或志同道合的几个伙伴们开展的艺术项目"⑤看作艺术家的创作自由，那么此种自由已随着市场化改革而不断地与画廊经济、艺术拍卖、策展、艺术保险、艺术空间等一系列新的制度体系捆绑在一起。而谈及深圳当代艺术，有本土学者业已尖锐指出其无根性与无序性——既受累于传统积淀的薄弱，又兼具本土话语的不予认同，艺术家群体的无谱系、学院环境的不充分和独立策展人及批评家的缺

---

① 朱其：《中国当代艺术史的判断标准》，高名潞主编《立场·模式·语境——当代艺术史书写》，中央编译出版社，2016，第 18 页。

② 朱其：《中国当代艺术史的判断标准》，高名潞主编《立场·模式·语境——当代艺术史书写》，中央编译出版社，2016，第 19~20 页。

③ 吕澎、易丹：《1979 年以来的中国艺术史》，中国青年出版社，2011，第 5 页。

④ 吕澎：《中国当代艺术的历史进程与市场化趋势》，北京大学出版社，2010，第 467 页。

⑤ 〔美〕巫鸿：《阅读"缺席"：中国艺术史中的三个时刻》，黄专主编《作为观念的艺术史》，岭南美术出版社，2014，第 74 页。

失，亟待开放一种对于城市文化身份的自我想象①。华侨城当代艺术中心馆群（又称 OCAT，全名为 OCT Contemporary Art Terminal）可谓正是中国当代艺术在独立自主与文化经济之间保持平衡而诞生的一个重要的空间实验项目，对深圳公共艺术和市民参与精神的培育产生了积极作用。

　　OCAT 的诞生不能不提及原广州美术学院教授、当代艺术史学者黄专先生。以公益性的独立艺术机构为定位，OCAT 在其初创阶段的 2005 年便将何香凝美术馆的研究员黄专先生引入，全面主持 OCAT 的业务工作，在之后的十几年内在上海、北京、西安等城市相继成立 OCAT 分馆和分展区，成为华侨城旗下的当代艺术运作机制。延续何香凝美术馆以艺术讲座为内容的"人文之声"项目、以公共教育和艺术研究为定位的"何香凝美术馆学术论坛"以及深圳雕塑双年展，黄专将 OCAT 设置为与国家美术馆体制不同的独立艺术机构，在学术机制上设定为三大板块：一是涵盖出版、文献收集和演讲的研究模块，二是与之相匹配的展览模块，三是以艺术家、批评家、策展人、研究者等为参与群体的国际艺术驻地计划②。如巫鸿所言，OCAT 的价值在于大大拓宽了当代艺术的边界，不仅是狭义的艺术品生产，更是以创作、展览、学术与交流等为一体的当代艺术实验，对思想观念和文化批评产生深刻影响，并切实落地到华侨城老厂房空间此一特殊的空间场域③。的确，不仅在运营层面，OCAT 通过总馆与分馆之间的"托管模式"或"合作模式"、理事会制度、馆际资源共享等一系列举措而与国际知名美术馆馆群接轨④；更重要的是，透过大量与当代艺术息息相关的讲座、对话、展览、事件等多样化的项目和形式，深圳市民得以在这样一种空间载体之下广泛参与到关于"深圳"文化身份的持续建构过程之中⑤。

---

① 陈向兵：《艺术现场：当代深圳的视觉图像与叙事》，江西美术出版社，2011，第 3～14 页。
② 方立华：《黄专谈"OCAT 是这样成立的"》，《华侨城创意文化园·讯》2017 年第 6 期。
③ OCAT 当代艺术中心主编《OCAT 十年：理念、实践与文献》，中国民族摄影艺术出版社，2015。
④ OCAT 当代艺术中心主编《OCAT 十年：理念、实践与文献》，中国民族摄影艺术出版社，2015，第 121 页。
⑤ 笔者曾参与过华侨城 OCAT 举办的"城市更新与公共艺术"讲座、"事件的地貌"系列公共项目之六徐坦"地‐地盘"艺术项目工作坊之一、OCT‐LOFT 公共艺术展"以植物为名：老厂区的过去和未来"等多场与城市更新相关的艺术活动，不仅发现这些活动吸纳了为数众多的深圳市民前来旁听，而且在讨论现场感受到活跃积极的对话氛围。

三 深圳经验二：蛇口工业区模式

作为"特区中的特区"，蛇口既是中国改革开放的发源地和试验田，又是单位面积产生知名企业最多的地方，以"时间就是金钱、效率就是生命""空谈误国、实干兴邦"而闻名全国。因此，蛇口的工业遗产改造历史相对深圳其他的工业园区来说较为久远，自20世纪70年代末期开发临港加工并在80年代积极引入外资企业和培育本土企业之后，蛇口工业园区至90年代将产业结构调整为港口物流、金融、贸易、南油后勤基地等，21世纪之后更进一步引进和培育以高科技为主体的核心产业，由此完成从低端制造业向高技术含量新兴产业的转型过程。招商局集团是特大央企，总部设在香港，目前也是香港四大中资企业之一，其核心业务板块包括交通、地产和金融。其中，招商蛇口是旗下以社区开发与运营、园区开发与运营、邮轮产业建设与运营为核心业务的旗舰公司，所辖区域为蛇口滨海深港创业创新产业带，占地面积约300万平方米，代表性园区包括南海意库、价值工厂、蛇口网谷、海上世界、太子湾等。以"城市生长的力量"为口号，招商蛇口近年来逐渐将文化创意园区和文化创意产业纳入企业自身发展的重要战略之一，进行以文化为特色的产业园区开发、以文化为元素的住宅开发和社区运营以及以文化为主题的邮轮旅游。可以说，转向"文化"既是顺应深圳改革开放四十年来从制造业向高科技产业转型的必然要求，而新世纪以来深圳的顶层设计将"文化"作为政策制度和产业发展的转轨方向，也为招商蛇口的工业遗产改造和文创园区建设奠定了坚实基础。

南海意库（NH@ COOL）是产业结构调整背景之下，传统的劳动密集型工业搬离蛇口后针对大量空置厂房进行文化创意元素植入的一个典型案例。建成于1983年9月的日本三洋公司，是改革开放后最早来到深圳的"三来一补"厂房之一。改造前总建筑面积为9.5万平方米，由6栋四层工业厂房构成，每栋主体建筑面积为1.5万平方米。在过去的几十年间，园区相继进驻了近百家劳动密集型工厂，以日本的三洋电子株式会社最为出名，可谓见证了蛇口从不毛之地走向现代化都市的全部历程。而2000年后随着经济大环境的变化，三洋厂房不得不面临"厂房改造、产业置换"等问题。2005年10月招商蛇口正式回购三洋厂区1#、3#和5#楼并将其列入深圳创意产业园二期基地，2008年正式回购三洋厂区6#楼，最终建成为占地面积

4.4 万平方米、总建筑面积逾 11 万平方米的南海意库。与华侨城的"创意园区利用模式"不同，南海意库的改造思路接近"综合物业开发模式"，即立足绿色低碳建筑和文化创意产业两个未来发展定位，将老三洋厂房从功能单一的车间厂房向集办公、商业、展示等需求在内的复合型物业转变，目标在于打造侧重于"艺术 + 设计"的文化创意产业园区。在综合自然采光与通风、遮阳设计与生态绿化、节地与废弃物利用、建筑结构加固等多项举措修缮原工业建筑的基础上，南海意库目前已有逾 120 家企业进驻，多以设计创意类为主，占比高达 66%，文化类企业占比则为 12%，就业人数超 5000 人，年产总值逾 65 亿元，创造税收超 6 亿元，业已形成以"工业设计、建筑设计、广告影视、文化艺术"四大板块为主的创意产业集群效应①。笔者在 2017 年深圳文化产业博览会期间进行实地走访时，发现园区不仅有大量入驻的设计公司、文化传播公司、时尚店铺、主题咖啡厅和概念餐厅，作为每年文博会的分会场之一，诸如创意市集、创意周、创意文化节等主题活动也在南海意库广泛开展。

另一个蛇口老厂房改造的案例是价值工厂（I-FACTORY），位于蛇口工业区海湾路 8 号，地处前海湾、太子湾、深圳湾三大海湾的中心地带。厂房旧址原为广东浮法玻璃厂（Guangdong Float Glass，简称 GFG），1985 年曾引进我国第一条浮法玻璃生产线，可以说是深圳特区制造业光辉岁月的见证者。2009 年，招商蛇口开始接手老玻璃厂房的全面改造，项目地块东起空气化工产品气体（深圳）有限公司厂区，西至东方物流厂区，南临海碧路的南方中集厂区，总占地面积为 4.9 万平方米，总建筑面积为 5.3 万平方米。与南海意库相似，价值工厂的空间改造主要包括工业建筑的翻新和重建，以及文化创意元素的植入。一方面，招商蛇口新建了一批服务于文创园区的主体建筑，包括设计总面积 1 万平方米的企业公馆、总建筑面积 5000 平方米的创新研究院和总建筑面积 1700 多平方米的品牌工作室，另规划设计 1200 平方米的集装箱商业和公寓；与此同时，原玻璃厂房保留下来的筒仓被改造为具有文化长廊和落日观景平台的艺术展览空间，机械大厅改造为具有宣言大厅、柱阵展览大厅、幻影 T 台的功能空间，砂库则改造为创客实验室和对话阶梯。另一方面，价值工厂的"文化"定位与南海意库引入设计广告类公司的做法不尽相同，反倒与华侨城 OCAT 以文化事件驱

① 根据 2017 年 3 月 23 日广州文创园运营创新研讨会笔记而整理。

动来促成艺术介入园区的模式较为接近。2013 年深港双年展开幕"蛇口再出发",旨在用当代视觉表达方式来讲述蛇口老工业区的历史;2014 年价值工厂承办中国大陆首届新媒体艺术节;2016 年 1 月价值工厂正式建成,并联合广东省设计联盟举办开园仪式;2016 年举办了包括服装发布会、丛林音乐会、影视剧拍摄、文博会分会场、电音派对等一系列文化艺术活动,诸如周星驰执导的电影《美人鱼》等均在园区取景拍摄——尽管园区的文化转型之路历时并不算长,但其在定位上紧紧把握住深圳以"设计之都"作为城市品牌的文化战略,围绕着时尚品牌发布、影视电视拍摄和青年音乐节等层面确立未来发展方向。

更为值得注意的是,立足"一带一路"和粤港澳大湾区的双重叠加战略优势,招商蛇口对蛇口的空间布局进行了全盘审视,提出"前港 - 中区 - 后城"的发展理念。从早期的货物进出口逐渐拓展为以港口为龙头,以港口后方开发的临港产业园为核心和载体,发展与城市相适应的相关产业,最后以产业发展带动城市建设[①]。落实到以文化为导向的工业遗产改造,则是以"邮轮旅游 + 文化"的策略来带动整个蛇口老工业区的空间升级。随着 2017 年夏天深圳邮轮旅游嘉年华的开幕,太子湾邮轮母港与皇家加勒比、星梦、银海、丽星、歌诗达等多家国家邮轮公司合作,开通从蛇口出发,通往日本、越南、上海等国内外多个城市的旅游线路,而这恰恰是顺应日益上升的深圳新兴中产阶级的文化消费需求和生活美学品味的新方向。

结　语

随着 20 世纪 90 年代以来旧城改造和城市更新运动的广泛展开,我国工业遗产的文化转型在实践中已探索出涵盖博物馆、景观公园、综合物业和创意园区等在内的多样化介入模式。但从"文化的空间"升级到"空间的文化"不仅意味着创意文化元素的植入,更强调城市整体文化氛围的营造和文化个性的培育,以此来观照顶层设计之于特定空间改造的影响——深圳,无疑是印证"空间的文化"的典型城市样本。工业遗产改造的"深圳

---

① 李建红:《"一带一路"倡议助力我国企业走出去》,《求是访谈》第 132 期,http://www. qstheory. cn/zhuanqu/qsft/2017 - 05/17/c_1120986797. htm,访问日期:2017 年 5 月 26 日。

模式”可概括为以“文化”为核心的顶层设计和多元实践相结合，不仅呈现出某一个文化空间的成功经验，更重要的是在政府政策和行业行为的合力之下，在过去所谓“文化沙漠”之上营造出独具特色的城市文化氛围和形象辨识度。具体而言，以特区“十大观念”为精神支撑，以“文化是流动的”确立新兴城市的文化身份，以文化建设的战略性推进作为工作目标，深圳在顶层设计层面凸显“经济城市”向“文化城市”的转型决心。参与城市建设与改造的从业者则在此基础上大规模兴建城市景观，以适应产业结构调整背景之下的空间布局：既有华侨城以纽约 SOHO 艺术区为参照对象打造的创意文化园区，并在旧厂址改造后的空间运营过程中积极探索当代艺术的社会参与、公众对话和市民精神培育，又有招商蛇口对老工业区电子厂房、玻璃厂房的文化园区改造，分别侧重于创意产业集群和文化艺术活动驱动，其最新的“邮轮旅游 + 文化”方向在顺应深圳新兴中产阶级消费需求的同时，更成为整个蛇口港片区空间升级的未来方向。从“文化的空间”到“空间的文化”，深圳正在走出自己的城市文化风格。

都市生活中的当代艺术与社会介入

——关于广东时代美术馆的文化空间考察*

袁　瑾**

摘要　广东时代美术馆旨在与公众分享当代艺术作品，促进当代艺术发展，但是观众稀少，本地社区居民参与度低，这反映出当代民营美术馆面临的普遍困境，即社会介入效果不佳。民营美术馆作为一种新兴文化空间，虽然极大更新了城市的景观与生活方式，但由于在地性的不足、知识生产模式的局限，以及圈层化、精英化的艺术趣味和价值取向，使得它与普通民众之间产生文化区隔，难以形成有效的艺术交流机制和文化认同，也成为民营美术馆必须正视和亟须解决的现实问题。

关键词　民营美术馆　当代艺术　文化空间　社会介入　在地性

Abstract　Guangdong Times Museum aims to share contemporary works of art with the public and promote the development of contemporary art. However, the audience is sparse and the participation of local residents is low. This reflects the general dilemma confronting the contemporary private art museums that social intervention is ineffective. As a new cultural space, the private art museum has greatly updated its urban landscape and lifestyles. However, due to the lack of Site-specificity, the limitations of the mode of knowledge production, as well as the artistic interest and value orientation of

---

*　本文为广州国际城市创新传播研究中心研究成果。

**　袁瑾，广东外语外贸大学广州国际城市创新传播研究中心研究员、副教授、硕士生导师，主要研究当代城市文化。

the layers and elites, It creates a cultural gap between the ordinary people and it is difficult to form an effective mechanism for the exchange of art and cultural identity, has also become a private art museum must face up and urgently need to be addressed.

Key words　private museum　contemporary art　cultural space　social involvement　site-specificity

2016 年 8 月，笔者应广东时代美术馆之邀开展了一项名为《时代美术馆及其周边地区社会文化调查》的项目研究。此课题缘于美术馆自 2010 年开馆以来一直未能吸引到足够多的观众，包括周边社区居民，为探究美术馆与社区关系，本课题组展开了调查。本文即以广东时代美术馆为例，以本项目中的实地调研为基础，剖析民营美术馆这一新兴城市文化空间的构成和功能，探讨美术馆与社区居民之间的关系，思考和回应在民营美术馆迅速崛起的今天，当代艺术以何种方式介入社会，在介入社会的过程中遇到怎样的问题，民营美术馆应如何建构自身与民众交流的有效模式和文化认同。

一　包容与断裂：一个嵌入式的文化空间

广东时代美术馆是由时代地产出资创办，由著名建筑师雷姆·库哈斯和阿兰·弗劳克斯共同设计的公益美术馆，也是专门从事当代艺术传播与研究的民营美术馆。该馆位于广州市白云区时代玫瑰园小区，整个空间镶嵌于第三期住宅的临街楼体内，其中首层大厅为美术馆的大堂、艺术品商店和公共项目区，首层夹层为西餐厅，14 层为办公室，19 层为室内展厅、玻璃展厅和露台茶座。这种无缝连接式的空间形态在一定程度上打破了艺术与生活的界限，显示了建筑师的社会介入理念（如图 1 所示）。

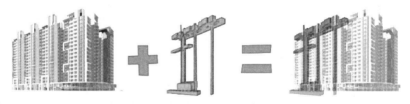

图 1　广州时代美术馆的空间形态

如此巧妙的建筑结构在很大程度上实现了美术馆与所在社区之间的空间融合，理应促成两者在文化及社会层面的良性互动，但实际效果并不理想。笔者调查发现，在美术馆的参展观众中，时代玫瑰园业主仅占 1.01%，即使是周边社区居民也只占到 2.53%，高达 62.63% 的观众来自广州市内其他地方。这意味着在拥有 1 万人左右的大型社区内，走进美术馆的居民只有 100 人左右。尽管有 57.07% 的人认为展览质量不错，29.29% 的人觉得很好，说明时代美术馆的展览活动表现不俗，但为何无法吸引本地居民参与其中，难免令人费解。观众数量是衡量美术馆影响力的重要指标，缺乏观众的美术馆也是缺乏活力和可持续性的。那么，究竟是什么原因造成美术馆如此冷清呢？

应该说时代美术馆所遭遇的尴尬代表了国内大部分民营美术馆面临的难题，即社会接受与公众参与度低。据 2016 年权威数据统计，"63% 的中国当代私人美术馆，每年的参观人数在 20000 人以下，仅有 37% 的参观人数在 20000 人以上"[①]，对比公立美术馆动辄几千人的日接待观众人数，民营美术馆所吸纳的观众群体明显不足。调研显示，时代美术馆的日参观人数有 50 人左右，开展日为 100~200 人，全年观展人数为 7500~15000 人，尽管在整个民营美术馆业界中的表现尚可，但总体而言其社会影响力仍然有限，观众稀缺成为美术馆发展的最大瓶颈。

表面上看，观众稀缺或许跟民营美术馆的发展时间不长、知名度不高有关。但从深层次原因来说，由于民营美术馆的兴起更多来自资本与媒体的追捧，因此它在成长过程中必然缺乏足够的现实基础与文化土壤。2005年，中国当代艺术在市场中出现井喷式的价格上升，由于社会关注度的提高和各类私人藏家的推动，民营美术馆在 2010 年左右迅速崛起，其中包括广东时代美术馆。时代美术馆不仅是一家专业美术馆，而且是由地产公司兴办的、扎根于社区的美术馆，同时还是为纪念第二届广州三年展"三角洲实验室"而建的一座永久性建筑，多元复杂的身份使得美术馆呈现出一种极具包容性的文化景观。

首先，时代美术馆是一个典型的"白盒子"，整个空间采用的是现代主义建筑风格，如纯白色墙面、直线条结构、几何形窗户、开阔的展厅和露

---

① 雅昌艺术市场监测中心（AMMA），Larry's List：《全球私人美术馆调研报告》，雅昌艺术网，http://amma. artron. net/reportDetail. php?id = 26。

台，完全符合现代美术馆所追求的简洁、明快、开放的美学风格，给人带来良好的视觉观感和空间体验。其次，时代美术馆是一种新生的艺术机构，其民营的性质使得它在发展模式和展品选择上有别于公立美术馆，主要通过从事当代艺术活动来确立自己的独立价值。再次，时代美术馆是一个实验性的建筑空间，设计者采用 T 型结构将美术馆嵌入小区住宅，展厅与居民的厨房、阳台对望，塑造出一种极富创意的社区美术馆，令人耳目一新；与此同时，这里也是一个消费和休闲的空间，其经营的"艺术＋系列"业务包含了咖啡店（现在改为西餐厅）、艺术商铺、花店和茶座，它们分布于美术馆的不同区域，满足了人们餐饮、观光、社交等多种需要。最后，时代美术馆是一个地产项目的衍生品，其投资主体（时代地产公司）以"生活艺术家"自居，该公司修建的不少楼盘配套有博物馆或艺术项目，时代美术馆在一定程度上也扮演了推广企业文化的重要角色。

可见，时代美术馆是一个复合型的多功能空间，也是一个聚集了各种社会意义的象征型空间，更是交织了审美理想与商业诉求的权力空间，这些空间以优雅的姿态并存，看上去也很美，但问题是它对本地居民意味着什么呢？时代美术馆所在的时代玫瑰园社区原本是黄边村的集体用地，2000年初因为房地产的开发而逐渐繁荣，这里既有时代玫瑰园、云山诗意和金碧雅苑等以中产白领住户为代表的住宅楼，也有聚集了大量外来移民和租客的黄边村。因此无论是时代美术馆，还是它所依附的楼盘小区，都并非来自本地，而是外来的新兴产物，彼此缺乏有意义的联系，并且存在着深深的断裂：一方面，美术馆位于社区最繁华的临街位置，另一方面，很少有行人驻足进入美术馆。尽管美术馆试图融入社区，但这些精心开展的艺术活动并没有得到社区居民的热情回应。

可以说，时代美术馆与它所在的黄边社区形成了一种巨大的反讽，这种反讽完全符合美术馆设计者库哈斯本人一贯的新奇趣味与先锋追求。据悉库哈斯当年拒绝了地产公司想在小区平地上建立美术馆的邀请，执意要在居民楼体上嵌入这座建筑。时至今日，如果观众有幸站在 19 层高的美术馆巨型玻璃幕墙前向下俯瞰，眼前的景象好似一块会随时间推移而不断更新的画布，黄边社区犹如一块反映珠三角城市化进程的巨大标本，展示着它如何从人烟稀少的农田发展为今天高楼林立的城市，让人一览无余。如此居高临下的态势使得美术馆更像是一个观察者和研究者，而非一个真正想要进入社区并融入日常的艺术家。从这个意义上说，时代美术馆就仿佛一件充满了冒险精神的当代艺术作品，黄边社区则充当了它的实验室。美术馆虽然以合体的方式嵌入这一社区，但它更像是一座无根的建筑物漂浮在城市上空，与周围的空间貌合神离。

二　全球化与在地性：当代艺术的社会介入

据统计，全球私人美术馆兴建大潮出现在千禧年之后，中国以 26 所的数量位居世界第四。而在全球十大私人美术馆所处城市中，中国有 3 个城市入选，分别是北京（9 所）、广州（6 所）和上海（4 所）。这些美术馆在如此短的时间内出现并非巧合，而是文化全球化所带来的必然反应。截至2013 年，中国的美术馆仅有 332 所，这对拥有 13 亿多人口的大国而言显然供不应求，因此时代美术馆的出现，对于推动美术馆事业尤其是社区美术馆的发展无疑具有积极意义。与此同时，中国城市化已进入新一轮更新阶段，更新的基本对象是社区，其中"社区的有形环境与无形环境的建构，不仅需要文本形式的规章制度，还同时需要社区环境的物质化设计和人文环境的精神性、艺术性构造。因而，公共艺术与城市景观的美学实践是 21世纪中国城镇社区整体建设必要的方式和途径之一"[1]。从这个意义上说，民营美术馆作为一种新生的公共艺术力量，在激活社区关系、传播审美文化、提升人们生活品质方面将发挥越来越重要的作用。

首先，时代美术馆让公众有机会近距离了解并接触当代艺术。观众在美术馆可以参与展览、艺术家工作坊、专题讲座、导览、电影放映等多种活动，并给予美术馆良好评价。美术馆的主要观众来自青年学生，其中艺术专业学生较多，家长带孩子参观的现象比较普遍，可见美术馆对于年青一代具有较大吸引力，其在潜移默化中有可能为美术馆培育出未来的忠实观众。

其次，时代美术馆是一座设计新颖而独特的建筑，人们在其中可以获得极大的审美享受。同时它还为人们提供了读书、休闲、餐饮、聚会的场所，创造了各种社交机会，如每年一届的"社区艺术节"和"艺术＋之夜"的鉴赏性艺术聚会等。2015 年美术馆曾举办"来美术馆郊游：蔡明亮大展"，整个展厅被黑白两色纸张铺满，作品以影像装置方式展出，视觉效果

---

[1]　翁剑青：《景观中的艺术》，北京大学出版社，2016，第 375 页。

震撼，吸引了大量观众前来观展和夜宿。这些公共项目具有面向公众、服务社区的功能，对提升黄边社区知名度、增强社区认同感起到了一定作用。

再次，时代美术馆在传播艺术资讯、普及艺术教育方面做出了许多贡献。美术馆开办的亲子工作坊，内容涉及舞蹈、戏剧、绘画、游戏等内容，受到家长和孩子的欢迎。同时美术馆曾邀请知名漫画家叶正华博士开设"左手动漫　右手艺术"的儿童创意美术课程班，吸引到部分社区居民子女学习。2017 年 1 月，美术馆举办的"开启第二人生的零基础绘画班"为社区老年人提供免费学习绘画的机会，这些对激发社区居民的艺术热情，丰富他们的业余生活都起到了良好的引导作用。

各种调研结果显示，美术馆在推动当代艺术传播方面的确发挥了积极作用，但从社区融合的角度讲，美术馆与居民显然还没有形成紧密的联系，例如不少居民反映在社区内看不到美术馆展览海报和相关信息，认为美术馆宣传不到位，但是当美术馆开展某些专门服务于本地居民的公共艺术项目时，却遭到过部分居民的投诉和抗议。尽管时代美术馆拥有良好的专业素质和服务意识，社区本身也具备开展各项艺术活动的条件，但为什么居民对美术馆如此陌生和隔膜呢？

应该说，上述现象反映的其实是国内民营美术馆普遍存在的问题，即缺乏"在地性"。在公共艺术活动中，"在地性不仅强调艺术与艺术创作、展示、传播与接受的场所之间要建立一种血脉相连的物质实践关系，而且要求观看者亲临现场，参与到艺术品的创作中来"。[①] 在地性代表的是地域性和传统，当艺术作品与当地文化发生关联时有可能引起当事人的记忆、联想和共鸣，从而激发出强烈的场所认同感与空间审美体验。然而，美术馆开展的艺术活动虽然丰富，但大部分作品与本地生活无关，不少居民表示不感兴趣，即使是在那些互动性较强的公共项目中，参与者也大多来自社区以外。这说明了在一个由策展人主导的民营美术馆运营模式中，社区居民不是重要的参与者和决策人，他们只是被动的受教育者。

任职于民营美术馆的策展人和工作人员大部分具有海外留学和工作的经历，他们作为推动民营美术馆发展的中坚力量，的确为人们引进了不少优秀的国外艺术作品，包括艺术教育的理念。但也由于他们长期沉浸于国际化的生活和艺术理想中，与本地基层民众有着截然不同的生活体验，从

---

① 安德里亚·巴尔蒂尼：《论公共艺术的在地性》，《文艺理论研究》2016 年第 2 期。

而形成认知和期待上的巨大落差。在笔者所接触的时代美术馆策展人中，至少有两位表示不理解为什么小区居民宁愿跳广场舞也不愿意来美术馆，为什么国外的市民对看展览这么热情，而这里即使是免费开放也无人问津。可见，美术馆与社区居民、策展人与广场舞大妈之间横跨着一道难以逾越的屏障，它代表的其实是全球化与在地性、当代艺术与日常生活、艺术精英与普罗大众之间难以沟通的现实。交流何以成为可能？这已是民营美术馆必须正视与迫切需要解决的问题。

诚然，无论是美术馆还是当代艺术，追根溯源都是舶来品，不可能有纯粹的在地性。而且在全球化的今天，如果仅仅是出于对传统的保护而生造出所谓在地性，也必然是狭隘与封闭的。从这个意义上说，当下所孕育的也许是一种新的在地性，即艺术将在全球与地区间的不断博弈和纠缠中曲折前行。诚如时代美术馆，既代表了地方试图提升自己世界地位的野心，同时它也必须借用地方的文化资源才能确立和表达其独特的身份和文化价值，可以说"这种新的在地性必然是不纯粹的、杂交的，因此也是极具创造力的。相对应的，文化身份的问题也就不再建立在逻辑上的国家或地区基础上了。取而代之的是一种超国家主义，文化身份持续地转变"①。

三　共享与区隔：当代艺术的知识生产悖论

如果说新的在地性是全球与地方对话的结果，而这种结果又不能完全适应当地需要，那么其意义何在？时代美术馆所在的时代玫瑰园算得上一个中产社区，这里聚集的居民大部分是私营企业主、公司白领、医生、教师、公务员等，按理说他们应该具备参观美术馆的热情。但遗憾的是，59%以上的被调查者没有接受过专门的艺术教育，也很少从事与艺术相关的活动，只有15%的被调查者有逛博物馆和美术馆的习惯，并且认为艺术重要。而与玫瑰园小区有一街之隔的黄边村，情况则更为糟糕，因为绝大部分居民都是外来租客和打工者，他们甚至都不知道附近有一个美术馆，即使知道或看到，他们感觉那里很"高大上"，似乎不是他们该去的地方，所以也从没进去过。可以说，由于民众普遍缺乏基本的艺术教育和素养，使得民众在面对美术馆时不自觉地产生某种自卑感和距离感，严重阻碍了他们进

---

①　侯瀚如：《走向新的在地性》，《东方艺术》2010 年第 23 期。

入美术馆的意愿，难以深入了解和走进艺术，同时也导致了在整个艺术活动中呈现出民众集体性的缺席与艺术专家们的自说自话。

从调查问卷中我们发现，时代美术馆所聚集的观众主要来自女性（占66.16%），18~24 岁的青年人居多，他们的教育背景良好（本科生占63.64%，硕博士占17.17%），以学生和公司职员为主（分别占39.39%和24.24%）。显然，美术馆所聚集的观众具有年轻化、专业化和高学历的特征，这与美术馆的知识生产者们具有极其相似的背景和特点，而这种同质化的结构也意味着美术馆整体的价值取向是精英与小众化的。

如果说美术馆的主要服务对象是专业人士、高知群体、文艺青年，或者说美术馆目前能影响到的刚好是这部分人，那么这里隐含的深层次问题是，美术馆的知识生产仅仅是为了满足少数人的需要么，这是否有违美术馆的基本宗旨？民营美术馆之所以被建立，是因为建馆者希望与公众分享当代艺术作品，推动当代艺术的发展，共享乃是所有美术馆秉承的基本原则与理念。然而，在时代美术馆这一公共空间中却隐藏着各种看不见的知识鸿沟，严重困扰着观众与艺术之间的交流，约半数以上的观众表示很多展品看不懂，认知和理解障碍成为影响观众走进美术馆尤其是再次踏足美术馆的突出问题。

在大众的印象中，"晦涩难懂"似乎一直与当代艺术如影随形，最主要的原因莫过于当代艺术语言不同于传统艺术，它将日常器物作为意义表达的媒介和手段，那些装置、影像、图片、行为等作品在普通观众看来不仅不美，而且由于其高度的观念性和抽象性令他们茫然无措。同时，时代美术馆举办的很多展览偏重于学术研究，如《脉冲反应Ⅱ——关于现实与现实主义的讨论》（2016 年）、《再定义——网络时代的复合视野和多重可能》（2015 年）、《腹地计划》（2015 年）、《风景：实像、幻象或心像》（2014年）、《进一步，退两步——我们与机构》（2013 年）、《自治区》（2013 年）等。在这些展览上，往往会出现"空间生产、身体实践、流动地理、后殖民、后现代、全球化、消费主义"等专业词语，这些既高冷又生硬的词语往往让观众们望而生畏。可以说，由专业知识所构筑的话语栅栏不仅阻隔了人们对当代艺术的兴趣，同时也打击了观众的自信。

与此同时，导览工作是美术馆知识生产中的重要环节，它不仅是对作品内容的集中展示，也是连接作品与观众的重要纽带。然而笔者在考察中发现，时代美术馆除了每周一次的人工导览外，主要依靠导览手册、作品标签和零星的关键词卡片向观众解释作品。在观众进入美术馆之前，大部分人甚至不知道要拿导览手册，而进入展厅后，观众面对看不懂的作品只能通过作品标签来寻找答案，但能看到的又只有作者和作品名字这样的简单信息。如果再进一步搜寻展厅墙面上提供的关键词卡片，里面充斥的则大都是些专业术语和理论描述，这些碎片式的信息依然令人费解。可以说，每个作品所具有的意义是如此语焉不详，每个作品之间的关系也无从知晓，观众不明白为什么作品要这样放置，也不理解这些作品为什么会在这里出现，更想象不出自己和作品有什么关系。观众从这些缺乏明确引导的内容阐释中无从获得自身与当代艺术的意义，也不能引起情感和思想上的共鸣，简单地说，观众难以获得他们所预期的艺术体验。

然而，艺术体验不是美术馆提供的最基本产品和服务么？要知道"美术馆不单纯是一个展览场地，更是一个期待参与的场域，需要召唤公众靠近她，需要提供给人们新的体验和经验，用以改变公众的常规视角和思维惯例。公众在美术馆体验其中的艺术，用心、用手、用耳等静心触摸和体验，形成公众自己的一种新的认知和经验"。[1] 但现实是，一方面，由于长期以来我国艺术教育与艺术生活的普遍匮乏，人们对待艺术犹如对待奢侈品一般觉得遥不可及；另一方面，美术馆本身等级森严的知识话语和缺乏引导性的内容阐释则进一步扩大了普通观众与当代艺术的距离，令大众形成某种难以接受的刻板印象，从而与美术馆绝缘。

如果我们追溯当代艺术的起源，应该记得当杜尚第一次把小便池当作展品放在美术馆大厅时，便宣告了当代艺术所具有的反叛精神和颠覆性，它意味着当代艺术的目的就是要打破精英艺术的陈规，破除不平等的文化权力和艺术神话，让艺术真正走向大众，实现文化上的民主和自由。从这个意义上说，当代艺术的使命就是追求其公共性。这种公共性意味着艺术作品必须与现实相连，必须与当下的生活对话，从公共立场出发思考问题。然而今天，当代艺术已从社会的边缘逐渐走向主流殿堂，当它成为被上层社会追捧的一种热门艺术时，其原有的公共性也随之慢慢消解，尤其是在一个越来越专业化、封闭化的知识生产体制内，美术馆以及当代艺术凭借着某种理论权威和优越感正制造着新的文化区隔，这无疑是一个悖论。

---

[1] 王璜生：《作为知识生产的美术馆》，中央编译出版社，2012。

四 "乌托邦"或是"异托邦"：
民营美术馆何为？

显然，在黄边这样一个似乎具备艺术生活和艺术消费前景的中产阶级社区里，人们对当代艺术缺少应有的热情和需求。然而，当代艺术不是属于当代人的艺术么，为什么人们对它如此冷淡？当代艺术的"当代性"究竟是什么？

学者巫鸿曾经谈到"真正的'当代性'并不仅仅是一种新的媒介、形式、风格或是内容能体现出来的，关键在于这些视觉的象征物如何彻底体现他们自身的意义——如何将艺术创作者与他们所从属并进行改造的这个世界联系起来"。[①] 应该说，当代性指的是自我主体性的一种觉醒，这种觉醒意味着当代艺术是人们审视自我和重估价值的一种方式，也代表了艺术家介入社会的愿景。可是，当美术馆以艺术的名义维护自己的纯粹性和专业性时，这些被赋予了崇高意味的当代艺术作品却表现出对大众的疏离，以及对社会现实的某种拒斥。

诚然，如果将上述问题的原因完全归咎于民营美术馆，未免有失公允，毕竟民营美术馆的存在本身就极其不易，因为"这些机构彼此激烈地竞争，也同其他文化场所和娱乐机构竞争，为的是争取资金支持、社会关注和名望。同大学和医院一样，它们在高度紧张的环境下运作，既要追求核心使命，也要面对现实问题，管理大额预算和各种职责，从展览、图书馆到餐厅的运营，并永远在二者间保持平衡"。[②] 可以说，民营美术馆自始至终都要依靠企业公司、艺术机构、院校等多方面力量，这使它在展览的选择、项目的策划、活动的开展上会尽量迎合商业精英阶层和专业人士的趣味、偏好，乃至价值取向。生存的压力使得民营美术馆不能只满足于开展公共艺术教育，也不能指望让自己充当饥饿艺术家去喂饱大众，它必须成为艺术领域的先锋和开拓者，要创造出能与公立美术馆竞争的优势和品牌，才有可能发展下去。因此，尽管美术馆展厅里的观众寥寥无几，但是各种讲座、开幕式、展览活动依然搞得热热闹闹。如此巨大的反差恰恰说明，民

---

① 王璜生：《作为知识生产的美术馆》，中央编译出版社，2012，第 39 页。
② 〔美〕格伦·劳瑞：《美术馆和公信力的道义论方法》，库诺编《谁的缪斯？美术馆与公信力》，桑塔兰泰拉、张婷译，中国青年出版社，2013，第 125 页。

营美术馆在中国的影响力还没有超出自身的专业领域，美术馆更像是一个表演空间，抑或新兴布尔乔亚阶级自娱自乐的场域，它所展示的当代艺术是一种精细的、圈子化的文化景观，并不是与公众对话的产物。

对于美术馆的专业人士而言，他们不理解"广场舞有什么好跳的"，"为什么这里的居民不愿来美术馆"，"为艺术付费是有价值的"。而民众的回答却是"不知道有美术馆"，"我们喜欢美术馆一楼的图书角，为什么关闭了"，"自从美术馆卖门票我就不想来了"。这些问题看起来似乎杂乱无章、毫无联系，但其实所有的问题指向无非是：这些跟我有什么关系？如果说美术馆无法为社区居民提供他们想要的作品，当代艺术也无法为他们展示生活的新意，那他们为什么要去美术馆？仅仅因为美术馆是艺术的圣殿么，那这样的美术馆与乌托邦有什么差别？这种只属于少数人的美好空间，难道只是让大众去膜拜的么？

诚然，时代美术馆的确是一所富有艺术理想的专业美术馆，它也非常投入地举办各种展览和活动吸引居民，但是它和其他许多民营美术馆所犯的通病就是"所谓的艺术介入社区更多的情况下还是一种噱头和概念，此类的展览仍然是基于艺术展览的概念出发，而非从介入社区的角度出发，同时也是基于地理关系所提出的，所处的角度是展览的需要，而非从社区特质与居民特质的角度展开思考"。[①] 由于社区居民在整个艺术活动中并不占主体地位，所以这些活动大都难以持久，而且很多活动本身并非出于艺术家对社区的关心，他们只是将社区作为一种艺术观察或创作的园地。这样一来，社区居民就难免沦为被领导、被支配的角色，也无从对美术馆产生热爱之情，在某些充满实验性的艺术项目中，甚至会引发意想不到的冲突。例如在 2011 年的社区艺术节上有一个叫"黄边日报"的项目，该项目虚构并排练很多发生在黄边社区的新闻事件，并将之制作为报纸内容，其中有一张孩子踢墙的照片曾经引起不小的风波，由于照片未经家长（小区业主）同意就刊发出来，遭到该业主强烈抗议。

艺术家的初衷可能是想通过这种方式唤醒大家对假新闻的某种警惕和思考，然而站在社区居民的角度来看，这样的行为无异于骚扰和侵犯隐私。或许，这样的艺术恶作剧只是偶发事件，不具有普遍性，但导致这一问题的根本原因其实是艺术家与居民、时代美术馆与黄边社区还没有形成一个

---

① 蓝庆伟：《美术馆的秩序》，广西师范大学出版社，2015，第119页。

共同体。由于他们生活在完全不同的精神世界与文化想象中，无论彼此在物理空间上结合得多么紧密，但文化意义上的融合还远远没有开始。因此，时代美术馆更像是一种另类空间和异质空间，或者说是福柯所讲的"异托邦"。这一空间本身是客观存在的，背后维系其发展的力量也是现实的，但它与周围环境的关系却有些虚幻和不真实，它充满了各种矛盾和不确定性。诚然，这并不意味着美术馆无法作为，因为异托邦与乌托邦的不同之处在于前者是可塑的，而后者纯属虚构。在目前尚未定型的情况下，美术馆依然可以和社区交流，依然还有介入社会的可能，所有的结果取决于美术馆自身的选择和行动。

从文化功能来说，现代意义上的美术馆最初是新兴布尔乔亚阶级彰显其社会影响的公共空间，这一空间希望引导、培养、规训大众成为有教养的、懂得艺术鉴赏和审美的"理想观众"，从而逐渐推动文化民主化的发展。然而，中国问题的复杂性在于无论是民营美术馆还是当代艺术，都是在近几十年的时间内速成的，它们作为全球化的某种文化表征对于大多数老百姓而言无疑是超前的。因此，美术馆如果真的想要介入社会，意味着它必须带领普遍缺乏艺术素养和审美经验的民众一步一步走向前卫自由的当代艺术世界，这一穿越的过程何其艰苦，可想而知。因此，从务实的角度出发，美术馆或许应该放下身段多去倾听民众的想法，多去从事艺术启蒙的基础教育工作，鼓励民众分享自己的艺术作品，动员一切力量把他们吸引到美术馆大厅，这才是民营美术馆发展的当务之急。

（特别鸣谢姚佩君、陈翠蓉、覃婷婷、蓝嘉琪、赖蔓雯、赵恬、蔡月媚同学为调研做出的辛勤工作！）

学者访谈

文化研究的西方资源与中国实践*

刘　康　李　松**

李松：文化研究作为一种西方的批评范式，对当今中西人文研究产生了很大的影响。哪些文化研究理论给予了您影响和启示？

刘康：我于 20 世纪 80 年代初去美国留学，赶上了西方的文化理论热，我们现在把这些理论称为后学，例如后结构主义、后现代主义等。这些理论都有比较强烈的左翼批判色彩，文化研究也有强烈的左翼批判色彩，是 20 世纪六七十年代席卷全球和西方的激进左翼社会运动的产物。这个左翼运动跟 19 世纪和 20 世纪初左派的不同之处在于，它不完全是工人运动，也不是一个政党运动（party politics），而是一个社会运动（social movement），是比较松散的，由各个社会阶层参与。知识分子在其中扮演了极为重要的角色，他们不受某个左翼政党的约束，政治观点芜杂，但均要求对资本主义进行激进的社会改造。总之，左翼知识分子在学术上形成了很强烈的社会与政治关怀。英美思想对我的启发是，英美能够把法国、德国的思想，更多的是法国思想，结合英美的当下环境来提出观点。比如说，建筑设计研究领域的后现代实际上已进入了大众文化的领域。英国的文化研究基本上针对流行或通俗文化，不同说法是传媒文化、影视文化或视觉文化，等等。从一个纯粹象牙塔的精英领域、精英文化（文学、艺术）拓展到大众

---

　　*　本文为 2012 年度国家社会科学基金重大项目"二十世纪域外文论的本土化研究"（项目号：12&ZD166）子课题的阶段性成果。

　　**　刘康，文学博士，美国杜克大学教授，杜克大学中国传媒中心主任，欧洲科学院院士，上海交通大学人文艺术研究院讲席教授、博士生导师，主要研究美学与文化；李松，文学博士，武汉大学中国文艺评论基地研究员、博士生导师，主要研究文学理论。

文化的广阔天地，而且密切关注当下。这个对我的启发很大。

李松：每位学者从事文化研究都有他自己的理论资源以及问题意识，您在 20 世纪 80 年代初进入了美国高校人文学界，亲身感受了西方人文社科学术思潮的变迁，请您谈谈对文化研究的理解。

刘康：80 年代我来到美国学西方的理论，其中包括文化研究。文化研究在英美开始兴盛的时候，其理论基本上都是欧洲大陆的，主要是法国、德国的。英美对大陆理论进行翻译和介绍，其原创性的研究、本土的思路就是文化研究（cultural studies）。我到美国之后，按照这个潮流，通过英语来学习法国、德国的批判理论。由于语言媒介是英语，同时又是在英美的学术环境中，因此多多少少接触了一些文化研究的话题。用英美人自己的话来说，当时不叫文化研究，叫后现代研究，赛义德（Edward Said）提出了东方主义，詹姆逊（Fredric Jameson）提出了第三世界的说法。现在看来，赛义德也好，詹姆逊也好，美国这些学者跟英国的斯图亚特·霍尔（Stuart Hall）都有呼应。左翼不用说了，他们的背景是这样，理论资源也很像，都是法国、德国的。同时，结构主义语言学给他们提供了一些基本的思路、工具，包括后来的后结构主义、解构主义，从逻辑和工具提供了很多的理论资源。

另外，英美的文化研究具有左翼、意识形态、西方马克思主义的背景。西方马克思主义的背景，最重要的代表是法国共产党理论家阿尔都塞（Louis Pierre Althusser）。西方马克思主义的色彩并不那么强烈的有福柯（Michel Foucault）、德里达（Jacques Derrida）。还有阿尔都塞重新发现的而跟福柯没有多大关系的意大利共产党领袖、思想家葛兰西（Antonio Gramsci）。这几种理论资源当时到了英美之后，都变成了文化研究的主要资源，尤其是阿尔都塞、福柯、葛兰西。美国的后殖民主义研究或者说东方主义研究，其理论资源可能更多偏向于福柯或葛兰西。上述我讲的是英美运用欧洲大陆理论来思考本土的问题，英国学者提出文化研究的说法，美国学者提出后殖民主义、东方主义的说法。在当时的学习阶段我没想到这个思路，没把它理得那么顺。后学的基本思路、方法来自语言学、精神分析，弗洛伊德（Sigmund Freud）、拉康（Jacques-Marie-émile Lacan）都合流了。我受到的启发是比较基础性的思想理论，包括三个内容。第一，回到现代语言学理论。结构主义、后结构主义语言学是颠覆性的、解构的，把西方整个的主体性、神学、形而上学都打烂了，把它变成了一个语言学的现象。没有语言学，就没有后来的后结构主义的精神分析。光是讲弗洛伊德还不够，一定要提到拉康，拉康把精神分析语言学化了。第二，西方马克思主义理论。没有西方马克思主义，单靠语言学、精神分析，永远成不了气候。文化研究将永远限制在玄而又玄的文学、艺术的领域和精神的领域，它将是作茧自缚。开始从事精英文学研究的人也没想走出来，罗兰·巴特（Roland Barthes）因为赶时髦，做了一些大众文化分析。拉康、弗洛伊德没想要研究政治、意识形态，跟左翼、社会运动都没有关系。真正想改造社会，把它当作一个庞大体系中的核心部分的，是西方马克思主义。西方马克思主义要改造世界，而弗洛伊德和拉康都没有那么大的野心，可见西方马克思主义非常重要。而且，这个西方马克思主义主要是法国的，不是德国的。德国的法兰克福学派在时间上要更早，它那个思路形而上学的东西比较多。法国人是反形而上学的，核心人物是阿尔都塞，他成名以后把一些学者串到一起，包括拉康、弗洛伊德、福柯理论存在于他的影子下。葛兰西是阿尔都塞发掘出来的，他还重新发掘了列宁和毛泽东。列宁和毛泽东都掌握了政权，成为国家领袖，他们的政治遗产太复杂了。葛兰西没有自己本身的政治遗产，他纯粹是思想家，死在墨索里尼的监狱中，跟中共早期领袖瞿秋白相比，无论是个人命运还是思想观念，都有惊人的相似之处，我对此做过一些初步的研究，当然值得继续深挖和拓展。第三，英美文化研究的原创性的本土研究，那就是英国的文化研究、美国的后殖民主义批评或东方主义批评。

李松：从您的一系列文章中可以看出①，您在20世纪90年代参与了国内文化批评的讨论，请您再回顾谈谈对于90年代文化批评的看法，文化批评与文化研究是否有联系？

刘康：有。对我来说，如果说80年代是学习和思考的年代，90年代就是一边学习和思考、一边实践的年代，参与讨论中国现实问题。80年代出国的我们这些人，学文的还是少数。国内确实有人来找我们，但是我在大学的学业繁重、前途渺茫、压力太大、无暇顾及。其实我现在想，这是很好的事，学了不少西方的知识。90年代就开始实践了，我开始在美国大学任教，也常回国交流，开始参加中国的讨论，一边学习、一边实践。

---

① 参见刘康的《文化的喧哗与对话》（《读书》1994年第2期）、《全球化格局下的当代文化批评》（《文艺理论研究》1996年第1期），以及与王一川、张法合写的《中国90年代文化批评试谈》（《文艺争鸣》1996年第2期）。

李松：那时候提出的文化批评这个概念跟文化研究有什么区别？其实我觉得现在关于这两个概念学术界没有泾渭分明地把它说清楚。

刘康：90 年代中期之前，中国还没有太炒作文化研究，大家提出的是文化批评，这跟 90 年代中国的语境有很大的关系。这个语境可以从以下几个方面来讲。一个最大的变化是，从 80 年代的文化反思语境中突然出现一个很大的、人为的断裂。也可以说 80 年代文化反思，最后走火入魔了，它突然断裂，戛然而止。到了 90 年代，实际上又不可能完全断裂，毕竟反思的主体和思路都还在。80 年代没有参与文化反思的人开始活跃起来。文化反思的那批人可以说是中年人，比如说李泽厚、金观涛等人。也有一批比较新锐的跟着他们跑，后来出国了，比如说甘阳。90 年代，学生一辈的开始抛头露面了，如王一川、王宁、陈晓明、张颐武等人。80 年代文化反思的时期，他们只是在校学生，有的已经开始读博，没有太多的发言机会。与此同时，文化界的一批朋友也崭露头角，中国的先锋派在 90 年代就有余华、苏童、孙甘露、格非，包括莫言。他们搞了先锋文艺的杂志和活动，开始崭露头角了。他们也急需国外的资源，这个时候从翻译四五十年代、60年代的经典或者更早的经典，转而开始翻译七八十年代的西方经典，翻译的时间与翻译对象存在错位。总之，由于政治上的断裂、新生代学者的出头、先锋派文艺的迸发、译介的错位这些因素，学界开始译介后学这些新潮，以前的现代性思潮让位给后学了。"走向未来"丛书翻译的主要是现代性的、形而上的、精英的东西。邓小平南方谈话进一步推动改革，商业化成为中国社会的主潮，90 年代的中国正式变成了商业化的社会，大众文化、流行文化变成了一个新的焦点。从事大众文化研究的人越来越多了，提出了文化批评的说法，那时还没叫文化研究，因为翻译得没那么快。文化研究实际上是随着翻译西学而出现的。

李松：您梳理得很清楚，谈到了 90 年代文化批评与文化研究的语境、过程，西方思潮对中国的影响及其变迁。

刘康：文化研究这个时候进入了中国，有它的原因。在全球化、后现代、东方主义等思潮的译介中，我也算是译介群体的一员。这个时候国内有朋友来找我，我不但不拒绝，还很积极地参与了，因为毕竟压力已经没那么大，我在美国开始工作了。而且国内的这批同龄人的互动也变得比较多，我在国内开始多多少少说两句。那时还是比较谨慎的，因为对国内的情况比较陌生，以译介为主，也发表一点自己的感想。那时候也敢说，说的都是比较陌生的领域。为什么大众文化理论突然就进入中国了？因为有了强制性的非意识形态化、非政治化。当时的政治叫非政治的政治，按邓小平的说法，经济就是最大的政治。"50年不争论"是那个时代提出来的。在这样的情况下，大家有一个说话的新的空间，像张贤亮等人很快就被苏童、余华等人取代，而先锋派的作品很快变成了大众文化、流行文化、电视、电影。张艺谋跟以前的谢晋、吴天明有千丝万缕的联系。吴天明拍了一个《老井》，张艺谋在里面还演了主角孙旺泉，得了金鸡、百花奖的最佳男主角。大家别忘了，他是一个高明的演员、最佳男演员。这部电影具有经典的现代性。90年代之后张艺谋异军突起，中国出现新潮电影，陈凯歌等人进入了公众视野，这时谢晋、吴天明塑造的现代性经典被所谓第五代、第六代导演迅速取代了。我们这些留学海外的人突然又找到说话的机会。

李松：您如何看待区域研究和文化研究？

刘康：当前西方社会科学和人文科学面临着自然科学化和意识形态化两极分化的困境：社会科学的研究越来越受到自然科学的制约，人文科学研究则难以打破意识形态的框架。这一点从西方区域研究，特别是中国研究的发展状况可见一斑。从知识的框架来看，当代西方知识包含经济、政治、社会、文化四个领域，与之相关的学科也应运而生。从知识功能的重要性来看，当代西方知识体系形成了一座金字塔，位于顶层的是政治学、经济学、社会学三驾马车，对古代文明的探索和东方学则处于第二梯队，最后才是通过殖民地溯源的原始文化研究。区域研究产生于"二战"之后的冷战时期，带有极强的政治战略目的，其模式主要有反共模式和第三世界模式两种。中国研究是区域研究的一个部分，与文化研究也有着很强的关联。改革开放以来，中国的崛起给西方的中国研究带来了极大的挑战，固有的模式严重阻碍了中国研究的发展。中国研究正在经历自我批判和自我发展的过程，模式的转变在带来挑战的同时也将创造新的机遇。中国的问题是世界的问题，世界的问题也是中国的问题，必须通过不断摸索找出打破藩篱的途径。

跟从事区域研究（包括中国研究）的学者不同，西方文化研究的学者继承发扬了20世纪60年代的左翼批判精神，对西方现代的知识的建构及其与政治和权力的关系有一个深刻的反思和批判。他们往往从哲学、美学和语言学这些人文学科入手，关注社会科学和学术的构成以及学术背后的政治，这便是后结构主义、解构主义和后现代主义的反思精神。这些强烈而深刻的批判与反思给西方社会科学和人文科学带来了学科范式的转变（paradigm shifts），在人文科学领域是革命性的变化。法兰克福学派的批判理论、哈贝马斯（Jürgen Habermas）的交往理论、语言学中的语用学（pragmatics）理论、巴赫金（Mikhail Bakhtin）的对话理论等，在现代社会科学和人文科学中均产生了很大的影响。欧洲大陆派系的传统学术研究强调的是理性的研究和理性演绎的学术方法，如从韦伯（Max Weber）的理想型（ideal type）再推理下去研究社会的各个不同的分层。而英美浓厚的经验主义传统则以实证和归纳方法为主。理性主义讲的是理性，理性可以通过一个透明的语言来表达；经验主义讲的是经验，经验也可以通过一个透明的语言来表达。尤其是经验主义对语言的理解是更加直截了当的，因为经验主义需要大量地靠统计数据来说话，它跟语言的关系似乎是非常直截了当的，用不着考虑语言跟真实、跟思想的复杂关系，更不用去关心叙事的范式等问题。比如说叙事在历史描述中到底扮演什么样的角色，这些都不在经验主义的思考范围之内。由于后结构主义理论家的不懈努力，人类学后来开始关注叙事的问题，历史学也开始考虑叙事的问题，开始关注语言、知识和权力的关系问题。有着后结构主义、后现代主义丰富的哲学和理论背景的文化研究，对西方的学术研究提出极大的挑战和怀疑，企图釜底抽薪地解构现代西方社会科学的理性主义和经验主义的认识论基础和基本理论预设。随之，在研究课题上也出现了一个文化的转向。西方政治学和社会学现在都特别重视文化问题。如当代西方最知名的社会学家安东尼·吉登斯（Anthony Giddens）尤其强调社会学研究的文化层面。美国社会学家伊曼努尔·沃勒斯坦（Immanuel Wallerstein）提出的世界体系（world-system）理论、美国人类学家本尼迪克特·安德森（Benedict Anderson）提出的"想象的社区"（imagined communities）等新的民族和民族主义观，均从文化、历史以及叙事的角度关注世界的发展和社会变迁，成为当代社会科学新的典范。他们的成就为文化研究在美国和西方的发展提供了有力的契机。像极为晦涩的后结构主义的、精神分析学的"去疆域化"（deterritorialization）这样的名词，现在已经被推延到各个学科里面，要对不同的领域进行消解和疆域重组。文化研究的批判性思维已经蔓延渗入到社会科学和人文科学的各个领域。

李松：意识形态是文化研究的主要切入点之一，您如何理解意识形态理论？

　　刘康：意识形态理论的主要观点包括经典马克思主义、列宁主义、毛泽东思想以及阿尔都塞等的看法。经典马克思主义认为意识形态是一个统治阶级的思想体系，它是虚伪的、不真实的，其性质是统治阶级主导的思想价值，是一种虚假意识（false consciousness）。经典马克思主义里面也讲了意识形态的平行作用，马克思在《〈政治经济学批判〉导言》里有这个说法，没有做太详细的发挥。它是生产关系中的一个很重要的部分，马克思用了生产关系这个说法，他不再是一个唯生产力论者，生产力、生产关系构成了经济基础，但是生产关系又不完全是经济基础关系，实际上是一个上层建筑的东西。生产关系是阶级、思想、价值观的关系。生产方式（mode of production）是逻辑和概念关系上都极为复杂的东西，很难讲明白。表面上看来容易理解为经济基础，但是也可以把它归为上层建筑。马克思认为，在经济基础的上面有上层建筑，上层建筑里面有法律、司法、监狱、军队、政治、政府，也有与之相对应的思想观念、意识形态，它们是平行而不是从属的关系，是相对独立的。意识形态的思想观念、文化，跟政治制度和军队这些压迫性的工具、政治工具、政治机器，不完全是从属的关系，它们实际上是平行的关系。这两者之间的关系极其含混，因为里面提到一个生产方式的问题，众说纷纭，各执一词，并无定论。马克思自己也并没有把这种关系解释得很清楚，所以后来留下很多想象的空间。列宁则反其道而行之，他把马克思关于意识形态的论述颠倒过来，把意识形态变成了无产阶级统治的主导思想。列宁认为意识形态不是虚幻的，而是革命的、正当的，俄国革命、苏联的建立，都需要革命党的意识形态合法性。

　　阿尔都塞把意识形态变成主体的建构，他并不相信有一个整体存在，认为意识形态给我们提供了主体建构的方式，他利用了各种各样的结构主义、后结构主义的观念。阿尔都塞关于意识形态有两个说法。第一，意识形态是一个再现，是个人对真实存在环境的想象。所谓真实存在，它是一种想象的关系，真实存在并不是一种真实的再现。它是一种想象的再现，这个想象是不完全的，用拉康的说法，这个想象永远达不到真实。阿尔都塞把意识形态扩大了，不仅仅是所谓虚伪意识，因为没有什么虚伪意识，所有的意识都是虚伪的，也都是真实的。他已经推翻了本质论。阿尔都塞的第二个想法比较有意思，意识形态对主体的创造，我们把它叫执行意识形态国家机器。这两个说法就是阿尔都塞的工具论，他的意识形态论也是一个复杂多元的多面体，这有点像毛泽东，他的观点跟毛泽东有很深的渊源关系。阿尔都塞也有工具论，对于建构主体，他视之为想象性关系的再现，实际上远远超过了马克思，否定了列宁。阿尔都塞真正的目标是否定列宁，他被称为斯大林主义者。

为什么说意识形态是文化研究的主要切入点？一方面，解决当代中国的问题，需要考虑意识形态对于世界的作用。另一方面，意识形态作为思想资源，需要从历史的和当代的角度进行思考。我觉得这两个方面跟文化研究的关系比较密切，文化研究如果不去关注当代，那就不是文化研究。就中国目前的状况而言，意识形态具有其特殊性，这个值得研究。具体来讲，现在我们用了葛兰西的一个说法——文化领导权、文化霸权来指代主导意识形态，主导意识形态现在越来越柔性了，以渗透、蔓延的方式影响社会和民众。意识形态越来越不是一个简单的政治集团的暴力工具了，而是审美化了，变成文化渗透了。这在中国和世界各国都很明显。在当代中国的大众文化语境中，意识形态与审美、文化的关系越来越密切了。包括阿尔都塞和伊格尔顿在内的形形色色的左派，他们将意识形态理解为文化领导权，一种从文化中四处弥散开来的价值观。这是一个没有意识形态的意识形态。从意识形态角度思考中国的时候，我觉得比较有意思，需要考虑其历史来源、现实语境与未来挑战。我现在想做的一项研究是意识形态与美学的关系。

李松：您曾经出版了传媒批评方面很有影响的著作，如和李希光等合著的《妖魔化中国的背后》①，以及《全球化/民族化》②《文化·传媒·全球化》③，传媒文化研究是您的主要领域之一，您对中国传媒文化批评有何心得？

刘康：当代中国文化是无所不在的全球电子传媒文化的一部分，体现了全球传媒文化内在的基本矛盾与冲突。除了媒介文化中生长的新全球化社会形态外，中国本身的文化变迁更加错综复杂。中国改革开放从 30 多年前开始，政治与社会发展过程曲折起伏，新的文化价值和认同逐渐浮现。随着全球化和改革开放的同步进程，中国形成了一种后革命文化形态。这种文化形态有三个方面值得关注。第一是国家主流意识形态话语与社会现

---

① 李希光、刘康等：《妖魔化中国的背后》，中国社会科学出版社，1996。
② 刘康：《全球化/民族化》，天津人民出版社，2001。
③ 刘康：《文化·传媒·全球化》，南京大学出版社，2006。

实的不吻合，这个问题涉及意识形态合法性问题；第二是知识精英与主流意识形态和大众文化的分离状态；第三是在新兴的后革命文化形式与价值中，"80后"青年一代的文化的导向与趋势。"80后"文化形态正日趋成为中国现代性文化的关键部分，是中国软实力在全球竞争中的核心力量。

中国国家主流意识形态话语体系来自20世纪初期中共建党以来的革命话语体系，这一体系针对的对象是中国人口90%以上的贫苦农民，提出的目标是推翻封建地主阶级、官僚资本和外国帝国主义势力"三座大山"的统治，通过暴力革命手段，最终建立一个平等的、人人具有高度集体主义道德情操和奉献精神的社会主义理想社会。这一意识形态话语体系始终是国家政治体系治理的合法性依据。中华人民共和国成立60多年来，尽管经过了各种曲折变换，但它一直是中国的意识形态主导。自改革开放以来，对于这一意识形态体系已经做出了大量的修正。但是，中国的现实日趋多元复杂，市场化、商品化与个人主义价值观、消费主义文化的全面蔓延，使得人人平等、集体主义、大公无私的道德情操、理想主义等革命时代的意识形态体系越来越与中国的现实脱节。中国现代化的进程展示了公共领域与私人领域界限的不确定和缺失，多元文化价值观念共生共存环境的缺席，理想主义话语的虚幻，以及意识形态上的实用主义、虚无主义和犬儒主义的盛行。意识形态话语体系与中国激剧变化的现实的不相吻合，实际上已经构成了国家政治治理的合法性危机。

中国的"80后"青年一代从物质上讲是改革开放的受益者，在精神上却承受了社会转型期的种种压力和困惑。这一代人成长的时代是社会伦理失范和混乱的时代。毛泽东时代的革命理想主义被消费主义和个人至上的价值观所取代，但教科书向这代人灌输的依然是与时代脱节的革命理想主义价值观。21世纪肇始，标志着"80后"一代成年。这是一个以电子通信为基础的消费文化成型的时代，"80后"都市青年文化也伴随消费文化的成型而初见端倪。"80后"文化在许多方面体现了全球化特征：他们的时尚追求等都打上了"全球"（即西方）文化的烙印。20世纪90年代以来，以互联网、数字新媒体为主要媒介的新兴文化，则展示了"80后"网络新生代的新文化观。曾经有"新新人类"、"小资"、"BOBO族"以及"80后"等词来描述这一代的文化特征。目前中国知识界尚未对"80后"新兴文化状态展开认真研究，传媒的评论多半是感性煽情的，不乏包装、炒作的成分。许多知识精英对"80后"文化持批判否定态度，其中往往表露了以中年人为主体的知识精英对年轻一代文化的不理解、不信任。必须承认，中国改革开放在意识形态与文化价值观方面的转型是断裂式和革命性的，中国"80 后"青年一代跟他们父母的文化代沟是巨大的。但是历史潮流不可阻挡，"80 后"青年一代的新兴的文化价值观，必然要成为中国的主导文化形态，成为转型后中国逐步成型的文化体系的主要承载者。当代中国传媒文化中的"80 后"新兴文化形态值得重视。"80 后"青年一代开始对自身文化价值做理性反思，这是理解这一新兴文化的重要方面。"80 后"文化形态是充满矛盾的，一方面，他们热情拥抱全球化，在价值观上对西方的认同超过对中国传统文化和革命文化的认同；另一方面，站在国外角度看，他们又凸显了强烈的爱国和民族主义情绪。继之而来的还有"90 后"青年，他们从步入大学校门或十八岁成年走进社会大舞台始，就显现出较之"80 后"更加特立独行的风范。"90 后"作为普遍的独生子女一代，从出生之日起就浸淫在消费主义文化的氛围中，对消费主义文化所刻意抹杀的历史感、历史深度和历史真相日益淡漠，因此在文化认同和价值观上面，较之"80 后"一代，更具有不确定性。从"80 后"到"90 后"，中国改革开放后成长起来的这代青年，本身就是中国历史激剧变迁过程的直接见证人。但十分反讽的是，这代人的历史感和历史观是被正统教科书和流行传媒文化双重塑造的，是充满矛盾和混乱不堪的。教科书中的历史是一成不变的说教，失去了基本的说服力。在中国这个现代化的后发性国家，以"80 后"和"90 后"为主体的中国新兴文化形式并未脱离这一现代化的一元、线性、决定论的"进步"和"发展"的话语。在这一根本上来自西方的现代化叙事和话语体系已经受到空前挑战、日益被新兴的现代化大国如中国经验所质疑的今天，面对历史变迁，不仅仅是"80 后""90 后"，中国整个社会面临的文化认同问题都是极其尖锐的。当"80 后"不可避免地成为中国社会的主体、文化的主导力量和中国软实力全球竞争的核心力量时，如何穿越消费主义文化的娱乐至上、虚无主义、玩世不恭的云山雾罩，寻找新的文化认同和意义，就显得更加急迫了。

李松：您上面谈到了"第二种文化形态"，也就是知识精英、主流意识形态和大众文化的分离状态，可否进一步说明？

刘康：改革开放在知识界、文化界的影响可以从"第二次思想解放"、"新启蒙"、"文化反思"、"新时期文学"、"文化热"、"国学热"以及"清除精神污染"、"反资产阶级自由化"等 30 多年来的各种思潮、运动中感受到其中的波澜壮阔和起伏跌宕。作为意识形态、价值体系、文化软实力的主要生产和传播者，中国知识分子阶层经过了大起大落的蜕变。中华人民共和国成立 60 多年后、改革开放 30 多年后的中国知识分子阶层变得前所未有的多样化和复杂化。这个阶层的内部与外在均高度分离、碎片化，现在再把知识分子作为单一群体来看待的话，已经毫无意义。在中国，"知识分子"概念本身早就产生了剧烈的变化，传媒与大众只是基于习惯而不假思索地继续使用这一说法而已。随着中国教育改革日趋专业化和商业化，高校的许多人越来越认同专业人士和学术精英的角色，而不再青睐知识分子曾经扮演的社会良心和守望者的角色。十多年前热热闹闹讨论的中国"公民社会"、"公共领域"和知识分子角色等话题，近年来也不再引起社会的激情关注。在 20 世纪 80 年代，中国知识分子曾经享有极高的精神与道义的地位，如今也成为明日黄花。知识分子的良知、社会责任、独立的批判意识等，已经被市场和商业大潮所席卷和侵蚀。20 世纪 80 年代是中国人文知识分子的辉煌岁月，在中国社会舞台上，主要是文、史、哲领域的知识分子，将五四知识分子的启蒙精神发扬光大，同时激情拥抱来自西方的自由主义、市场、商业化价值观。然而文化热终归演变成政治热，80 年代末文化热或文化反思戛然而止。

人文知识分子的失落、迷惘和困惑在市场和商业化大潮冲击下显得矫情和苍白无力。经济学、管理学、金融企业管理和法学等"应用文科"的学者取而代之，在 90 年代过渡时期逐渐占据了知识界的领导地位。中国从 20 世纪 90 年代中期开始，逐步增加教育和科研投入。大学合并之风、高等教育的迅速产业化和商业化转型，加速了中国知识分子阶层的分化与分离。作为现代大学理念核心的人文教育这一块，在实用主义、急功近利的教育政策指导下，急速被边缘化。中国人文知识分子自身遭遇了严重的认同危机。教育产业化需要造就大量的专业人士。在美国和西方大学任教者，多半把自己视为"专业人士"而非"知识分子"。但对于中国有着数千年文以载道、治国平天下的儒家传承的读书人来讲，这种西方的观念是很难接受的。面对市场化商业化大潮，中国读书人尤其是人文知识分子发现自己的文化资本、象征符号资本几乎丧失殆尽。人文知识分子发现，今天要想再现 80 年代的昨日辉煌，找到自我认同和"主体性"，几乎是无法想象的了。今天大学生的激情对象不再是抽象、哲学或历史的宏伟叙述，而是极为现实的物质财富和商业机遇。80 年代风靡中国的黑格尔式的"主体性"叙述现在已经被比尔·盖茨和大富豪的个人成功故事所取代。全球化时代的主流意识形态是新自由主义。新自由主义的后现代行为者（agency）是灵活机动、融技术创新和金融冒险为一体的新一代 CEO，他们取代了今天似乎过时了的、按阶级划分的无产阶级或资产阶级主体（subjectivity）。新自由主义的理念在中国知识界受到普遍认可，并被媒体广为传播。

李松：您对巴赫金有十分精深的研究，曾经出版了《对话的喧声——巴赫金文化理论》①，您觉得巴赫金思想对于中国研究的启示意义是什么？

刘康：我最近这一段时间在思考中国特殊论，或许用中文称为中国特色论（Chinese Exceptionism），对这一问题的思考，受到巴赫金的启发很大。巴赫金是我于 80 年代在美国学习期间，首先接触到的俄国/苏联思想家，对他有一见如故的感觉，他讲的话题很多是文艺复兴时期的小说，然后讲了陀思妥耶夫斯基、俄国形式主义。我是从中国"文革"、中国的文化场走出来的，所以对巴赫金谈的所有问题都有一种说不出来的亲切感，觉得每句话都跟中国有关。我在写博士学位论文的时候写了一个比较文学的部分，研究的是中国现代文学被忽视的一个作家路翎，把路翎跟英国、德国、俄国的作家，包括托马斯·曼、D. H. 劳伦斯，进行文本的比较。这是比较文学学科当时比较僵化的思路，现在看来没有太大的意义，但是路翎是一个很有意思的作家。其实写博士学位论文本身没有太多的价值，大部分的学者把博士学位论文作为他学术的第一个敲门砖，我不是这样，因为我没觉得对路翎有深入的阐述，与为了比较而比较的英国、德国作家也没有太大关系，所以始终没有成为我的第一本专著。关于路翎，到现在为止也就陆陆续续发了几篇英文和中文的论文而已。但是路翎让我认识了巴赫金、走近了巴赫金，这是我写博士学位论文的选题理由之一。然后时间就到了 90 年代，我去中国，在北大讲学。在中国了解了大众文化的变化，与中国一些学者和作家深入接触，如王宁、陈晓明，先锋派的作家苏童、余华等。加上乐黛云老师的极力鼓动，我萌生了用中文来写巴赫金的想法。我研究巴赫金完全是站在中国问题的角度，找寻一个理论的资源和支撑，从文化转型问题着手。现在看来，巴赫金的转型理论对我们还是非常有价值的。

最近这几年，巴赫金又开始回到我思考中国问题的中心，变成一个核心理论。巴赫金给我们提供了一个很长的历史视野，让我们观察文化的转

---

① 刘康：《对话的喧声——巴赫金文化理论》，中国人民大学出版社，1995。

型，最近我写了一系列的英文的论文，包括在美国的《比较文学研究》杂志上发表的论文《东亚比较文学导论》①，以及 2018 年即将发表在《欧洲评论》上的《中国与西方的社会科学和人文科学研究》，在这些文章中再度把巴赫金的理论作为思考的核心，尤其是在最新的论文里面，把巴赫金的观点作为中国特色论的主要理论视角。巴赫金给我们研究中国文化的转型提供了非常深刻又简明易懂的、贴切的思路。他把文化的一元和多元作为社会形态、文明形态，甚至是国家封闭和开放、开放和封闭历史循环往复的支点。在这样的角度下，我们可以发现巴赫金有很多精彩的说法，比如他提出来的一个说法是 Heteroglossia，我把它翻译成"语言杂多"，王德威把它翻译成"众声喧哗"。可能大家知道更多的是"众声喧哗"，因为好听，"语言杂多"有点难听，但它比较贴近俄文的原意。俄文的原意是，语言是杂乱、多元的，不仅仅是多元而且是混杂的。在一个开放的时代，在全球化的时代，这个语言杂多渗透到文化的核心，让某一个文化的主导的语言系统变得相对化、多元化，使文化本身的所谓一元统一性——没有争论、没有冲突的纯粹的状态，暴露在光天化日之下。巴赫金的原文是这样说的："大一统权威话语所塑造的神话毕竟是神话，终将在语言杂多的离心力量围攻之中土崩瓦解。这就是一个社会与政治危机和转折的时代，一个文化动荡、裂变、断层的转型期。语言不再被视为意义与真理的神圣与唯一的化身，它成为设想意义的许多可能选择中的一种选择而已。当单一和统一的文学语言同时又是他者的语言时，情况往往是相似的。与这个语言联系在一起的宗教的、政治的、意识形态的权威，不可避免地走向崩溃和瓦解。在这个（中心话语）崩溃的过程中，非中心的散文化语言意识逐渐成熟，并在实际应用的民族语言的语言杂多之中获得有力的支援。"② 我最近在考虑，中国近现代的文化从封闭走向开放，开放中有循环、反复、复杂的斗争过程。现在我们所提出来的中国特色论与"普世价值"到底是什么关系，这个是我们思考当代中国、思考中国现代化历史进程的重要的参考依据。巴赫金认为，文化作为一个过程，随时有封闭的向心力和离心力两种力量的角逐，这是巴赫金最精彩的观点。文化永远是向心力和离心力的拉锯战。向心力不断使文化向一个中心集中，而巴赫金认为离心力和语言杂多才是

① LiuKang，"Introduction：*Comparative Literature in East Asia*，"*Comparative Literature Studies*，Vol. 54，No. 1，2017.

② Mikhail Bakhtin，*The Dialogic Imagination*，Austin：University of Texas Press，1998，p. 370.

文化真正的常态。这些东西对于我们理解当代中国非常有帮助，有隐喻现实的味道。总之，巴赫金为我们在历史的长河，尤其是在社会转型中，提供了一个非常深刻、非常清醒、简明扼要又非常贴切的启迪，在今天意义更加不凡。为什么这么多年我一直对巴赫金情有独钟？因为寄托了一种理想、一种期望。文化虽然有时候是封闭的，有时候是开放的，不会永远都在开放，也不会永远封闭，但是它大的趋势一定是朝着开放、多元的方向发展，这是人类文明长河的主流。巴赫金把它说得很透，说出了我的心声。

当然这个也跟我做的中国特色论研究有关系，巴赫金理论是解释中国特色论最好的切入点。什么是中国特色论呢？2008 年以来，中国在世界上迅速崛起，这变成一个很大的话题。中国如今在世界上的影响力越来越大，对中国的价值走向、价值观体系的关注也越来越多。这个特殊论的说法或者特色论的说法，现在也越来越受到学术界的重视，在中国并没有人专门研究中国特色论的说法，在英美学术界一般是用 Chinese Exceptionism 来表述。大部分做中国特色论研究的人，还是在国际关系专业，真正从文化的、思想的领域关注中国特色论的历史过程、意识形态、文化与审美，这应该是我们新的话题。这个话题刚刚开始，我现在也只写了几篇英文论文，还没有展开，计划在以后数年或者更长一段时间，把它当作一个话题好好思考。从哪里开始思考呢，我现在还是觉得应该从巴赫金的思路开始。

李松：您在杜克大学开设了"中国传媒与流行文化研究"课程，您的课程设置目标是什么？如何开展具体的课堂教学？

刘康：在杜克大学开设这个课有十年以上的时间，从 2005 年开始。2003 年到 2005 年我在南京大学开设类似的研究生短期班。跟南京大学人文学科的青年教师，包括文学、社会学、新闻学、哲学、历史学等多个学科的老师，用一个半月的时间集中研讨中国当代文化领域的一些问题，集中在传媒、流行文化，比如说互联网问题、青年亚文化。大的范围是文化研究，我们讨论一些西方的理论，通过西方理论的套路来关注中国流行文化的问题。有一个研究成果，我和周宪合编了一本书《中国当代传媒文化研究》①。

在杜克大学讲的内容与在中国讲的差不多。分成几个板块来思考，首先就是对中国的改革开放与全球化的关系做一个综合的梳理，然后研究当

---

① 周宪、刘康：《中国当代传媒文化研究》，北京大学出版社，2011。

代中国的政治意识形态与知识潮流的关系。接下来由学生主讲，实际上每次我都让学生一个一个地进行专题主讲，然后我们大家充分展开讨论，包括如下话题。首先是中国的电影、传媒，传媒中间又特别强调中国的电视、国际传媒对中国的报道，这是一个专题。我们用这个课差不多1/3的内容也就是三周的时间讨论新媒体，一直讨论到微博、微信，此外还讨论当代中国的音乐和艺术、当代中国的市场，中国的少数民族文化也在讨论范围之内，以及21世纪中国的软实力。在总共13周的时间内让学生做专题研究。这个课程我上了这么些年，对我来说是一个很大的帮助，让上课的学生跟我一起来思考，一起来探讨，甚至一起来实践，慢慢形成自己的一些新的、不成熟的思路，比如说最近这几年关注中国特色论，就是在这个课上反复酝酿、反复讨论的结果，对我来说受益匪浅。类似的内容其实也在上海交通大学讲，我每年都开，现在还在开。在上海开设这个课的时候更多偏向理论，问题和理论的比例比较而言，可能理论比例更多一点。在美国上这个课，理论处于背景的状态，从来没有刻意讲理论，但是理论无所不在。由于中美国情不同，中国的学生、同事需要加强理论的思维，通过理论来思考中国的问题。在美国，可能大家对中国不是很熟悉，或者换了另外一个环境，隔岸观火；他们从一个局外人的角度、视野看中国，所以更多关注中国的新鲜的原始资料。

其他来稿

启蒙话语的当代困境与重构可能[*]

宋红岭^{**}

摘要 启蒙话语面临的当代困境主要体现为：语言系统封闭落后，无法精准回应时代的关切；话语所强调的个体本位的伦理先天不足、后天失调，受到共同体伦理的挤压而日渐边缘化；话语的叙述主体缺乏直面当下、直面自我的勇气。重构启蒙话语可以从以下几个方面着力：促进主体的自我觉醒，拒绝陈旧的、说教式的启蒙论；捍卫个体本位伦理，融合社群主义伦理，再造新的伦理根基；践行知行合一，拒绝虚假希望，真诚看取、回应当下问题。

关键词 启蒙话语 主体 伦理

Abstract The contemporary dilemma of the enlightenment discourse is mainly embodied in the following facts: the closed and backward language system is unable to respond to the concerns of the times accurately; the individual ontology emphasized by the discourse is marginalized by the community ethics with the inborn shortness and postnatal maladjustment; the narrators of the discourse are lack of the courage to envisage the realities and themselves. The reconstruction of enlightenment discourse may focus on the following aspects: to promote subjects' self-awakening; to reject the old and didactic enlightenment; to defend individual ontology ethics, to integrate communistic ethics and reconstruct new ethical foundations; to practice the unity of knowledge and practice; to reject false hope; to look at and respond to current issues sincerely.

---

* 本文为国家社科基金项目"中国当代文学中的正义伦理研究"（项目号：14BZW129）的阶段性成果。

** 宋红岭，文学博士，江苏师范大学文学院副教授，主要研究中国现当代文学。

Key words enlightenment discourse subject ethics

在启蒙话语面临官方意识形态的打压和民族主义、传统文化价值冲击而日益边缘化的当下，剖析启蒙话语的内在问题，刻意强调其面临的困境似乎有些不合时宜。然而我们也应当看到，官方意识形态、民族主义、传统文化价值的压力，并不构成对启蒙话语的真正挑战，造成启蒙话语在当下所面临的困境的，其实是话语本身的生命活力不足，这恰恰是我们需要认真思考和反省的。越是面对多元文化价值竞争的压力，越是需要我们找准启蒙话语的问题，在更为深广的维度之中丰富和发展启蒙思想及其当代价值，以期有助于启蒙思想更深远高效地展开，求得更多的观念认同。

一

以五四新文化运动和 20 世纪 80 年代"新启蒙"思潮为代表的启蒙话语占据着中国现代文化思想史的主潮，是 20 世纪中国最重要的思想资源之一，曾经对时代产生过巨大的影响。然而，时至今日，我们也不得不面对启蒙话语日益边缘化、影响力日渐衰微的现实。邓晓芒曾在 2013 年呼吁进行第三次启蒙，然而几年下来，由知识分子主导的启蒙运动并没有发生，或者说启蒙并没有按照知识分子所设想的那样发生。[①] 一个明显的事实是：启蒙知识分子正在失去对时代主题的话语阐释权和大众思想的引导权。

仔细观察当代启蒙话语，我们也不得不为其内容空洞、单调，叙述方式陈旧、乏味，语言系统封闭落后，无法精准回应时代的关切而感到深深的遗憾。我们试以最近发生的一个公共舆论事件——杨舒平事件为例子来说明启蒙话语对当代青年思想状况的失焦。[②] 在这个事件中，民族主义者和部分主流媒体认为杨的演讲涉嫌辱华，而言论自由价值的支持者则认为，杨舒平的演讲并没有什么不妥。然而，如果我们仔细分析杨舒平的演讲，

---

① 邓晓芒：《中国当代的第三次启蒙》，《粤海风》2013 年第 4 期。

② 美国马里兰大学的中国留学生杨舒平被选为 2017 年毕业生代表在全校毕业典礼上做演讲。这个演讲经过自媒体"北美留学生日报"和环球时报等媒体转发之后，引起了巨大的争议。杨舒平迅速做出道歉申明，表示演讲只是分享个人经验，并没有贬低祖国之意，并愿意用所学弘扬中国文化，为国家做积极贡献。关喜艳、周恬：《中国女留学生演讲称美国空气甜 被喷后杨舒平回应：没有贬低国家》，2017 年 05 月 23 日，http://hb.people.com.cn/n2/2017/0523/c192237 - 30228436 - 4. html。

再看她的道歉声明内容就会发现，这篇演讲，只是一个没有主见的大学生为了迎合西方主流价值观而做的一篇在美国人看来政治正确的"好学生作文"而已。从她很快道歉，试图终结争执，而非继续发声捍卫她所宣称的言论自由价值的后续行为看，她只是一个到什么山唱什么歌的实用主义者。虽然满嘴西方价值观，但在行为上体现的仍然是一套中式"精致利己主义者"的套路。与其说她是西方启蒙价值观的宣讲者，倒不如说她是"山寨个人主义"的实践者。这件事，值得我们进一步思考的是启蒙话语并没有敏锐地感知到很多中国留学生身处于两种刻板尴尬的叙事中的无所适从：一种是国内民族主义者"留学生出了国，果然忘本"的想象，另一种是启蒙话语"被洗脑的中国学生来到美国，终于感受到自由"的老生常谈。很少有启蒙主义者注意到年轻的留学生们在中西语系焦点上的尴尬，部分启蒙主义者也忽视了对当代资本主义全球化转型和中国在这轮全球化过程中综合国力上升带来的国人在民族认同、现代性认同等多个方面发生巨大变化的体察。越来越多的国人（尤其是青年人）试图用平等的视角面对世界、面对西方，这是一个十分微妙然而又非常重要的变化。在这起事件中，一些启蒙论者过于简单地对杨舒平的演讲做出了捍卫民主、自由的政治正确的定性，把批评这个演讲的民意归结为狭隘民族主义和"网络义和团"。应当说，这种判断并不准确。

如果说杨舒平事件只是一个普通的事件，不应以此对启蒙话语做匆忙评判，那么我们看一看在 2016 年中国和菲律宾就南中国海岛礁归属问题产生的争议中，一些三四线城市群众自发地抵制"肯德基"，以及在毛泽东诞辰时群众自发地聚集纪念时，启蒙话语是如何界定这些群体事件的参与者的呢？"乌合之众""愚民""暴民""低素质人群""有什么样人民，就有什么样政府""要防止多数人的暴政""警惕文革再来"等，这是启蒙话语给民众贴上的标签。在评价这些群体性事件时，启蒙主义者往往以一种高高在上的启蒙姿态对底层进行批判，他们既不理解民众对民族共同体的强烈认同，也不愿意尝试去理解底层对于当下社会种种不公的愤怒和关切，更无法对焦当代社会的主要问题，无法取得民众的支持和信任，而很多启蒙知识分子对自身所处的尴尬状态似乎仍然无从察觉。

此外，启蒙话语对全球化带给中国社会的深刻变化也缺乏回应。当代社会的主要矛盾之一是：资本全球化转移和国内特权阶级权力扩张的结合造成社会严重的贫富分化和阶层对立，并由此带来生态环境和道德伦理环境的日益恶化。启蒙话语显然对这个新的世界格局缺乏深切认知和剖析，更谈不上深度批判。很多启蒙者不自觉地以西方自由民主价值观的捍卫者自居，而漠视资本全球化带来的负面影响。这是启蒙话语最为明显的失误。如果说在 1998 年新左派和自由主义论争时，自由主义思潮尚带有融入世界经济体制和文明秩序的善良愿望，那么时至今日，在全球化造成两极分化日益严重，受到十分强有力的挑战的当下，仍然一厢情愿地拥护令人怀疑的自由主义经济体系和"普世价值"观，则难免显得过于迂腐和执拗。

与启蒙主义者在这一新的格局转型中的软弱反应相对应，马克思主义左派对这一立场的批判态度非常鲜明。在《马克思为什么是对的》一书中，伊格尔顿这样描述资本全球化的当下状况："新的信息科技在资本主义制度的全球化过程中起到关键的作用，而全球化进程本身就是一部分具有强大实力的跨国企业为追求利益而在世界各地进行生产投资活动的过程，大量加工业被外包给欠发达国家劳动力价格低廉的地区……就像马克思曾经预言过的那样，在我们生活的这个时代，财富分配不均已经大大加深。今天，一位墨西哥亿万富翁的收入相当于一千七百万最穷困的墨西哥人收入的总和，资本主义制度创造的财富比以往任何一个时期都多，但我们为此付出的代价也是惊人的……"正是基于资本全球化带来的深刻的变化，伊格尔顿支持詹姆逊的判断："马克思主义必将重现人间。"①

而在中国，早在 2001 年 12 月，中国社会科学院公布的《中国当代社会阶层研究报告》显示，1978 年以来的改革开放，促使中国社会阶层发生结构性的改变：原来的"两个阶级和一个阶层（工人阶级、农民阶级和知识分子阶层）的社会结构变成了十大社会阶层。产业工人阶层和农业劳动者阶层分别处于第八和第九大阶层位置，仅仅排在城乡无业、失业、半失业阶层之前"。② 从这项研究中可以发现，在中国社会开始市场经济转轨以前，一直属于社会领导阶层，对中国社会的发展具有十分重要的影响作用的工人、农民已经处于社会的最底层（考虑到城乡无业、失业、半失业人员仍然由工农阶层中缺少劳动知识、劳动技能的人员组成），被排挤到了社会的边缘地带，成为真正的弱势群体。2001 年，中国加入世界贸易组织，并入全球化贸易体系之后，大量农村人口进入城市打工，成为全球化利益链条

---

① 〔英〕特里·伊格尔顿：《马克思为什么是对的》，李扬、任文科、郑义译，新星出版社，2011，第 9、13 页。

② 《中国当代社会阶层透视》，《南方周末》2001 年第 932 期。

的最底层，支撑起中国经济的快速上升。而这一切，在启蒙话语中并没有得到相应的关切。在这种前提之下，国内知识分子左派和底层民粹主义者的合流是自然而然的。他们抓住了时代的脉搏，有力地回应了这个问题，只要我们不带偏见地研读左派的分析，左派学者对资本全球化的批判在学理上是站得住脚的，而启蒙话语对这些问题缺少回应，除了阎连科的"神实主义"小说，贾樟柯的电影，王兵、徐童、张赞波等人的纪录片，青年学子春节回乡的记录文章如《每个人的家乡都在沦陷》等零星的记录外，很少看到启蒙主义者在底层问题上发言，提出见解。在资本主义全球化和反全球化的主题上，启蒙主义者声音稀少，我们反倒看到大量的"素质论"的陈词滥调，这反映了启蒙话语学理上的缺位。事实上，在民族主义和资本全球化的反思之间有巨大的鸿沟，左派思想内部亦非铁板一块，而是有着根深蒂固的矛盾与冲突，启蒙主义者是比较容易化解来自民族主义者的批判的，但是启蒙话语在这些问题上的空疏和无力是显而易见的。

　　艾伦·布卢姆在《美国精神的封闭》中批判 20 世纪 60 年代以来美国社会盛行的虚无主义及文化相对主义，揭示出民主政治之下高等教育的危机。① 中国启蒙叙事者倒不奉行虚无主义和文化相对主义，这些被媒体称为"公共知识分子"，被民间以戏谑调侃话语称呼"公知"的知识人坚持启蒙主义的古典立场，但是思维僵化、故步自封，拒绝面对当前的现实。莱纳·恩斯卡纳曾经说"一个国家的思想精英关于启蒙问题所达到的思想高度，既非该国公众启蒙水平的指标，也无法担保公众启蒙的水准"②。然而，当下中国的思想状况却是：部分思想精英对当代中国主题的理解甚至弱于一般民众，真是令人感到沮丧。

二

　　阿拉斯戴尔·麦金太尔在《追寻美德——道德理论研究》里写道："现代道德理论的各种问题显然是作为启蒙筹划失败的产物凸现出来的。一方面，摆脱了等级制与目的论的个体性道德行为者以及道德哲学家们，都将

---

① 〔美〕艾伦·布卢姆：《美国精神的封闭》，占旭英译，冯克力校，译林出版社，2011，第2页。

② 〔德〕莱纳·恩斯卡纳：《启蒙的若干诊断——分析三种判断问题》，韩水法编《理性的命运——启蒙的当代理解》，北京大学出版社，2013，第20页。

这样的个体性道德行为者本身视为其道德权威的主宰。另一方面，必须为传承下来的、但已部分改变了的道德规则寻找某种新的地位，因为它们已被剥夺其古老的目的论特征，甚至被剥夺了它们更为久远的作为终极神法之表达的定言性质。"①

作为启蒙运动创造的核心概念之一，"个人主义"在中国的传播也经历了同样的过程。一方面，否定传统价值，摆脱封建等级制和目的论之后，"个人主义"作为一种新的道德律令被知识分子奉为圭臬（不妨回忆一下延安整风时期，对持有"个人主义"观念的作家的改造是多么艰难）；另一方面，在 20 世纪的"启蒙"与"救亡"主题共振之下，传统价值中的家国天下论、伦理道统论又改头换面在民族主义、集体主义和阶级斗争论的掩护之下找到新的生长点，以民族共同体和革命目的论的面目对"个人主义"长期、持续、有效地进行打击。

"个人主义"思潮的真正绽放是从 20 世纪 80 年代开始，经历了 80 年代的"精神主体化"和 90 年代肇始的"身体主体化"两个阶段。在第一个阶段，主体论者在肯定精神主体至高无上的权威性的同时，对肉身价值嗤之以鼻。刘再复在《性格组合论》中这样强调人的精神主体性："贯穿整个封建社会的愚民政策和奴化政策，正是为了消灭人的精神主体性，使人成为无知无欲的工具。'存天理，灭人欲'，典型地表现出他的本质。'人欲'就是人的情感、意志、创造力，总之，就是人的精神力量，就是人的精神主体性，在封建统治阶级看来，他们都属于应该被剿灭的对象。"② 然而他同时认为："人的两种基本目的所决定的人的双重欲求，换句说法，就是一方面是合自然目的的形而下的欲求，一方面是合文化目的的形而上的欲求……形而上者的欲求，就是精神方面的欲求，文化方面的欲求，'灵'方面的欲求；形而下的欲求就是物质方面的欲求，自然方面的欲求，'肉'方面的欲求。"而在作者划分的这两种欲求之中，显然前者，即人的精神、文化欲求得到了作者最明显的青睐，因为在其后单列的"情欲论"中，作者认为："情欲的最低层次就是人的感性欲望，中间层次是个体的情绪记忆，而情欲的最高层次就是人的社会性情感如同情、友谊、爱国热情等

---

① 〔美〕阿拉斯戴尔·麦金太尔：《追寻美德——道德理论研究》，宋继杰译，译林出版社，2001，第 79 页。
② 刘再复：《论文学的主体性》，《文学评论》1985 年第 6 期。

等……"① 且不论这种划分是否正确，仅仅人之为人的灵肉二分和高中低层次三段论，即可以透射出在作者的价值认同中，肉欲显然是低于文化欲望的次级需要。这也很能够体现 20 世纪 80 年代启蒙价值的文化选择。

20 世纪 90 年代末开始的"身体写作"热，把肉身价值和精神主体价值等同起来，甚至凌驾于精神主体之上，写作者和评论者共同架构起一种"身体主体论"。然而这种身体主体论快速地沦为一堆无意义的消费景观，又转化为弥漫于新世纪的价值虚无，而使得"个人主义"像所有有价值的东西一样变得烟消云散了。这正是启蒙运动筹划的失败。中国"个人主义"价值衰落的原因正如查尔斯·泰勒所指出的："个人主义的黑暗面是以自我为中心，这使我们的生活既平庸又狭隘，使我们的生活更贫于意义和更少地关心他人及社会。"每个人成为那个"封闭在自己的心中的个人"。②

按照泰勒的观点，个人主义应当是一种自我的价值认同，一种"本真性的伦理"，这种本真性伦理是一种内在的"道德化"要求，其标准之一就是要与我们内在的道德感保持接触而不是游离。道德不只是迫于外界压力去做正确的事，而是与内心的良知相契合。③ 所以当启蒙话语中的"个人主义"黯然褪色之时，我们却可以看到左翼知识分子在个人、自我、本真性伦理方向上做出了认真的思考和回应。早在 1996 年，蔡翔就发表了著名的《底层》，表达作者作为底层出身的知识分子的身份认同的困惑，为底层的沦落而黯然，为自己的知识分子身份而纠结。作者在几年后的访谈中再次提到发生在身上的这种矛盾性："我这一代人的出身和经历，有一种天然的平民主义倾向。但是我们所接受的教育，尤其是 80 年代接受的文学训练，潜意识中，已经有了文化精英主义的'刻痕'。我没必要把自己装扮成一个多么坚定、多么纯粹的人，尽管，这是我所向往的。文化平民主义和文化精英主义，在我身上可能是纠缠不清的。这种纠缠，使得我在叙述底层时会出现一种非常矛盾的状态。"④

作家曹征路也在小说《那儿》中塑造了一位悲剧性的抗争性个体。小

---

① 刘再复：《性格组合论》，安徽文艺出版社，1999，第 383、424 页。
② 〔加〕查尔斯·泰勒：《本真性的伦理》，上海三联书店，2012，第 5、11 页。
③ 〔加〕查尔斯·泰勒：《本真性的伦理》，上海三联书店，2012，第 33~38 页。
④ 蔡翔、刘旭：《底层与知识分子》，《天涯》2004 年第 3 期。

说主人公"我小舅"的身份是工会主席，在传统意义上属于当权者序列，但他身上具有底层工人的优秀品质：技艺超群、一身正气、胸怀坦荡、敢做敢当。他的所作所为——上访、集资、自戕，都是出于一个普通工人爱厂爱集体的自然情感。作者曹征路自己也被这种来自底层的立场和情感所左右，不顾自己的知识分子身份，完全按照一个真实的受侮辱的底层职工的情感逻辑结构小说。在一篇访谈中，他说："知识分子在这个时代总体上是得益群体，这就决定了他们的立场，他们对底层人民的苦痛是很难感同身受的，至多也就是居高临下的同情而已。这就是叙述者的起点，由这里开始，他走向人间。起初这样写就是为了产生间离效应，使叙述更客观。写着写着，我的态度发生了变化，我被愤怒左右了，主观情绪开始加入，我控制不了自己。作为作者，我现在的生活状况，在这个时代应该说相当不错，生活中的我是很容易满足的。可我是在写小说，我不能不按照人物的逻辑叙述下去，这大概就是你说的精神转变吧，我确实转变了。小舅是我审美理想的体现，包括那条狗也让我激动不已，我向往那种有情有义、有尊严、高傲的生活。可在现实中我们往往不得不苟且，这就是我们的生活。"①

近年来，在新媒介的推动之下，来自底层的生命个体也越来越清晰地发出了自己的声音。许立志、余秀华、范雨素等创作者用诗歌、散文的形式清楚无误地表达了自我的情感和生命经验。"90 后"诗人许立志是一位杰出的代表。许立志的诗自成风格，贴近打工生活而又卓尔不群，能从日常生活中提炼对生活的本质思考，和许多农民工诗人一样，他的诗歌主要是某种游民意识的体现，但随着打工日久，他的阶级意识也在生成和发展，为其写作带来强劲的批判性，以及一种更广阔的人间情怀。许立志在《发展与死亡》中这样写道："工业区呼吸粗粝疆域扩张/无视工人集体爆发/集体失眠集体死亡一样活着。"《我谈到血》作为一首言志之诗，诗中有这样的诗句："一滴滴在打工路上走动的血/被城管追赶或者机台绞灭的血/沿途撒下失眠，疾病，下岗，自杀……我谈到血，满嘴鲜红。"这更是他的阶级立场、政治态度、社会情怀、文学观念的一次表达。这种个体性的经验表达，正是启蒙话语所缺乏的。

---

① 曹征路：《曹征路访谈：关于〈那儿〉》，《文艺理论与批评》2005 年第 2 期。

三

启蒙论者喜谈阿伦特，喜用阿伦特创造的术语"平庸之恶"谈论因无思而造恶的庸众。然而，阿伦特由艾希曼的"平庸之恶"出发，继续她的思想之旅，在《人的境况》《精神生活》中先后提出行动的重要性，以及判断对于健全人格的重要意义。这些很少被人提及。但这两点恰恰是中国启蒙话语缺乏的。先来看行动对于个人与公共空间建立联系的意义：在阿伦特看来，行动不是一般意义上的常规行为，而是一种进入公共空间的交往能力。没有与他人共享的现实，真理便丧失了全部意义。阿伦特反对以自我为中心的艺术至上论者，认为自我沉醉的、疏离世界的人无法理解行动得以发生的公共领域。阿伦特研究者伊丽莎白·杨－布鲁尔认为，在阿伦特看来，"当代知识分子中，对行动持偏见的往往是这样一些人：他们退避尘世，却并不是为了沉思；他们渴望将自己与他人分开，却并不希望离群索居（他们也许会把它等同于孤单），而是追求某种个体或群体的与众不同（这是一种极端的个人主义或精英主义），他们要么是自我标榜，要么是受名流时尚的影响"。① 这种批判简直可以不加修改地移植到当下中国的语境中来评价一些标榜"为艺术而艺术"的精英主义者和总是自以为是侃侃而谈却丝毫不见其参与任何公共行动的文化学者。②

至于精准的判断力，这基本上是当代启蒙主义者的软肋。近年来，我们看到各种荒腔走板的预测和谬以千里的判断，如"围观改变中国"、"社会主义宪政论"、各种形式的改良主义论调等。这些判断即使已经被事实证明错漏百出，一些启蒙知识分子仍然浑然不觉，始终抱定一种乐观的情绪，这与其说是一种智识上的不足，倒不如说是人格上的欠缺。在晚年未完成的遗著《精神生活》中，阿伦特把思考、意志、判断视为健全人格的三个必不可少的方面，并且认为三者可以互相流动。阿伦特意义上的判断既是深入思考、识别谎言、做出判断的能力，也意味着人通过语言、行动从他人的视角观察这个世界。越是能够把更多人的立场呈现在"我"的思想中，

---

① 〔美〕伊丽莎白·杨－布鲁尔：《阿伦特为什么重要》，刘北成、刘小鸥译，译林出版社，2009，第59页。

② 笔者经常能够见到一些在专业领域卓有建树的学者在谈论公共问题时表现出令人诧异的不切实际的理想化。显然，缺乏交往行动是造成其思想闭塞的主要原因。

进而供我在判断时考虑，"我"的判断就越具有代表性。阿伦特所说的判断应当是这样一种意识，在公共空间中敞开的意见、交流会使得暧昧、迷乱、昏暗乃至黑暗的时代为之敞亮。"黑暗时代"这个名词借自诗人布莱希特，而布莱希特用这个词来标示"只有不义却没有对它的抵抗"的绝望。阿伦特认为当人们有意回避或躲闪公开而光明的人际空间、可供人们彰显自身的公共空间时，黑暗就降临了；黑暗乃是一种对公共领域和政治的憎恨态度，是对人类多样性的侵犯。在《黑暗时代的人们》中，阿伦特以极大的热情描写莱辛、罗莎·卢森堡、龙卡利、雅斯贝尔斯、伊萨克·迪内森、赫尔曼·布洛赫、瓦尔特·本雅明、贝托尔特·布莱希特、沃尔登玛·古里安、兰德尔·贾雷尔，这些人不是时代的宠儿，不是社会舞台上的英雄，相反他们是与时代的总体状况格格不入的人，但他们是阿伦特与之精神对话的朋友。

在《黑暗时代的人们》这本书的序言中，阿伦特写道："即使是在黑暗的时代中，我们也有权去期待一种启明，这种启明或许并不来自理论和概念，而更多地来自一种不确定的、闪烁而又经常很微弱的光亮。这光亮源于一些人，源于他们的生命和作品，他们在几乎所有情况下都点燃着，并把光散射到他们在尘世所拥有的生命所及的全部范围。"①

如果我们参照阿伦特思想和意志的高度，很多启蒙主义者在人格上是不达标的。他们对那个左右一切的意识形态的他者是回避和躲闪的，他们既无参与公共事务的热情，也缺乏对公共事务做出精准判断的能力，但是，这并不妨碍他们对普通民众一再表现出近乎圣人的苛刻的要求。这种聪明的表达虽然能够让他们获得多方的赞许，但无疑是一种人格不成熟造成的自欺欺人式的失败。

四

综合前文论述，当我们在谈论启蒙话语走出当下困境以及重建的可能时，我们其实是在谈论启蒙话语应当对民族主义、传统价值以及左翼思潮等共同体价值予以同情之理解；我们期许启蒙话语中的"个人主义"被理解成为一种道德内在的自我认同，一种"本真性的伦理"；我们期望启蒙知识分子知行

---

① 〔美〕汉娜·阿伦特：《黑暗时代的人们》，王凌云译，江苏教育出版社，2006，第 3 页。

合一，在公共交往的行动中显现卓越、成熟的判断力。为此，重构启蒙话语可以从以下几个方面着力：促进主体的自我觉醒，主动拒绝陈旧的、说教式的启蒙论；丰富和发展新的文学主体性，捍卫个体本位伦理，融合社群主义伦理，再造新的伦理根基；践行知行合一，拒绝虚假希望，真诚看取、回应当下问题，融入世界话语体系。总之，我们期望启蒙主义者表现出福柯意义上的后现代"气质"构建，而非康德意义上的现代性"启蒙"遵循。

启蒙在康德看来就是"人类脱离自己所加之于自己的不成熟状态。不成熟状态就是不经别人的引导，就对运用自己的理智无能为力。当其原因不在于缺乏理智，而在于不经别人的引导就缺乏勇气与决心去加以运用时，那么这种不成熟状态就是自己所加之于自己的了。Sapere aude！要有勇气运用你自己的理智！这就是启蒙运动的口号"。①

我们一般认为，康德启蒙的精神实质上是一种批判精神。康德启蒙思想的核心是理性的自由运用。然而，正如福柯所分析的那样：康德是把启蒙描述为一个历史转折点（moment），在这个时刻，人类开始运用自己的理性，拒绝屈服于任何权威；但是，康德的启蒙观也昭示着一种现代性的设置，这种设置认定，在它之前，是一个多少有些幼稚或古旧的前现代性，在它之后，则是某种莫测高深、令人挠头的后现代性。尽管福柯从康德思想的批判性角度承认启蒙就是一场批判运动，但福柯更愿意把现代性看作一种态度，而不是历史的一个时期。这种态度是指"对于现代性的一种关系方式，一些人所做的志愿选择，一种思考和感觉的方式，一种行动、行为的方式，它既标志着属性，也表现为一种使命，当然，它也有一点像希腊人叫做 ethos（气质）的东西"。②

除了坚守批判的立场之外，启蒙主义者还应当在承担使命的过程中表现出自我独特的精神气质。这种气质不是故步自封、僵化保守的，而是生动的、有活力的；不是高高在上、俯视众生的，而是平等自尊、深刻体现出共同体中的每一个的；不是首鼠两端、表里不一的，而是言行一致、真纯如一的。这样，启蒙的光亮才能自在地释放，才能真正成为黑暗时代的精神指引。

---

① 〔德〕康德：《历史理性批判文集》，何兆武译，商务印书馆，1990，第22页。
② 〔法〕福柯：《何为启蒙》，杜小真编《福柯集》，顾嘉琛译，上海远东出版社，1998，第534页。

拱廊街闲逛者与都市浪荡子

——本雅明笔下的现代人形象及其隐喻[*]

杨向荣　蔡炜伦[**]

摘要　现代人的这一生存形态在本雅明笔下得到了很好的展现，在他看来，现代人在现代性都市空间中体现出其独特的生活样态，是其设计拱廊街研究计划的不可或缺的组成部分。本雅明紧紧抓住了现代都市生活中漫步于拱廊街上的闲逛者与浪荡子，揭示了现代人在都市生存中的特有心理机制。本雅明凝视和关注着拱廊街的闲逛者和都市浪荡子，并以此表征出现代性都市中大众的生存诸相及其背后的审美救赎隐喻。尽管本雅明提出的现代人救赎理念最终消融在一种审美印象式的解读和阐释之中。但在这样的一种审美规划下，现代人也许可以选择摆脱异化文化的束缚，实践现代性审美生存的另一种可能，并最终建构一种诗意栖居的审美化生存理念。

关键词　本雅明　现代人形象　闲逛者　浪荡子　审美救赎

Abstract　The existence form of modern people has been well displayed under the pen of Walter Benjamin, who thinks that the unique life style reflected by modern people in the modern urban space is an indispensable part in his design of "the Arcades Project". He focuses on the flaneur who wanders in the arcades, revealing the unique psychological mechanism of modern

---

[*] 本文为国家社科基金项目"齐美尔与法兰克福学派文艺理论的关联研究"（项目号：10CZW007）免予鉴定成果。

[**] 杨向荣，湘潭大学文学与新闻学院博士生导师，浙江传媒学院教授，主要研究西方美学与艺术哲学；蔡炜伦，湘潭大学文学与新闻学院研究生，主要研究西方美学与文化。

people in urban life. Benjamin fixes his gaze and looks at urban flaneur in the arcades, and based on this, he interprets the image of masses existing in the modern city and the aesthetic redemption metaphor behind it. The modern redemption philosophy proposed by Benjamin is finally dissolved in the interpretation of Aesthetic impressionism. However, under such an aesthetic planning, modern people may choose to get rid of the constraint of alienation culture, practice another possibility of modern aesthetic existence, and eventually construct a concept of poetic living and aesthetic existence.

Key words　Benjamin　modern people　loafer　flaneur　aesthetic redemption

在现代性语境中，新的事物不断涌现而又转瞬即逝，现代性的发展却将现代人抛入一个时刻需要快速应对的高速运转环境中。现代人的这一生存形态在本雅明笔下得到了很好的展现，在他看来，现代人在现代性都市空间中体现出独特的生活样态，是其设计拱廊街研究计划的不可或缺的组成部分。本雅明紧紧抓住了现代都市生活中漫步于拱廊街上的闲逛者与浪荡子，揭示了现代人在都市生存中的特有心理机制。本雅明怀着一种弥赛亚式的救世情怀，凝视和关注着拱廊街的闲逛者和都市浪荡子，并以此表征出现代性都市中大众的生存诸相及现代人的生存隐喻。

一　闲逛者与浪荡子：现代人的文化样态

身处 19 世纪巴黎的波德莱尔热情洋溢地歌颂了现代性所带来的新奇体验，他以画家居伊为例，谱写了现代人白天与晚上的极端生活样态。对现代性人这一群体的关注，也贯穿于本雅明对波德莱尔的研究与分析中。

在波德莱尔笔下，现代性在居伊身上实现了充满激情的连接。居伊白天是现代生活的现代性挖掘者，夜晚则是艺术现代性的总结者：白天，居伊漫步于城市，他是都市的观察者、漫游者和体验者；夜晚，居伊静坐书桌，用艺术家的语言充满激情地回忆和写下白天的观察和体验。波德莱尔所描述的现代人形象及其体验在德国人齐美尔笔下受到了同样的关注。齐美尔描写了"陌生人"与"都市忧郁栖居者"的现代人画像，他在参观柏林贸易展后忧郁地写道，迥然相异的工业产品十分亲近地聚集到一起，这种方式使感官都瘫痪了——在一种确切无疑的催眠状态中，只有一个信息得以进入人的意识：人只是到这里来取悦自身的。① 齐美尔发现，现代人的生存体验被大都市的日常生活分裂为两个极端：白天忙碌于高度紧张的工作中，晚上则沉迷于刺激的娱乐中。现代人白天被高强度的机械工作所累，晚上则沉迷于大都市持续、反复的感觉印象刺激中，在齐美尔看来，现代人只能在夜幕下，用身体的感官愉悦和神经的麻醉来释放白天的紧张和压抑。

本雅明在观看世界博览会后也谈到了与齐美尔的描述相类似的现代人生存体验。本雅明认为，都市中的世界博览会是商品拜物教的朝圣之地，但同样也是现代人的现代性体验之所。"世界博览会为商品的交换价值增添了光彩，它们创造了使商品的使用价值退居后面这样一种局面，它们打开了一个幽幻的世界，人们到这里的目的是为了消遣。娱乐业通过他们提升到商品的水平而使他们更容易获得这种消遣。人在享受自身异化和他人异化时，也就听凭娱乐业的摆布。"② 对本雅明而言，丰富多样的商品展览给观赏者带来了新奇体验，但现代人在这种娱乐消遣中失去了自主意识，成为商品文化中的木偶般存在，现代日常生活"异化了人本来具有的主创性，将人的行为变成了一种单纯反射性的行为"。③

为了更好地绘写现代人的生存样态，本雅明赋予现代人形象"拾垃圾者"的称号。本雅明曾这样描述道："凡是这个大城市抛弃的东西，凡是它丢失的东西，凡是它唾弃的东西，凡是它践踏的东西，他都加以编目和收集。他核对骄奢淫逸的流水账，整理废物的堆放处。他对所有的东西分门别类并做出明智的选择。就像一个吝啬鬼守护着一个宝库那样，他收集着各种垃圾。那些垃圾将会在工业女神大嘴的吞吐中成为有用的或令人满意的物品。"④ 波德莱尔在《恶之花》里曾提及，拾垃圾者和诗人都与垃圾有关联，两者都是在城市居民酣沉睡乡的时候孤寂地践行自己的工作。可以说，本雅明将现代人形象定位为现代性的垃圾拾取者，这是波德莱尔笔下

---

① 〔德〕齐美尔：《时尚的哲学》，费勇等译，文化艺术出版社，2001，第 139 页。
② 〔德〕本雅明：《发达资本主义时代的抒情诗人》，王才勇译，江苏人民出版社，2005，第 175 页。
③ 〔德〕本雅明：《发达资本主义时代的抒情诗人》，王才勇译，江苏人民出版社，2005，第 16 页。
④ 〔德〕本雅明：《巴黎，19 世纪的首都》，刘北成译，商务印书馆，2013，第 154 页。

现代人形象的再现。本雅明把诗人同城市中的"拾垃圾者"形象联系起来，认为"拾垃圾者"在现代性的废墟里找寻有价值的东西，他们是现代知识分子的典型代表。

除了赋予现代人形象"拾垃圾者"标签外，在本雅明宏大的拱廊街研究计划中，他又用"闲逛者"这一称号来为现代人形象画像。本雅明认为，闲逛者漫步于人群中，他们并没有日常生活的实际意义，而仅仅是追求漫步时周遭的现代性刺激体验，即面对现代性事件中的新奇随时形成快速反应。本雅明延续了波德莱尔现代性研究的题旨，在他看来，闲逛者漫步于现代性大都市中，他们的目的也是在寻求和体验现代性的新奇。"新奇是一种独立于商品使用价值之外的品质。它是一种虚幻意象的根源——这种虚幻意象完全属于由集体无意识所产生的意象。它是那种以不断翻新的时尚为载体的虚假意识的精髓。就像一面镜子反映在另一面镜子里那样，这种新奇幻觉也反映在循环往复的幻觉中。"① 在本雅明那里，闲逛者在现代性都市中的闲逛被形容为一次"死亡"旅行，而旅行的目的是寻求新奇。本雅明认为，闲逛者是都市现代生活的观察者，对他们而言，观看的快乐远比观看的结果重要。在这个意义上，闲逛者就成为现代性都市中的侦探者，而这也是德国人克拉考尔现代人研究的核心主旨。

在本雅明笔下，"拾垃圾者"和"闲逛者"既是都市的边缘人，也是都市生活的旁观者。然而，本雅明也强调，"对大城市的揭露性呈现并不是出自这两种人，而是出自那些穿行于城市之中却心不在焉、或沉思默想、或忧心忡忡的人"。② 本雅明赋予这类人"浪荡子"或"游手好闲者"称号，认为他们才是现代性都市中的"英雄"。哈灵顿曾论及波德莱尔《恶之花》中的浪荡子形象。"他徘徊在城市的街头，寻找优雅之物。但是，他依然是世界的旁观者，通过视力、声音和感觉进入这个世界。同时，他又是一个永不安宁的忧郁者和孤独者，无法融入到人群之中。艺术家试图拯救被诅咒、被厌弃的东西，化腐朽为神奇。"③ 在波德莱尔眼中，浪荡子离家外出，却总感到是在自己的家中，身居人群，却不为人群所知。浪荡子"如天空之于鸟，水之于鱼，人群是他的领域。他的激情和他的事业，就是和群众

---

① 〔德〕本雅明：《巴黎，19 世纪的首都》，刘北成译，商务印书馆，2013，第 22 页。
② 〔德〕本雅明：《巴黎，19 世纪的首都》，刘北成译，商务印书馆，2013，140 页。
③ 〔英〕哈灵顿：《艺术与社会理论：美学中的社会学论争》，周计武等译，南京大学出版社，2010，第 141 页。

结为一体"。① 本雅明并不认同波德莱尔对浪荡子的描述，他在《波德莱尔篇》中描述了现代性浪潮中离群索居、徘徊在商业拱廊街中的浪荡子形象：他们融于城市和人群而又游离在城市之外。浪荡子把悠闲作为自我的个性加以展现，在熙熙攘攘的人群中，他保留着自我的个性，拒绝与人群合谋。"他仅仅看上去十分懒散，但在这种懒散背后，是一个观察者的警觉。这个观察者不会放过任何一个歹徒。因此，这个侦探能够监视很大一片区域，从而使他的自尊得以满足。他形成了一些与大城市的节奏相一致的反应方式。他能捕捉转瞬即逝的事物；这使得他把自己幻想成一个艺术家。"②

伊格尔顿认为，颓废的小资产阶级遗风存在于本雅明的文本中，这使他笔下的浪荡子显露出寓言家的风范。"浪荡子沉着地漫步穿梭于城市，漫无目的地闲逛，一副懒洋洋的样子，却又暗暗地高度警觉，在活生生的运动中展示了商品的自我矛盾形式的某些特性。他孤立的性情反映了商品的作为碎片的存在。"③ 浪荡子在现代性都市中闲逛，他在集市中寻找自己感兴趣的东西，却并不询问任何东西的价格。浪荡子与大众既同谋又互相蔑视，他在商品的海洋中流连忘返，却从不问价和购买，因此他本身也成为集市中的一种商品。"浪荡子确实颇像寓言家，因为两者都任意地插手许多物体，从中挑选出某些东西加以神圣化。他们都知道那些东西本身也是短暂的。"④ 笔者认为，伊格尔顿的评述显然将本雅明笔下的现代人——浪荡子形象——视为现代性的品性，而且浪荡子形象也展示了现代性的审美表征。虽然本雅明将浪荡子视为商品，两者都体现了现代性抽象的量化本质。但浪荡子毕竟无法与商品完全等同，虽然浪荡子身上有着商品的量化品性，但就本雅明而言，浪荡子在闲逛中"与人群的非个人性打了一场必败之仗，并拼命地在纷繁中保持沉着镇定，用灵韵的最后一点破碎的残余浸润大众，这样他就可以从中自我陶醉，获得补偿。正如他的生活方式代表了城市驯化绝望的最后一搏——将商品标牌变成墙上装饰物，将报摊改为私人图书馆——他那踌躇的凝视竭力使城市审美化，但这还只是前奏，此后还有对

---

① 〔法〕波德莱尔：《波德莱尔美学论文选》，郭宏安译，人民文学出版社，1987，第 481 页。
② 〔德〕本雅明：《巴黎，19 世纪的首都》，刘北成译，商务印书馆，2013，第 105 页。
③ 〔英〕伊格尔顿：《沃尔特·本雅明或走向革命批评》，郭国良等译，译林出版社，2005，第 33 页。
④ 〔英〕伊格尔顿：《沃尔特·本雅明或走向革命批评》，郭国良等译，译林出版社，2005，第 33 页。

社会经验更极端的峻拒"。①

　　浪荡子将自我从周围环境中剥离出来，他以游荡的方式和旁观的思维方式，把自己的情感移到大众身上。浪荡子既使他自身的身份合法化，同时也能让他自身保持一种自由的姿态。他的这种生存方式能让他保持独立的思考和行为方式，同时也能让大众成为他观察和审视的对象。浪荡子虽身处于人群之中，但内心深处却是与人群格格不入的。人群之于浪荡子是陌生的，而浪荡子之于人群亦如此。浪荡子是无法融入人群的，他处处与人群保持距离，不屑于与大众交往，举手投足间流露出来的漠视乃至嫌恶正是都市陌生人最生动的注脚。"浪荡子所扮演的是侦探的角色，他将自己表现得无所事事和心不在焉，他需要将自己的行为合法化。在他慵懒行为的前后，实际上隐藏了观察者所保持的高度精力集中。作为观察者，浪荡子不会让潜在的未知罪犯逃出他的视线。"② 本雅明认为，应当把浪荡子与看热闹的人区分开来，浪荡子体现了充分的个性，而看热闹的人的个性则迷失于人群之中。看热闹的已不再是有独特个性的人，而成为非人，成为公众或人群的一部分。

　　墨菲认为，"浪荡子"（flanerie）的概念在法语中是散步的意思，但对本雅明来说，这个概念包括了康德意义上的"无目的的合目的性"内涵。漫步或游荡对于本雅明来说，不再是一种简单意义上的散步，而是现代人的一种美学姿态。③ 石计生则认为，浪荡子"既是成为剧院般都市街头的群众（crowd）一员、居无定所的波西米亚人（Bohéme），也是旅行作家般的自由轧马路者（stroller），或者像个业余的侦探（detective），更应像个诗人（poet）"。④ 在本雅明的眼中，波德莱尔是一个典型的浪荡子形象，因为在他的身上，有着群众、波希米亚人、自由轧马路者、侦探和诗人等诸多形象的特征。在本雅明的视域中，浪荡子虽然披着商品的外衣，但他也在用凝视的目光寻找现代性的审美灵韵。"凝视总是光明与模糊的交替，就如透明的想像世界为象征世界的侵入玷污一样；它有着波德莱尔的城市人群的

---

① 〔英〕伊格尔顿：《沃尔特·本雅明或走向革命批评》，郭国良等译，译林出版社，2005，第35页。

② W. Benjamin, *The Arcades Project*, Harvard University press, 1999, p. 442.

③ 〔荷兰〕墨菲：《艺术与社会：法兰克福学派》，王鲁湘等编译《西方学者眼中的西方现代美学》，北京大学出版社，1985，第215页。

④ 石计生：《阅读魅影：寻找后本雅明精神》，南京大学出版社，2008，第10页。

模棱两可性……事实上，这正是浪荡子的乖张欢娱——在想像世界快要被象征世界吞没的边缘试图拯救它，从濒临沦落为差异与无名的脸孔中汲取最后一丝灵韵。"①

　　笔者认为，在本雅明的文本中，现代人形象有着多重的身份表征：他们总是让自己改头换面，如闲逛者、流氓、拾垃圾者、浪荡子、波希米亚人等形象。他们是现代性都市的边缘者，就如同被遗弃在人群中的人。他们与商品一样，只是他自己没有意识到这一点罢了。"这种处境使他沉浸于幸福之中，就像毒品能够补偿他的许多屈辱。闲逛者所陷入的那种陶醉一如商品陶醉于周围潮水般涌动的顾客中。"② 现代人在都市中闲逛是因为内心的空虚，他有着不可消解的无聊和空虚感，他用假想的陌生人的"孤僻"来填补内心深处的空虚，借以排解在追逐个人利益时所产生的负面情绪，并最终实现自我在现代性都市中的审美救赎。

二　审美救赎：现代人的生存隐喻

　　本雅明选择拱廊街中的闲逛者这一角色，有其特定的隐喻指向。拱廊是与传统不一样的现代性都市空间，而闲逛者也不再是传统意义上的看热闹的闲人，闲逛者与拱廊在视角上形成某种互补性，他们以各自不同的方式来阐释现代性的都市空间。格雷写道："闲荡者沉迷于其所处环境的联想中，因此他可以感受到街道上所隐含的过去。闲荡者体现了一种反应方式，这种方式与以历史相对论为特性的记忆不同。"③ 这么一来，闲逛者就不仅仅是人群中的独立的个体，在其身上附有某种意识形态隐喻。闲逛者在现代性都市中漫步，他们以游荡的方式去捕捉都市现代性的空间意象，他们在一个个现代性都市碎片的能指中挖掘隐藏于其中的意识形态所指。闲逛者与人群保持着若即若离的距离，他们沉迷于现代性的景观和都市的新奇之物中，同时对资本主义的文化幻象保持着清醒的认识，并透过都市空间中各种各样的能指符号对城市日常生活进行审视和批判。

---

① 〔英〕伊格尔顿：《沃尔特·本雅明或走向革命批评》，郭国良等译，译林出版社，2005，第 49 页。

② 〔德〕本雅明：《巴黎，19 世纪的首都》，刘北成译，商务印书馆，2013，第 122 页。

③ 〔美〕格雷：《滑动的商品——商品拜物教与瓦尔特·本雅明的物质文化异化》，李晓译，《马克思主义美学研究》2001 年第 1 期。

　　按本雅明的说法，闲逛者在城市中漫步，他们游走于人群中，不仅关注商品，而且自身也如同一件商品。闲逛者的漫步并没有具体的实际目的，或者说他们就如同波德莱尔笔下的画家居伊一样，仅仅是为了寻找现代性都市中的刺激。这是现代性特质在现代人身上所衍生的特有心理机制，即在遭遇各种现代性的新奇事物的同时不断调整自己的应对心理和反应机制。王才勇认为，本雅明将视点落在休闲的逛街者身上，他们在人群中漫步是为了寻求刺激，"他们虽然置身人群，但又与挤在一起的人流保持了一段距离，他们不想在人流中完全失落自己，他们要去观察和体验自己是怎样被人流簇拥（惊颤），同时又是怎样快速觅得自己空间的（对惊颤的消化）"。① 在面对人流簇拥的惊颤以及克服惊颤的体验过程中，闲逛者对现代性都市中的快速适应能力有着深刻体验。正是由于这种体验，大众在闲逛者那里才成为体验现代性的场所。

　　北川东子认为，在对现代人体验的反思中，可以将本雅明视为齐美尔的精神继承人，"如果没有齐美尔的这些遗产，就不可能理解本雅明所看到的现代的'辩证法的'印象"。② 笔者认为，在本雅明的表述中，不论是现代人不融于都市生活，还是都市生活不接纳现代人，他们都是现代性都市中的一种特殊存在，他们充当着现代性都市空间中的观察者、拾垃圾者、审视者等多重身份。如闲逛者之类的现代人在都市中无所事事般四处游走，但他们时刻保持着对周遭环境的警惕。他们以局外人的身份敏锐地观察着周围的一切，捕捉着都市中各种各样的生活碎片。他们脱离于日常生活，但又对大众有着独特的情感。他们观望着现代性都市中的一切，以一种四处漫步的游荡方式体验来自都市生存中的各种刺激和震惊。他们保持着自己独立的思考方式和行为模式，并将大众置于特定的文化和历史维度来展开观察。更主要的是，他们以一种美学的凝视目光让平凡无奇的街角浮现出积淀已久的灵韵之光。

　　就本雅明而言，他的目的是想通过对现代人形象的描绘，来表征他对现代性都市的文化隐喻。在他看来，都市中的人群具有齐美尔意义上的现代性特性：彼此的冷漠、人与人之间的相互设防、彼此的无法沟通，等等。这正如马克思所言，现代人"彼此从身旁匆匆地走过，好像他们之间没有

---

① 王才勇：《本雅明"巴黎拱廊街研究"的批判性题旨》，《南京社会科学》2007 年第 10 期。
② 〔日〕北川东子：《齐美尔：生存形式》，赵玉婷译，河北教育出版社，2002，第 217 页。

任何共同的地方……同时，谁也没有想到要看谁一眼。所有这些人愈是聚集在一个小小的空间里，每一个人在追逐私人利益时的这种可怕的冷淡、这种不近人情的孤僻就愈是使人难堪，愈是可恨"。① 与马克思的表述类似，本雅明在向霍克海姆谈论自己对现代都市中人群的看法时也写道："在巴黎的变调曲中，人群以决定性的姿态闯入。（首先）人群就像是闲逛者面前的一层纱幕：它们是那些孤独个人的最新毒剂。第二，人群抹去个人的一切痕迹：它们是被驱逐者的最新避难所。最后，人群是城市迷宫中最新、最少研究的迷宫。前所未闻的幽灵形象通过它们镌刻在城市画面上。"②

为了表征现代人作为闲逛者在现代性都市中的情状，本雅明以诗人们的街头行为为例进行了剖析。"诗人们在街头发现了这种社会渣滓，从这种社会渣滓那里汲取了英雄题材。这意味着，一种普遍的类型实际上覆盖了他们光彩照人的类型。"③ 而且，本雅明认为，"拾垃圾者和诗人——二者都与垃圾有关，二者都是在市民们酣然沉睡时孤独地忙活自己的行当，甚至连姿势都是一样的。纳达尔曾经提到波德莱尔的'时急时停的步态'。这是在城市里游荡、寻找韵律的诗人的步态；也是拾垃圾者的步态：他一路不时地停下来，捡起所碰到的垃圾"。④ 但与波德莱尔不同，本雅明认为现代英雄并不是真正意义上的英雄，而只是英雄的扮演者。因此，充满了英雄主义的现代性最终只是以悲剧落幕。

笔者认为，本雅明所描述的现代人情状其实也就是齐美尔笔下都市"忧郁栖居者"的再现，而他笔下的闲逛者和浪荡子形象的隐喻也与齐美尔的审美救赎观念相呼应。本雅明并非单纯地在描述现代都市人的行为，而是视其为一种社会文化意识的象征。在本雅明的视域中，现代人的行为是一种文化史的幻象，在这种幻象中，展现了资产阶级的虚假意识。本雅明认为，现代人是带有英雄色彩的形象，与麻木的大众不同，他们通过与现实"空间"和"时间"保持距离，迈上了救赎之途。现代人是人群中的观察者和探索者，并扮演着市场守望者的角色。"这个投身人群的人被人群所陶醉，同时产生一种非常特殊的幻觉：这个人自鸣得意的是，看着被人群裹挟着的过路人，他能准确地将其归类，看穿其灵魂的隐蔽之处——而这

---

① 《马克思恩格斯全集》第 2 卷，人民出版社，1957，第 304 页。
② 〔英〕弗里斯比：《现代性的碎片》，卢晖临等译，商务印书馆，2003，第 273 页。
③ 〔德〕本雅明：《巴黎，19 世纪的首都》，刘北成译，商务印书馆，2013，第 153～154 页。
④ 〔德〕本雅明：《巴黎，19 世纪的首都》，刘北成译，商务印书馆，2013，第 154 页。

一切仅仅凭借其外表。"① 本雅明发现，如文人、诗人和职业密谋者等被冠以波希米亚身份的人，都可以在都市拾垃圾者的身上找到各自的特征。因为在拾垃圾者身上，"每个人都多多少少模糊地反抗着社会，面对着飘忽不定的未来。在适当的时候，他能够与那些正在撼动这个社会根基的人产生共鸣"。②

在现代性社会中，个体每天遇到这么多人，彼此只照面而不了解对方，又能安然无恙地相处在一起。这就要求个体面对不熟悉的人与事能够快速做出反应，以获得安全的生存空间。本雅明写道：当都市的人群受到震惊的刺激时，只是做出机械的反应，他作为社会人存在的所有感情、意识似乎都已丧失，震惊的体验成为都市大众的条件反射。这种体验是前现代社会没有的，是社会进入现代化时期特有的心理体验。③ 为了更鲜明地勾勒出这样一种现代性的生存特性，本雅明用击剑作为隐喻：现代生活就像一场击剑，永远处于一种紧张之中，紧张既是为了防范他人出击，同时也是为了在意料不到的各种出击中获得生存。"人与人之间是一种竞争关系，要让他们将自己的同类视为生性善良的伙伴，这种努力的成效不会维持很长时间。"④ 可以说，现代性都市空间是资本主义文化浸染下的异化环境，是异化文化的梦幻景观。现代人游荡于城市的大街小巷中，而拱廊街则恰好为闲逛者提供了审视与批判的空间，当现代人被剥离出他所从属的空间，他就不得不成为一个游手好闲的浪荡子。本雅明强调，现代人只有从都市空间中剥离出来，清醒地认识到资本主义的文化幻景并对其展开批判，才能最终引导现代人走出文化的困境，走向审美救赎之路。必须指出的是，他们的这种救赎并没有上升到对现实的否定和改变高度，而是消融在一种审美印象式的解读和阐释之中。但即使如此，也正如齐美尔和本雅明所期待的那样，在这样一种审美规划下，现代人也许可以选择摆脱异化文化的束缚，冲淡对日常平庸生活和现代工具理性的迷恋，实践现代性审美生存的另一种可能，并最终建构一种诗意栖居的审美化生存理念。

---

① 〔德〕本雅明：《巴黎，19世纪的首都》，刘北成译，商务印书馆，2013，第25页。
② 〔德〕本雅明：《巴黎，19世纪的首都》，刘北成译，商务印书馆，2013，第74页。
③ 〔德〕本雅明：《发达资本主义时代的抒情诗人》，王才勇译，江苏人民出版社，2005，第7页。
④ 〔德〕本雅明：《发达资本主义时代的抒情诗人》，王才勇译，江苏人民出版社，2005，第35页。

政治表征与城市记忆：南京
长江大桥的文化解析 *

史修永　王　兵 **

摘要　南京长江大桥是一个城市文化符号，凝聚着当代中国的政治文化心理，见证了中国当代政治文化的变迁。大桥蕴含着历史、科技和审美文化等元素，是南京乃至中国的文化记忆形象。作为建筑文化遗产，保护和开发大桥应该与南京城市文化建设结合起来，在政府主导和市民参与的治理体系下，走可持续发展之路，这样才能使其有强大的生命力。

关键词　南京长江大桥　政治文化　记忆　认同　城市文化

Abstract　Nanjing Yangtze River Bridge is a symbol of urban culture, which embodies the political and cultural psychology and witnesses the change of political culture in contemporary China. It contains elements such as history, technology and aesthetic culture regarded as the cultural memory image of Nanjing and even China. As an architectural heritage, not only should the protection and development of bridges be combined with the construction of urban culture in Nanjing but the path of sustainable development be taken in order to have a strong vitality.

---

*　本文为中国矿业大学中央高校基本科研业务费社科基金项目（项目号：2013RC23）的阶段性成果。

**　史修永，文学博士，中国矿业大学公共管理学院教授、硕士生导师、副院长，主要研究文艺美学、城市文化、工业文化；王兵，中国矿业大学公共管理学院文艺学专业硕士研究生，主要研究文艺美学、城市文化。

Key words Nanjing Yangtze River Bridge political culture memory identity urban culture

南京长江大桥是历史文化名城南京的一个重要城市象征和地标，是中国桥梁史上的一座重要的里程碑，也是新中国现代工业建设的重要成就之一。经历近半个世纪的风云变幻，"大桥把历史内化到自己身上"，转化成一个内涵丰富的城市文化符号，凝聚着当代中国的政治文化心理，见证了中国当代政治文化的变迁。作为一座"飞架南北"的建筑物，大桥将革命历史、科技发展、文学艺术、审美文化等元素汇聚和贮存起来，成为这座城市乃至整个国家的文化记忆形象。正是由于大桥具有重要而复杂的文化表现力和承载力，人们带着好奇的目光在大桥上寻找有意义和有价值的旅游体验，此时大桥的文化遗产价值得到认可和凸显，而保护和开发大桥与城市文化建设结合起来，传达出了当代中国和南京的文化认同和文化自信。

一 南京长江大桥的政治文化表征

桥是一种用来跨越障碍的建筑物。其目的是允许人、车辆、火车等穿过障碍，其基本和原始的功能就是交通功能。南京长江大桥的设计和建设初衷是中国人想在难以跨越的长江天堑上架起桥梁，解决沪宁与津浦铁路无法贯通的交通困境，结束火车轮渡长江的历史，实现南京人连接长江南北的梦想。

大桥在履行自身交通功能的同时，也承载着建筑规划者和设计者的理念，其中蕴含着丰富多样的文化内涵，其象征之义足以让人们站在不同的历史文化语境中去欣赏和体会。同样，南京长江大桥并不是一座简单的交通之桥，作为南京的象征物，它被看作当时中国政治文化的重要表征，或者说，大桥的设计规划不是历史的偶然，是新中国政治文化建构和合法化表达的必然结果，是中国政治文化在政治发展的目标选择及其思维方式上确立的"进化主义"使然。

首先，从政治文化建构的角度来看，大桥是新中国刚刚成立后，中国共产党构建和维系政治体系价值完整性和统一性的重要表征。

按照美国著名政治学家阿尔蒙德的说法，"政治文化是一个民族在特定时期流行的一套政治态度、信仰和感情。它由本民族的历史和现在社会、

经济、政治活动的进程所形成"。① 南京长江大桥于 1960 年施工，完成于
1968 年 12 月，这个时间段正是开展全国范围内"大跃进"运动和"文化大
革命"的特殊历史时期。"敢想敢说敢干""鼓足干劲，力争上游，多快好
省建设社会主义"是当时中国较为明确的政治态度，维护党的纯洁性，继
续开展无产阶级革命和实现共产主义理想是中国共产党的政治信仰。因此，
大桥的诞生，凝聚了当时中国社会的政治文化心理和广大人民群众的革命
感情。赫然屹立桥头堡上的"三面红旗"，是"总路线"、"人民公社"和
"大跃进"政治意识的象征。四个巨大的工农兵学商雕塑代表着人民当家作
主，是那个时代社会主义建设的主体象征，塑像上佩戴着的毛主席像章、
手握的毛主席语录和桥身上的向日葵浮雕，是那个时代崇拜毛主席和忠于
毛泽东思想的隐喻，而大桥的整体建成，"就是我国社会主义革命和社会建
设，特别是无产阶级文化大革命的丰硕成果之一"。② 因此，南京长江大桥
被完全象征化，成为一个政治符号。正如有的学者所言："大桥的诞生，它
在社会生活中就不是一座简单的桥，而是一个大写的文化符号。作为大写
的能指，它的所指不是原始功能意义上的桥，而是近代以来变革中的中国
政治，它本身就是一座政治纪念碑。"③ 作为一个象征符号，它在表征当时
的领袖崇拜："用毛泽东思想武装起来的中国工人，天塌下来擎得起，地陷
下去补得平，没有不可克服的困难，没有不可攀登的高峰，什么人间奇迹
都能够创造。"④ 同时它还歌颂了伟大的社会主义建设的胜利。大桥的建成
让人民相信，在毛主席的领导下，向自然开战，向科学进军，战天斗地，
是时代赋予人民的伟大历史使命，是建设社会主义的伟大革命任务。因此，
大桥利用自身和附着于自身的符码意义，目的在于高举毛泽东思想的伟大
旗帜，建设社会主义现代化国家的政治体系，并将这一体系价值作为构建
完整和统一的政治共同体的观念，进而赋予中国社会主义国家存在的意义
和合法性。

　　其次，从审美的角度看，南京长江大桥集中展现了当时国家和民众的

---

① 〔美〕加布里埃尔·A. 阿尔蒙德、宾厄姆·鲍威尔：《比较政治学：体系、过程和政策》，
曹沛霖等译，上海译文出版社，1987，第 29 页。
② 王超柱：《工人阶级的革命志气》，《红旗》1969 年第 10 期。
③ 胡大平：《南京长江大桥》，《学术研究》2012 年第 10 期。
④ 《工人阶级所向无敌：热烈欢呼南京长江大桥铁路桥顺利建成通车》，《新华日报》1968 年
10 月 4 日。

政治美学想象。

从建筑形式上看，作为南京的一个重要地标，大桥是当时世界一流的铁路和公路两用特大桥。其铁路桥全长 6772 米，宽 14 米，公路桥全长 4588 米，宽 19.5 米，正桥全长 1577 米。全桥共有 262 孔，其中正桥 10 孔，引桥 252 孔。大桥建筑体量巨大，9 座高七八十米的江中桥墩稳如磐石。整座桥形式整齐、匀称、平衡、雄壮、宏伟，给人肃然起敬之感。这种形式美的设计符合当时中国所追求的政治审美理想，那就是实现崇高的无产阶级革命实践理想。

新中国成立以来，中央政府需要通过积极的政治行为，通过培育和确立共产主义的远大理想来实现政权的合法性。共产主义的远大理想就是现代中国社会的政治审美想象，也是无产阶级革命实践的理想。毫无疑问，南京长江大桥与实现无产阶级革命理想的政治利益密切相关，这自然使大桥自身的感性形式表现为政治理想的实现形式，体现出强烈的"合目的的政治美感"。[①] 这种政治美感在心理结构上表现为一种崇高感，具体来说是大桥的观察主体在感受巨大的形式和气魄时产生的一种震惊感和压迫感。面对气势如虹和举世瞩目的大桥，观察主体只是望着它沉思和发呆。"在发呆之中，我们不觉忘却自己，聚精会神地审视它，接受它，吸收它，模仿它，于是猛然地自己也振作起来，腰杆比平常伸得直些，头比平常昂得高些，精神也比平常更严肃，更激昂。我们不知不觉地泯化我和物的界限，物的'崇高'印入我的心中变成我的'崇高'了。"[②] 进入这样的审美心境，观察主体通过大桥显现的崇高的感性形式，构建起共产党领导的以工农兵为主体的无产阶级革命理想必然实现的政治认知。在大桥带给人们的压迫感和紧张感的心理体验中，中国完成了一次重要的政治价值和政治感性的协调融合。周恩来总理曾自豪地告诉外国友人，新中国有两个奇迹：一个是南京长江大桥，另一个是林县的红旗渠。因此，南京长江大桥激起了人们实现社会主义和共产主义伟大理想的政治欲求和想象力，同时依靠这种政治认知能力来理解当下的政治现实，进而让人们体会到革命和建设现状的宏壮，这也就激发了人们的政治热情，进一步推动社会主义现代化建设不断向前发展。或者说，大桥处处渗透着当代中国社会革命、建设实

---

① 周赟、赵晖：《从形式之美到价值之美：政治美学的历程》，《华中农业大学学报》（社会科学版）2015 年第 6 期。

② 朱光潜：《朱光潜全集》第 1 卷，安徽教育出版社，1987，第 429 页。

践和审美实践的有机统一。

最后，从当下的文化语境看，大桥见证了政治文化的延续和重构。自改革开放以来，经济建设取代阶级斗争成为我们党和政府的工作重心。邓小平指出："经济工作是当前最大的政治，经济问题是压倒一切的政治问题。不只是当前，恐怕今后长期的工作重点都要放在经济工作上面。"① 这也就意味着中国的政治文化进入了一个新的发展时期，建立在市场经济逻辑基础上的意识形态将影响和塑造中国政治文化发展的方向。邓小平南方谈话为市场经济体制的创建指明了方向，更是强化和凸显了这一发展变化。在市场意识形态面前，大桥存在的格局面临新的转型和挑战。一方面，它要保存和延续大桥原有的革命文化观念。无论是作为革命历史陈列馆，作为历史和语文教科书的经典文本，还是作为爱国主义教育基地等，大桥原初的政治文化功能和在人们心中的神圣地位依然被保存。另一方面，大桥政治文化不是一成不变的。在市场经济逻辑和资本价值评估中，它也处于不断的变革过程中，其原初的交通功能和经济价值被重新考量，市场的力量必然构成对其原有文化价值的冲击。2003 年以来，面对大桥交通的拥堵和航运条件限制造成的经济损失，许多媒体刊文热议"南京长江大桥该不该拆"的问题。一些人认为大桥是"文革"时期建造的，太老了，是现代经济发展的一块"鸡肋"，无法满足当前经济社会发展的实际需要，并且用经济事实来怀疑大桥存在的价值，需要拆了重建；而另外一些人认为，我们不能用现在的眼光来评判大桥的价值，应该看到大桥是一段历史的象征，具有不可低估的文化遗产价值。我们在此姑且不去评判双方的对与错，但是，在双方的争论中，能够感受到大桥作为原初的革命文化符号和一座政治纪念碑的象征意义遭到挑战和颠覆，其使用价值也被贬低。更为重要的是，社会上关于重建的争论也赋予了大桥新的政治文化意蕴，那就是市场经济体制改革和转型在很大程度上改变了人们对大桥的理解，也使人们对大桥的生活期望和政治期望发生了很大变化，使其具有一定的开放性和包容性。

中国的政治文化转型带来了大桥文化形象的转身。神圣的政治桥开始挂上各种广告。较早悬挂"高沟大曲"的广告牌，到"锦湖轮胎"，再到

---

① 邓小平：《关于经济工作的几点意见》，《邓小平文选》第 2 卷，人民出版社，1994，第 194 页。

"小天鹅""春兰""扬子石化"，等等，这些都在商业与政治的博弈中陆续登场，成为大桥上新的文化成分和观念要素。象征着商业和消费意识形态的广告试图征服和再利用大桥的"高大全"形象，在开发大桥的使用价值的同时，利用大桥的历史文化地位制造一种商业意识形态，再次完成大桥的象征化。如此这般，这也就为我们理解中国政治文化变迁提供了有力的参照。

二　南京长江大桥：一个城市的记忆和认同

大桥是中国社会主义现代化建设的标志性成果和中国现代工业文化精神的象征，属于整个中国，也归属于南京，是名副其实的南京城市公共意象，是南京居民共同感知的视觉景观，植根于南京城市居民的心中。换句话说，历经历史沧桑的大桥，凝聚了南京乃至整个中国的沉重记忆，以及人们对南京和国家的认同感和归属感。

首先，大桥承载着创伤记忆和国家认同。从大桥的诞生来看，大桥的规划和建设并不是偶然的，背后蕴含着极其悲壮和崇高的历史创伤记忆。"人的'创伤记忆'其实是人的'国家观念'的'创伤记忆'……是作为一个外部切入的条件看待的，意在为了内部的激发与生长。"① 在某种程度上，大桥的建设规划是一代人创伤记忆的激发，是中华民族自力更生、奋发图强的精神的集中体现。

我们回溯到建桥的历史来看，孙中山在《建国方略》中提出了南京至浦口的过江隧道计划，这个规划虽然不是建设大桥，但是已有沟通南北、征服自然的梦想。1937 年国民政府曾重金聘请美国桥梁专家华特尔对南京至浦口的江面进行实地勘察，得出的结论是"水深流急，不宜建桥"，接着国内局势的动乱，抗日战争和内战的相继爆发，使得大桥的规划和建设成为不切实际的事情，再到新中国成立后中苏关系破裂，大桥建设一度中断。在这种民族衰危和外敌强凌的历史现实中，南京长江大桥建设规划可望而不可即，沉淀成特定时代中国人的一种创伤记忆。中国两三百年落后挨打的历史创伤，无法或不可能建成大桥的创伤体验就像伤疤一样长久地烙刻在一代代人的记忆中，成为一种固定的文化心理事实，时刻提醒一代代人

---

① 张志扬：《创伤记忆——中国现代哲学的门槛》，上海三联书店，1999，第 41 页。

不要忘记所经历的不堪回首的过去。同时，曾经的伤痛也不断激励一代代人去证明和彰显中华民族的尊严。创伤在哪里，救治也在哪里。新中国成立之后，必须在这个早先被判定不可能的地点上建造一座现代化大桥，这是民族之现代化梦想的标识，是治愈精神创伤和文化创伤的良方。从 1956 年进行勘测设计，到 1960 年 1 月正式施工，再到 1968 年 11 月竣工，历时近 13 年。在施工技术上，大桥首次使用我国自己研制成功的高强度低合金钢，首次使用无缝线路，首次使用高强度螺栓代替铆钉，首次采用粉煤灰陶粒轻质混凝土。大桥创造性地采用了重型混凝土沉井、钢板桩围堰管柱、钢沉井加管柱和浮式钢筋混凝土沉井四种方式，使 9 个桥墩牢牢地固定在江底的岩层上。其中一号墩的重型混凝土沉井下沉入土深达 54.87 米，至今仍是中国桥梁工程中最深的沉井。[1] 同时，在建造的过程中，在四面八方的支援下，战胜了长江洪峰的险情，发扬了我国建桥大军的大无畏精神。在每个技术的施工细节上攻坚克难，追求卓越，也体现出 4000 名建桥职工一丝不苟、精益求精的工匠精神。因此，作为新中国社会主义现代化建设的一个奇迹，南京长江大桥的诞生，是战胜了自然、超越了历史和见证了"由南京代表的历史之断裂——从无能的旧中国到全能的新中国"[2] 的宏大事件。进一步说，大桥是一座"争气桥"，它的诞生，是回应和摆脱创伤记忆的有力象征，是人民获得共同的民族国家认同感的阐释性力量。

其次，南京长江大桥是无产阶级革命的阶级记忆和共产党领导人民建设社会主义的群体记忆的载体。

桥是凝固的历史，是时代的记忆形式。大桥的建设正好处在"文化大革命"的特殊历史时期，其在充分表征中国政治文化特殊性的同时，也将其转换和镌刻成对革命的阶级记忆。在大桥的桥头堡上，以"人民战争"、"三面红旗"、"毛泽东思想照耀世界各族人民"和"文化大革命"为主题的雕塑构成了那个特殊时代无产阶级革命的阶级记忆。100 块向日葵镂空浮雕，其花瓣有 31 瓣，由四片叶子包围，与红太阳组合应用，目的是利用直观的符号来阐释《东方红》和《大海航行靠舵手》两首革命歌曲所表达的主题：文化革命拨巨浪，红色政权万万年。毫无疑问，这构建了一种共同的历史文化记忆，体现出在毛主席和共产党的领导下，推翻"三座大山"

---

① 张桂霞：《抹不掉的记忆——南京长江大桥建设纪实》，《新长征》2009 年第 5 期。
② 胡大平：《南京长江大桥》，《学术研究》2012 年第 10 期。

的中国人民将无产阶级革命进行到底的坚强决心。

如果说，桥头堡的雕塑和向阳花从一个侧面突出了大桥的无产阶级革命记忆，那么，大桥上的 22 块浮雕，则以全景的视角来展示共产党领导下的社会主义建设新貌。其内容是大庆油田、大寨大队、成昆铁路、北京火车站、抚顺煤矿、鞍钢公司、新安江水电站、海岛女兵、沙漠骆驼、上海万吨轮船、内蒙古大草原、万里长城、海南岛椰林风光等，涵盖工业、农业、城市化建设、内地与边疆、东部与西部、科技与国防等方面，呈现出一个多民族多阶级社会主义新中国之政治、经济、文化建设成就。这些雕塑以图像叙事的方式来组织社会主义建设的过程和记忆，使得过去发生的重要事件成为有深刻意义的中国故事，凝结成社会主义建设的集体记忆。进一步说，大桥试图用集中和公共的视觉形式在分享和传播的过程中来建构中华民族的群体记忆。

显然，大桥建构的群体记忆具有强烈的凝聚性。在时间层面上，它将旧中国贫穷落后的历史与蒸蒸日上的新中国联系起来，把过去发生的重要事件和已经达成的重要成就以及对它们的回忆以视觉传达的方式固定和保存下来，并且不断使其获得现实意义，甚至获取影响深远的精神文化价值。在社会层面上，大桥包含了共同的建设社会主义中国的价值体系和行为准则，通过记忆展览的形式形成了认同性力量。如果说，一个人依靠记忆使自我变得清晰和确定，从而赢得真正的认同感，那么，一个群体只有依靠对自身共同经验的保存和提取，才能形成强大的主体性力量和更加稳固的文化心理结构。这也就意味着，作为一种记忆形式，大桥通过公共化的展览和交流，让其成为中国人民共享的记忆，通过具有凝聚性的表达方式逐渐建构起中国人民的历史主体意识，并作为一种文化记忆形式保存下来。更为重要的是，通过不同记忆主题的展示，让不同的人分享大桥带来的公共性及其作为一种公共政治或公共生活议题的重要性，让人们在辨识上认知作为历史主体的中国人所承担的社会责任、历史使命和文明反思的价值意义。

最后，南京长江大桥的记忆重构。无论是作为一种创伤记忆，还是作为一种革命记忆，大桥归根结底是一种文化记忆，属于南京城市特殊的记忆形象和文化形象。

任何一种文化记忆都不可能原封不动地保存过去，需要"通过重构而发挥作用，也就是说，它总是把它的知识联系于一个实际的或当代的情境……有时候是通过挪用，有时候是通过批评，有时候是通过保存或转化……每一个当代语境都把客观化的意义置入自己的视角，赋予它自己的理解"。① 从这个意义上说，关乎南京长江大桥的文化记忆也并不是静止和不变的。当大桥与当代的文化语境相遇，与个体、集体记忆相遇之后，其记忆成为一种符合文化阐释框架的选择和重构，以不同的形式被保存和转化。文学艺术对大桥的文化记忆重构最为突出。诗人食指的《南京长江大桥》、李朝润的《我们来到毛主席走过的大桥》、吴冠中的《桥之美》、吴冠中的油画《南京长江大桥》、魏紫熙的国画《天堑通途》和钱松喦的国画《江山宏图》等艺术形式，都表达出文学艺术家对大桥的审美理解。以吴冠中的油画《南京长江大桥》和小品美文《桥之美》为例，一是图像，一是文字，两部作品相得益彰、紧密相连，以文学的形式将大桥的图像与文字交织在一起，并将现代感的南京长江大桥与中国传统的江南"小桥流水人家"的结构美和古典美结合起来，构建对过去流传下来的桥的审美传统的各种想象。油画《南京长江大桥》吸收中国古典水墨画的精髓，充分利用西方绘画艺术的色彩和线条的力量，增强了大桥的雅致和灵秀，实现了对大桥记忆的重构和图像增加，也使得大桥转化成一个集储存和传播于一体的文化文本，传递出对现实和过去的大桥的续写。总之，文学家和艺术家将大桥变成文学内部的记忆，同时也将文艺作品作为大桥文化记忆的媒介。一方面，他们能够贴近和拥抱新时代，用语言和图像的方式来诠释大桥的审美文化价值，展现和传承一种文化自信；另一方面，这些记忆形式超越了大桥的日常化存在，完成了对大桥的文化表征和审美再生产。

关于大桥建设的重要档案和纪录片，也是大桥记忆重构的重要形式，它们能从总体的视野向人们呈现大桥的历史和那个时代的大桥形象，经过当代语境的转化后再审视，自然与大桥历史之间达成了一种视域融合，进而揭示出当代中国社会的核心价值取向。另外，邮票、粮票、像章、火花、糖纸、年画、明信片、月历、宣传画、练习本封面、扑克牌等记忆形式，将大桥文化不断地客观化和现实化，将大桥扩展成一个"回溯性的记忆空间"，最终使其能够唤起回忆。显然，大桥在不同的载体形式上的呈现，使其自身不断成为一个大众文化符号，其原初的灵韵和神圣逐渐消失，变成

---

① 〔德〕简·奥斯曼：《集体记忆与文化身份》，陶东风译，陶东风、周宪编《文化研究》第 11 辑，社会科学文献出版社，2011，第 8 页。

定格、固化在南京或者从南京溢出的文化产品。在这种记忆的重构中，大桥原初的形象与再造的文化形象总是出现不同程度的差异或者不吻合，被赋予了不同的意义，这也是大桥文化记忆流变的重要表现。

三　南京长江大桥的保护和城市文化建设

南京长江大桥背负着沉重的历史使命，承载着一代人的文化记忆和情感，已经化作南京的文化象征，这种象征就像巴黎的埃菲尔铁塔一样。然而，在面对社会发展和地方利益博弈之时，大桥成了地方经济发展的阻碍和南京城市交通阻塞的代名词，其身处危机并陷入巨大的压力中，成为一个不争的事实。在这种形势下，关于大桥存亡、治理交通拥堵、大桥与城市规划的讨论也不绝于耳，这些问题逐渐成为南京城市治理的重要难题。因此，站在历史和现实、继承和发展的交叉口上，如何在城市现代化快速发展的过程中保护和挖掘大桥的经济文化价值，使其焕发新的活力，是南京和她的居民必须认真思考和探索的话题。

南京是首批国家历史文化名城，六朝古都，虎踞龙蟠，文化遗产众多，如夫子庙、明长城、明孝陵、江宁织造遗址等。虽然在年龄上无法与它们相比，但是在文化价值上，南京长江大桥应该是南京的地标，是南京城市文化特色的重要体现。1960年以"世界最长的公铁两用桥"被载入《吉尼斯世界纪录大全》，2014年7月入选不可移动文物，2016年9月，入选"首批中国20世纪建筑遗产"名录。因此，我们有充分的理由将大桥作为城市文化遗产，去保护、开掘和传承其中的文化价值，这是大桥走向复兴的重要路径。

作为城市文化遗产，南京长江大桥的保护应该与城市文化建设紧密结合起来，走可持续发展之路。"今天，保护文化遗产的理由不仅仅取决于它是否还具有以往的使用价值，不完全取决于它具有多么珍贵的艺术和科学价值，而是取决于它已经作为城市文化的重要组成部分，深深地印刻在市民们的记忆里。"① 对于南京长江大桥来说，它是南京城市发展的历史见证，也是城市文明的现实载体。它凝聚着当代中国人的思想、智慧和生活气息，诉说着南京的历史和文化。市民可以通过大桥了解许多令人难忘的城市往

---

① 单霁翔：《从"功能城市"走向"文化城市"》，天津大学出版社，2013，第150页。

事，而且可以清晰地看到城市的成长历程。值得玩味的是，大桥是我们今天可能触摸到的历史真实，能够让生活在南京的人们直接感觉到历史的存在。它是南京城市生命历程中不可中断的连接，连接着过去的情感、记忆和辉煌，也连接着南京城市发展的未来。因此，大桥承担着延续南京城市文化和保存城市记忆的历史重任。

从另一个角度来说，城市建设与发展不应该缺失城市文化，应该时刻伴随着城市文化的建设进程，应该更需要文化遗产，使其滋养人的精神，让广大市民对自己的城市文化有价值认同，从而产生一种自豪感和幸福感，只有这样城市才能获得真正意义上的发展。从一些发达国家的城市文化遗产保护经验来看，比如在伦敦，市区泰晤士河上共有 32 座历史桥梁，仅市中心区就有 8 座桥梁受到保护；在柏林，政府规定凡 80 年以上的传统建筑必须无条件保留；日本通过不断地修订和实施立法来保护文化遗产，保护历史的原真性和环境的完整性，强调文化遗产的精神价值。它们的成功经验告诉我们，在现代化发展的过程中，只有不断强化对自身文化遗产的认定和保护，摒弃那种自轻自贱或全盘否定的错误观念，使其融入城市文化的发展中，文化遗产才能获得可持续发展，这也为南京长江大桥重新焕发生机提供了有益借鉴。

与此同时，对于南京长江大桥的认识，我们也要保持清醒和警惕，不能将其过于物质化和单纯作为一种物质财富和经济资源，否则，很容易就会被随心所欲地处置，成为城市发展的弃物，保留也是暂时的。如果将大桥当作一种符合公共利益的精神财富，将其转化成提升市民综合素质的文化资源，那么，大桥将成为超越历史和时代的精神主题，人们将会永远保护它，并以此为荣。毋庸置疑，大桥已具备了这样转化的条件。正如有的学者说的那样："如果把大桥上川流不息的车流置换成川流不息的人流，那么大桥的桥面就可以被自然地设想成为一个长 1576 米、宽 15 米的露天展览馆，桥两边的栏杆就是这个展览馆的展板，202 块浮雕作用就是这个巨型展览的具体内容。"[1] 因此，大桥是一座活的博物馆。据大桥管理处不完全统计，自 1970 年到 1999 年，参观这一大桥的有 70 位外国元首（包括美国总统尼克松），150 多个国家的 600 多个代表团，360 多万国际友人，20 多万港澳来宾和 2000 多万国外游客。显然，来参观游览的人，不是冲着大桥的

---

[1]　钱振文：《南京长江大桥》，《博览群书》2010 年第 1 期。

交通功能，而是来观赏这个城市的文化遗产符号。这样一来，大桥上的浮雕等物质遗存以及相关的历史文献等都成为展览的内容，都以此作为开展文化活动的形式。通过保护大桥在文化、教育、审美和精神等方面的文化资源，可以衍生出具有鲜明的区域文化特色的城市文化，进一步提升南京的文化认同和文化自信。

保护南京长江大桥是南京城市治理的重要部分。这需要南京城市决策者和文物保护管理部门承担起庄严的使命，更需要广大市民的积极支持和配合，需要他们具有高度自觉的文化遗产保护意识和参与意识。作为南京市重大项目，2016 年 10 月大桥被封闭 27 个月实施整体修缮，整个工程耗资 11 亿元。其修缮内容是公路桥面更换、引桥和 T 梁桥桥面改造、双曲拱桥加固改造等。南京市召集了相关专家对大桥维修文物保护设计方案进行了评审，工程秉承"最小干预"的原则，尽可能保证文物的原真性和完整性。在封闭的当天，来自各地的人们在雨中以徒步、摄影等各种方式向大桥道"暂别"。[①] 南京的保护举措，一方面有力回击了以往社会上讨论的"拆桥"的说法，政府以"守土有责"的精神承担起保护文化遗产的职责，通过技术和工程来遏制大桥环境的恶化，提升大桥的交通功能；另一方面，在实施保护的过程中，政府通过各种媒体宣传和展示，将大桥变成公共话语，进入公众的日常生活，让人们了解大桥修缮的理念和意义。以沟通和培育情感的形式，积极取得广大民众的支持和理解，并影响和带动广大民众来关注、参与大桥的保护。

总之，作为一种文化资源，大桥不仅是南京城市文化品位的重要体现，也是南京城市个性的重要维度。保护和开发大桥也就意味着丰富和提升南京的文化资源。也只有在政府主导和市民参与的治理体系下，大桥才会得到可持续的保护，才会有更加强盛的生命力。

结　语

作为一个城市公共意象，南京长江大桥蕴含着中国现代政治文化变迁的复杂性和艰难性，是赋予南京城市独具审美文化魅力的视觉形态。作为一个文化记忆场所，大桥体现出公共性、组织性和集中性的特征，已经是

---

① 戴曼曼：《南京长江大桥"带薪休假"27 个月》，《羊城晚报》2016 年 10 月 30 日。

在中国的文化记忆中发挥巨大作用的国家记忆，不断促进同一性和价值观的传递。伴随时间流逝，大桥化作南京的文化遗产，延续着城市的文脉，展示着城市深厚的阅历，同时也不断暗示人们反思检讨其存在的问题。当大桥与南京城市文化建设结合起来时，将其转化成为文化资源服务于现实生活，被广大民众倾心地理解、欣赏和分享后，其应有的尊严才能表现出来，其往日的辉煌和灿烂才能重现。

游荡：城市行走的艺术、空间体验和认知的方法论[*]

杨智慧　刘利刚[**]

摘要　游荡作为一种思想生产的方式一直伴随着社会文化发展和积累的进程，游荡是人精神和思维的外化和载体，是空间体验和实践的基本途径，本雅明更是以巴黎的拱廊街为场所把城市游荡建构为认知现代性空间的方法论。19 世纪兴起的现代城市空间是一种特殊的动态文本，其中既有表层的叙事也有深层的结构，游荡就是对这一文本的表层叙事的阅读及深层结构的揭示，游荡也因此具有批判社会意识形态的文化功能。与游荡者形象的多元性相对应，城市游荡的形式和状态也是多样化的，本文以文人的城市游荡为主要分析对象。

关键词　游荡　城市　现代性空间　游荡者

Abstract　As a mode of thought production, flanerie attends the evolvement of social culture. Flanerie is the incarnation and carrier of human spirit and mentality, an essential way of practicing and experiencing space. Benjamin constructs an epistemology of modern space on flanerie in Parisian arcades. Modern urban space with its double structure is a kind of special discourse, and to flaner is to read the narration and detect the deep

---

*　本文为重庆市教委人文社会规划项目"新三峡生态旅游的场景传播策略研究"（项目号：17SKG161）的阶段性成果。

**　杨智慧，四川大学外国语学院博士研究生，主要研究西方文化研究；刘利刚，四川大学符号学 - 传媒学研究所成员，重庆三峡学院文化与传媒研究中心研究员，主要研究符号修辞学。

structure of this discourse. Thus, flanerie assumes the function of cultural criticism of social ideology. As flaneur is a figure of multiple portraits, flanerie presents various forms and postures; this article focuses on the flanerie of literati.

Key words　flanerie　city　space of modernity　flaneur

一　城市游荡：空间体验和思想生产的过程

行走是生命个体存在于世界的基本方式。18 世纪的哲学和文学开始观察和思考游荡，而在 19 世纪早期传统空间向现代性空间过渡中出现的城市游荡者把游荡（flanerie）推进为一种行走的艺术，一种对空间进行文学体验和哲学思辨的方法论。波德莱尔（Charles Baudelaire，1821～1867）的随笔和诗歌被认为是书写城市游荡的辉煌篇章，游荡也是《巴黎的忧郁》的主要叙事策略，① 也正是因为波德莱尔，游荡者这一形象才被定格在 19 世纪的巴黎。在《现代生活的画家》中，波德莱尔把游荡者刻画为贵族气息十足、极具艺术禀赋而又追求卓越和不凡的城市浪荡子（dandy），把游荡渲染为华丽而盛大的城市出行。巴黎一直被认为是城市游荡的天堂，而拱廊街则被誉为城市游荡的"圣地"，城市游荡的黄金时代也就是拱廊街兴盛的时代，城市游荡的繁荣期被界定在法国大革命至豪斯曼城市新建工程开启时的 19 世纪中期。弗格森（Priscilla Ferguson）提出，19 世纪 30 年代城市游荡成了一场特殊的"社会运动"。② 游荡是一种独特的文化形式，游荡有不同的形式和姿态，可以是一种精神膜拜仪式，如朝圣，也可以是一种空间体验和沉思的过程，如哲学家的散步。19 世纪城市文人游荡的脚步则是书写现代生活的笔触，他们在城市中游荡，在游荡中体验、思考和创作，游荡是城市文人参与社会生产和劳动分工的特殊方式；游荡变成了一个复杂而微妙的体验和思维的过程。游荡把空间在主体的情感和意识中个性化、抽象化，使主体的内在心理和外在空间产生交流与沟通，激发主体的思考

---

① Keith Tester ed., *Flaneur*, New York: Routledge, 2015, p. 1.

② Priscilla Ferguson, "The flaneur on and off the streets of Paris," in *Flaneur*, ed. Keith Tester, New York: Routledge, 2015, p. 25.

和想象。

在 19 世纪的现代城市生活中，理性和实用的商业化意识把生产活动看作人真正有意义的行为，生产意味着产品和价值，一切不可被量化、缺乏效率和利润的行为被视为无意义，而游荡作为无所事事的具体表现在 19 世纪奉行新教伦理的西方资本主义社会中被视为堕落，并被谴责，游手好闲者是魔鬼的助手。在资本家的眼中，游荡是没有被有效利用的时间空洞和碎片，需要被具体的"作为"填充，如果不能被用于商品生产，至少可以被吸引到商品消费或城市娱乐中去。在注重物质生产和实用的理性中，闲逛和"耽于冥思"都毫无价值，是对社会必要劳动时间的奢侈浪费，而城市游荡作为"耽于冥思"的空间漫游则把两种"罪过"兼于一身。不管是在乡间还是在城市漫步，游荡都是对匆忙和效率的否定，经常被用来表达对资本主义社会劳动分工的抗拒。游荡维系着生产和闲散之间、无为和作为之间的微妙平衡，游荡"作为身体的生产和劳动行为，其产品是体验、思想和目的地"①。游荡是一种介于有意识和无意识之间的行为，是意识完全主导物质（身体）的时刻，其间意识承载着身体在时空中逶巡。哲学家和思想家把城市游荡理想化为一个空间、思想、身体的"三位一体"，就像漫步在大自然中的超验主义者一样，游荡者完全沉浸于精神的世界；游荡不仅是在空间中漫步，同时也是在时间中邀游，他凝视的既是商品和理性的景观空间，也是时间的"物质记忆"。

游荡的节奏应和着思维的节奏，游荡者在城市空间的轨迹就是其思想的轨迹，游荡在城市义人身上成了一种肢体和意识相结合的"行走癖"（wanderlust）。在行走中，游荡者的内在心理空间和外在物理空间不停地碰撞和连接，游荡是同时探究这两个空间，同时反思"自我"和"非我"的最佳方式；游荡是外在空间不断被人的意识内化的途径和过程，而且这个过程是可逆的，游荡也是人的内在"自我"向外在"非我"移情的途径和过程，在本雅明（Walter Benjamin，1892～1940）那里，游荡是在世俗空间对弥赛亚神圣救赎的向往和寻求以及对柏拉图理念的精神领悟和回归。游荡者的意识在行走中不断地受到外在空间的启发、更新、升华；在游荡者的意识当中，思想超越了笛卡尔的"我思"理性，向柏拉图的超验理念无限接近。在游荡者的观念中，人思想的根是外在的、超验的，所以游荡者的理性和意识是

---

① Rebecca Solnit, *Wanderlust: a history of Walking*, New York: Penguin Group, 2002, p. 15.

开放的、外指向的；游荡者和柏格森（Henri Bergson，1859～1941）在思想上是契合的，他们都把人看作一种记忆的物质，和所有其他物质一样，都是宇宙中的影像。现代性空间的复杂性映射在游荡的形式的多样性中，游荡既可以是诗人的"精神探险"、浪荡子的华丽出行，可以是批判文人走出"现代性困境"的路径探寻，也可以是彻底被物化和商品化的"三明治人"（sandwichman）的"城市流浪"。文人的城市游荡是对现代性空间的全景"观光"和"体验"，其中既有观望的水平视角，也有高空俯瞰的想象视角，游荡成了空间全景镜头的缓慢推进，游荡的脚步和视线进入了所有的空间"褶皱"。

"发达资本主义时代"的商业大发展把游荡者推出了原有的轨道，繁忙的人群和交通催促着游荡的"龟步"，商品和商品消费对城市的拓殖剥夺了游荡的空间，走入市场和退回室内成了游荡最后的路径和"逃逸线"。游荡曾经是城市文人的一种对自我的寻找和建构，而到了"三明治人"那里，游荡成了遗忘自我、物化自我的流放之旅。同样的"龟步"，在前者是一种思维和意识的载体，而在后者却是空洞和迷失的表征。如果说文人是城市空间的"司仪"，他的游荡是一种对城市空间的文化制图，那么，"三明治人"的游荡则是一种彻底的迷失、一种无止尽的自我放逐。文人在城市中游荡，借助街道和人群激发灵感，而"三明治人"在商品景观和喧嚣人群中用陌生人的空虚填充自身的空虚；游荡让前者充实饱满，却让后者空洞和平面化，游荡滋养了前者现代生活的全部热情，却剥夺了后者作为现代人的主体性。19 世纪末期，随着商品消费的大众化，游荡也大众化了，游荡成了集体的城市休闲方式，人人都成了游荡者。游荡的"兴盛"也就反讽地成了游荡的衰落，逐渐演变成了现代人空乏的城市生活的行为符号，这也就是游荡的"平庸化"。

二 城市游荡的文化和思想史

城市游荡有其自身的文化和思想史。游荡和思维的联系被追溯到古希腊的建筑和哲学，行走成为思想的载体源于古希腊建筑和语言之间的意外联系，尤其是亚里士多德的学园；这里有阿波罗和缪斯的神殿，神殿外面是柱子撑起的长廊，学园就是因这些柱廊（peripatos）而得名的，亚里士多德和他的门徒在散步中讨论知识和哲学。① 他们的思想体系被称为"逍遥哲学"（peripateticism），在现代英语中"peripatetic"这个词就直接被用作名词，意思是"经常到处行走或广泛游历的人"。实际上，在智者派辩论家那里，游荡和思想的结合已经很突出了，他们称得上是最早的哲学家游荡者，智者派在游荡中传播思想，也把游荡作为思想的生产方式：

> 智者派辩论家对思想和信仰的热情促使他们在城市中不停地游荡，和那些醉心于权力和财富，驻守在某一空间、一刻也不愿离开的统治者截然相反，他们似乎无法停留在一个固定的场所，他们无法容忍让思想和智慧停留在固定、有限的空间。就像弗格森所说的，古希腊城邦的智者们对知识和智慧的依恋使得他们对空间表现出游离和疏远。②

在游荡中思考是古希腊文化中的突出现象，古希腊的建筑物尤其柱廊是游荡作为一种常规社会文化活动的有利场所。而欧洲历史上再次把游荡作为思辨和认知行为的是中世纪的"大游历"（Grand Tour），这种跨国界的人文游荡是 17～19 世纪早期英国贵族子弟正统教育的重要环节。哲学和游荡的结合似乎也是欧洲文化的传统，黑格尔（Georg Hegel，1770～1831）在海德堡的哲人路漫步和思考，康德（Immanuel Kant，1724～1804）每天准时前往哥尼斯堡哲人堤散步和沉思，而边沁（JeremyBentham，1748～1832）、穆勒（John Stuart Mill，1806～1873）都是钟爱远足的哲学家。据说霍布斯（Thomas Hobbes，1588～1679）在外出散步时拿着的手杖上装置了墨水瓶，以方便随时记录自己的思想，尼采（Friedrich Nietzsche，1844～1900）则声称自己的生活中有三样事物是恒久不变的：叔本华的哲学、舒曼的音乐、独自散步。③ 在城市游荡是消费时间的一种良好途径，也是练习成为哲学家和思辨者的一种方式。

　　游荡是卢梭（Jean-Jacques Rousseau，1712～1778）思考和生产文本的重要方式，他明确宣称自己只能在行走中沉思，"一旦我停下脚步，我的思

---

① Fleix Grayeff, *Aristotle and His School*：*an Inquiry into the History of the Paripatos*，London：Gerald Duckworth Gerald Duckworth，1974，pp. 38～39. （和逍遥派哲学一样，斯多葛派"stoics"也得名于他们日常聚集和进行辩论的柱廊"stoa"。）

② Rebecca Solnit, *Wanderlust*：*a history of Walking*，New York：Penguin Group，2002，p. 25.

③ Rebecca Solnit, *Wanderlust*：*a history of Walking*，New York：Penguin Group，2002，p. 26.

维也就停止了，我的思想只有通过我的双腿才能运转"。① 游荡也是其反思
人性和体验自我不可或缺的方式："我从来没有像在旅途和游荡中一样思考
如此之多、体验如此之多……我也从来没有像在旅途和游荡时的意识中一
样感受到自己如此真实。"② 卢梭被认为是对游荡进行系统哲学反思的第一
人，他是 18 世纪第一个想到要把自己在各种情景中游荡时的所思和所想详
细记录下来并加以分析的思想家。克尔凯郭尔（Søren Kierkegaard，1813～
1855）则是 19 世纪关注"行与思"的哲学家，在城市中采集和研究现代性
空间和人群标本的游荡者；克尔凯郭尔每天最大的乐趣似乎就是置身于城
市的街道，这是他和人群同在的空间，虽然无法融入人群，他却感受到人
群的温暖气息，窥听到了人们之间的问候和谈话。和所有的游荡者一样，
克尔凯郭尔是一个独行者，既在人群之中又在人群之外，与其说他是人群
中的人，不如说他是人群的旁观者或依附人群的人。对于克尔凯郭尔来说，
似乎只有在城市和人群中游荡才能够安抚他内心的冷漠和孤立，游荡是他
自我异化体验的慰藉："奇怪的是只有独自坐在嘈杂、熙攘的人群中并且有
意识集中精力观察事物的时候，我的想象力才是最丰富的，没有这样的环
境，我的思维想象力会在失血中死亡，无力抓住和确定任何思想。"③ 克尔
凯郭尔需要空间的涣散和纷乱来承受思想的紧张和焦虑，街头巷尾为其提
供了这种体验的场合与契机。众声喧哗的人群才是克尔凯郭尔开展思维的
语境，他的身体在嘈杂空间中的在场恰恰就是他的精神和思想从这个空间
的撤出，在内心的异化感缓解后安静而从容地回归自我，这体现了游荡者
在城市和人群中"在场"和"缺场"的辩证统一。显然，波德莱尔和克尔
凯郭尔正是在这一点上肝胆相照、心灵相通，他们都是"人群的人"而不
是"人群中的人"，他们都需要人群的拥挤和噪音驱逐内心的荒芜，即存在
主义哲学所说的那种焦虑和不安。在这些文人意识中，游荡表征着一个微
型的空间、一个镶嵌在宏观世界中的微观世界、一片思想的"飞地"，孤独
的游荡者是一个"单子"，身处庞大的"他者"群体，却和所有的"他者"

---

① Jean-Jacques Rousseau, *The Confessions*, Harmondsworth, England: Penguin Books, 1953, p. 382.

② Jean-Jacques Rousseau, *The Confessions*, Harmondsworth, England: Penguin Books, 1953, p. 158.

③ Soren Kierkegaard, *Soren Kierkegaard's Journal and Papers*, trans., Howard V. Hong and Edna H. Hong Bloomington: Indiana University Press, 1978, 6: 113. Quoted in Rebecca Solnit, *Wanderlust: a history of Walking*, New York: Penguin Group, 2002, p. 32.

存在区隔。游荡是以卢梭、克尔凯郭尔为代表的思想者自主选择的生存方式，一种主动的自我隔离和流放，只有游荡才能让他们生活在思维或想象中，才能让他们的自我独立，才能让他们在这个感觉已经背叛了他们的世界中存活下去。

游荡不仅生产抽象的哲学思想，还是诗歌、文学、艺术生产的重要方式，不同于思维缜密的哲学家，诗人的游荡带来更敏感、更超验、更梦幻的空间体验，对于爱伦·坡（Edgar Allan Poe，1809～1849）和波德莱尔，游荡的步履承载的不是思维的逻辑分析和推理，而是情感和想象的即兴和随意。游荡承载着灵敏的神经、丰富的情感、深邃的思想，既走进了乡间游荡者的诗，也走进了城市游荡者的诗。漫游在乡间的华兹华斯（William Wordsworth，1770～1850）与游荡在城市的爱伦·坡和波德莱尔一样步伐逶迤，游荡对于他们不仅是愉悦的短途旅程，也是诗歌的创作过程，诗人游荡的身体姿态是一种思考和创作的姿态，其游荡的步伐是其思维节奏的外化，徘徊的步履就是思想的迂回；其游荡的姿态总是疏离的、不受束缚的，这应和了游荡中所生产的思想、意识的独立性和独特性，游荡中生发的思想是自由活跃的，往往与时代的主流意识相冲突，甚至是"谬误"和"反动"的，这在波德莱尔这位诗人游荡者身上体现得尤为突出。

除了文本和思想的生产，游荡还让人体验与认知身体和空间或"自我"和"非我"的关系，根据胡塞尔（Edmund Husserl，1859～1938）的观念，身体是我们感觉到的一直"此在"的东西，而运动的身体则感受到组成它的所有部分一直处于"此在"状态，并且连续不断地在空间中向众多"彼在"运动，也就是说在充满事物及其变化和运动的空间中，在人对其"自我"的持续存在、对"自我"和这些事物的关系进行体验和认知时，游荡是一种基本而便捷的方式。所以，在个体对空间和自我的体验、思考和认知中，游荡有方法论的重要意义，即游荡是个体建构空间的方式、其在空间中的存在方式，同时也是个体参与空间的有效方式，是个体通过感官和意识认知空间、通过空间反思自我的重要途径，游荡中的空间体验引发人们对"自我"的反思，这种反思和人类生活空间的变革密切相关。

游荡最初只是一种身体运动和放松行为，最初和散步相关的空间除了王室宫廷和贵族宅邸的长廊还有中世纪的花园，不断扩大和景观化的花园逐渐把散步转变成一种受"有闲"阶层追捧的生活习惯，一种休闲中的思维活动在贵族的散步途中逐渐衍生，但中世纪贵族的思维仍然囿于宗教、伦理或个人情感的基本范畴，缺乏 19 世纪城市文人游荡者空间体验和思辨的美学、文学和哲学色彩。而到了 19 世纪中期以后的现代性空间，景观冲破了贵族的花园开始向整个城市空间蔓延，巴黎这样的大都市成了巨型"花园"，城市散步和游荡不再是为了肢体运动和身体健康，而是对现代性空间开展美学体验和哲学思辨的文化勘探，"巴黎的游荡者是城市生活的炼金术士"①。游荡于是成了特殊的文化生产活动，其本身既是生产目的也是生产方式，而产品则是思想和文本，游荡创造的价值是特殊的，是精神和文化的价值，超越了资本主义工厂和机器生产的商品价值。就像中世纪的贵族试图通过散步保持身体的健康一样，19 世纪的城市游荡者以同样的方式来维护其精神和心灵的健康、思想和意识的清醒，进而对抗资本主义意识形态对现代性自我的禁锢以及商品和商品消费主导的城市生活对现代性自我的物化。城市游荡抵御资产阶级意识形态的宏大叙事和霸权表征，它是 19 世纪激进文人的城市"事业"和"使命"，其最终目的是解放和救赎——打破城市空间的虚假景观、城市大众商业化生活的物化，游荡为现代城市和人群"招魂"。

三　游荡与现代城市空间的体验和认知

虽然游荡者被喻为城市"土生子"，但游荡并不仅限于城市，乡村曾经是浪漫主义时代诗人热衷的游荡空间；如果说 19 世纪的乡村游荡者关注的是自然景观，城市游荡者目睹的则是物质和商品的景观、商业化人群，乡村游荡和城市游荡之间既有差异性又有相关性。乡村漫游有一种热爱大自然的道德诉求和律令，城市游荡尽管也许是欢快的，但没有任何乡间漫游时大自然唤起的道德体验；乡村的漫游者看到的是整体景观，一个动态和连续的柔和空间；城市的游荡者看到的不是整体，而是个体和部分，在城市里，游荡者邂逅的所有机遇、行人、空间都是突变的。② 乡村游荡体验的是地理空间的孤独，而城市游荡体验的是人群的孤独：置身乡村，孤独的体验可以从自然和地理空间辽阔与空旷的角度来解读，但游荡者内心却和空间有潜在的交流；而置身城市，孤独的体验则是来自陌生的人群，游荡

①　Margaret Cohen, *Profane Illumination: Walter Benjamin and the Paris of Surrealist Revolution*, Berkeley: University of California Press, 1995, p. 84.

②　Rebecca Solnit, *Wanderlust: a history of Walking*, New York: Penguin Group, 2002, p. 168.

者是城市里被孤独的人群裹挟着的孤独者，这里虽然人满为患，情感和思想的交流却是瘫痪的，比起乡村游荡的纯粹孤独，城市游荡的孤独则由于人群的喧嚣和拥挤而更加厚重。在无名、陌生和疏离的城市空间和人群中游荡，往往让游荡者体验到一种主体性的缺失和自我的空洞，现代城市人群中的人似乎摆脱了所有关系，一种彼此不再"羁绊"和"牵制"的彻底游离，19世纪后期的发达资本主义完全消解了人和人之间除商品交换之外的社会关系，现代城市人群成了无意识、无自我的游荡者的集群，它们拥有的"彻底自由"其实是一种集体流放。

19世纪的现代城市逐渐被商品生产和消费所主导，城市空间中既簇拥着商品的景观，又堆积着商品的废墟，城市既是万花筒的景观空间，又是布满密麻"褶皱"的迷宫空间，游荡是认识这种复杂空间的有效方式。然而，现代城市空间的"褶皱"往往被忽略，但这些场景中往往遗留有城市的历史和记忆，游荡的步伐却能步入这些空间"褶皱"，领略、解读其蕴藏着的空间历史和记忆："带着灵敏的想象和幻觉在城市的柏油路上漂泊游荡，那些藏匿的故事和情节就会自动浮现在眼前。"① 在城市拥挤繁华或安静宽敞空间的漫游是一种仪式，既是对城市的初识也对城市的再认识、再发现。城市总是一个无名、杂乱、交织的空间，一个只有通过不断地游荡才能深入而细致地领略的空间。就像本雅明游荡在巴黎被废弃的拱廊街，城市的历史和过去的梦想就凝固和附着在这些曾经盛极一时的拱廊街，本雅明带着梦幻的意识走进拱廊街，打开了这些衰落的空间褶痕、尘封的文本，领略19世纪现代性空间方兴未艾时的城市理想和诉求。

狄更斯（Charles Dickens，1812～1870）在伦敦街头的游荡有两种截然不同的步履，一种是径直走向目的地，脚步敏捷、目标明确，另一种则毫无目标、徘徊闲逛，纯属游荡，这时候，没有任何一个吉普赛人能比他更显得漂泊和流浪，他想当然地认为自己定是无可救药的流浪汉的子孙。② 文人的游荡更像是城市巡逻，虽然姿态懒散，但其对城市和人群的审视比任何一个警察都更敏锐和全面；他们完全沉浸在空间的移情和想象当中，涣散的眼神、梦幻的意识似乎让他们无法聚焦于任何具体场所和行人，但其

① Iain Sinclair, *Lights Out for the Territory*: *9 excursions in the secret history of London*, London: Granta Books, 1997, p. 4.

② Charles Dickens, "Shy Neighborhoods" in *The Uncommercial Traveller and Reprinted Pieces Etc*, Oxford and New York: Oxford University Press, 1958, p. 95.

敏感的心灵却像雷达一样在不断地放大和延伸，不停地扫描和捕捉，凝视整个城市空间的精神和灵魂，浏览凝结在城市房屋和建筑中的空间意象和记忆，似乎只有这样才能释放工业化城市和人群对其内心的冲击和压抑。狄更斯称得上是伦敦大街上最虔诚、最专心致志的游荡者，游荡是他成年后在孤独和幽暗中进行沉思和创作的重要时刻。大城市并不是在那些造就它的人群中的人身上得到表现，相反，却是在那些穿过城市，迷失在自己的思绪中的人那里被揭示出来。本雅明把那些"被剥夺了生长的环境"的文人置于一种思想的氛围中，他把狄更斯也归入这种在城市中漂泊、沉溺于思想的人群中。①游荡对于伦敦大街上的狄更斯和巴黎拱廊街里的本雅明一样，都是一种对空间的长久"逗留"和反复"徘徊"，似乎有一种力量催促着他们走向室外去体验和反思令他们迷失和焦虑的城市，去寻觅和捡拾零落在城市空间中的记忆碎片，把它们拼贴成空间的文本和叙事，这也是他们拼贴自我和建构自我意识的契机和途径。

　　城市游荡在波德莱尔那里最终成了一种美学训练和习得，美学化和诗意化是波德莱尔的浪荡子和忧郁诗人城市游荡体验的最突出特征，本雅明也正是在城市游荡的美学和超验体验上袭承了波德莱尔，他们都把在城市中游荡和在游荡中迷失自己作为一种空间实践的艺术：

　　　　在城市中迷路让人感觉乏味和无趣，迷路只意味着对城市不了解，仅此而已。但是，在城市中迷失自己，一如迷失在丛林中，却需要一种特殊能力的训练和习得；城市里形形色色的路牌、街名、行人、屋顶、报亭或者酒馆对于迷失自我的游荡者是神奇的：就像是在丛林中游荡时脚下踩到的枯树枝发出的断裂声、远处惊飞的麻鸦发出的鸣叫声，就像是看到丛林中一块空地中央亭亭玉立的百合；巴黎教会了我迷失和游荡的艺术。②

美学和诗意的城市游荡有梦幻和神秘的色彩，在城市现代性空间游荡就像是梦游，对于 19 世纪的巴黎而言，整个城市虽然都是地理空间和梦境的结

---

① 《中译本序：本雅明的意义》，〔德〕本雅明：《发达资本主义时代的抒情诗人》，张旭东、魏文生译，三联书店，1989，第 6 页。

② Walter Benjamin, "A Berlin Chronicle" in *Reflections*: *Essays*, *Aphorisms*, *Autobiographical Writings*, New York: Schocken Books, 1987, pp. 8 – 9.

合，"在这个空间不出三步人们就会遭遇幽灵，每一个幽灵都背负着它的传说和故事，我们行走在一个闭合的地理空间，它的路标一再地把我们引向它的过去，某些角度的变换、某些回溯的视角就能让我们领略最初的空间概念，瞥见最初的真实空间，却是碎片的空间"。① 波德莱尔和本雅明的美学化空间体验把心理和地理融合了起来，可以说是后来心理地理学思想的先行者；游荡者在城市空间的各种环境和氛围中凝视、摘要和记录，游荡成了空间的心理地理学的"勘测"和"制图"。游荡是在城市街头进行的心理地理学研究，透过历史和地理的视角探究事物之间的空间关系，发掘它们已遗失或隐匿的历史，回顾城市的无意识记忆；被城市表层景观遮蔽的底层机制在游荡中被发现和解读，空间的全景得以拼贴和呈现，城市游荡书写了与主导话语完全不同的空间叙事，对其潜在的"杂语"和意义进行再发声，对空间进行再表征。游荡作为文学和思想的生产过程，建立在空间多元叙事的基础上，现代城市是这种叙事的空间背景和语境："城市空间的多孔性既建构了城市的多重叙事，也造就了城市的多时空性，但是，只有某些叙事和时空真实地显现，其他的有些变成了城市空间的幽灵，有些变成了梦幻。"② 根据本雅明的观点，城市游荡作为空间制图和作为文本创作一样，都是一个抽象的生产过程，它的产品由于消耗了大量的社会必要劳动时间而价值大得惊人。

现代城市是一个充满商品和意象星丛的景观空间，时间在现代城市中空间化了，在这样的空间中游荡很容易让人产生一种梦幻体验，以梦幻意识太感受和认知现代城市的梦幻空间本身就成了一种空间认知策略。文人的城市游荡是一种梦游，他们在梦的意识和想象中捡拾、拼贴景观空间中流动的碎片、模糊的意象，一种新奇的空间在游荡者眼前浮现和变换，完全是梦的场景和境界，这种空间和空间体验被波德莱尔命名为现代性。在梦的视觉和意识中，"当下"时空中滞留的过去时空的痕迹纷纷呈现、连接，时空的记忆被打开，过去又回到了"当下"，时空发生了弯曲和回归，时间和历史不再是线性的，而成了一种轮回。游荡者成了空间的灵魂，他不仅行进在空间的街道中，同时也行进在时间的隧道中，只有在这种状态

---

① Steve Pile, *Real Cities*：*Modernity*，*Space and the Phantasmagorias of City Life*，London：Sage Publications，2005，p. 14.

② Steve Pile, *Real Cities*：*Modernity*，*Space and the Phantasmagorias of City Life*，London：Sage Publications，2005，p. 15.

的游荡中，空间真实而完整的面貌才能被领略和认识，空间的多层性、异质性在梦幻的游荡中显现，碎裂和物化的空间似乎又恢复了生命，重获了有机的整体和灵魂的光晕。游荡解读城市空间寓言的表征和意义，是城市空间的认知和批判策略，这在方法论上是对历史唯物主义的补充，本雅明"把物质经济和精神文化结合起来观察和解读城市空间，而且把经济模式本身看作更抽象的价值判断、思想潮流甚至神秘哲学等共同影响和作用的结果"。[①] 这也就是本雅明通过城市游荡和游荡者所表征的文化思想，他把以时间为主轴的历史唯物主义和以空间为主轴的现代城市研究结合起来，把经济价值和文化价值结合起来；城市游荡和游荡者所表征的空间研究方法论并不是单一的经济决定论，也不是单一的精神决定论，而是两者的结合，即把"金钱的哲学"和人的情感体验和心理结合起来反思现代城市空间和现代城市生活。

德波（Guy Debord, 1931～1994）所说的"飘荡"（dérive）和游荡所指的行走方式显然是相似的，都表征一种随意的空间建构行为、一种地理的心理体验和意识。德波指出空间给飘荡者的心理带来一种地理上的起伏，其中有波动、支点、旋涡，而面对这个空间的某些区隔，飘荡者只能望而却步，[②] 和本雅明的游荡者一样，德波的飘荡者在城市空间也分明地观察到阶级的区隔、权力的表征。漂荡之于城市体系，就如语言表达之于文本叙事，它有三重空间"陈述"功能：漂荡作为对地形体系的适应，漂荡作为空间的实现过程（正如言语是语言的实现），漂荡表达空间不同位置之间的关系，以运动的方式建立起一种空间的语用互动关系（就像言语交谈确立了对话者之间的关系）。正是在这些功能上飘荡和游荡被界定为形式多样的"空间叙述"。[③] 根据德塞都（Michel de Certeau, 1925～1986）的思想，在把城市空间视为文本的前提下，游荡成了灵活的空间修辞。在游荡和"言语行为"的比较中，空间的区隔和权力在场可以被更深刻、更全面地认知，同时也呈现出空间的阶级区隔和权力表征是如何被现代人以游击的方式逾

① Georg Simmel, *The Philosophy of Money*, trans., Tom Bottomore and David Frisby, London: Routledge, 1990, p. 56.

② Guy Debord, "Theory of the Dérive," Quoted in Steve Pile, *Real Cities: Modernity, Space and the Phantasmagorias of City Life*, London: Sage Publications, 2005, p. 12.

③ Michel de Certeau, *The Practice of Everyday Life*, trans., Steven Rendall, University of California Press, 1984, pp. 97 - 98.

越和打破的，因为游荡往往就是对城市交通线路的偏离、对行走规则的违反、对空间区隔和边界的翻越。德塞都把现代城市空间解放的过程比喻为一首主题为游荡的长诗，游荡就是以一种游击的战术对抗空间的区隔和霸权，解构城市空间作为文本的结构和叙事。面对现代性空间文本的复杂性，游荡把抽象的思维和深刻的意识形态批判结合了起来："技术体系建构、支撑的连贯和整体空间呈现的系统性和共时性在城市行走的进程中被一种神秘的空间结构所取代，但前提是步行者有丰富的体验和思辨，能够在城市外在、具体的空间中发现和解读一个在现实中看不到的深层空间。"[①]

城市游荡是空间文本的"语义流浪"，资产阶级建构的秩序、理性、景观空间在游荡者的意识中只是一堆碎片，就像垃圾捡拾者在废墟中翻找，游荡者在现代性空间的碎片中捡拾和拼凑那些沉淀和镌刻着空间历史和意义的"单子"，试图建构其无意识记忆中真实而"着魅"的空间。文人的游荡就是要在景观和梦幻的现代城市中建构"真实的"乌托邦。城市游荡就是语篇形成、文本生产的过程，其中既有视觉的真实，也有梦幻的想象，这个过程的终点是物理空间消失后浮现在游荡者想象中的超验空间。城市游荡就是对现代性空间质疑的验证，也成就了现代性空间，因为游荡是对现代性空间真实性和真理性的再赋值，城市游荡是一种认知现代空间、追求空间真理和价值的方法论，也是现代空间实质的验证、空间多元叙事的"喉舌"。正如吉登斯（Anthony Giddens）所说的，在现代城市空间中游荡就是一场"文雅的冒险"，游荡者在充斥着景观和人群的城市中体验到一种"惊心动魄的感受"，这体验来自"不确定的精心揭示"，在这种体验中他形成了挑战和批判"当下"空间和日常生活的思维习惯。城市游荡作为文雅的冒险，"是在熟悉的情境中发掘出新的活动方式可能性的一种途径，因为，在那里偶然联系被发现或被操弄，先前似乎是封闭的而且是预先限定的情境能够再一次得到开放；文雅的冒险与现代性的最基本的取向聚合在一起，有打乱事物的固定性的能力，使新的道路得以开辟"。[②]

---

① Michel de Certeau, *The Practice of Everyday Life*, trans., Steven Rendall, University of California Press, 1984, p. 101.

② 〔英〕安东尼·吉登斯：《现代性自我认同》，赵旭东、方文译，三联书店，1998，第153页。

苏珊·桑塔格的超现实主义摄影美学思想研究[*]

陈星君[**]

摘要 苏珊·桑塔格从现代感受力出发，从摄影师、摄影的创作形式等方面，提出超现实主义摄影美学思想。首先，桑塔格受到波德莱尔、本雅明等人的启发，将摄影师比作"拾荒者""中产阶级闲逛者"，以他们独特的感受力，通过"摄影式观看"，赋予所有事物"美"或价值，体现了超现实主义试图抹平一切差异的美学主张。其次，桑塔格指出摄影首先是一种"碎片的形式"，并以此出发，论证摄影对碎片的运用和超越，尤其是摄影对碎片的拼贴、并置，使其成为一门独特的超现实主义艺术。

关键词 桑塔格 超现实主义 摄影式观看 拾荒者

Abstract Starting with modern sensibility, Susan Sontag put forward her surrealist aesthetics of photography in terms of photographer and photographic form. Firstly, inspired by Baudelaire and Benjamin, Sontag compares photographers to chiffonniers or flaneur, who using their special sensibility and photographic way of seeing, endow everything value or beauty,

---

* 本文为 2015 年国家社科基金一般项目"英国马克思主义文化批评研究"（项目号：15BWW010）、成都理工大学中青年骨干教师培养计划（项目号：JXGG201715）、成都理工大学"英美文学在中国的传播研究"优秀科研创新团队培育计划（项目号：10912 - KYTD201407）的阶段性成果。

** 陈星君，四川大学道教与宗教文化研究所美学专业博士研究生，成都理工大学外国语学院讲师，主要研究西方美学、英美文学。

which embodies the aesthetic proposition of Surrealism, that is the attempt of eliminating all differences. Secondly, Sontag points out that Photography is firstly a form of fragment, from which she tries to discuss the application of fragments in photography, especially reflecting the main creative method of Surrealism's collage and juxtaposition, finally becoming a special kind of Surrealist art.

Key words   Sontag   surrealism   photographic way of seeing   ragpicker

一直以来，苏珊·桑塔格（Susan Sontag, 1933～2004）都致力于对现代性的研究，从现代感受力的角度，对现当代流行文化艺术，包括电影、摄影、舞蹈、绘画、歌剧等进行探讨。其中，她对摄影的现代性研究可谓最集中也最全面，从不同层面对摄影以及摄影所引发的道德伦理、审美体验、摄影与现实的关系等一系列问题进行相关阐释，并于1977年集结其先后发表的六篇随笔，出版了《论摄影》一书，在摄影界引起不小轰动，由于其独特新颖的思想观点以及对当代知名摄影师及代表作的个性化的解读，该书更被普通读者奉为摄影界的《圣经》。桑塔格在书中明确声称："它〔摄影〕是唯一能够把超现实主义百年间宣称要接管现代感受力的堂皇威胁兑现的艺术。"① 众所周知，早在20世纪初期，一群目睹战争荒谬与破坏的超现实主义者，便对以理性主义为主导的传统道德、文化、理想产生疑惧，提出无意识、梦境、自动写作等与感性相联系的主要创作思想，以与传统彻底决裂的姿态，宣称对"现代感受力"的接管。然而，超现实主义作为一个文艺运动思潮，却在20世纪60年代，随着超现实主义团体的解散以及安德烈·布勒东的逝世，逐渐退出历史舞台，它对"现代感受力"的接管工作便无疾而终。尽管如此，超现实主义将人们从传统理性或功利思维中解脱出来的美学主张，却在现当代诸多文化艺术领域产生了广泛影响。桑塔格则在摄影当中，看到了超现实主义美学的具体体现。摄影师们通过他们的"摄影式观看"（photographic way of seeing），对所有题材一律采取平等主义态度，以感性和直觉去体验和发现它们的美，体现出超现实主义强调直觉感性以及消除等级差异的美学主张，同时，因为受到波德莱尔、本雅明等人的启发，桑塔格将他们比作"超现实主义拾荒者"（the surrealist rag-

---

① 〔美〕苏珊·桑塔格：《论摄影》，黄灿然译，上海译文出版社，2010，第83页。

picker)①、"中产阶级闲逛者"（the middle-class flaneur)②，以此来说明他们的超现实主义感受力。超现实主义的创作方法，如对现成物的利用、对碎片的拼贴并置等，在摄影作品当中也得到广泛运用，使摄影得以成为一门独特的超现实主义艺术。也正是在这两个层面上，桑塔格声称，摄影接替超现实主义，实现了对现代感受力的接管，培养了人们的感受力。尽管如此，桑塔格也发现，作为超现实主义艺术的摄影，与一心想要改变现实而不得的超现实主义一样，这个由影像世界形成的"超现实"，并不比现实本身更真实，旨在发现美的摄影式观看也因把现实当成一辑潜在照片的观看习惯，造成人们与现实的进一步疏离而不是结合，影像最终沦为一件"忧伤的物件"（melancholy object)③。

一 "拾荒者"：摄影师的超现实主义感受力

桑塔格在讨论摄影师时，不止一次将他们比喻成"超现实主义拾荒者"，认为他们能发现和欣赏废弃、无用之物的美，以此肯定他们独特的感受力。其实，"拾荒者"早在 19 世纪的波德莱尔那里，便作为现代都市社会的最初见证者这一崭新角色进入文学艺术领域，并被赋予新的文化内涵。波德莱尔在其收录于《恶之花》（1857）的诗歌《醉酒的拾破烂者》中这样描写这个在都市游荡的边缘人："古旧的郊区中心，泥泞的迷宫/……常见一个捡破烂的，跌跌撞撞/摇头晃脑，像个诗人撞在墙上/毫不理会那些密探，他的臣民/直把心曲化作宏图倒个干净/……他头顶着如华盖高张的苍穹/陶醉在自己美德的光辉之中/是啊，这些人饱尝生活的烦恼/被劳作辗成齑粉，为年纪所扰/巨大的巴黎胡乱吐出的渣滓/被压得啊弯腰驼背，精疲力竭/……"④ 这里，波德莱尔巧妙地将拾荒者比作诗人，在巴黎这个如迷宫一般的大都市里游荡。在波德莱尔眼里，拾荒者就像是诗人，然而，诗人又何尝不是一位拾荒者？他们在都市街头，四处搜寻社会垃圾，试图从那里提取创作题材、发现"真理"。这些诗人和拾荒者，以他们对"现代性之都"——巴黎的独特体验，以及对工业化社会所产生的遗弃之物或垃

① 〔美〕苏珊·桑塔格：《论摄影》，黄灿然译，上海译文出版社，2010，第 132～133 页。
② 〔美〕苏珊·桑塔格：《论摄影》，黄灿然译，上海译文出版社，2010，第 93 页。
③ 〔美〕苏珊·桑塔格：《论摄影》，黄灿然译，上海译文出版社，2010，第 77～136 页。
④ 〔法〕波德莱尔：《恶之花》，郭宏安译，广西师范大学出版社，2002，第 318 页。

圾的重新发现，成为波德莱尔最为推崇的现代英雄之一。

继波德莱尔之后，本雅明同样是在研究巴黎、研究拱廊街时，发现了拾荒者的资本主义中产阶级的变体——"闲逛者"（flaneur）①，并提出波德莱尔是第一位真正意义上的闲逛者，他穿梭在巴黎的大街小巷，近距离体验正在变化的巴黎。这些中产阶级闲逛者见证了巴黎拱廊街的形成、兴盛和衰落，并最终随着拱廊街被一条条林荫大道取代而走向人群，开始另一种对城市空间的体验，继续他们的闲逛之旅。追随本雅明脚步的桑塔格与本雅明一样都发现了这样一个事实，那就是19世纪的巴黎不是只有现代城市建设的辉煌成果，不是只有信步其中的闲逛者，还有刚刚诞生的摄影术和拿着相机到处捕捉、记录巴黎的人。人们不用赞叹速写画家的神笔，因为相机就可以完成"快速捕捉"。可以说，巴黎见证了摄影与闲逛者的合作。作为闲逛者眼睛的延伸，摄影记录下了变化中的巴黎。

桑塔格首先注意到摄影与闲逛者的亲密关系，她说："摄影首先是作为中产阶级闲逛者的眼睛的延伸而发挥功能的……摄影师是侦察、跟踪、巡游城市地狱的孤独漫步者的武装。"② 此时的闲逛者，得以借助这个相机之眼，加上他们自身独特的感受力去体验典型的现代城市生活。需要指出的是，这些中产阶级的闲逛者，因为从自身的阶级立场出发，对上层社会和底层社会更感兴趣，尤其是隐藏在中产阶级生活背后的社会阴暗面，桑塔格将之称为"非官方现实"③。这些中产阶级的闲逛者深受这些题材的吸引，这是波德莱尔在他的《恶之花》里描写了流浪汉、穷人、乞丐、农夫、拾荒者、盲人等一系列这类形象的原因。如今，摄影师们也将相机对准他们，对这些"非官方现实"进行揭露。其次，除了作为闲逛者的摄影师，桑塔格进一步指出，摄影师对废旧的、遗弃的、无用的事物中美的发现，使得摄影师更接近于波德莱尔笔下的拾荒者。这些摄影师，跟随拾荒者的脚步，使用相机和自身的审美感受力，赋予这些事物新的价值以及美。与波德莱尔对拾荒者的推崇一样，桑塔格同样在这个层面上将摄影师比喻成当今时

---

① flaneur，法语，原意指生活艺术的漫不经心，有着闲散、晃荡、漫游、慵懒等意涵。本雅明在对他的研究中首次使用了"闲逛者"（flaneur）一词，特指那些因为现代城市的兴起，游荡在城市各个角落，观察、体验城市生活的人。在不同的翻译作品和评论文章中，"flaneur"还经常被翻译成"游手好闲者""流浪汉""浪荡子""漫步者""游荡者"等。

② 〔美〕苏珊·桑塔格：《论摄影》，黄灿然译，上海译文出版社，2010，第93页。

③ 参见〔美〕苏珊·桑塔格《论摄影》，黄灿然译，上海译文出版社，2010，第94页。

代的现代英雄，他们就是现代社会里的"拾荒者"。然而，无论是将摄影师比作闲逛者，还是拾荒者，他们对非官方现实的发现，对废弃无用之物的欣赏，都有赖于一种新的观看方式，即"摄影式观看"。

桑塔格指出，"不只存在一种叫做'观看'（由相机记录、协助）的简单、统一的活动，还有一种'摄影式观看'——既是供人们观看的新方式，也是供人们表演的新活动"。① 摄影式观看在题材的选择上偏重于那些非常规的、琐碎之物。对于这类题材，不论是艺术，还是我们本身，常常会视而不见。传统艺术如绘画、雕塑，通常是精英式的，关注那些重要的、深刻的、高贵的题材。而摄影却向我们开启了另一种观看方式，聚焦无聊、平庸、琐碎，去发现它们的独特之美，以这种新的视觉选择扩大和培养我们的感受力。尤其是在现如今，随着工业文明的迅速发展，各种各样的现代生活方式不断拓展人们的生活空间，如旅游、摄影、电脑网络等。加上现代社会对影像资料的批量生产与消费，世界上美的事物已经被发掘和消耗殆尽。人们迫切需要新的视觉刺激，而摄影式观看通过这种新的视觉选择正好满足了人们的愿望。摄影式观看主要向下看，在平庸或琐碎中去发现美，为人们打开新的视域。这种摄影式观看因此体现出民主化的倾向，即不存在美丑之分，也削减了美学中关于重要与琐碎、高级与低级等的等级差异。只是这种宣称民主、表面上中立的摄影式观看，依然在题材和拍摄风格上做出了选择，即拍摄那些太过普通、琐碎、平庸、无聊的题材，这似乎已经成为摄影式观看约定俗成的准则。仿佛只有这样，才能体现出摄影式观看的与众不同之处，肯定相机的"观看"能力。其中最有代表性的也是最早实践摄影式观看的摄影师之一，可以说是 20 世纪初的法国摄影师欧仁·阿特热（Eugene Atget，1857～1927）。他常常一个人携带着那台 8×10 英寸的木造观景式相机（view camera），在清晨空荡荡的巴黎游荡。他的摄影作品打破了当时还墨守成规的肖像摄影，从"那些被遗忘、被忽略、被湮没的景物"② 中挑选被拍摄对象，尤其是面对工业文明的冲击而逐渐消逝的巴黎街道、建筑、商店、橱窗等，通过他的相机进行捕捉拍摄，赋予它们价值与美。他所拍摄的成千上万张照片一视同仁地记录着巴黎的繁华与破败、高贵与平庸，使得他的摄影作品受到包括本雅明、桑塔格等

---

① 〔美〕苏珊·桑塔格：《论摄影》，黄灿然译，上海译文出版社，2010，第 147 页。
② 〔德〕瓦尔特·本雅明：《迎向灵光消逝的年代：本雅明论艺术》，许绮玲等译，广西师范大学出版社，2008，第 36 页。

与他具有同样感受的人们的青睐，却被仍然囿于传统审美趣味中的普通观众无情忽视与埋没。本雅明在《摄影小史》中，认为阿特热的作品将被拍摄对象从艺术摄影所追求的"灵光"（aura）中解放出来，以本来的面目独立存在，并指出摄影这种对"灵光"的破除，"标示了一种感知方式［感受力］，能充分发挥平等的意义，而这种感知方式［感受力］借着复制术也施用在独存的事物上"。^① 除了阿特热对题材的一视同仁的处理，他的所有相片几乎都空无一人，无论是露天咖啡馆、庭院，还是旧城遗址、巴黎新城，本该热闹拥挤的人群消失了，给人一种超现实的感觉。在所有这些启发下，本雅明提出正是阿特热的作品预示了超现实主义摄影的来临。桑塔格则更进一步，指出阿特热的作品体现出超现实主义对"废物、碍眼之物、无用之物、表层剥落之物、奇形怪状之物和矫揉造作之物表现出（的）一种积习难改的嗜好"，^② 从而引导人们去欣赏它们身上的独特魅力。到了 20 世纪下半叶，阿特热对题材的这种具有超现实主义意味的嗜好在美国当代最负盛名也最具争议的女摄影师迪安娜·阿布斯（Diane Arbus，1923～1971）那里得到了最有力的回响。相比于阿特热，阿布斯的题材更加古怪。她专门拍摄各种各样的畸形人、怪异人、边缘者，如异装癖者、墨西哥侏儒、变性人、巨人和智力障碍者等，不是为了向他们表示同情或怜悯，而是表达她的崇敬羡慕之情。她镜头里的这些人尽管怪异，但并不痛苦，相反，他们甚至对自己的状态很满意，呈现出对自己生命的超然和自主态度。阿布斯以此向人们宣告还有这样一种存在方式，还有另一个世界，并向人们打开通向这 世界的大门。阿布斯对题材的这种态度让桑塔格直言，"阿布斯的照片中那些乍看像新闻摄影、甚至像耸人听闻的东西，反而使它们置身于超现实主义艺术的主流传统——嗜好古怪、公开承认对题材不带喜恶、宣称一切题材无非是信手拈来"，^③ 仿佛只有具有超现实主义感受力的人才能对这些题材信手拈来。由此，可以说，正是摄影式观看，使那些携带相机的人能够成为波德莱尔笔下的"拾荒者"，让他们得以发现平庸、琐碎、无用、古怪、畸形等事物的美或价值。同时，这些拾荒者在不知不觉间已经实践了超现实主义的美学主张，他们以事物本来的面目对他们进行体验

---

① 〔德〕瓦尔特·本雅明：《迎向灵光消逝的年代：本雅明论艺术》，许绮玲等译，广西师范大学出版社，2008，第 36～37 页。

② 〔美〕苏珊·桑塔格：《论摄影》，黄灿然译，上海译文出版社，2010，第 132 页。

③ 〔美〕苏珊·桑塔格：《论摄影》，黄灿然译，上海译文出版社，2010，第 69 页。

和描述，并且"抹掉［了］艺术与所谓生活之间、对象与活动之间、意图与不经意之间、专业与业余之间、高贵与俗艳之间、精湛技巧与误打误撞之间的界线"，① 对一切题材采取平等主义立场，他们本身就是具有超现实主义感受力的人。

综上所述，摄影式观看让摄影师在题材的选择上倾向于平庸、琐碎、无用之物，体现出民主化的立场，赋予这些事物同等价值，也正是在这个意义上，桑塔格将他们比作波德莱尔笔下的"拾荒者"，而"中产阶级闲逛者"则是其在现代社会里的变体。通过这种类比，桑塔格肯定了摄影师独特的审美能力和审美趣味。而这种审美能力或趣味，正是超现实主义感受力的主要内容，是超现实主义美学主张的具体实践。超现实主义试图抹平以理性主义为中心的等级差异，以感性直觉的方式进行审美体验的美学主张，在摄影中得到了实现。

二 碎片的拼贴并置：摄影的超现实
主义创作形式

桑塔格认为，"摄影是一种碎片的形式"②，通过对碎片的拼贴和并置，体现出摄影对时间、空间包括现实本身的独特表达。桑塔格一直以来对碎片推崇备至，认为"碎片似乎成为我们这个时代真正的艺术形式……从浪漫主义开始，碎片成为卓越的艺术形式，使事物更真实、更可信、更强烈"。③ 对碎片的这种认知，同样可以追溯到波德莱尔那里。

在波德莱尔给现代性所下的经典定义中，即"现代性，就是短暂、易变、偶然，就是艺术的一半，而另一半是永恒和不变"，④ 有关"短暂、易变和偶然"的现代性这一半，可以说是对碎片特征最好的诠释。碎片是随着古典社会向现代社会的转型，面对社会现实的表面碎片，传统的理性主义期望从整体上来把握、分析社会现实受挫时，才逐渐进入哲学家、社会

---

① 〔美〕苏珊·桑塔格：《论摄影》，黄灿然译，上海译文出版社，2010，第 83 页。

② 〔美〕乔纳森·科特：《我幻想着粉碎现有的一切》，唐奇译，中国人民大学出版社，2004，第 77 页。

③ 〔美〕乔纳森·科特：《我幻想着粉碎现有的一切》，唐奇译，中国人民大学出版社，2004，第 74 页。

④ 〔法〕波德莱尔：《波德莱尔美学论文选》，郭宏安译，人民文学出版社，1987，第 485 页。

学家、文学家等的讨论范畴的。与碎片相对立的则是整体和永恒，因此，这些学者在对碎片进行研究的同时，并不止于碎片，而是为了超越碎片，去发现总体性和本质。

齐美尔是继波德莱尔之后又一位详细论证过碎片及其主要特征和意义的哲学家和社会学家。他将之称为"偶然性的碎片"①。这些偶然性的碎片散落在社会互动的方方面面，是稍纵即逝的互动瞬间。因此，在齐美尔的眼中，世界是由碎片构成的，"我们都是碎片，过去'只是以碎片的形式面对我们'，知识本身也必然是碎片"②。然而，这些碎片并不只是简单的偶然性碎片，齐美尔进一步说明，在每一个"唯一的"碎片中都包含着"典型"，飞逝的碎片就是"本质"，包含着昭示总体性的可能性。也正是从碎片的这一意义上，齐美尔包括后来的克拉考尔（Siegfried Kracauer, 1889 ~ 1966）、本雅明，便自觉地将他们的现代性研究的起点聚焦在这些碎片上。克拉考尔在如迷宫般的城市捕捉这些碎片意象，考察德国魏玛时期的柏林，以及巴黎、华沙这样的现代城市。本雅明则把碎片当作"'19 世纪的首都——巴黎'的起始点。实际上，整个'拱廊街计划'被人们看成只是一些碎片的集合，是复杂的蒙太奇"③。作为一名深受马克思唯物主义影响的思想家，本雅明认为，真正的唯物主义不是去建构世界的完整形象，而是关注现实中偶然浮现的细节和碎片的意义，它们才是通向真实、完整的有效途径。总而言之，伴随着现代社会而显示出突出地位的碎片，首先体现出短暂、易变和偶然的特征，其次，在这些偶然瞬间的碎片中，隐藏着的是有关现实的整体性、永恒、真实和本质。

超现实主义者们对"碎片"没有像波德莱尔、齐美尔等人那样进行具体的论述和解释，或许是因为超现实主义在第一次世界大战前后诞生时，西方文艺批评家们对碎片已经有了比较详细的研究和论证。如上文所述，无论是波德莱尔的阐释，还是本雅明对碎片（他将之称为废墟）的大胆运用，都使得碎片作为现代性体验的典型现象被当时的评论界、文艺界普遍接受。加上大多数身在法国的超现实主义者亲身经历了战争所带来的理性崩溃，并亲眼见证了巴黎从 19 世纪后半叶起以工具理性为主导的城市规划

---

① 〔英〕戴维·弗里斯比：《现代性的碎片》，卢晖临等译，商务印书馆，2003，第 73 ~ 77 页。

② 〔英〕戴维·弗里斯比：《现代性的碎片》，卢晖临等译，商务印书馆，2003，第 75 页。

③ 〔英〕戴维·弗里斯比：《现代性的碎片》，卢晖临等译，商务印书馆，2003，第 12 页。

所引起的"碎片化"现实，让他们对碎片的体验更加深刻。然而，不同于生活在现代城市中的普通大众对理性的崩溃以及城市建设过程中的碎片化解体而表现出来的焦虑，超现实主义者们更热衷于发现、拥抱这些"碎片"，期望通过对这些城市碎片的书写，去指点人们发现、目睹"奇异"（magic）①。因此，尽管超现实主义者们没有对碎片发表独特新颖的见解，但不可否认的是，他们对作为现代性体验的碎片是给予充分肯定的。对他们而言，碎片本身便蕴含着、散发着别样的魅力，正如超现实主义诗人保尔·艾吕雅（Paul éluard，1895～1952）在其诗作《废墟》中寥寥数言所表现的那样："语言首先离去了/随后是窗户四周的一切/只有死亡盘据/在寂静之上幽暗之上。"②

桑塔格与波德莱尔、齐美尔、克拉考尔，以及超现实主义者们一样，肯定碎片，并从碎片出发，考察现代社会里重要的视觉艺术样式。而摄影通过将被拍摄对象提取出来定格、拍照，将它们从原来的时间/空间连续体中解放出来，本身便呈现出碎片化的特征，因为摄影就是一种不连续的，将世界看成由一系列碎片或原子组成的拍摄方式。正是从这点出发，桑塔格认为摄影的本质就"在于它反映了一个碎片的精神状态"。③ 所谓碎片的精神状态，我们既可以理解成波德莱尔的"短暂、易逝、偶然"，也可以理解成齐美尔的"偶然性的碎片"；既可以指摄影所捕捉拍摄的对象，也可以指摄影的本质性总体特征。首先，与他们一样，桑塔格指出传统社会中事物所拥有的那种完整性被打破，取而代之的则是"那些更稀罕、更富象征性的碎片"。④ 而摄影师则像收藏家一样，对这些现代性的碎片始终饱含热情，这些被"丢弃"在现代性废墟之上的碎片，成为摄影师们最钟爱的题材，尤其体现在摄影对"过去"这一题材的重视。摄影师通过将镜头对准

---

① 奇异是超现实主义美学的核心观点。布勒东在《超现实主义宣言》中首次提出："奇异的总是美的，尽管它多么非实在；它美，只是由于它是奇异的美。"（宗白华编译《西方美术名著选译》，安徽教育出版社，2000。）在现代社会中，奇异体现在富有诗情画意的城市废墟中，它是现代的模特。在超现实主义文学家们的具体实践，如阿拉贡、艾吕雅等人的作品我们得知，他们是从巴黎的"碎片化"解体中找寻、捕寻"奇异"，带领人们对"碎片化"现实进行审美体验，从而去发现奇异的美。

② 胡桑：《陈敬容译：艾吕雅的诗（18 首）》，2011 年 8 月 8 日，https://www.douban.com/note/165792167/?type = like。

③ 〔美〕乔纳森·科特：《我幻想着粉碎现有的一切》，唐奇译，中国人民大学出版社，2004，第 77 页。

④ 〔美〕苏珊·桑塔格：《论摄影》，黄灿然译，上海译文出版社，2010，第 130 页。

这些碎片去记录已经消失或正在消失的过去,"让哑默的过去用自己的声音讲话",① 然而,过去本身就是最具有超现实色彩的题材之一。试想,当摄影影像在现实之外为我们还原一个过去的现实时,这种艺术创作以及带给人的审美感觉何尝不是"超现实的"? 这里,我们以美国当代女摄影师贝伦妮丝·阿博特(Berenice Abbott, 1898~1991)所拍摄的 20 世纪 30 年代的纽约为例,说明摄影是如何运用过去的碎片去表现过去并以此揭示隐藏在碎片之下的本质的,同时,说明摄影又是如何体现出超现实主义美学内涵的,即从消失的过去中发现了美。阿博特作为阿特热大师地位的发掘者,深受后者创作主张、摄影风格的影响,与阿特热记录正在消失的巴黎一样,阿博特想要记录的是变化中的纽约,最后,经过十年拍摄,于 1939 年出版其摄影集《变化中的纽约》(*Changing New York*),让人们得以以照片的形式感受身在其中的都市的变迁,阿博特因此与阿特热一道,成为当今公认的都市摄影的奠基者。阿博特镜头下的纽约,作为 20 世纪最具艺术气息也最具时代特征的现代都市,处在不断的风云变幻当中,一切东西如建筑、时尚、流行、风格等转瞬即逝,与其说阿博特在捕捉记录正在变化的当下,不如说她是在发现过去、保存过去,拾取稍纵即逝的瞬间、碎片,以期通过碎片堆积的过去来揭示纽约,乃至美国发展经验中那种逐步自我毁灭的特征。透过阿博特的眼睛和她的摄影镜头,纽约下东区的高架铁路、曼哈顿的老旧建筑、水滨码头的繁忙景象以及那气势恢宏、万家灯火的纽约夜色,这些特定时空中的碎片被发现、定格,组成有关过去的景象。这些过去如今早已难觅踪影,被飞速发展的现代洪流和人们加速的贪婪所用尽、抛弃、换新,剩下的只有拍摄记录这些瞬间、碎片的影像,它们变成了"晶体管化的风景"②,一本摄影集则变成了"一座轻便的袖珍博物馆"③。阿博特的这本摄影集——《变化中的纽约》,则通过将这些过去时空中的碎片截取下来,拼贴、并置在一起,为我们还原了一段纽约特殊时期的历史风貌,这样的做法被桑塔格认为"是一次超现实主义蒙太奇的演练和超现实主义对历史的简略",④ 体现出明显的超现实主义创作手法。除此以外,

① 〔美〕苏珊·桑塔格:《论摄影》,黄灿然译,上海译文出版社,2010,第 131 页。
② 指照片,参见〔美〕苏珊·桑塔格《论摄影》,黄灿然译,上海译文出版社,2010,第 117 页。
③ 〔美〕苏珊·桑塔格:《论摄影》,黄灿然译,上海译文出版社,2010,第 117 页。
④ 〔美〕苏珊·桑塔格:《论摄影》,黄灿然译,上海译文出版社,2010,第 117 页。

不可否认的是，阿博特镜头下的这些历史碎片，无论以当时的审美眼光来看具有怎样的美感或价值，影像都赋予它们更多的美感，甚至连当时令人反感的被拍摄对象在镜头里也变得可爱多了。总而言之，历史的加速发展，让过去成为最有超现实色彩的题材之一；摄影师的镜头则从消失的过去中发现了美，体现出超现实主义的美学创作主张；摄影对碎片的拼贴与并置则是最典型的超现实主义创作手法的具体运用。

超现实主义因为反对以理性主义为中心的传统价值、文化观点，在创作手法上也进行了一系列大胆的革新，其中，最有代表性也得到最广泛应用的便是对碎片的拼贴并置，其以强烈的对比冲突给人以震撼的审美体验，本雅明所说的"蒙太奇"便是指对碎片的剪辑、拼贴与并置。同时，正是超现实主义对拼贴、并置手法的大胆运用，使得拼贴在经历过立体主义的尝试，未来主义的意识形态追求以及达达主义的政治目的之后，真正成为艺术的同义词。被超现实主义奉作《圣经》的《马尔多罗之歌》（*Les Chants de Maldoror*，1869），就是一幅大写的超现实主义拼贴画，洛特雷阿蒙（Lautreamont，1846～1870）的诗句"他（年轻男子）美得像一架缝纫机和一把雨伞在解剖台上的偶然相遇！"① 更被超现实主义奉为拼贴艺术的经典名言。而在现当代所有视觉艺术样式当中，唯有摄影最好、最有效地实践着超现实主义所提出的这一创作手法，通过将不同时间、空间、大小、风格的碎片巧妙地并置、拼贴在一起，产生超现实的美感，桑塔格也是以此出发，肯定摄影对超现实主义创作手法的运用。这里，我们以当今著名的拼贴摄影大师，同时也是一位具有巨大影响力的绘画大师——大卫·霍克尼（David Hockney，1937～）的摄影作品为例，进一步说明摄影对拼贴的具体运用以及所产生的超现实般的奇特美感。他通常对被拍摄对象从不同角度、不同局部进行一连串拍摄，然后选取一些照片，将它们拼合成一个整体。通常，它们之间的拼贴并不是完美连接的，而是有错位、有重叠、有偏移，因此，呈现的整体与原来的整体并不一致，其中重复但不重样的碎片并置在一起，所产生的效果让人颇为新奇，大感意外。他为母亲拍摄的那幅摄影作品里，就有五个不同的嘴巴的并置，三个不同鼻子的碎片也拼贴在一起，尽管怪异，但并不恐怖，反而给人一种熟悉和亲近感，为观众"全方位"呈现摄影师眼中的母亲形象。霍克尼的这类摄影作品大多采

---

① 〔法〕洛特雷阿蒙：《马尔多罗之歌》，车槿山译，上海人民出版社，2007，第 188 页。

用这一种模式的创作程序和方法，因为深受观众的认可和喜爱，这一方法和风格更是被称为"霍克尼式"拼贴，对现今的摄影风格产生巨大影响。除了单个的摄影作品，摄影集和摄影展可以说是中型和大型的拼贴艺术，通过将不同的照片并置在一起，传达出这些作品之前并不具有的美学内涵。桑塔格在《论摄影》中就专门提及这样一本摄影集，其中，一群彼此格格不入或毫不相干的名人婴儿时期或儿童时代的照片，按字母顺序分左右页并置在一起。因为人们都知道他们之后的成就，将他们并置在一起就显得颇为有趣。而美国 20 世纪下半叶最有影响的摄影展之一——爱德华·斯泰肯（Edward Steichen，1879～1973）于 1955 年组织的"人类一家"（Family of Man）摄影展，更是将 503 幅不同种族、年龄、性别、阶级的人的照片并置在一起，放在同一个时空展览，意在向观者展示出一种"世界公民"的民主态度。而这样的观点，恐怕是单张摄影作品无法准确表达出的。因此，通过上述分析不难发现，桑塔格对摄影中拼贴并置的运用大为肯定，认为其体现出了超现实主义大胆、新颖和出其不意的创作形式，更是对超现实主义创作技巧的具体实践。

　　然而，尽管桑塔格肯定摄影作为一种碎片的形式所具有的独特感受力，肯定摄影中拼贴、并置等超现实主义手法的运用，她也注意到摄影对现实的碎片化处理，会导致人们以这种简化的方式来对待现实和世界。同时，摄影的这种超现实主义感受力，因其对现实的不满，体现出一种"与现实的半喜气洋洋，半居高临下的关系"①。所有这些均不可避免地造成人们与现实的进一步疏离，加之后工业消费时代对影像的快速生产和复制，使得人们的感受力逐渐衰退和钝化，对此，桑塔格也进行了毫不留情的揭露和评判。

结　语

　　通过以上对桑塔格超现实主义摄影美学思想的阐释，读者可以清晰分辨出其学术思想的欧洲背景和理论渊源。从波德莱尔到齐美尔，再到本雅明、克拉考尔，无论是论证方法，还是思想体系，桑塔格与他们一脉相承。与他们一样，桑塔格以她独特的感受力，即她自身对现代性的体验，从一

---

　　①　〔美〕苏珊·桑塔格：《论摄影》，黄灿然译，上海译文出版社，2010，第 134 页。

名消费者、体验者、直接参与者的立场，对摄影所蕴含的美学思想进行研究。桑塔格借用波德莱尔的观点，将摄影师比喻成"拾荒者"，又或者借用本雅明的思想，将他们比作"闲逛者"，认为摄影师凭借他们独特的感受力，赋予一切事物平等的价值或美，体现出超现实主义试图抹平一切差异的美学主张，从而得以将人们从传统理性或功利的思维中解脱出来，以感性和直觉体验去发现美。对于摄影的创作形式，桑塔格则从碎片这一重要的现代性术语出发，认为摄影体现出超现实主义对碎片的拼贴并置等创作技巧，并试图超越碎片，去发现总体性和本质，从而对摄影这一"碎片的形式"进行肯定。可以说，桑塔格就摄影提出的超现实主义美学思想丰富了摄影的美学思想内涵，并进一步加深了人们对摄影的认知和理解，从而培养人们的感受力，而这正是桑塔格一切文化研究的最终目的，对摄影的研究也不例外。

作为欲望的"梦想"：从 SNH48 谈中国偶像经济症候

罗雅琳[*]

摘要 近年来，在日本娱乐文化的影响下，"偶像"成为当代娱乐界的重要现象。在"偶像"的理念中，一方面，"偶像"来自未曾受过专业训练的普通人，因而比传统的"明星"更为亲民；另一方面，不完美的"偶像"可以通过努力实现梦想，成为"明星"，被视为令人兴奋的励志故事。然而，"偶像"并非"明星"的反义词，反而是"明星"机制推向极致的产物。"偶像"所宣称的"努力"和"梦想"也只是为了吸引粉丝消费而发明的修辞。"偶像"的兴起不是大众民主时代的象征，而是消费社会的典型现象，也暗示着个人奋斗神话破灭的危险。

关键词 偶像 明星 粉丝文化 御宅族

Abstract In recent years, "idol" becomes an important phenomenon in entertainment industry under the influence of Japanese culture. The concept of "Idol" has two meanings: On one hand, "idols" are closer to people than "stars", because they come from ordinary people. On the other hand, imperfect "idols" can achieve their dreams and become "stars" by determined efforts, which is an inspiring story. However, "idol" is not the antonym of "star", but a product that make full use of the mechanism of the latter. And the alleged "effort" and "dream" of "idol" are merely some

---

* 罗雅琳，北京大学中文系博士研究生，主要研究中国现当代文学。

rhetoric invention in order to make better profits. The prosperity of "idol" is not a symbol of a democratic society, but a typical case in the consumer society, and it also indicates the decline of the myth of individual struggle.

Key words　idol　star　fan culture　otaku

导　论

在中国娱乐界，人们对"偶像"早已不陌生。在 20 世纪 90 年代，如日中天的"四大天王"就被称为具有无穷魅力的"偶像明星"。近年来，"偶像"一词却渐渐与"明星"分离开来，成为某一类艺人的专属称谓。这一类"偶像"受到日本娱乐文化的影响，从未曾受过专业训练的普通人中选拔成员，经过短时间培训即登台表演，因而不同于大多由演艺科班出身的传统"明星"。这一类新兴"偶像"模式的最大吸引力，在于粉丝对"偶像"成长过程的参与和见证，因而也被称为"养成系偶像"。男子偶像组合TFBOYS 和女子偶像团体 SNH48 是当下中国"养成系偶像"中最具影响力的代表。在他们之外，1931 女子偶像组合、蜜蜂少女队、X 玖少年团等也在这一"养成系偶像"的风潮中纷纷诞生。

"养成系偶像"与"明星"虽然名号有异，但在影响力上毫不逊色。在《2016 腾讯娱乐白皮书》中，TFBOYS 的成员王俊凯和易烊千玺高居 2016年明星网络热度前两名，另一名成员王源则位居第五名，超过了杨幂、范冰冰等传统明星。① SNH48 在其发展早期本是日本少女偶像团体 AKB48 的中国姐妹团，却在 2016 年 6 月与 AKB48 决裂。但 SNH48 的发展并未受到阻碍，反而声势愈隆。它不仅在上海、广州、北京、沈阳、重庆等多地开设固定剧场、招募成员，成为"全球华语区规模最大的偶像团体"②，更在粉丝吸引力上超过了 AKB48：在 2017 年 7 月刚结束的 SNH48 第四届偶像年度人气总决选上，获得第一、二名的成员鞠婧祎、李艺彤分别获得 277781. 3票和 259478. 6 票，超过了同年 AKB48 年度总选举冠军指原莉乃所获得的246376 票。参与 SNH48 年度总决选投票需要购买附有投票券的音乐专辑，

---

① 《2016 腾讯娱乐白皮书·明星篇》，http://ent. qq. com/zt2016/whitePaper/star_pc. htm。
② 见 SNH48 官方网站介绍，http://www. snh48. com/。

粉丝每投出一票需要花费 79 元、50 元或 35 元①。SNH48 第四届总决选收获的巨额票数，是对"养成系偶像"之惊人吸金能力的证明。

一个时代有一个时代的偶像，"养成系偶像"的出现是近年来中国的偶像崇拜中的重要景观。SNH48 尽管在起步阶段几乎全盘照搬日本的 AKB48，却在日后逐渐产生出不一样的运营路径和粉丝生态。因而，SNH48 成为探讨起源自日本的偶像文化在中国如何落地生根的一个最佳案例。在"偶像"的理念中，普通人只要拥有梦想、通过努力就可以成为明星，这似乎是令人兴奋的民主理念，但其本质不过是为了吸引粉丝消费而发明的修辞。"养成系偶像"衍生出了巨大的经济效益。它所调用的种种情感模式和文化符号，使粉丝们为了"偶像"而狂热，为了"养成"偶像不惜花费巨额投入。因此，对于新兴"偶像经济"的观察也成为探讨当代消费社会症候的一个切口。

一　偶像的两面："手"与"脸"

在中国的娱乐文化语境中，"偶像明星"原本是"明星"的一种。"偶像派"与"实力派"相对，主要靠形象靓丽或个人气质而非专业技能取胜。"偶像"与"明星"的区分是近年来受日本偶像文化影响的结果。日文中的"偶像"（アイドル）与"明星"（スター）有着显著差别：前者源自英文 idol，后者源自英文 star。"明星"需要以成熟、完美的形象出现在公众视野中。理查德·戴尔曾指出，明星的魅力与马克斯·韦伯所论述的政治领袖"魅力"有着一致之处，即这种"魅力"是天生的、超自然的，具有"魅力"的人不同于普通人②。相比之下，"偶像"的平凡属性却得到了极大的强调。正如日本 AKB48 的创始人秋元康所言，AKB48 之于其他演艺明星乃至宝冢歌舞团的最大区别在于"一群不完美的人努力成长，拼命表现，由粉丝们在一边支持"③。"偶像"比"明星"更接近普通人，虽不够完美，却也因此具有了"明星"所无法展现的亲民性。

为了展现"偶像"的亲民性，日本少女偶像团体 AKB48 以"触手可及

---

① 在利用投票积分的情况下，通过各位偶像的粉丝应援会投出的选票，每票价格可以降低到 32 元左右。
② 〔英〕理查德·戴尔：《明星》，严敏译，北京大学出版社，2010，第 49 页。
③ 〔日〕田中秀臣：《AKB48 的格子裙经济学：粉丝效应中的新生与创意》，江裕真译，人民邮电出版社，2014，第 166 页。

的偶像"① 为口号，发明了剧场公演、击掌、握手会等一系列运营模式。这些模式也被中国的 SNH48 继承。SNH48 的各支队伍几乎每隔一两天就会在上海星梦剧院举行剧场公演（"公演"即公开演出）。每场公演最低票价仅 80 元，远比大多数明星演唱会价格低廉，能够让更多人消费得起。在公演剧场中，台上成员与台下观众的距离极短，真正做到了"触手可及"。尽管是"剧场"，但在 SNH48 的歌舞表演中，观众完全不需要像观看话剧表演时那样保持安静，而是通过有组织的"打 call"——也即呼喊口号——支持自己的偶像。粉丝为台上的偶像"打 call"已经成为 SNH48 表演中不可缺少的一部分，甚至在粉丝群中形成了在固定的歌词后面呼喊固定口号的"call 本"，SNH48 的公演录制也会原原本本地保留这些"打 call"的声音。在由其他媒体转播表演时，现场的 call 声往往被视为噪音而消除，但这样的做法往往被粉丝认为是削减了表演的真正魅力，常会引发粉丝的极大不满。高频次的剧场公演让偶像可以频繁地与粉丝见面，而非像传统明星那样高高在上。

正如日本 AKB48 的理念"触手可及的偶像"所隐含的那样，"手"是"触手可及的偶像"的关键。无论是 AKB48 还是 SNH48，每场公演结束之后，成员会列队在剧场门口，与粉丝们击掌告别。在公演之外，SNH48 也继承了 AKB48 的"握手会"。粉丝可以通过购买几十元至上百元不等的握手券与成员进行短暂交流。每张握手券可以握 10 秒钟，偶像会以"微笑、正视、双手握"的方式与粉丝互动，粉丝也会与偶像分享自己的心情。一名优秀的偶像应当记住哪怕只握过一次手的粉丝。这样，粉丝与偶像之间的情感联系也就呈现出一种平等的和私人的色彩。"平等"，是因为这种关系不同于追星族对传统明星的单方面膜拜；"私人"则更为关键，粉丝虽然需要每次付出金钱才能见到偶像，却因这种私人性而与偶像有了情感上的关联。一些 SNH48 的女粉丝自称为"亲妈粉"，也就是以一种母亲对于女儿的心态来看待所支持的偶像。同样，少年男子偶像 TFBOYS 组合也有为数不少的"亲妈粉"或者"姐姐粉"。偶像不只是粉丝的欲望对象，也与粉丝有着更为复杂的情感关联模式。

AKB48 靠着剧场公演和握手会成为风靡日本的偶像团体。但 SNH48 在中国发展的早期，仅仅照搬剧场公演和握手会的运营模式并未收到较好的

---

① 〔日〕田中秀臣：《AKB48 的格子裙经济学：粉丝效应中的新生与创意》，江裕真译，人民邮电出版社，2014，第 30 页。

效果，甚至一度难以为继。真正对 SNH48 的影响力起到关键性助力的是网络直播的出现。从 2014 年下半年开始，SNH48 的剧场公演逐渐在腾讯视频和 B 站同步直播，各位偶像的粉丝还会自发在 B 站上传剧场公演视频及相关剪辑。2015 年初，SNH48 推出了专属直播软件"口袋 48"，团体中的 200 多位成员都会通过这个软件不定期进行生活直播。SNH48 推出的这一系列直播活动，为其吸引上海之外的粉丝提供了极大的便利。2014 年 7 月，获得 SNH48 首届总选举①冠军的吴哲晗仅获得 19281 票。但在一年之后，在 2015 年 7 月举行的 SNH48 第二届总选举中，这一票数只能排在第 15 名，获得冠军的成员赵嘉敏更是收获了 74393 票。从惊人的票数增长中，可以看到这一年开启的公演网络直播对于 SNH48 发展的巨大作用。

SNH48 的粉丝也因此分化为两种，一种被称为"剧场党"，也就是常常去剧场观看演出和参加握手会的粉丝，传统的"48 系"粉丝都属于这一类型；另一种则被称为"直播党"，或者被戏称为"屏幕超 V"。直播为那些身在外地的粉丝提供了一种身临其境的感受。偶像们在镜头下的一颦一笑并无特定对象，但独坐在手机或电脑屏幕前的粉丝却感觉它们只投向自己。因而，SNH48 的粉丝圈中发展出了独特的弹幕文化，一种最典型也最常见的弹幕就是："趁着没人偷偷承包小鞠（成员鞠婧祎的外号）"，"会长（成员赵粤的外号）你为什么撩我"。这里的"没人"其实只是暂时没有弹幕，而"会长"风情万种的舞蹈也并非只挑逗屏幕前发弹幕的这一位粉丝。但在直播和弹幕的作用下，偶像仿佛只在与镜头前这一个特定的粉丝进行交流。正如苏珊·桑塔格所指出的那样，摄影意味着获取，带来了对珍爱之人或物的替代性占有②。借助直播镜头，粉丝得以和偶像无限接近。如果说，AKB48 的剧场和握手会为粉丝提供了一种有偶像陪伴的感受，那么，借助直播和弹幕，SNH48 使偶像得以更广泛地与粉丝的日常生活融合在一起。

剧场公演和握手会凸显的是偶像的"触手可及"和"手"所展现的亲民性，公演直播凸显的则是偶像的"脸"。在 SNH48 偶像成员的形象展示中，"脸"占据了最重要的位置。在每场公演的摄制中，摄影师往往使用大量近景和大量针对成员脸部的特写，甚至无法让人看清舞蹈动作。这样的做法并不符合舞台录像的通常法则。每逢邀请其他媒体摄制 SNH48 的大型

---

① SNH48 前三届年度总选举被称为"总选举"，第四届被称为"总决选"。
② 〔美〕苏珊·桑塔格：《形象世界》，陈永国主编《视觉文化研究读本》，北京大学出版社，2009，第 120 页。

活动时，摄影师出于对舞台整体效果的考虑，会使用不少全景、远景镜头，但这种镜头无法让观众看清偶像的脸，因而往往遭到强烈批评。而在粉丝们自己拍摄的表演视频中，往往使用"独镜"，也即不论有几位成员参与表演，不论粉丝所支持的成员处于队伍中的哪个位置，粉丝的镜头永远只对准他/她所支持的那一位。SNH48 的粉丝中还流行着一种特殊的视频剪辑方式，即从多人的歌舞节目或聊天环节的录像中剪辑出他/她所支持的那一位成员的镜头，拼成一个单独的视频。即使这些剪辑片段毫无情节连贯性，但它们依然受到粉丝们的疯狂追捧。当某位成员带着精致妆容的脸（或者穿着吊带袜的性感长腿）占据了整个屏幕之时，观众所面对的已经不是某个具体的人，而是一个关于美、可爱或者性感的符号，一个梦幻般的理念——"人会在人的影像中迷失，有如迷药一般。面孔代表一种血肉的具体呈现，既难以触及又难以抛弃"①。

东浩纪曾在关于"御宅族系文化"的研究中指出一种"资料库消费"的现象，即那些在"御宅族"中风行的形象并不具有"个性"，而毋宁说是将猫耳、女仆装、眼镜等各种元素组合在一起的结果。御宅族们消费的并非某个特定的形象，而是包含着各种能引发"萌"之感受的元素资料库。日本 AKB48 的偶像文化是御宅族系文化的代表之一，被视为这种"资料库消费"的典型。然而，问题在于，如果仅凭特定的元素就可以引发粉丝的相应情绪——正如东浩纪所说，从十几岁就沉浸在相关文化中的御宅族，被训练得只要看到少女图画、猫耳和女仆装就会兴奋②——为何每位成员特殊化的"脸"依然对于粉丝有着无可替代的重要性？

"脸"的特写在 SNH48 的影像模式中如此重要，以至于形成了对于"偶像"理念的背反。"偶像"如果像声称的那样近乎普通人，就应该以大众的、集体的形象出现。而特写镜头可以让表演者与周围环境隔离开来，让个体从群体中脱颖而出，这恰恰是创造"明星"时的关键技巧③。可见，看似新兴的"偶像"与传统的"明星"其实有着相通之处。另一个有力的证据是，尽管 AKB48 和 SNH48 都号称从普通女孩中挑选成员，但它们对于

---

① 〔法〕罗兰·巴特：《嘉宝的脸蛋》，氏著《神话：大众文化诠释》，许蔷蔷、许绮玲译，上海人民出版社，1999，第 61 页。
② 〔日〕东浩纪：《动物化的后现代：御宅族如何影响日本社会》，褚炫初译，大鸿艺术股份有限公司，2012，第 137 页。
③ 〔英〕理查德·戴尔：《明星》，严敏译，北京大学出版社，2010，第 22 页。

最理想的"偶像"的想象却与传统的"明星"如出一辙。"48 系"偶像分为"正统偶像"（也叫"王道偶像"）和"邪道偶像"两类。被视为"正统偶像"的成员，如 AKB48 的前田敦子、渡边麻友，SNH48 的鞠婧祎、费沁源，她们都是团内在长相或唱跳能力上较为优秀并且形象正面的成员。而"邪道偶像"如 AKB48 的指原莉乃和 SNH48 的李艺彤、张雨鑫，都在长相和唱跳能力上不够出色，甚至有负面新闻缠身。她们虽然以搞怪的语言风格吸引了大量粉丝，却在成名后依然饱受不够"正统"的困扰。此外，AKB48 和 SNH48 都对偶像的日常行为有所约束，如果私下恋爱、舞蹈不努力或者说脏话、有不文明举止，都会被称为"偶像失格"。然而，恋爱、懒惰或说脏话，都是在普通人中司空见惯的行为，恰恰是最"人性"和"日常"的体现。"偶像"要极力与过分"人性"的举止保持界限，"正统偶像"更应拥有一张完美的脸。可见，理想的"偶像"与"明星"之间并非泾渭分明，而是依然以"明星"为模板。

因此，在偶像的运营模式中，"手"和"脸"构成了不可分离的两面，前者用来被感知，而后者用来被膜拜。偶像所携带的这种悖论性，在 AKB48 的一首著名曲目《剧场女神》（シアターの女神）中体现得最为鲜明。"剧场女神"同时也是 AKB48 的一套经典公演的名称。SNH48 不仅将"剧场女神"公演（包含《剧场女神》曲目）翻译成了中文，更让其成为 SNH48 的 NII 队和 XII 队、GNZ48 的 G 队、BEJ48 的 B 队等多个队伍的出道首套公演，可见其对"剧场女神"这一形象的重视程度。《剧场女神》的歌词，可谓"48 系"偶像形象的最佳写照：

> 剧场里的女神是你/终于我坐在了这里/触手可及距离的靠近/才发现有你完美身影。
>
> 剧场里的女神是你/第一次来到了传说之地/比起电视杂志中的美丽/更喜欢你在舞台闪耀无比。①

---

① 这一段歌词在日文版的《剧场女神》（シアターの女神）中为：シアターの女神/ようやく会えたね/こんな近い距離に/素敵な君がいる.シアターの女神/初めてここに来れた/テレビやグラビアより/輝いた/君が好きだ。中文歌词除了将"こんな近い距離に（这么近的距离）"翻译为"触手可及距离的靠近"，将"初めてここに来れた（第一次来到了这里）"翻译为"第一次来到了传说之地"之外，基本上一一对译了日文歌词。

歌词中"剧场"与"电视"和"杂志"的对比，标识出偶像与传统明星的差异。然而，这首歌中也隐藏着某种张力：偶像既属于剧场，但依然是"闪耀无比"的"女神"；偶像虽"触手可及"，却依然拥有"完美身影"。由此看来，"偶像"并非像它所声称的那样构成了"明星"的对立面，而恰恰是"明星"的一种变形。"明星"在近年来正经历着"从神到凡人"的变迁，当代的明星不再只具有"理想"的神性，而是需要常常显示出"人性"的一面，从而将"出众的和普通的、理想的和日常的"融为一体①。"偶像"则是将"理想"与"日常"这两者都推向极致的产物："偶像"比"明星"更日常，她们可以被常常见到、近距离感知；但同时，"偶像"也比当代逐渐趋于"人性化"的"明星"更富于理想性，她们以蓬蓬裙、蝴蝶结、丝带和亮片组成的梦幻形象出现，永远美丽温柔、充满活力、积极向上。明星从"神"向"凡人"的过渡，被视为填补了理想和现实之间的缝隙②；在结合了"神性"与"人性"两个极端的偶像那里，理想和现实之间则干脆不存在缝隙。如果说，"偶像"所宣称的亲民性和日常性是对带有强烈等级色彩的明星制的反叛，那么，"偶像"所隐藏的"理想"和"神性"的一面则使其无法彻底完成这一反叛。"偶像"恰恰是将"明星"的吸引机制推向极致的结果。

二　主客体的颠倒："养成"与"梦想"

上一部分已经提及，明星的魅力被视为一种天赋。相比之下，偶像的魅力则是后天的结果。从普通人逐渐变得光彩照人的过程，正是偶像文化中"养成"一词的含义。在中国，除了 SNH48，其他年龄较小的偶像团体如 TFBOYS 也常使用这一概念。用 AKB48 创始人秋元康的话说，"养成"就是"让粉丝们看着她们在自己眼前渐渐成为明星"③。"养成系偶像"对于传统的"明星"似乎构成了一种挑战，粉丝们不再需要被动地接受文化工业所提供的明星，而是可以自己主动地"养成偶像"。

SNH48 尽管继承了 AKB48 的偶像"养成"模式，但并不以此进行标

---

① 〔英〕理查德·戴尔：《明星》，严敏译，北京大学出版社，2010，第 35 页。
② 〔英〕理查德·戴尔：《明星》，严敏译，北京大学出版社，2010，第 36 页
③ 〔日〕田中秀臣：《AKB48 的格子裙经济学：粉丝效应中的新生与创意》，江裕真译，人民邮电出版社，2014，第 32 页。

榜,而是将其替换成另一个词——"梦想"。在 SNH48 的官方网页上,最醒目位置悬挂的标语便是"'梦想、汗水、坚持'的前进道路上,每一步都有您的参与";SNH48 官方直播软件"口袋 48"的登录屏幕上,显示的标语是"有你的陪伴,梦想注定不孤单";在成员参加总选前的拉票宣言和粉丝应援会所使用的宣传语中,"梦想"一词也出现得极为频繁。

将有着浓厚的物化女性意味的"养成"替换为"梦想",是 SNH48 对于 AKB48 在运营模式上做出的重要修改。"养成"和"梦想"其实是一体二面:"养成"从粉丝视角出发,强调粉丝对于偶像的"养成";"梦想"则从偶像的视角出发,呼唤粉丝帮助偶像完成"梦想"。在"养成"模式中,女性偶像处于被观看和被塑造的客体位置。一旦将"养成"替换为"梦想",虽然本质并未改变,却在修辞上让偶像从等待被塑造的客体转化成了主动拼搏的主体,因而呈现出某种积极的、励志的色彩。

"养成"关联着"爱情"这一主题。在成立早期,SNH48 的公演曲目以直接翻译 AKB48 的已有曲目为主,其中最受欢迎的歌曲都以爱情为主题。以 2015 年初举行的 SNH48 首届年度金曲大赏为例,获得粉丝投票前五名的歌曲(均翻译自 AKB48 已有曲目)《狼与自尊》、《如果你拥抱我》、《恋爱捉迷藏》、《夜蝶》和《爱的加速器》,其内容都有关爱情。但 SNH48 自 2016 年 5 月起开始陆续在本部和分团推出原创公演"心的旅程"(SII 队,2016 年 5 月 20 日)、"专属派对"(NII 队,2016 年 7 月 22 日)、"梦想的旗帜"(X 队,2016 年 10 月 28 日)、"代号 XII"(XII 队,2016 年 12 月 9 日)、"第一人称"(NIII 队,2016 年 12 月 9 日)、"美丽世界"(H 队,2017 年 4 月 8 日),并减少对于 AKB48 曲目的使用。在这些原创公演中,"梦想"取代"爱情"成为最重要的关键词。正如 SHN48 在上海的剧场名字"星梦剧院"所暗示的那样,所谓"梦想"当然是从"素人"变成的"偶像"进化为真正的"明星"之梦。在 SNH48 首套原创公演"心的旅程"的 16 首曲目中,《心的旅程》、《时差密码》、《新世界》、《狂欢亚马逊》、《罗马假日》、《纽约梦》、《潮流冠军》和《我的舞台》8 首曲目中都直接出现了大量与"梦"相关的词。其中《纽约梦》将这种"偶像"变"明星"之梦阐释得最为直白:

我要舞动奇迹/往纽约梦前进/唱亮这名曲/要飞离皇后区/大家都有梦想/在百老汇留名/像歌剧魅影 Christine/成为韦伯的专属女伶。

SNH48 编织出了一套关于"梦想"的叙事。有意思的是，少年男子偶像团体 TFBOY 也在频繁地借用"梦想"的修辞，《大梦想家》、《梦想起航》和《为梦想，时刻准备着》都是他们的代表歌曲。偶像团体所标榜的"梦想"，其内涵自然是从"偶像"变为"明星"。如何实现梦想？自然需要粉丝付出金钱进行投票。日本 AKB48 发明了由粉丝投票决定排名的总决选，SNH48 则格外强化了其重要性。AKB48 的年度总决选排名一般只能决定一首单曲的成员站位，甚至还有"猜拳大会"（也即通过成员猜拳决定排名）的随机性机制。但 SNH48 的年度总决选却可以决定成员在接下来整整一年中获得 MV 和影视剧拍摄、参加综艺节目和商业广告代言的机会。然而，如果我们意识到"偶像"其实也是"明星"的变体，是将明星机制推向极致的结果，那么，"偶像变明星"的这一"梦想"就或许并非源自偶像团体成员希望不断进步、摆脱落后排名和边缘身份的真实梦想，而恰恰是偶像机制希望制造的效果。这一机制制造出偶像与明星的差异，并将获得更多曝光的机会与排名紧密联系在一起。这样，为偶像投票也就显得不是一种消费行为，而是为了"梦想"而付出的一种"努力"。

在此之外，以"梦想"取代"养成"也是 SNH48 对于中国文化环境的适应。AKB48 的粉丝，大多是日本文化中所谓"御宅族"或者"宅男"。所谓"御宅族"或"宅男"，指的是"对某类特定商品——如动画和漫画、偶像歌手、电器相关产品——的消费超出了一般大众所认可的正常需求，并对这种沉迷式的消费行为注入价值标准的群体"①。这类人群被视为"沉溺在次文化里"②，具有逃避现实的消极倾向。国内媒体也常遵循这一习惯，以"宅男"命名 SNH48 的粉丝，以"宅男女神"命名 SNH48，但 SNH48 的中国粉丝大多都坚决拒绝这样的描述，更认同于一种积极向上的价值观——也即"为梦想努力"。AKB48 有一首经典曲目《Lay Down》，这首歌曲以颓靡的曲风表现 S（施虐者）与 M（受虐者）之间的虐恋。其中的"女王"，指的是虐恋中负责引导、调教、挥动皮鞭的 S 一方，与"养成"的主题相关。然而，在 2016 年 SNH48 第三届年度总选举中，这首歌却被重新编曲为《女王殿下》，不仅曲风从颓靡转换为动感有力，光线从晦暗变为

---

① 潘妮妮：《"保守御宅族"的炼成：亚文化、政治策略与互联网的交互—— 一个"民意"分析的中观视角》，《日本学刊》2016 年第 5 期。
② 〔日〕东浩纪：《动物化的后现代：御宅族如何影响日本社会》，褚炫初译，大鸿艺术股份有限公司，2012，第 10 页。

明亮，而且从一支多人参与的歌舞曲目变成被公认将获得总选冠军的成员
鞠婧祎的单人歌舞。这样一来，"女王"也就不再是虐恋游戏中的 S 一方，
而具有了夺冠、加冕、登顶的意味。这首歌的改编，可被视为对比 SNH48
的"梦想"主题与 AKB48 的"爱情"主题的典型例子。

　　AKB48 的前身是活跃在日本秋叶原的"地下偶像"团体。所谓"地下
偶像"，就是只能在剧场表演、无法登上电视节目的偶像团体。在这样的环
境中，AKB48 的爱情歌曲常常充满暧昧，甚至有着打色情擦边球之嫌。相
比之下，SNH48 在其原创曲目中减少爱情歌曲，推出大量歌唱"梦想"的
励志歌曲，则有助于其登上公开的电视舞台。SNH48 的本部和 BEJ48、
GNZ48 等分团都参与了大量主旋律活动。她们不仅曾在中央电视台和地方
卫视的春节晚会、元旦晚会上表演，SNH48 更在 2017 年的五四青年节被共
青团中央授予"五四优秀青年"的称号，GNZ48 也演唱了《我和我的祖国》
和原创歌曲《紫荆》等爱国歌曲。在参与 2017 年中央电视台五四青年晚会
时，SNH48 表演的节目正是原创公演"梦想的旗帜"中的歌曲《梦想家》：

　　　　我们是最可爱的梦想家/很渺小，志向却特别伟大/就让梦想画上
　　蓝图/让他萌芽灌溉它/做最勇敢最骄傲的梦想家/追着风微笑旋转跳舞
　　吧/相信梦想总有一天能到达。

　　"很渺小，志向却特别伟大"之类的歌词虽源自偶像文化，却与作为主
旋律的"中国梦"形成呼应。SNH48 得以摆脱"48 系"偶像文化中那种边
缘性的"亚文化"色彩，而成为主流文化的一部分。这为 SNH48 从"偶
像"向"明星"的转变做好了铺垫。

　　田中秀臣曾指出，AKB48 和早安少女组、小猫俱乐部等日本过去的偶
像团体最大的区别在于，后者追求的是"昙花一现的绚丽"，让偶像在人气
较高时不断参与戏剧、广告、电影的演出，甚至让偶像单飞成为独立的演
艺明星。但 AKB48 则始终牢牢依靠秋叶原的剧场发展，这使其在日本经济
低迷期的"厌消费"阶段得以维持经营[1]。SNH48 一改 AKB48 的"剧场偶
像"本位，采取的恰恰是让人气较高的偶像参与影视剧拍摄和电视综艺的

---

[1]　〔日〕田中秀臣：《AKB48 的格子裙经济学：粉丝效应中的新生与创意》，江裕真译，人民
邮电出版社，2014，第 25～33 页。

"造星"策略，这背后同样是经济因素在起作用。当代中国明星身价的飞涨，使其成为最有利可图的行业。SNH48 如果固守剧场，不仅低廉的票价所带来的利润有限，更阻碍了其对于外地粉丝的吸引。唯有将"偶像"转化为"明星"，才能带来更大的经济效益。

有意思的是，在年度总决选前的成员拉票会和总决选上获得名次的成员发表感言时，成员很少使用第一人称"我"，而是大多使用"我们"作为主语。"我们"的称呼将偶像和粉丝团结为一个整体。这样，偶像取得名次、成为明星的个人"梦想"也就转化为偶像和粉丝共同的"梦想"。SNH48 的粉丝中不少人年龄层次并不高，存在大量中学生和本科生粉丝。从粉丝们对于历次握手会的记录中，都能看到不少人要求偶像鼓励自己"好好学习"，或祝福自己"考试顺利"。于是，我们可以看出其中"梦想"的替代性意义：帮助偶像"实现梦想"成为粉丝对日常生活中个人梦想缺憾的转移。粉丝要完成"梦想"只需通过"消费"，这比日常生活中任何梦想的实现都要简单得多。同样，在这种机制之下，偶像能否实现"梦想"也与其歌舞水平或努力程度并无关系，而只与她能吸引到多少购买投票券的粉丝有关。于是，粉丝对"偶像"的"养成"最终成了运营方对于粉丝的"养成"。正如鲍德里亚指出的那样，消费大众的需求体系不过是资本家提供的生产体系的产物①，看似由粉丝主宰一切的"养成"，背后仍由资本的力量进行操纵。"养成系偶像"的出现并非大众民主时代的象征，而是消费社会中资本主宰一切的结果。偶像运营机制制造出了偶像的"梦想"，进而将其与粉丝的"梦想"捆绑在一起，并号召粉丝为"梦想"埋单。这里的"梦想"是一种可购买的商品，是模式化的娱乐工业生产出的一种欲望，既与个人的生命体悟和内在的真实渴望无关，也丧失了"梦想"本应具有的创造性意味。

结　语

"偶像"宣称从未受过专业训练的普通人中选拔成员。这一点让人想起另一个在中国曾十分火爆的概念"草根"，但这两者有着根本性的不同。"草根"强调的是明星的底层出身，突出其作为明星的"接地气"；而"偶

---

① 〔法〕让·鲍德里亚：《消费社会》，刘成富、全志钢译，南京大学出版社，2014，第 56 页。

像"强调的是平民具有成为明星的潜力，突出普通人之于日常生活的超越可能。像王宝强这样相貌和气质平平的"草根"可以通过默默坚守而成为大众瞩目的"明星"，这是最典型的个人奋斗神话。因而，"草根"明星的出现，曾被认为是对"民主"力量的证明。而在"偶像"的成功道路上，尽管标榜"成就梦想"，但通往"梦想"只有金钱投入这一条道路。这正是SNH48 官方网站最显著位置上那条标语的核心秘密：所谓偶像的"梦想、汗水、坚持"，最关键的还是在于"每一步都有您的参与"。"口袋 48"的登录标语"有你的陪伴，梦想注定不孤单"同样可作如是观。不少人高呼"偶像经济"的时代是"粉丝为王"的大众民主时代，但事实上，粉丝并不是均质化的"大众"，他们之间存在着赤裸裸的金钱角逐。经济实力雄厚的粉丝会在粉丝群中乃至在偶像那里获得无比崇高的地位，被称为"壕聚聚"或者"爸爸"。在年度总决选或金曲大赏等活动中，排名和多人舞蹈中的排位严格按照粉丝的金钱投入排序，这种建立在资本实力上的等级却被认定为真正的"公平"。粉丝时代的民主，实质上不过是一种"消费民主"——"由真实的平等如能力、责任、社会机遇、幸福（该术语的全部意义）的平等转变成了在物以及社会成就和幸福的其他明显标志面前的平等"①。"偶像"并非像其所声称的那样构成了对"明星"之等级意味的挑战，而是"明星"机制推向极致的产物。

　　洛文塔尔（Leo Lowenthal）曾在 20 世纪 40 年代指出，受到大众喜爱的主人公已经从"生产偶像"变为了"消费偶像"。前者有所发明创造，为社会做出贡献，而后者则更多地与消费和休闲领域联系在一起。这意味着，"屈从"的世界取代了"行动"的世界，"索取者"取代了"给予者"②。而到了当下，在一个愈发成熟的消费社会中，这一现象则显得暧昧含混起来。"偶像经济"虽以欲望和消费为底色，却为之披上了"努力"与"梦想"的外衣。在这里，购买即"努力"，竞价成功即"实现梦想"。也就是说，屈从即行动，索取即给予。偶像经济正是利用这一套相反相成的修辞为粉丝们描绘出一副"光明"的图景：如果在从现实跃升至理想的道路上需要某种行动的话，唯一需要的行动就是消费。

　　从 SNH48 到 TFBOYS，各种"偶像"正在当下的中国大行其道，粉丝

---

① 〔法〕让·鲍德里亚：《消费社会》，刘成富、全志钢译，南京大学出版社，2014，第 34 页。
② 〔美〕洛文塔尔：《文学、通俗文化和社会》，甘锋译，中国人民大学出版社，2012，第147～185 页。

们前赴后继，一批批适龄的青年男女也在奔向成为"偶像"的道路上。与此同时，传统的"草根明星"也在逐渐退出我们的视野。"草根"的衰落和"偶像"的兴盛，是否意味着个人奋斗神话的破灭？粉丝们并非那么容易就被偶像公司的修辞蒙蔽，只不过，以"消费"充当"行动"是更为简便的选择。这便是消费社会的典型症候。翻滚于资本大潮中的"偶像经济"是否该引起我们的警惕？

孤独的身体：身体现代性研究

张新科[*]

摘要 身体转向已成为当今文化、哲学、艺术等人文科学领域研究的热点问题。研究身体的理论越来越丰富，但它们大多是从共时的角度研究身体的某一特征、某一个人的身体理论或者将身体理论应用于艺术和文化研究。对历时的身体的关注和研究付之阙如。为此，本文从历时的角度比较传统身体与现代身体的区别，并认为与传统身体相比，身体的现代性体现在以下三个方面：身体与世界的分离、身体与集体的分离以及身体与自身的分离。

关键词 身体 现代性 历时

Abstract Body turn has become a hot issue discussed today in the field of humanitics such as culture, philosophy, art and so on. Though body theories are getting enriched, they mostly focus on one feature of the body from a synchronic perspective, or on one's body theory, or on body theories applied to art or cultural studies. There is a lack of interest in and study on the body diachonically. Hence, by making a comparison between the traditional body and the modern body from a diachronic perspective, the thesis reaches a conclusion that modernity of the body appears as follows: the separation of the body with the world, the community and the person.

Key words body mordernity diachronic

---

* 张新科，中国艺术研究院 2016 级艺术学博士研究生，主要研究艺术理论、美学与文化。

相传在德尔斐的阿波罗神庙上刻有德尔斐箴言，其中最著名的一句就是刻在神庙大门上的"认识你自己"。就连古希腊先哲泰勒斯被问及什么事情最难、最令人烦恼的时候，给出的回答也是"认识自己"①。《论语》中也说，"吾日三省吾身"。可见，在古人看来，认识自己是一件非常困难但又十分重要的事情。在宗教式微和科技发达的今天，柏拉图所谓人的灵魂是"神圣的、不朽的、智慧的、一致的、不可分解的、而且永不改变的"②已难以令人信服，脱下神圣外衣的世俗社会认为"人类存在最明显的真相——人拥有身体，并且在某种程度上，人就是身体"③，这里强调身体而非灵魂才是一个人确定其身份的根本维度。既然如此，对身体的认识理应是认识自己的一个基本面向。然而，身体的概念也不是永恒不变的，它的发展经历了翻天覆地的变化。总体来讲，身体的历史经历了从传统到现代，又从现代到后现代的发展过程。本文主要对身体从传统走向现代的过程也即身体现代化的过程做一个研究，认为身体现代性体现在三个方面：身体与世界的分离、身体与集体的分离以及身体与自身的分离。

一　身体与世界的分离

人从哪里来？人与外部世界有什么关系？在达尔文的《进化论》出现之前，世界上存在着各种各样的说法。在西方，《圣经》中上帝造人的故事家喻户晓：耶和华上帝按照自己的形象，用地上的尘土造出了一个人，往他的鼻孔里吹了一口气，有了灵，人就活了，能说话，能行走。在中国，流传最广的是女娲抟土造人的故事。不管是耶和华上帝，还是女娲，他们都是用泥土作为人身体的材料。《道德经》说："道生一，一生二，二生三，三生万物。"可见身体和万物一样都源于道。《黄帝内经·素问·宝命全形论篇》曰："天覆地载，万物悉备，莫贵于人。人以天地之气生，四时之法成。"④ 天地化育，万物交感，生生不息，而人最为天下贵，并且人的身体

---

① 〔古希腊〕第欧根尼·拉尔修：《名哲言行录》，徐开来、溥林译，广西师范大学出版社，2010，第 17 页。

② 〔古希腊〕柏拉图：《斐多》，杨绛译注，三联书店，2011，第 42 页。

③ 〔英〕Bryan S. Turner：《身体与社会理论》，谢明珊译，韦伯文化国际出版有限公司，2010，第 49 页。

④ 《黄帝内经》（上），姚春鹏译注，中华书局，2010，第 230 页。

是凭借自然之气与四季之法则生而成长。这些都说明了传统的身体与外在世界在来源上是同一的，即身体与世界具有同源性。莫里斯·里恩哈特（Maurice Leenhardt）在《美拉尼西亚世界里的人与神话》一书中对美拉尼西亚人所做的调查研究也体现了这一点：

> 对于美拉尼西亚人来说，人的躯体效仿植物界。人的躯体作为浩瀚宇宙的一分子，与树木、果实、植物纵横交错在一种互联体系中，与世界的身体交互各自的构成成分。人体坚硬的部分——骨骼——与木心、沙滩上的珊瑚残骸是同一个词。陆生或海生贝壳被用来表示围骨如头盖骨。果肉或果核同时还表示肉或肌肉。肾脏和其他内脏以与它们相似的果实名称命名。肺由于与一种美拉尼西亚图腾树外形相像而得名。小肠代表丛林深处盘枝交错的藤本植物。身体仿佛另一种形式的植物；而植物也犹如身体外在的一种形态。两大领域之间并无明显可辨的界限。①

里恩哈特强调，在这里身体与植物之间的联系并不是一种暗喻，而是一种实体的一致。关于这一点，他还列举了许多日常生活中的例子。比如，人们会说一个瘦小的孩子"长得黄"，就像在说因缺乏营养而将要枯萎的植物一样。而对于那些要被宪兵征去做苦力的儿童，他们的父母会疾呼："看看他们的胳膊吧，就是水做的。"在这里，孩子就像"一株植物，最初水分充裕，随着时间逐渐转变为坚硬的木质"。② 在中国文化里，《红楼梦》中贾宝玉所说的"女儿是水做的骨肉，男人是泥做的骨肉"，在说明女子与男子所具有不同气质的同时，也体现了人的身体与水、泥土之间的某种同构性。在这里，不论男女老少，也不论是植物界还是水、泥，"相同的物质既是世界之本同时也是身体之源"③。

而若从身体与世界联系的角度看，我们也会发现传统身体与外部世界

① 〔法〕大卫·勒布雷东：《人类身体史和现代性》，王圆圆译，上海文艺出版社，2010，第7页。
② 〔法〕大卫·勒布雷东：《人类身体史和现代性》，王圆圆译，上海文艺出版社，2010，第7页。
③ 〔法〕大卫·勒布雷东：《人类身体史和现代性》，王圆圆译，上海文艺出版社，2010，第7页。

息息相关。比如，中医认为身体与水、火、木、金、土这五行具有非常密切的联系。《黄帝内经·素问·阴阳应象大论篇》中有这样的描述："北方生寒，寒生水，水生咸，咸生肾，肾生骨髓，髓生肝。肾主耳。其在天为寒，在地为水，在体为骨，在脏为肾，在色为黑，在音为羽，在声为呻，在变动为栗，在窍为耳，其味为咸，在志为恐。恐伤肾，思胜恐；寒伤血，燥胜寒；咸伤血，甘胜咸。"① 身体状况与五行的对应构型如表1所示。

表 1　身体状况与五行的对应构型

类别	内容				
五行	木	火	土	金	水
五脏	肝	心	脾	肺	肾
五腑	胆	小肠	胃	大肠	膀胱
五官	目	舌	口	鼻	耳
五形	筋	脉	肉	皮毛	骨头
五味	酸	苦	甘	辛	咸
五色	青	赤	黄	白	黑
情志	怒	喜	思	悲	恐
五季	春	夏	长夏	秋	冬
五气	风	暑	湿	燥	寒

从表1中我们可以看到，不仅身体的器官（五脏、五腑、五官、五形）与外部世界（五行、五季、五气）相关，而且身体的情志也与外部世界形成一种对应的关系。

从其他民族中我们也可以发现相似的道理。一位美国南部印第安孕妇被治疗师预言将生下一对双胞胎，但她不想要。于是治疗师举行了一项旨在将两个双胞胎结合成一个孩子的仪式：他站在门口，将玉米粉洒在阳光下；他先纺黑毛线，再纺白毛线；他将两条毛线缠绕在一起，绕在孕妇的左手腕上——这是让孩子们结合在一起的非常重要的一步。于是，这对双胞胎开始融为一体。在这里，孩子与植物（玉米粉）之间相连的线具有一种象征意义，表明了孩子与世界融为一体的联系。不仅如此，当妻子怀孕的时候，印第安男人不能伤害任何动物，因为它们所蒙受的任何痛苦都会

---

① 《黄帝内经》（上），姚春鹏译注，中华书局，2010，第 62 页。

转嫁到孩子身上。①

　　综上我们得出结论，传统的身体要么与世界同源，要么与世界密切联系，概言之，传统的身体与世界融为一体。"人的身体与世界的身体之间光滑无瑕。"② 随着理性与科技的发展，西方个人主义意义上的现代身体逐渐登上历史舞台。身体从传统走向现代，意味着身体从混沌不清的世界走向能清晰准确界定的世界，在这里，身体不再无能为力地完全暴露在环境因素的影响之下，而是通过人的主观能动的创造性与大自然做斗争，身体从自然的"仆人"（客体）一跃成为自然的"主人"（主体）；身体也不再是象征性整体中的一个不可分离的元素，而成为人与外部世界之间的界限。人的身体就是人的身体，虽然从外部世界汲取生存所必需的物质，但二者不可等同。自此，身体与世界分离，开始以全新的面貌在世界之中游离。

二　身体与集体的分离

　　人是群居动物，人的语言只有在人与人之间的交流过程中才能产生和发展。在原始社会，人的群居主要是为了生存，个人离开他人就无法生存下去。正如马克思（Karl Heinrich Marx）所说："人的本质并不是单个人所固有的抽象物。在其现实性上，它是一切社会关系的总和。"③ 这些都强调了人与集体之间的关系。然而，"在以整体论为基础的传统社会里，人是不可分割的，身体不是分裂的对象，人被融入到宇宙、大自然与群体当中"。④ 在这类社会中，身体的意义实际上就是个人的意义，而个人的意义却来自社会、集体和他人。

　　在每一个历史时期，社会统治阶级都会制定相应的社会规范标准来对人的身体进行约束，从而服务于自己的统治。在此，身体在政治哲学中扮演了至关重要的角色。正如米歇尔·福柯的那种作为铭记社会权力的温顺、柔韧场所的生殖身体景象，身体"为复杂的权力谱系怎么能够在没有任何

---

① 〔法〕大卫·勒布雷东：《人类身体史和现代性》，王圆圆译，上海文艺出版社，2010，第13~14页。
② 〔法〕大卫·勒布雷东：《人类身体史和现代性》，王圆圆译，上海文艺出版社，2010，第8页。
③ 《马克思恩格斯选集》第1卷，人民出版社，1972，第18页。
④ 〔法〕大卫·勒布雷东：《人类身体史和现代性》，王圆圆译，上海文艺出版社，2010，第13页。

要求它们变成清晰的法律或正式强迫它们的情况下被普遍地操练和再生产，提供了一种理解方式"。因此，"整个统治的意识形态，能够由根据身体标准对它们的编译而隐蔽地物化和维护，这种身体标准，像身体习惯一样，典型地变得信以为真，从而逃脱批评意识"。比如，体统的妇女应该说话温柔、亭亭玉立、笑不露齿、坐着时两腿并拢以及在（与异性）性交中的被动角色或下面的位置的假定，所有这些都作为"维持妇女没有授权但又获准全部正式自由的肉身化的标准而起作用"。① 男人——甚至女人自己——都认为对女性身体的这些规定是理所当然的，它们不需要以法律的形式明文规定就可以得到普遍认可。同理，传统男人的身体也并非毫无约束完全自由，传统社会中以阴和阳分别对应女性和男性，女性以阴柔为特征，男性以阳刚为特征。那么，失去了阳刚的男性身体会被他人嘲笑为"娘娘腔"——男性不应该过度关注自己身体的外形，而应把精力用在征服外在世界的超越上。实际上，这种男/女、外在/内在、阳刚/阴柔的严格二分都源自西方传统哲学中的灵魂/身体二元论。

我们的身体在这种强大的传统文化价值观的影响下失去了自我，我们的身体不属于我们，而是属于社会、集体和他人的目光。《孝经》有云："身体发肤，受之父母，不敢毁伤，孝之始也。立身行道，扬名于后世，以显父母，孝之终也。"在这里，个人的价值（孝）开始于不毁伤父母所给予的身体，以通过自己的努力扬名后世从而凸显父母为终点。

不仅如此，在传统社会，人的组成成分与集体话语紧密相连，后者既能预示他的死亡，也能激励他的生存。列维－斯特劳斯于 1949 年在一篇精彩的文章中对集体话语的象征效力进行了思考。在巴拿马共和国的库纳印第安人群体中发生难产时，人们会求助于萨满。产妇遇到的困难源自司胎儿成形的神媪巫（Muu）控制了产妇的灵魂（Purba），萨满的任务就是寻找失去的灵魂。萨满来到产妇身边开始吟唱，他与媪巫之间的斗争就在这些唱段中展开，这意味着要与媪巫展开激烈的斗争，披荆斩棘，克服万难，还包括战胜危险的猛兽。在这个例子中，身体的实在隶属于象征范畴。面对难产的意义缺失这一无法承受之谜和反叛躁动的肉体那深不可测的厚度，萨满的任务在于重建象征意义，借助于获得一种一致认可的群体观念，向产妇解释她所感到的异常与痛苦的原因，从而使一度偏离世界人化秩序的

① 〔美〕理查德·舒斯特曼：《实用主义美学》，彭锋译，商务印书馆，2002，第 358 页。

情况又得以归位。病妇重新获得分娩的主动权，而生产也正式开始。①

　　然而象征的效力不是每次都会"药到病除"，有时它还通往不幸和死亡。需要注意的是比较萨满与心理分析学家之间的关系。二者十分相似：目的都是诱发某种经验，依靠给患者创造一种他应该体验或重新体验的神话而奏效。但又有很大不同：心理分析学家是让患者从自己过去经历中提取的成分来建构个人神话，而萨满则是让病人通过巫歌从外界集体获得某种一致认可的社会神话从而改变病人紊乱痛苦的无秩序状态。

　　在一个"整体论"、集体主义的传统社会中，"人的身体将人与他所在的集体及各种象征体系连接在一起，为世界的秩序定义了其形式与意义"②。然而人的身体虽然有时候可以从这种集体象征意义体系中得到某种帮助，但更多时候遭遇的是不幸和死亡。传统的身体与社会、集体和他人密切相关，甚至受到它们严格的监视和制约。现代医学的发展以及笛卡尔（Rene Descartes）"我思故我在"的宣言，使人的身体与世界分离后，再次与集体、与他人分离，"伴随着首先作为个体，成为自己，而非某一集体一分子的这种感觉，身体明确地将人与人彼此区分开来"③。中世纪画作的创作者尚处于不署名的状态，"人们一般认为没有必要把那些艺术名家的姓名留传给子孙后代"④，这些艺术家就像大教堂的建造者一样消融在人类集体中。相反，文艺复兴时期的艺术家们为他们的作品盖上了自己的印章。"个人逐渐成为自我选择与价值的独立中心。对群体的顾虑，对传统的遵守都已经与他无关。"⑤ 人们一般会批评笛卡尔的"我思故我在"，因为他过于注重"思"。但若从另一个角度看，笛卡尔强调的是"我"思，而非"我们"思。这仿佛将人从集体主义的传统目光投向了个人主义的反叛。因为正是"我思"——而非"我们思"——提供了个人的正当合理性和人主宰自己的

①　〔法〕大卫·勒布雷东：《人类身体史和现代性》，王圆圆译，上海文艺出版社，2010，第120～123页。
②　〔法〕大卫·勒布雷东：《人类身体史和现代性》，王圆圆译，上海文艺出版社，2010，第125页。
③　〔法〕大卫·勒布雷东：《人类身体史和现代性》，王圆圆译，上海文艺出版社，2010，第36页。
④　〔英〕E. H. 贡布里希：《艺术的故事》，范景中译，广西美术出版社，2008，第205页。
⑤　〔法〕大卫·勒布雷东：《人类身体史和现代性》，王圆圆译，上海文艺出版社，2010，第27～28页。

合法性。现代医学的发展虽然问题颇多，但也足以使孕妇在难产时不用再求助于萨满的神话仪式这种不可靠的更多是碰运气的治疗方法而使问题得到很好的解决。不仅如此，就连一般的分娩也逐渐实现了现代化——无痛分娩——分娩与身体疼痛的分离。

"在建立在整体论之上的集体社会里，人的存在意味着对集体、世界的从属，原则上身体不以界限分明的方式存在。身体作为人不可分割的一部分而存在这一点只有在个体之间彼此隔离，具有相对独立的主观能动性和价值观的个人主义社会结构里才能够想象。身体犹如一块边境里程碑，区分着每个个体。"[1] 脱离了集体制约和他人目光的身体，深化了它的独特性和骄傲感，也深化了它的自主性和孤独感。然而与其说身体与集体完全分离，不如说身体成为个人与集体（他人）的桥梁，"对个人与群体来说，身体不仅是自我所处的自然环境（自然的一部分），也是自我的中介（文化的一部分）。身体正好是人类劳动影响自然的关键，因此，它也是世界的自然秩序与文化秩序在人类身上的会合点"[2]。身体与集体（他人）的分离，是身体从传统走向现代的一个重要标志，自此，身体既作为边界区别个人与他者，也作为桥梁连接个人与社会。

三 身体与自身的分离

对于身体与现代性之间的关系的理解需要追溯身体概念在西方社会里的形成过程，也需要对人的概念进行思索。在历史上，身体观的发展经历了翻天覆地的变化。"一方面，身体被认为是个人的载体，也是人与世界关系的分界线；而另一方面，身体以其最佳模式赋予人以存在，却与之分离开来。"[3] 在传统社会中，身体与人是同一的，人的主体性也体现在他的身体上，身体就是人的本质。而现代身体则将身体与人分离开来，身体成为

---

① 〔法〕大卫・勒布雷东：《人类身体史和现代性》，王圆圆译，上海文艺出版社，2010，第 20～21 页。

② 〔英〕Bryan S. Turner：《身体与社会理论》，谢明珊译，韦伯文化国际出版有限公司，2010，第 60 页。

③ 〔法〕大卫・勒布雷东：《人类身体史和现代性》，王圆圆译，上海文艺出版社，2010，第 38 页。

人的属性而非本质。这一变化，可以从西方解剖学的发展过程中清晰地发觉。

在西方传统社会，人们无法将身体与人区别对待，即便死后亦是如此。所以人们认为在凶手面前，受害者的尸体会流血。如果凶手在生前逃脱了正义的审判，人们会在其死后将他从坟墓中挖出，给他应有的惩罚。在这里，身体——哪怕是尸体也具有作为主体的人的意义，身体与人具有紧密的关系。最早落入解剖学家手中的尸体恰好来自死刑犯也绝非毫无用意。尽管如此，不管是在刽子手的刀下身首异处还是死后被解剖刀肢解，此时的人从本体论角度来说仍旧是完整的。因为尽管教会已经小心翼翼地许可了解剖，但仍坚持先为被"解剖"的人举行一场弥撒（解剖学家及其助理也在场），再以基督教的方式下葬。尽管犯下了罪行，罪犯仍旧属于基督教会，虽然被社会唾弃，在上帝眼中他依旧是一个人。宗教仪式的对象并不是一堆残缺不全的躯体，而是群体中的一名成员。

最早的正式解剖是 14 世纪在意大利的大学里进行的，采用罪犯的尸体进行。教会严格把关，控制解剖许可。而且还有十分隆重的解剖仪式：节奏迟缓的典礼绵延几天，解剖手术以教学为目的，受众由外科医生、剃须匠、医生以及学生组成。到了 16 世纪，解剖手术逐渐普及开来，不再局限于一开始的教学目的，而扩大为表演形式，为了满足观众的好奇心，甚至出现了解剖秀。

15 世纪最早出现的几次公开解剖以及 16～17 世纪人体解剖的普及，构成了西方个人主义发展的关键环节。在过去，身体与使用其面孔的人之间并没有明确地划清界限。人与身体不可分割，人们还无法接受"我拥有一个身体"这种观念，因为"我就是我的身体"。自中世纪起，开始有人体解剖的记录，但毕竟为数稀少。因为解剖学家有所顾忌，这种顾忌并非源自教会的反对，而是因为在解剖学家眼中身体仍旧与人结合在一起。人是上帝的造物，使用器械对人身体进行破坏始终是对人的冒犯。焦虑与负罪感纠缠萦绕着解剖手术，引发诸多争议，人们质疑其破坏了人的完整性，是一种病态的好奇。然而，在解剖学家的不断尝试下，尤其是在维塞留斯（Andreas Vesalius）的《人体构造》（1534）一书问世后，在西方认识论中，人及其身体彼此渐渐区别开来。解剖学家以训练或学习为目的所进行的最早的解剖标志着西方思想的重大改变。"身体被置于游离状态，与人分离开来。它作为独立的实体，成为研究的对象。身体不再是人之内在及世界之普遍存在的不可缩减的符号与标志。"① 身体与人的分离，使身体成为研究的素材：它不仅是用于了解内在结构的解剖对象，用于确定最佳比例关系的研究对象，还是展览对象。自此，身体只不过是失去了价值的一个符号，是失去了主体性的人的无足轻重的残余。

除了解剖学，我们还可以在哲学尤其是笛卡尔的哲学中发觉身体与人的分离。虽然笛卡尔绞尽脑汁、拐弯抹角地想证明身体与精神的统一，但他还是将人推向了机械论："我把人体看作……一个由轮子和摆构成的钟表。"钟表的机械运动被笛卡尔用来解释人体的运动。"一只安装好的钟表或其他机器与被拆开的、运动原理停止工作的同样的钟表或机器之间，存在着差别。活着的人与死去的尸体之间也有着上述区别。"② 17 世纪，人与身体的断裂开始在西方社会中出现。身体只是普通物体之一，毫无特别高贵之处。"在机器和身体之间，我们可以找到太多的相似之处"③，机械比喻被广泛使用，并应用到对身体的分析说明中，所有这些都表现出对身体的怀疑态度。此时，一种难以启齿、欲言又止的幻想仿佛一股暗流正悄悄酝酿：幻想将身体废除。然而，这难道不是柏拉图《斐多》篇中对身体贬低排斥在新世纪的另一种演绎吗？——一种与堕落之身毫不相干的人之境遇。

近代科学沿着这一方向前进探索，却表现出与身体之间的一种矛盾关系。科学试图摆脱身体的影响，却又一直尝试以其特有的方法笨拙地对身体进行复制。或许，整个科学史就是针对身体缺陷进行的矫正史，试图通过科学增加身体的稳定性和突破身体的局限性。这或许就是支撑科学发展的难言之隐：对死亡的恐惧。如果说柏拉图在《斐多》篇中是通过证明灵魂不灭来面对死亡的一种自我安慰，那么现代身体机械论则是一种试图通过科学手段来把身体打造成一台永不停息的机器的天真幻想。人们不是将机器比作身体，而是将身体比作机器。在机器面前，身体位卑言轻，它并不是一台真正意义上的机器，它会产生损耗，它的不稳定性会使它招致无法修复的损坏，尤其是，它不如机器长寿，死亡是它无法弥补的痛。"快感与痛苦是身体的属性，同时还面临死亡与社会象征体系所带来的风险。而

---

① 〔法〕大卫·勒布雷东：《人类身体史和现代性》，王圆圆译，上海文艺出版社，2010，第 53 页。
② 〔法〕大卫·勒布雷东：《人类身体史和现代性》，王圆圆译，上海文艺出版社，2010，第 89 页。
③ 王晓华：《西方美学中的身体意象》，人民出版社，2016，第 99 页。

机器是不变的、稳定的，它没有任何感觉，因为它脱离了死亡与象征体系。"①

身体与人的分离，使身体成为独立的实体，沦为人的附属品。身体与机器几乎在制造业中融为一体，不分你我。身体一经与人脱离，便被纳入机器模型的范畴之内，"身体机器是'我们'可以利用的他者，是被超越的基础、平台、前提"②。人从本体论上与自己的身体割裂开来，身体虽仍与人保持关联，却已踏上自己的征途。

四　现代身体：主体、反思与理性

"每个人都会经历一种独特的、与他人不同的命运。身体也参与了这一历程。正如社会学家埃米莉·涂尔干对亚里士多德思想的发挥，身体不仅仅是'个人化的原则'，而且是表达、行动、夸张、诱惑以及抛弃的唯一方式，也是我们存在于世的基本因素。"③ 身体从传统走向现代，经历了与世界分离、与集体（他人）分离、与自身（个人）分离的过程。当然，这三个分离过程并不是也不可能是绝对固定的先后顺序，因为现实社会条件纷繁复杂。在这里，我们只是描述了身体现代性所具有的一般特征：身体与世界的分离，使身体从与世界混为一谈的混沌境界中彰显出来；身体与集体（他人）的分离，使身体成为人与人之间的界限，不再是被淹没在集体中的一个元素，而是有自我个性和自我价值的一个个体；而身体与自身（个人）的分离，则是人类在面对死亡以及追求美好幸福生活时候的一种天真烂漫的幻想。然而，身体不会毫无缘由地自己发生变化，它是一种随着社会的沿革而变化的客观实在，身体的变化也肯定是伴随着世界、社会（集体）和自我认知的变化。需要说明的是，现代身体并非与外界完全决裂，而是依旧与外界保持着密切的联系，只不过在面对外界的时候，身体已然变得更加清晰、主动和自觉，并且更多时候是处于与外界环境的张力之中。

---

① 〔法〕大卫·勒布雷东：《人类身体史和现代性》，王圆圆译，上海文艺出版社，2010，第95页。
② 王晓华：《西方美学中的身体意象》，人民出版社，2016，第102页。
③ 〔法〕让－雅克·库尔第纳：《身体的历史》第3卷，孙圣英等译，华东师范大学出版社，2013，第24页。

如果说上述对身体现代性的研究是从身体与外界（世界、群体、个人）的关系变化的角度来论述的，是一个历时的动态过程，那么接下来也有必要探讨一下静态的现代身体有什么特点，以便更全面、准确地把握身体现代性。现代身体与外界分离后，获得了更多的主动性，这使得现代身体具有了反思性和理性趋势等特点。这一方面体现在身体被当作一种规划，人按照目的、计划对其进行监管和激励：女性为了有一个苗条的身材而进行节食、抽脂或隆胸，为了有一个青春活力、娇好的容颜而进行美容、整形，男性则为了显得更有男性气概而健身。同时，肥胖的身体被视为没有毅力等品格上的缺陷。这些都使得现代人不得不反思自己的身体，"把身体看成一个处在成为（being）的过程中的实体，是一项应当致力打造的规划（project）"①，从而理性地对自己的身体进行有效监控，让自己的身体不但看起来合乎社会的要求，而且能达到最佳利用率。

另一方面，现代社会中的身体经由人的反思被分化为生理性的身体和社会性的身体，也引起人们广泛的论争。英国社会学家克里斯·希林（Chris Shilling）在其著作《身体与社会理论》中专门分析了两种"身体现象"——自然主义的身体观和社会建构论中的身体观。自然主义的身体观"在分析身体时，都视之为前社会性的、生物性的基础，自我与社会等上层结构就建立其上"②。而社会建构论中的身体观不但反对将身体当作一种纯粹的生物现象，而且认为"身体在一定程度上被社会形塑、约束甚至创造"，"赋予身体的那些特征与意义，以及不同人群的身体之间存在的界限，并不是社会的基础，而是社会的产物"。③ 也就是说前者认为身体是社会意义的生成器，而后者认为身体是社会意义的接收器。希林指出以往社会学研究中的身体并没有遭到彻底的忽略，而是处于一种"缺席在场"的地位：社会学家因身体的肉身性、物质性而拒绝把目光持续聚焦在身体上，所以身体是缺席的；而社会学研究中的很多内容又不得不涉及与身体相关的具身体现，所以身体又是在场的。希林通过分析两种不同的身体观，指出了二者的意义和局限，提出一种比较折中的观点，即认为应该看到身体的生物性，同时也要重视身体的社会性，"把身体概括为一种兼具生物性与社会

① 〔英〕克里斯·希林：《身体与社会理论》，李康译，北京大学出版社，2010，第 5 页。
② 〔英〕克里斯·希林：《身体与社会理论》，李康译，北京大学出版社，2010，第 39 页。
③ 〔英〕克里斯·希林：《身体与社会理论》，李康译，北京大学出版社，2010，第 68 页。

性的未完成现象"①。希林试图通过克服自然主义身体观和社会建构主义身体观中的诸多二元分裂（包括生物/社会、心/身、自然/文化等）来确立一种探讨身体的整体思路。

如果说前现代的身体因与世界、群体以及自身（人）的联系过于密切而没有独立自足的自我，那么身体的现代化就是一个逐渐与世界、集体、自身（人）分离而寻找自我的过程。现代的身体因具有了更多的主体性而彰显于世界、集体与自身（人）之间，这不但体现在现代社会生活中人们对身体越来越多、越来越精细化的关注，还体现在学术领域向身体的转向。许多学科纷纷将目光转向身体，通过与身体研究结合而形成跨学科研究。比如，将身体与社会学研究结合形成了"身体社会学"②，将身体与文学研究结合形成了"文学身体学"③，将身体与艺术学研究结合而形成"身体艺术学"④，美国实用主义美学家理查德·舒斯特曼从身体的角度研究美学而形成的"身体美学"在近几年更是影响颇大……总之，"身体这个主题充当着跨学科研究的重要激发点"⑤。

在16~18世纪，现代意义上的身体诞生了。现代意义上的身体是孤独的，因为它是一个脱离于世界、脱离于集体、脱离于自身的身体。然而，这种孤独是一种充满自主性的骄傲的孤独，因为它走出混沌，努力追寻自己的价值。身体从传统走向现代，是身体的一次华丽转变——犹如破茧成蝶，在变得美丽的过程中也要经历无法想象的困难和痛苦——在变化万千的当代社会，现代身体也面临着诸多难题，比如整容、消费、网络、医疗、战争等。身体的不确定性更使身体在当代社会面临着难解的悖论　　身体在越来越受到人们关注的同时，也分化出越来越多的身体，马克思之"劳动的身体"，弗洛伊德之"欲望的身体"，福柯之"被规训的身体"……所以，身体的定义越来越难以捉摸。或许，这些难题也促使了身体的再一次转变——从现代走向后现代。

---

① 〔英〕克里斯·希林：《身体与社会理论》，李康译，北京大学出版社，2010，第12页。
② 王瑞鸿：《身体社会学——当代社会学的理论转向》，《华东理工大学学报》（社会科学版）2005年第4期。
③ 谢有顺：《文学身体学》，《花城》2001年第6期。
④ 张新科：《身体与艺术理论："身体艺术学"构想》，《艺术探索》2017年第2期。
⑤ 〔英〕克里斯·希林：《身体与社会理论》，李康译，北京大学出版社，2010，"新版序"第5页。

宋代戏曲与运河论略

赵豫云*

摘要 宋代戏曲包括宋杂剧和南戏，是中国古代戏剧发展进程中的一个关键环节，是深入民间的早期戏曲形式。宋代大运河及沿岸因交通便捷、市镇兴起带来了人口聚集特别是商人聚集，为戏曲形成和发展提供了重要的消费市场、表演平台和传播渠道，如河市乐的繁盛，船台戏的流行，汴京杂剧的西线传播，建炎南渡对宋杂剧传播和南戏生成的影响，南戏的沿运河北传等。运河和运河文化是促进宋代戏曲形成的一个重要因素。

关键词 宋杂剧 南戏 运河 河市乐 船台戏

Abstract Operas in Song Dynasty includes Song Zaju and South Opera, which mark the key stage in the development of ancient Chinese opera. It is a very old form of drama that expanded widely among the folks. The Grand Canal offered important consuming markets, performing platforms and communication channels for the formation and development of operas, such as the flourishing of HeShi theatres, the popularization of berth theatres, Song Zaju's spreading westward and the influence of Jianyan's southern move on Song Zaju and South Opera, and South Opera's moving up to the north through the Canal due to convenient transportation, rising cities, especially gathering of merchants. Canal and its culture play vital roles for accelerating the development of operas in Song dynasty.

---

* 赵豫云，安徽师范大学文学院博士研究生，主要研究宋代文学与文化。

Key words　Zaju of Song Dynasty　the southern opera　the Grand Canal　the theatre of HeShi　the theatre on the berth

中国戏剧、戏曲①较之其他艺术门类，最大的不同是综合性。"中国戏曲是在搬演故事，以诗歌为本质，密切结合音乐与舞蹈，加上杂技，而以讲唱文学的叙述方式，通过俳优妆扮，运用代言体，在狭隘的剧场上所表现出来的综合文学和艺术。"② 大型讲唱文学诸宫调形成、发展的宋金时期是戏曲形成并向成熟过渡的关键阶段。"唐代仅有歌舞剧及滑稽剧，至宋金二代而始有纯粹演故事之剧，故虽谓真正之戏剧起于宋代，无不可也。"③自王国维相关戏曲专论和新发现一些戏曲文物后，学界视宋杂剧和南戏为中国戏曲开端已成共识。

大运河的贯通是中国交通史上的新篇章。宋代运河繁荣和坊市合一、城市规模扩大带来市民阶层壮大及娱乐文化消费需求上升，开辟了俗雅文化互动式交融发展的广阔空间。运河虽不是宋戏曲形成的直接和唯一原因，但与戏曲在内的各色技艺的兴起和传播、发展等关联甚多，有深入探讨的价值。

一　运河与宋杂剧和南戏的萌兴

宋杂剧和宋南戏分别是北曲（金元杂剧）和南曲的源头、母体，虽尚

---

①　"戏剧"（theatre）的外延应包括"戏曲"，戏曲是戏剧的高等阶段，一般宋杂剧之后才可称戏曲。"戏剧"一词首见于唐代，为诙谐可笑之义或指诙谐滑稽之演出。《中国大百科全书·戏剧》中谭霈生定义"戏剧"，就中国言狭义单指西方植入之"话剧"（即 drama，有白无唱），广义则包括"戏曲"在内，认为戏剧范围比戏曲大且更具现代性；"戏曲"一词始于刘埙《水云村稿·词人吴用章传》"至咸淳，永嘉戏曲出"，另有陶宗仪《南村辍耕录·院本名目》"唐有传奇，宋有戏曲、唱诨、词说"（"唱诨"指宋杂剧，"词说"指说唱技艺），可推知"戏曲"在宋代应主要指南戏。《中国大百科全书·戏曲曲艺》中张庚认为"戏曲"是宋杂剧以后中国传统戏剧文化的总称；王国维《戏曲考原》言"戏曲者，谓以歌舞演故事也"，即"戏剧"只须演故事就可，但加之歌舞等才能称为"戏曲"（近西洋歌剧 opera，但歌剧有唱无白）。笔者认为"戏剧"应指以科白、歌舞等为主要表现手段，以表演故事（宋前的戏剧，无须说唱代言，代言指歌舞科白一体做故事、角色扮演）或代言故事（戏曲，即王国维所说"纯粹演故事"，必含说唱，是曲本位加代言体，以及胡忌《宋金杂剧考》对"戏曲"之定义：歌舞白合一而出之以代言的演剧）的总体性演出艺术。简言之，戏曲的一个最重要特征是角色扮演、说唱、歌舞三者高度综合。据上述界定的概念，宋杂剧的一部分和宋后期南戏已属"戏曲"范畴。

②　曾永义：《戏曲源流新论》，文化艺术出版社，2001，第9页。

③　王国维：《宋元戏曲史》，中华书局，2010，第74页。

未完全成熟，但其上承唐戏之传统，下启元明清戏曲之繁荣，是古剧向戏曲过渡的津梁。因官僚文人轻贬而很少见诸官方文献，剧本几无流传。宋代各艺术门类，戏剧有傀儡、影戏、杂扮、杂剧、南戏等，曲艺有说话、曲子词、鼓子词、缠令、缠达、唱赚、陶真、诸宫调等。戏曲萌生应具艺术上的综合性，还应出现专业性、商业化的固定舞台或剧场。这些皆赖其他民间技艺成熟、商品经济发达、市民阶层壮大及运河便利交通带来人口频繁流动等，宋前显然无法俱备。

（一）运河都市孕育了宋杂剧

1. 宋杂剧的概念、类别、主场

宋杂剧是各种滑稽表演和歌舞杂戏的混称，是"初级戏剧向成熟戏剧过渡的样式"[①]。早期宋杂剧无固定和统一的艺术体制，涵盖许多艺术和风格各异的表演，且常与其他杂技、乐舞等同台演出。然至迟在北宋晚期民间已发展出较成熟的体制，故仍可说宋杂剧是中国戏曲最早的形式。

依表演特点，宋杂剧可分三类。一是故事简单、偏重科白、音乐较少，旨在调笑逗乐或讽刺政治等的滑稽戏，在宋杂剧中占较大比例，如南宋《武林旧事》所载"官本杂剧段数"（下略作《官本》）中的《钱爨》《眼药酸》等。另如《可书》"天灵盖"杂戏、《夷坚支志》"优伶箴戏"等。二是歌舞戏，较少或无故事性，以音乐贯串全剧，歌、舞分离，但已向戏曲演进，如《官本》中的《莺莺六幺》《崔护逍遥乐》等，在《官本》中占半数之多。三是综合性强、偏重故事表演的雏形戏曲，多为民间杂剧。如《东京梦华录》载汴京中元节"构肆乐人"[②]连演七八天的《目连救母》杂剧，以及出土宋代壁画等文物中根据角色行当、道具服装等可鉴别为戏曲的。

宋杂剧之"杂"既指综合艺术，也指演出内容驳杂。如《鸡肋编》"自旦自暮，唯杂戏一色"[③]即杂剧。"杂剧"一词首见于正史《宋史·乐志》。宋杂剧既是一种民间文艺也可用于宫廷表演，可是上演较长时间的戏曲，亦可是简短的滑稽戏或歌舞戏。宋杂剧的演进大致遵循了宫廷与市井、祭祀与娱乐互动式发展的模式，亦如瓦子有脱胎于寺庙祭祀说又有俗乐说。

① 廖奔：《中国戏曲史》，上海人民出版社，2004，第 30 页。
② （宋）孟元老：《东京梦华录》，中国商业出版社，1982，第 55 页。
③ （宋）庄绰：《鸡肋编》，萧鲁阳点校，中华书局，1983，第 20 页。

宋杂剧有汴京、临安、成都三个演出中心，运河城市因经济发达成为宋杂剧的主场。

2. 宋杂剧与其他艺术门类

汴京等运河城市勾栏瓦舍的商业运作模式带来演出竞争和市场品位提高，诸宫调、说话、杂剧等瓦舍众技同台赛演，杂剧凭其"正色"（见耐得翁《都城纪胜》）地位吸纳众技之长，训练演员、编撰剧本，编演互动，加速了戏剧沿职业化、规范化道路步入成熟阶段的进程。诸宫调是宋杂剧实现故事讲唱向戏曲表演过渡的关键。北宋晚期融说话、诸宫调、杂剧三家之长的大戏《目连救母》，证明了戏曲意义上宋杂剧的出现。宋杂剧在歌舞戏和滑稽戏的基础上，综合吸收了同时代的一些民间表演技艺和宫廷教坊乐技，如百戏（杂技、杂耍及竞技类表演）、杂扮、说话、诸宫调和大曲、法曲等，借以缘饰故事，渐以代言为主，其题材受话本影响，音乐体制（宫调和曲牌）受诸宫调影响。

诸宫调为话本到戏曲、宋词到南北曲之间过渡、嬗变的产物，是戏曲源头之一。其产生稍晚于宋杂剧，有乐器伴奏，亦称"弦索""弹词"。诸宫调夹白夹唱、以唱为主，属民间曲子词系统，唱词部分又有接近代言体的："其曲文又涵有浓厚的'代言'意味。"[1] 诸宫调宜于且以演唱情节曲折的长篇传奇故事为主。运河城市说话、诸宫调等叙事讲唱文学的成熟是宋戏曲产生的必要条件。

3. 宋杂剧的萌生与运河

宋杂剧三个源头"优伶的喜剧小品、民间杂扮、诸宫调的出现，均离不开东京开封"[2]。戏曲萌生的一个硬件标志是出现固定、商业的民间剧场。北宋中晚期，最早出现勾栏瓦舍的运河都会汴梁是民间剧场、戏曲的诞生地，剧院广布、夜场盛行、名角涌现，演员很多，演出场所丰富多样，除勾栏瓦舍外还有宫廷教坊的专业杂剧演员，军队在节日庆典中的临时杂剧扮演，以及民间庙会的杂剧演出等，并出现了"大戏"。"小戏"是简单歌舞艺术。"大戏"为综合的文学和艺术，且剧情复杂，演员人数多，持续时间长。运河都市汴京、临安等还是最早和相对专业的曲艺、戏曲作者如书会先生（又称才人）等落魄文人的主要诞生、聚集地。市民阶层崛起带来

---

① 李昌集：《中国古代散曲史》，华东师范大学出版社，1991，第 68 页。
② 程民生：《论汴京是中国戏剧的发祥地》，《中原文化研究》2015 年第 5 期。

的运河城市文明催生出丰富多彩的市井文艺——瓦舍众技。书会是宋代的民间文艺组织，主要由下层文人和艺人组成，他们为谋生而结成文艺群体，以创作和表演杂剧等瓦舍技艺为职业或半职业。可以说是运河都市孕育了宋杂剧。

（二）运河交通促成了南戏

1. 宋南戏及其产生缘由

宋南戏是中国戏曲最早的较成熟的形式。唯一宋南戏传本是南宋后期作品《张协状元》，从其剧本中"诸宫调唱出来因"① 等可知其是直接受诸宫调影响而产生。南戏多出自城市特别是运河城市的书会才人之手。

南戏虽萌芽于北宋末，市民阶层也已日渐壮大，但宋人对艺术的贵雅轻俗心理习惯还未完全打破，雅、俗文化尚貌合神离，还未形成元代"游牧文明与农业文明、北方文化与南方文化、雅文化与俗文化等多重交融的状态"②。南戏的下里巴人角色和被歧视地位，使它在南宋的大部分时间发展缓慢，是"士夫罕有留意""语多鄙下"的"村坊小伎"③，基本无高水平作家参与、提高。但宋代空前的民俗环境和精神（如教育和社会的平民化等）毕竟已"极大地冲决了国人长期形成的贵雅轻俗的心理定势，消解了传统的士农工商之间的尊卑观念，减轻了人们参与民俗文艺活动的心理负担，真正地激发和释放了社会各阶层民众的娱乐热情，形成了一个类似于巴赫金所说的全民'狂欢化'的局面，而'狂欢化'正是催生文艺新体裁的温床"④，是戏曲产生和渐趋成熟的根本原因。

2. 南戏与其他艺术门类

南戏萌芽至定型阶段，诸宫调在南方特别是运河城市绍兴（如陆游《小舟游近村舍舟步归》诗言满村人听"负鼓盲翁"⑤ 演唱《蔡中郎》）等地也在流行和发展，必然影响到南戏。南戏是在南方歌舞戏、民歌和宋词基础上，吸收流行的大型讲唱艺术诸宫调和北宋鼓子词、大曲、传踏以及宋杂剧等的优长发展而成。

---

① 钱南扬：《永乐大典戏文三种校注》，中华书局，1979，第 2 页。
② 冯天瑜、杨华：《中国文化发展轨迹》，上海人民出版社，2000，第 262 页。
③ （明）徐渭原著，李复波、熊澄宇注释《南词叙录注释》，中国戏剧出版社，1989，第 5 页。
④ 戴峰：《民俗文化与宋元南戏北剧的隆衰更替》，《湖北第二师范学院学报》2015 年第 10 期。
⑤ （宋）陆游：《陆游集》第 2 册，中华书局，1976，第 870 页。

宋金诸宫调对南戏有显见影响。首先在音乐结构上，南戏与诸宫调一脉相承。杂剧多借鉴诸宫调的表演形式，在音乐系统上尚有鸿沟，"南戏的音乐结构却与诸宫调绝顶相似"。[①] 其次在演出结构上，二者在起"自报家门"和"引子"功能的"副末开场"之后皆有一个"掉掇"的程序。再次在伴奏和宾白上，二者皆以鼓、板、锣、方响等打击乐器为主要伴奏，皆用韵文体宾白。中国戏曲音乐体系主要由讲唱音乐和民间音乐衍化而成，"南戏直接受到诸宫调的沾溉"[②]，形成了更接近成熟戏曲的音乐和演出体制。

3. 宋南戏的兴起与运河

《说郛》载："南戏出于宣和之后，南渡之际。谓之'温州杂剧'。予见旧牒，其时有赵闳夫榜禁，颇述名目，如《赵贞女蔡二郎》等。"[③]《南词叙录》言："南戏始于宋光宗朝，永嘉人所作《赵贞女》《王魁》二种实首之……或云：'宣和间已滥觞，甚盛行则自南渡，号曰永嘉杂剧，又曰鹘伶声嗽'。"[④] 诸说看似矛盾实因温州杂剧、戏文、永嘉戏曲的不同叫法应是宋南戏不同发展阶段的产物："南宋初年出现的温州杂剧是南戏的萌芽。宋光宗朝被禁演的'戏文'，是南戏正式形成的标志。南宋末期，南戏广泛流传，名为'永嘉戏曲'。"[⑤]

南戏实是南北多个艺术门类渐次汇流、融合的结果，虽源出南方民间歌舞小戏，但受到主要、最直接的影响则来自宋杂剧，其萌芽时即别称永嘉杂剧、温州杂剧。因诸宫调等其他艺术经验得以充分积累以及南渡带来南北文化初步融合，南戏较北宋杂剧更新兴和进步。南戏在宣和之后由温州乡土艺人所创，起初主要是一种与节日社火和敬神仪式相关的娱人、娱神的季节性、业余的歌舞演出。南戏早期曲调主要源自宋词和民歌俚曲，但由北方特别是经运河南渡传来的宋杂剧应是南戏最重要源头或者说最大支流。和官本宋杂剧不同，南戏因不入"官"，反更深入民间。早期南戏结

---

① 翁敏华：《试论诸宫调的音乐体制》，《文学遗产》1982 年第 4 期。
② 龙建国：《诸宫调研究》，博士学位论文，河北大学，2000，第 41 页。
③ （明）陶宗仪等编《说郛三种》第 10 册，上海古籍出版社，1988，第 2099 页。
④ （明）徐渭原著，李复波、熊澄宇注释《南词叙录注释》，中国戏剧出版社，1989，第 5 页。
⑤ 苏子裕：《温州杂剧·戏文·永嘉戏曲·南戏诸腔——宋元南戏发展史的四个阶段》，《浙江艺术职业学院学报》2004 年第 2 期。

构简单，角色不多，进入城市尤其是交通发达的运河城市后，受诸宫调和话本等影响，题材扩充，剧本增长，角色分行亦渐趋复杂。

二　宋代运河与河市乐、船台戏的繁盛

整体而论，宋代戏曲尚处萌发状态，随处作场的表演方式较普遍，舞台有很大自由度，表现为演出过程、场所的流动性，以及童子功般的摆地演出、自由搬演。宋代运河码头的河市乐和运河沿线的船台戏，体现了戏曲早期随处作场的特征。

（一）运河市镇与河市乐

官本宋杂剧通常只以"一场两段"① 形式混同其他乐舞杂技同台演出。民间宋杂剧演出场地如下。一是演出场所固定的瓦舍勾栏。二是为节庆或祭祀而建的亭榭式戏台，即城市较多的乐棚、山棚、彩棚和农村较多的神庙剧场——舞楼、舞亭；堂会演出以及过路戏台等。三是流动的有表演空间的茶坊酒楼，以及较常见的戏、场皆由人定的被宋人称为"打野呵（泊）""路歧"② "散乐"③ "河市乐"等的流浪演出。路歧艺人游走四方，在集市、庙宇、码头等摆地表演如小唱、说话、杂剧等，是其谋生常态，其技艺提升后有进入勾栏的，而勾栏艺人也有转入路歧的。较平民化和官民同乐的宋代，杂剧艺人往来贵族和平民之间亦较普遍。官本杂剧之"官"有官方和通行两说即说明了这点。

官本杂剧受制于官，较为固化，很少能增加篇幅，有宋一代，多停留在故事较为简单的"段数"层次上。在从小戏发展到大戏的过程中，民间艺人作用突出。汴京《目连救母》杂剧证明构肆艺人相对教坊乐人因更可自由发挥创造力，有可能在杂剧体制上获得突破。河市乐人是最早的构肆乐人之一，应也是最早的戏曲发明者之一。

宋代河市多指运河城市的沿河"市"，河市乐属民间散乐。刘颁《中山诗话》载："盖唐元和时，《燕吴行役记》中已有河市乐，大抵不隶名军籍

---

① （宋）吴自牧：《梦粱录》，中国商业出版社，1982，第 16 页。
② 路歧、散乐、打野呵、河市乐，除河市乐有特指场所外，仅异名而已。
③ 宋代散乐是相对官方而言的民间剧团，以表演歌舞为主，包括各种说唱和杂剧等。

而在河市者，散乐名也。"①《云麓漫钞》载："今人呼路歧乐人为散乐……释云：'散乐，野人为乐之善者。'以其不在官之员内，谓之散乐。"② 河市乐人指在河边码头以艺谋生的平民艺人，是专指路歧艺人中活动于河（运河）边的。

王曾《王文正笔录》载："附马都尉高怀德，以节制领睢阳，岁久，性颇奢靡，而洞晓音律……宋城南抵汴渠五里，有东西二桥，舟车交会，民居繁夥，倡优杂户，厥类亦众。然率多鄙俚，为高之伶人所轻诮。每宴饮乐作，必效其朴野之态，以为戏玩，谓之'河市乐'。迄今俳优常有此戏。"③ 言河市乐流行在宋城（睢阳）城南五里的桥边，是汴河边繁闹的商业码头，居民和路歧艺人众多。河市乐人的演出鄙俚朴野，是民间艺术未与雅乐同化的特色，高家伶人在贵族宴集上模仿他们可说其已登大雅之堂。稍后的王巩《闻见近录》则言："南京去汴河五里河次，谓之河市。五代国初，官府罕至，舟车所聚，四方商贾孔道也。其盛非宋州比。凡郡有宴设，必召河市乐人。"④ 更认为河市（睢阳）之繁华超过宋州（商丘）城，且"郡有宴设，必招河市乐人"，说明民间河市乐也可常出入官府，则进城作场亦属正常。宋州运河沿岸因交通、商贸繁忙，河市（应属新兴的草市镇等卫星城）获得大发展。但"城"与"市"在宋官僚文人眼中并不等同，相对"城"，名臣王曾略瞧不起"市"。文人王巩不是大官僚，认为河市"其盛非宋州比"，对河市流行的曲艺和杂剧艺术——河市乐，亦较认可。高官王曾以端庄严肃著称，其字里行间则露出对河市乐的不屑。官僚文人眼中的鄙俚朴野正代表清新活泼，是成长于商业文化之中的市民文艺特质。

运河城市商丘是北宋的南京、南都，汴河沿岸店铺林立、民居稠密、行人众多，有繁华的河市。运河两岸勃兴的市镇不仅是改变宋代城市格局的一个重要因素，而且较早兴起和发展了河市乐等各种技艺表演，其演出繁盛后当与离它不远的运河"城"的瓦舍勾栏的发展有关。宋戏曲是在民间艺术经验的长期积淀上发展而成，繁盛于外城运河两岸的河市乐应是一个重要吸收对象，是推动戏曲形成的一个重要因素。

---

① （清）何文焕辑《历代诗话》上册，中华书局，2004，第293～294页。
② （宋）赵彦卫：《云麓漫钞》，古典文学出版社，1957，第181页。
③ （宋）江少虞撰《宋朝事实类苑》，上海古籍出版社，1981，第220～221页。
④ （宋）王巩撰《闻见近录》，中华书局，1991，第7页。

（二）运河沿线的船台戏等演出活动

船台戏是于水上戏台（广义可分船台、岸台、桥台等）演出的戏剧。因文艺和造船的进步，宋代已有专事文艺的书画船和船台戏，多在运河沿线城市。如张炎《庆春宫》词：

> 波荡兰舷，邻分杏酪，昼辉冉冉烘晴。胃索飞仙，戏船移景，薄游也自怡人。短桥虚市，听隔柳、谁家卖饧。①

是寒食节杭州西湖一带的一段见闻，"胃索飞仙"是杂技演员的走绳索节目，其后继之"戏船"，应是有演出杂剧。

汴京金明池位于城西，与汴河相通，本为演练水军，但北宋皇帝却常为游赏而临幸。《东京梦华录》载金明池水上演出先后可分"水戏"和"水战"，"水戏"含水傀儡、水秋千和杂剧等，"水战"则为竞渡活动。其中言船台戏："近殿水中，横列四彩舟，上有诸军百戏，如大旗、狮豹、棹刀、蛮牌、神鬼、杂剧之类。"②"诸军百戏"杂剧应是一场两段式简短的歌舞或滑稽戏。宋代宫廷举办的船台戏多与修禊习俗、龙舟争胜捆绑举办，如柳永《破阵乐》词状金明池禊日场景：

> 露花倒影，烟芜蘸碧，灵沼波暖。金柳摇风树树，系彩舫龙舟遥岸。千步虹桥，参差雁齿，直趋水殿。绕金堤、曼衍鱼龙戏。③

其中"绕金堤、曼衍鱼龙戏"等应指湖岸上演的百戏、杂剧。

绍兴在相传为大禹生日的三月五日："士民皆乘画舫，丹垩鲜明，酒樽食具甚盛，宾主列坐，前设歌舞。"④ 这是稍具规模的船台演出。民间小型船上歌舞如棹歌、采菱等在宋代也在延续。绍兴镜湖位于浙东运河航道，其船台演出，除民间船歌等业余自娱之外，还有富户所聘专业的技乐表演，如陆游《湖上今岁游人颇盛戏作》诗："画船鼓吹载凉州，不到三更枉出

---

① 朱德才主编《增订注释王沂孙　张炎词》，文化艺术出版社，1999，第 74 页。
② （宋）孟元老撰《东京梦华录》，中国商业出版社，1982，第 45 页。
③ 唐圭璋主编《全宋词》，中华书局，1995，第 28 页。
④ （宋）施宿等撰《嘉泰会稽志》卷 13，文渊阁四库全书本。

游。忽有歌声出霄汉，谁家开宴五云楼？"① 应较具规模，项目较多。

一些达官，为显示衣锦荣归、摆阔，于祭祖返乡的水路，也常演出。如陆游《老学庵笔记》载：

> 王黼作相，请朝假归咸平焚黄，画舫数十，沿途作乐，固已骇物论。绍兴中，秦熺亦归金陵焚黄，临安及转运司舟舫尽选以行……凡数百艘，皆穷极丹艧之饰。郡县监司迎饯，数百里不绝。平江当运河，结彩楼数丈，大合乐，官妓舞于其上。②

文中"咸平"为北宋所置咸平县（今河南通许县），和临安以及平江府（苏州）均在宋运河沿线。王黼和秦熺的船队规模和演出场地很大，演出项目也应很丰富。

节日之外，《梦粱录·湖船》言西湖上专载艺伎的"小脚船"则为专事卖艺的日常演出，不载客而主动追逐大船，通过表演求得犒赏。如此小船，《武林旧事》却详列了其演出的繁多项目：

> 至于吹弹、舞拍、杂剧、杂扮、撮弄、胜花、泥丸、鼓板、投壶、花弹、蹴鞠、分茶、弄水、踏混木、拨盆、杂艺、散耍、讴唱、息器、教水族飞禽、水傀儡、鬻水道术、烟火、起轮、走线、流星、水爆、风筝，不可指数。③

据此可断陆上表演项目大多都可搬到船上。其中杂剧、杂扮、讴唱和水傀儡等与戏曲关联甚密。尤其杂扮是戏曲"角色扮演"形成的关键。杂剧、杂扮等搬上船台标志宋戏剧更加商业化和开始成熟。

宋代船台演出中可能一部分已属戏曲，且因观众需求层次提高，戏剧项目应有递增而趋向戏曲表演的势头。宋河市乐和船台戏多处于人流频繁的运河沿线，更方便汇通、吸收其他表演技艺，这些民间演出者也更具创造力。河市乐和船台戏的繁盛、流行，加速了戏剧的商业化和职业化，对戏曲形成、发展和传播模式皆有重要影响。

---

① （宋）陆游：《剑南诗稿》卷35，文渊阁四库全书本。
② （宋）陆游：《老学庵笔记》，中华书局，1997，第63页。
③ （宋）周密：《武林旧事》，中国商业出版社，1982，第42页。

三　运河与宋代戏曲的传播和发展

运河漕运兴盛、经济繁荣带动了沿线市民文艺的勃兴，促成了宋代戏曲。运河不仅因交通便利带来频繁流动的人口，也是戏剧表演者往来的主要通道，为戏曲的持续发展提供了优越条件。宋杂剧和南戏的形成及传播、发展皆与运河有关。

（一）汴京杂剧沿运河网向豫西、晋南的西线传播

北宋的汴京杂剧是中国最早的戏曲雏形。中国戏曲传播中有"水路即戏路""商路即戏路"之说，即水运发达、商贸繁忙的交通要道附近最能集聚观众，最有经济、闲暇观赏戏曲，是戏曲演出的最佳去处。北宋中后期汴京杂剧产生后，就有路歧杂剧艺人沿运河（黄河渠化段）和运河网城市（运河城市有河流与其相通者）向豫西、晋南一带传播的迹象。

因同属中原文化圈和方言区，汴京杂剧向郑州、洛阳等地的西线传播是宋杂剧早期的一个重要传播方向。隋炀帝迁都洛阳后开通大运河，形成以洛阳为"运河之心"的隋唐大运河，"自江淮达于河洛，舟车辐辏"①。北宋陪都洛阳仍赖运河漕运粮粟，是仅次于汴京的第二大城市，汴洛沿途繁闹。宋太宗又数次迁徙云、朔等边民到洛阳垦荒、居住，"民多致富"②，为戏曲传播提供了适宜土壤。20 世纪 50 年代后，汴洛沿途先后出土或发现了荥阳绍圣三年（1096）宋墓朱三翁石棺杂剧图、偃师县丁都赛杂剧雕砖等③，再往西也有稷山马村北宋末年段氏墓群中的戏曲雕砖、韩城盘乐村宋代杂剧壁画墓等。早期戏曲文物多位于汴洛一带的运河或运河网城市，证实了汴京杂剧向洛阳等地的西线传播。

（二）宋杂剧沿运河南传及建炎南渡的影响

靖康之难，杂剧艺人因战乱而流散南北各地，或随驾南迁，或被金人裹挟北上，或散落中原民间，反而客观促成了杂剧加速传播。中国古代文艺尤其是戏曲的传播受制于方言，又因中国独特的地貌（河流东西向更多，

---

① （后晋）刘昫等撰《旧唐书》卷 190，中华书局，1975，第 5037 页。
② （元）脱脱等撰《宋史》卷 85，中华书局，1977，第 2117 页。
③ 廖奔：《戏曲文物发覆》，厦门大学出版社，2003，第 71 ~ 77 页。

南北地理阻隔更大），文艺南北向比东西向传播更困难，对交通状况更依赖。赖大运河通航带来的极大改观，以及建炎南渡带来的大移民，宋戏曲产生后的南北传播、发展路径才比较畅通。

沿运河南下是北宋杂剧南传的一个主要途径，由于方言，大量军士和自发移民的百姓等北方移民应是南宋杂剧的第一批主要消费群体，如《梦粱录·瓦舍》有载，临安瓦舍勾栏的兴起和繁盛与北人南迁关联很大。"北宋时的勾栏记载似乎只见于汴京"，南渡之前"地处南方的临安市肆里原来没有瓦舍勾栏的设置"①。正是高宗南渡，吸引了大批随从，包括杂剧艺人和其他北方平民，南方不少城市移民数量可能已超土著居民。众多北方移民要求重建含杂剧在内原有的文化艺术，特别是南北对峙局面稳定后，临安勾栏瓦舍大为繁盛，"南宋临安的瓦舍，在数量上远远超过了汴京"。② 因杭州的行都和运河枢纽地位，其勾栏瓦舍更被江浙其他运河城镇仿效，南宋中期后已密集分布。运河城市亦成为杂剧荟萃之地。勾栏瓦舍及宋杂剧的加速南传离不开运河交通、建炎南渡的影响。

宋杂剧沿运河南传有两种方式。一是随宋室南迁而流布。作为一种娱乐，宋杂剧本就有一定流传性，尤其是南渡中随移民南迁、结合永嘉里巷歌谣等发展成南戏雏形永嘉杂剧。早期南戏应是杂剧特色较浓的南方本地戏剧，尚待进一步发展创新。南方艺人以南音为音乐唱腔，吸收宋杂剧表演优长，还产生了其他南方特色的本土杂剧，如南宋杭州杂剧、宁绍杂剧、泉潮杂剧等。二是一些原籍南方特别是南方运河城市的北宋官员告老或贬谪返乡，一般会带走其家乐家伎。杂剧艺人及官员的南迁，受益于运河，也定会惠及运河城市。

北人南迁、宋金对峙，戏曲重心南移。南方运河城市因人口聚集，拥有众多热心戏曲的观众。整个宋代形成了以汴京、临安为中心，重点沿大运河流布的戏曲格局。

（三）宋南戏的形成、发展及其沿运河的北线传播

1. 南戏的形成与运河

运河交通促进了戏曲的重大变革，在宋代突出表现为南戏的形成。《宋

---

① 廖奔：《中国古代剧场史》，中州古籍出版社，1997，第43页。
② 吴晟：《瓦舍文化与宋元戏剧》，中国社会科学出版社，2001，第28页。

史》有载，高宗南渡（沿大运河包括浙东运河）后曾浮海逃至温州、建立行宫甚至迁来太庙，一时温州人口中北人比例大增。北宋杂剧加速了向东南一带的传播，促成了南戏。

北宋末及南渡后，温州乡土小戏和南传宋杂剧、诸宫调、唱赚、鼓子词以及一些宫廷文艺等，在温州以及杭州等运河城市进一步交流融汇，形成了南戏这一重要的创新型的戏曲门类。宋杂剧和南戏在方音、伴奏、旋律和风格上显著不同，唱法各异。虽尚无宋杂剧作家入乡随俗创作南戏的记载，也没有出现后世（如元代南戏）大交融的"南北调合腔"现象，但因南北文艺的初步交融，也初显相互吸收趋势，如《官本》中有四个剧目被认为有极大可能是南戏。金代诸宫调在音乐体制上对南戏影响很大，当与运河交通有关。南戏最初"即村坊小曲而为之，本无宫调"①，以顺口为标准，反能杂取各种曲调。音乐形态上的兼收并蓄，使南戏在形成中，能汲取诸宫调和宋杂剧、舞曲等技艺的优长熔为一炉，且打破了宋杂剧多一人主唱的戒律，更易自由发挥。这在南戏《张协状元》中有明显痕迹。

交融性、市民性、创新性的运河文化，本质是一种船文化和水文化，是流动和开放的。南戏传入杭州等运河城市后，开放的运河文化使其更外向而得以发扬。运河沿途如杭州橄浦、苏州刘家港等紧靠大海，利于海外交通，中外客商及僧侣学者集聚，为南戏吸收外地甚至海外文化提供了条件，如梵剧影响南戏说也不为妄论。

2. 宋南戏的北传、发展与运河

宋南戏的诞生地温州虽不在运河沿线，但与运河城市杭州、宁波等可通海路，陆路亦不遥远。南戏产生后的北传，沿运河一线仍是其中一个主要路径，其传播路线基本是以运河城市绍兴、杭州为中心，沿河网次第向北、向西、向南拓展，渐次扩布到更远的江西等地。这与明清昆山腔借助运河的迅速传播如出一辙，只是宋南戏的传播较为缓慢。

嘉兴、湖州、绍兴等江南水乡在运河沿线，河网发达，商路繁忙，是水路戏曲艺人于此聚集的基础。南戏产生后在江南一带的流传应主要是通过运河航道上活跃的水路艺人，以画舫、乌篷船②和夜航船等交通工具，顺河道穿梭于运河码头、城镇或乡村间做巡演的。这类水路伶人虽无明清水

---

① （明）徐渭原著，李复波、熊澄宇注释《南词叙录注释》，中国戏剧出版社，1989，第15 页。

② 宋代乌篷船有客用和货用的，大小不一，大者可供饮宴、看戏。

路戏班那样成规模盛行之势，但其演出亦可从一些宋人诗词和笔记里察见，是南方路歧艺人的一种独特存在。

有文献可证宋南戏的发展大致经历了三个阶段。一是早期南戏于宣和、南渡之际（1119～1141）在温州一带产生，为乡土的汉族歌舞小戏，较粗糙原始，重在调笑逗乐，但已吸收因高宗南渡而流布来的官本杂剧，在逐步转型。此为萌芽阶段、小戏时期的"温州杂剧""永嘉杂剧"（见《说郛》《南词叙录》），约 70 年。二是宋光宗朝（1190～1194）时，南戏传入城市包括杭州等运河城市，特别是在杭州等地出现了专业的编演团体，已从话本和诸宫调等说唱技艺中吸收充足养分，发展成大戏而盛行，甚至遭到了禁戏。这是多被称为"戏文"（如《说郛》载"赵闳夫榜禁"及刘一清《钱塘遗事》载"《王焕》戏文"等）的定型阶段，约 70 余年。三是宋度宗咸淳（1265～1274）以后，南戏以运河城市为据点，传播更广，到了南方其他各省。此是被称"永嘉戏曲"（刘埙《水云村稿》）的广布阶段，至宋亡约 15 年。较成熟的宋南戏是南北文艺交融的结果，在其发展、北传中运河是一重要媒介。

结　语

运河之都汴京、临安为近古先驱性新型城市，文化融合力极强，艺术上有不断创新。综合艺术的宋代戏曲在运河城市诞生、发展，有艺术和历史的必然性。运河及沿岸城市也是吸纳、聚集、传播宋代各色技艺的主要通道，对戏曲形成影响甚巨。

首先，居于商贸中心地位的宋代运河都市哺育了戏曲艺术。戏曲的形成需要艺人的职业化。繁华富足的宋代运河城市诞生了最多的戏曲创作者和"名角"，以及稳定的艺术受众，或促成一些最初地域性明显的小技艺转身为全国流行的艺术门类。如早期南戏，当它进入杭州等运河城市后才得以逐渐改变其乡土戏特色，获得艺术创新，也才可能广为流传并获得更大影响。运河是完成其艺术生命转折的重要依托。民间艺人孔三传亦是从泽州东至运河都会汴京发展才创立诸宫调，对曲艺和戏曲产生重大影响。

其次，运河对宋南北文化交融和戏曲传播的重要作用。诸宫调促成了杂剧和南戏的音乐、戏剧体制。宋室南渡，大量北人被迫沿运河南迁加速了诸宫调和宋杂剧的南传以及南北文艺、语言的融合，这是南戏等新兴艺术门类生成的重要背景。大运河是一条勾连了吴越、江淮、中原、燕赵的交通大动脉，而戏曲萌生恰需要各种民间艺术和地域文化的杂糅、综合、汇通。宋戏曲流行于社会下层，与市井、乡村、码头紧密接触，尤其是路歧艺人需要走南闯北、游弋城乡，运河因交通、地理优势又首先得以传播、发展戏曲。

再次，创新性的运河文化促进了戏曲的最终形成。宋代运河及其都市是不择艺术细流的大海，加速了戏曲成为代言体综合艺术的进程。曾永义在《戏曲源流新论》中考论戏曲源流时有长江大河说，认为成熟戏曲犹如吴淞口长江之一瓢水，其涵容力极大，源流和成分复杂，构成元素异常多元。在汴京等运河枢纽城市，诸宫调等各色文艺，甚至外来的戏剧皆汇流而至，被职业艺人加以综合创新而成最早戏曲。实质是运河文化的创新性影响戏剧，使之能与保守僵化的宫廷文化分庭抗礼，产生一些新的艺术种类。

运河加快了宋代中国交通和城市的节奏，经济空前发展带来生活模式、社会结构、思想观念的改变，也使戏曲首先在运河城市形成和传播。通过运河线索系统、全面地研究宋杂剧和南戏，有利于弥补戏曲史研究上的薄弱环节，更清晰地揭示戏曲生成、发展的轨迹和规律。

图书在版编目（CIP）数据

文化研究. 第 31 辑，2017 年. 冬 / 周宪，陶东风主
编. —— 北京：社会科学文献出版社，2018.3
ISBN 978 - 7 - 5201 - 2428 - 7

Ⅰ.①文…　Ⅱ.①周…②陶…　Ⅲ.①文化研究 - 丛
刊　Ⅳ.①G0 - 55

中国版本图书馆 CIP 数据核字（2018）第 047972 号

文化研究（第 31 辑）（2017 年·冬）

主　　编／周　宪（执行）　陶东风
副 主 编／周计武　胡疆锋

出 版 人／谢寿光
项目统筹／宋月华　吴　超
责任编辑／吴　超　郭锡超

出　　版／社会科学文献出版社·人文分社(010)59367215
　　　　　地址：北京市北三环中路甲 29 号院华龙大厦　邮编：100029
　　　　　网址：www. ssap. com. cn
发　　行／市场营销中心（010）59367081　59367018
印　　装／三河市龙林印务有限公司

规　　格／开　本：787mm×1092mm　1/16
　　　　　印　张：24.25　字　数：400 千字
版　　次／2018 年 3 月第 1 版　2018 年 3 月第 1 次印刷
书　　号／ISBN 978 - 7 - 5201 - 2428 - 7
定　　价／79.00 元